Walter Laqueur · Was niemand wissen wollte

Walter Laqueur

Was niemand wissen wollte

Die Unterdrückung der Nachrichten
über Hitlers »Endlösung«

Ullstein

Titel der englischen Originalausgabe
»The Terrible Secret«
erschienen bei Weidenfeld and Nicolson, London
© 1980 by Walter Laqueur
Ins Deutsche übertragen von Otto Weith
Übersetzung © 1981 by Verlag Ullstein GmbH
Frankfurt/M. · Berlin · Wien
Alle Rechte vorbehalten
Satz: Hanseatische Druckanstalt GmbH, Hamburg
Druck und Binden: Mohndruck Graphische Betriebe GmbH, Gütersloh
Printed in Germany 1981
ISBN 3 550 07947 8

CIP-Kurztitelaufnahme
der Deutschen Bibliothek

Laqueur, Walter:
Was niemand wissen wollte: d. Unter-
drückung d. Nachrichten über Hitlers
»Endlösung«/Walter Laqueur. [Ins Dt.
übertr. von Otto Weith]. – Frankfurt/M.;
Berlin; Wien: Ullstein, 1981.
  Einheitssacht.:
  The terrible secret <dt.>
ISBN 3-550-07947-8

Inhalt

Einführung

Am 15. April 1945 zogen Einheiten eines britischen Regiments nach einem mit dem örtlichen deutschen Kommandanten getroffenen Waffenstillstand in das Konzentrationslager Bergen-Belsen ein. Colonel Taylor, der das Regiment befehligte, schrieb nach einer ersten Erkundung des Lagers in der knappen Sprache eines offiziellen Berichts:

»Als wir die Hauptstraße des Lagers entlanggingen, wurden wir von den Gefangenen mit Jubel begrüßt und sahen zum erstenmal, in welcher Verfassung sich die Häftlinge befanden. Viele waren wenig mehr als lebende Skelette. Männer und Frauen lagen in Reihen auf beiden Seiten der Straße. Andere schlichen langsam und ziellos mit verhungerten, ausdruckslosen Gesichtern umher.«[1]

Zehntausend Leichen, manche im vorgeschrittenen Stadium der Verwesung, türmten sich zuhauf. Der erste britische Offizier, der das Lager betrat, war der deutschsprechende Derrick Sington, im Zivilleben Journalist. Mit den ersten Panzern hatte man ihn vorausgeschickt, über Lautsprecher sollte er eine Bekanntmachung verlesen. Er schrieb:

»Ich hatte versucht, mir ein Konzentrationslager vorzustellen, aber die Wirklichkeit übertraf alles. Solch affenartige Menschenmassen, die sich an den Stacheldraht drängten, der das Lager umgab, Wesen mit kahlgeschorenen Köpfen, Wesen, die in den gräßlichen und entwürdigenden Sträflingskleidern steckten, hatte ich nicht erwartet. Dankbarkeit und Bewillkommnung hatten wir in Frankreich, Belgien und den Niederlanden erlebt. Man hatte uns in Paris umringt, umarmt und gedankt. In einer flämischen Stadt war

7

unser Lastwagen mit Tomaten und reifen Birnen beladen worden; fröhliche Menschen hatten Krüge mit kühlem Bier heraufgereicht. Aber die beinahe ungläubigen Zurufe dieser dem Tod nahen Menschen, diese Clowns in ihrer grotesken Kluft... weckten stärkere Emotionen, und ich hatte Mühe, die Tränen zurückzuhalten.«[2]

In den Tagen danach gingen die Nachrichten über die Schrecknisse von Belsen rund um die Erde, Hunderte von Journalisten besuchten das Lager, und einige Wochen später stand im amtlichen Blatt der britischen Besatzungszone: »Die Kunde über die größte Zurschaustellung von ›Unmenschlichkeit gegenüber Menschen‹, von der das Konzentrationslager Belsen zeugt, ist jetzt über alle Welt verbreitet.«

Die ganze Welt war tief erschüttert und, wie das Organ der Militärregierung sagte, einig in dem Beschluß, »Belsen vom Angesicht der Erde zu vertilgen«. Die britischen Offiziere, die in den kleinen Nachbarorten Winsen und Schwarmstedt lebende Bevölkerung, ja die ganze Menschheit waren von dem Ausmaß der Greuel erschüttert. Der Korrespondent der Londoner *Times* begann seinen Bericht: »Es ist meine Pflicht, etwas zu beschreiben, das über menschliche Vorstellungskraft hinausgeht.«

Der Fall Belsen war aus mehr als einem Grund unglaublich. Drei Jahre waren vergangen, seit die Welt zum erstenmal über die Existenz von Vernichtungslagern informiert worden war. Es gab ausführliche Einzelberichte über die Namen dieser Lager, ihre Standorte, über Millionen von Menschen, die dort getötet worden waren – selbst die Namen der Lagerkommandanten waren bekannt. Aber wie Captain Sington hatte sich praktisch niemand vorstellen können, was ein Konzentrationslager eigentlich bedeute. So löste Belsen eine Welle heftigster Entrüstung aus, obwohl es paradoxerweise durchaus kein Vernichtungs-, nicht einmal ein Konzentrationslager gewesen war, sondern ein sogenanntes Krankenlager – wenn auch zugegebenermaßen die einzige ›Kur‹, die man den dort eingelieferten ›Patienten‹ zuteil werden ließ, der Tod war. Jene

Lager, in denen die systematische Vernichtung praktiziert wurde, hatten schon Monate zuvor ihren ›Betrieb‹ eingestellt. Im Vergleich zu diesen Todeslagern war Belsen fast ein idyllischer Ort; in Belsen gab es keine Gaskammern, keine Massenexekutionen, der Tod trat hier durch Krankheit und Hunger ein. Zu jenem Zeitpunkt jedoch wurde Belsen als der größte Greuel betrachtet, und so waren die Kommandanten und das Wachpersonal dieses Lagers die ersten, die vor Gericht gestellt wurden. Ihre Kollegen, die in den Todeslagern im Osten tätig waren, sollten erst viele Jahre später unter Anklage gestellt werden, viele gelangten überhaupt nicht vor Gericht. Einige waren verstorben oder verschwunden, andere zu alt oder zu krank, die Zeugen hatten viel vergessen oder waren ebenfalls gestorben: zu viel Zeit war vergangen.

Informationen gab es genug, aber offenbar wurden sie bewußt nicht aufgenommen. Oder hielt man sie für vage Gerüchte, denen man nicht glauben konnte, weil es keine Möglichkeit gab, sie nachzuprüfen?

Dies ist ein ungelöstes Problem. Mit diesem Buch versuche ich, Antworten auf folgende Fragen zu finden: Wann zuerst wurde Juden und Nichtjuden etwas über die ›Endlösung‹ bekannt? Über welche Kanäle wurden Berichte verbreitet? Wie war die Reaktion derer, die davon hörten? Einerseits ist dieses Buch eine Untersuchung des Informationsflusses während des Krieges, die deutlich macht, daß NS-Deutschland keine hermetisch abgeschlossene Gesellschaft war und daß trotz Geheimhaltung und Falschinformation die ›Endlösung‹ nahezu von Anfang an ein offenes Geheimnis darstellte. Anderseits berührt das Buch auch tieferreichende, erkenntnistheoretische Fragen. Was bedeutet z. B. ›wissen‹ und ›glauben‹? Die unterschiedliche Auslegung trat bei einer Zusammenkunft von Richter Felix Frankfurter mit Jan Karski während des Kriegs deutlich zutage – einem eben in den USA angekommenen polnischen Emissär – der ihm von den Massenmorden in Europa erzählte. Frankfurter erklärte, er glaube ihm nicht. Als Karski protestierte, legte ihm Frankfurter dar, er wolle damit

9

keinesfalls sagen, Karski habe nicht die Wahrheit gesagt, sondern er meine ganz einfach, daß er ihm nicht zu glauben *vermöge* – und hier liegt der Unterschied.

Meine Untersuchung war die Folge einer Einladung nach New York am 12. November 1979, um den Jahresvortrag im Leo-Baeck-Institut zu halten. Ich hatte viel über diese tragischste Periode in der Geschichte des jüdischen Volks gelesen. Das Thema ›Endlösung‹ ist jedoch nicht mein Spezialgebiet, und ich habe nur selten und mit einigem Widerstreben darüber geschrieben. Jedoch haben mich die Fragen ›Was war bekannt?‹ und ›Warum wurde es nicht geglaubt?‹ in den letzten Jahren zunehmend beschäftigt, und zwar aus zwei Gründen. Erstens, weil es um eines der Rätsel geht, die das Begreifen der Katastrophe so schwierig machen; zweitens, weil das Problem mit einem größeren zusammenhängt: dem der Verleugnung der Wahrheit, der psychologisch bedingten Zurückweisung von Informationen, die aus diesem oder jenem Grund schlicht unannehmbar scheinen. Bis zu einem gewissen Punkt mag hier ein normales Abwehrverhalten vorliegen. Denn es ist unmöglich, dauernd in Erwartung des Schlimmsten zu leben; auch der größte Hypochonder glaubt in Wirklichkeit nicht an seinen eigenen bevorstehenden Tod. Der Mensch glaubt gern, was er sich wünscht; es herrscht ein enormer Widerstand, sich mit etwas abzufinden, zu akzeptieren, was in höchstem Grad widrig und unerwünscht ist. Aber über einen bestimmten Punkt hinaus ist eine solche Haltung angesichts unbestreitbarer Informationen schwer zu verstehen.

Wo liegt der Grund für den Hang sonst normaler, manchmal sogar hochintellektueller Menschen, die Realität nicht wahrhaben zu wollen, so unbezweifelbar sie auch ist? Es geht offensichtlich mehr um ein Urteil als um intellektuelle Einsicht. Ein Urteil, eine Beurteilung kann durch eine Reihe von Faktoren beeinflußt werden; ein ideologisches Vorurteil kann so stark sein, daß es jedwede unwillkommene Information ausschließt; eine Stimmung, etwa ungerechtfertigter Optimismus oder Pessimismus und eine Menge anderer Faktoren können einen Einfluß ausüben. Geheimnisvoll

10

bleibt eine solche Verhaltensweise allemal, und das Geheimnisvolle vertieft sich noch, wenn es sich nicht um unwichtige oder ferne Ereignisse, sondern um reale Gefahren für das eigene Leben oder das Überleben einer Gruppe handelt.

Um auf die Informationen über die ›Endlösung‹ zurückzukommen: Ich hatte voreilig angenommen, daß ich nach eingehenden Recherchen in der Lage sein würde, die Ergebnisse mehr oder weniger einzuordnen und daraus die Schlüsse zu ziehen. Ich erkannte bald, daß weit weniger vorbereitende Arbeit geleistet worden war als vermutet, daß die Unterlagen immens und oft widersprüchlich waren, daß manches nie zuvor kritisch analysiert worden war, weil bis vor kurzem nicht zugänglich, weil anderes auch jetzt noch nicht und vielleicht niemals zur Verfügung stehen würde. Ich sah auch ein, daß es ein vergebliches Unterfangen wäre, eine systematische, umfassende Übersicht über alle zum Thema gehörenden Fakten anzustreben. Denn die Nachrichten erfolgten über Dutzende von Kanälen und von Tausenden von Personen, oft auch nur mündlich. Auch wenn es da und dort einen schriftlichen Hinweis gegeben hatte, war er häufig nicht erhalten geblieben.

Die Geschichte der zwei wichtigsten Informationskanäle wird nie geschrieben werden. Dies bezieht sich vor allem auf die verzweigten Verbindungen polnischer, ungarischer und slowakischer ›Schmuggler‹, alter und junger, professioneller und gelegentlicher, jüdischer und nichtjüdischer, die Neuigkeiten ins Getto brachten, Botschaften an Einzelpersonen und Gemeinden übermittelten und auch für viel Geld sich auf spezielle Suchaktionen nach Menschen begaben, die verschwunden waren. Sie unterhielten den ganzen Krieg über so etwas wie einen privaten Botendienst. Aber auch die reguläre Post funktionierte im Europa des Krieges, eine Tatsache, die oft übersehen wird. Briefe und Postkarten gingen von einer polnischen Stadt zur anderen, ebenso aus den von den Deutschen besetzten Gebieten Europas in neutrale Länder. Viele dieser Briefe sind erhalten geblieben und zeigen, daß, wo immer die Post arbeitete, Informationen über wichtige Ereignisse innerhalb weniger Tage oder höchstens Wochen ihr Ziel erreichten. Aber nur ein Bruchteil ist noch vorhanden. Für jeden Brief, den man kennt, mögen zehn oder mehr verloren gegangen sein. Für jeden, der in öffentlichen Archiven aufbewahrt wurde, kann es viele geben, die sich in Privatbesitz befinden. So entschloß ich mich schon im Frühstadium meiner Arbeit, mich auf Beispiele und Erläuterungen zu beschränken. Ein solches Auswahlverfahren mag auf Kritik stoßen, aber leider gibt es angesichts der Materialfülle kein anderes.

Die Schwierigkeiten fingen an diesem Punkt erst an. Die Tatsache, daß ein Brief geschrieben wurde, den Adressaten erreichte und gelesen wurde, bedeutet noch nichts und schon gar nicht, daß eine bestimmte persönliche Nachricht zu einer öffentlichen wurde. Sogar die Veröffentlichung einer Nachricht in der Presse oder in illegalen Organen läßt nicht den Schluß zu, daß sie aufmerksam gelesen und tatsächlich geglaubt wurde. Auch die Tatsache, daß gewisse wichtige Nachrichten aus dem polnischen Untergrund nach London gefunkt wurden, muß nicht unbedingt bedeuten, daß das britische Kriegskabinett davon erfuhr. Vielleicht wurden die Informationen in London nur von einigen polnischen Funktionären gelesen und nicht weitergeleitet; vielleicht auch wurden sie der Special Operations Executive (SOE, Abteilung Sonderoperationen) oder dem Abwehrdienst des Foreign Office übergeben und dort von irgendwelchen untergeordneten Bürokraten zu den Akten gelegt, weil sie sie für nicht dringlich erachteten. Es läßt sich im allgemeinen kaum nachweisen, ob eine gewisse Information weiter verbreitet und ob sie geglaubt wurde.

Wenn es hier auch keine Gewißheit gibt, so doch Wahrscheinlichkeitsgrade. Das Eintreffen eines Briefs in einer viele Tausende zählenden Gruppe will nicht viel heißen; treffen aber viele Briefe mit den gleichen Informationen ein, kann man sie nicht ohne weiteres abtun. Die Veröffentlichung einer Nachricht oder der Empfang einer Botschaft durch diplomatische oder nachrichtendienstliche Kanäle ist an sich noch nicht von ausschlaggebender Bedeutung, besonders wenn diese allem bisherigen Wissen widerspricht. Erfolgen aber wiederholt Berichte aus voneinander unabhängigen Quellen, wird der Empfänger gezwungen sein, sie zu beachten. Er mag den Informationen immer noch mißtrauen, kann sie aber nicht länger ignorieren.

In dieser Untersuchung behandle ich die Zeit von Juni 1941, dem Zeitpunkt der deutschen Invasion der Sowjetunion, bis Ende 1942. Man kann über die Bedeutung dieser Daten als Markierungspunkte verschiedener Meinung sein. Man mag einwenden, der eigentliche Wendepunkt sei die Wannsee-Konferenz vom Januar 1942 gewesen; denn da die größeren Vernichtungslager erst im Sommer 1942 ihre Tätigkeit aufgenommen hätten, seien wesentliche Informationen aus Osteuropa zuvor kaum möglich gewesen. Einst teilte ich diese Ansicht, jetzt aber nicht mehr.

Zur Wannsee-Konferenz berief Eichmann führende Vertreter verschiedener deutscher Ministerien, deren Hilfe er zur Beschleunigung der ›Endlösung‹ brauchte. Es war dies ein wichtiges neues Stadium, aber nicht der Beginn überhaupt. Im Laufe der sechs Monate vor der Konferenz waren von den Einsatzgruppen der SS bereits mehr als eine halbe Million Juden getötet worden, und das erste Vernichtungslager (Chelmno) hatte den ›Betrieb‹ bereits aufgenommen. Hätten die Einsatzgruppen ihre mörderische Tätigkeit im selben Umfang während des Krieges fortgesetzt, wären weitere vier Millionen Juden umgekommen. Diese SS-Einheiten gaben sich nicht mit Pogromen ab, sondern sie mordeten systematisch; aus diesem Grund können Ereignisse, die vor dem Januar 1942 eintraten, nicht unbeachtet bleiben.

Man wird einwenden, die Studie im Dezember 1942 abzuschließen, sei willkürlich. Die Geschichte stellt ein nahtloses Gewebe dar, und so ist jegliche Einteilung in Perioden willkürlich, aber irgendwo muß man Linien ziehen. Im Dezember 1942 hatten jüdische Institutionen außerhalb Europas Trauertage eingeführt, hatten die Vereinten Nationen die Nachrichten über Massentötungen in einer gemeinsamen Erklärung bestätigt. Die Nachricht ging um die ganze Erde und beherrschte die Schlagzeilen außerhalb des von Deutschen besetzten Europa. Die Mehrheit der Juden in Osteuropa wußte Bescheid, desgleichen Millionen Deutsche und viele Menschen in den besetzten Ländern. Jede europäische Regierung war im Bild, wenn auch nicht unbedingt die Mehrheit ihrer Bürger – gute Gründe, die Untersuchung Ende 1942 abzuschließen, auch wenn viele von der ›Endlösung‹ erst in späteren Jahren erfuhren; es gibt bis auf den heutigen Tag Leute, die sich weigern, die Tatsachen zu akzeptieren.*

Die in diesem Buch aufgeworfenen Fragen können nicht pauschal beantwortet werden. Die Tatsache, daß diese oder jene Information im Warschauer Getto bekannt war, bedeutet nicht, daß man auch in Lodz oder Wilna etwas wußte, ganz abgesehen von den Juden in Berlin, Amsterdam oder Saloniki. Wenn die schwedische Regierung im Juli 1942 gewisse Nachrichten erhielt, ist damit nicht gesagt, daß auch das Rote Kreuz oder der britische Geheimdienst bald danach davon erfuhr.

Die Studie wurde in fünf große Abschnitte unterteilt. Zuerst beschäftige ich mich mit Deutschland, seinen Verbündeten und Satellitenstaaten, dann mit den Neutralen, die durchaus einzigartige Nachrichtenquellen besaßen. Danach behandle ich die Kanäle, durch die die Alliierten ihre Kenntnisse bezogen und im letzten Teil den Informationsstand der Juden im besetzten Europa und jener außerhalb, in Ländern wie den Vereinigten Staaten, Großbritannien, Palästina.

---

* Im Jahr 1943 und Anfang 1944 spielte das Thema ›Massenmord‹ in der neutralen und alliierten Presse keine große Rolle, und auch die amtlichen Verlautbarungen der Alliierten erwähnten es nicht oft. Viele amerikanische und britische Juden erkannten den vollen Umfang der Katastrophe erst im letzten Kriegsjahr, viele Nicht-Juden erst nach Kriegsende. Nach der im Januar 1943 erfolgten Erklärung der Alliierten, welche die Nazi-Greueltaten verurteilte, äußerte mehr als die Hälfte der Bürger Amerikas bei einer demoskopischen Umfrage, sie glaube nicht, daß die Nazis die Juden vorsätzlich getötet hätten. Das Resultat einer ähnlichen Umfrage Ende 1944 zeigte, daß die meisten Amerikaner immer noch der Meinung waren, es seien weniger als 100 000 Juden vernichtet worden. Man sollte aber solchen Befragungen nicht zu viel politische Bedeutung beimessen, denn sie haben immer wieder ganz allgemein einen bedauerlichen Mangel an Wissen und Information über Tatsachen und Zahlen aufgedeckt. Auch das gibt keinen Anlaß, die Untersuchung über den Dezember 1942 hinaus auszudehnen, denn ihr Zweck ist die Feststellung, warum vorhandene Informationen nicht geglaubt wurden.

Schließlich widme ich ein besonderes Kapitel Polen, dem Land, das die meisten Opfer zu beklagen hatte und woher die meisten Informationen stammten. Manche Überschneidungen der Abschnitte waren nicht zu vermeiden; ich habe versucht, sie auf ein Minimum zu beschränken.

Ich möchte noch einmal klarstellen, daß es in dieser Untersuchung nicht um den Holocaust geht – übrigens ein ganz und gar unangebrachter Ausdruck* – auch nicht um Hilfe, Rettung oder Widerstand, nicht um die Verhaltensweisen von Juden, Nazis oder Alliierten, sondern um ein anderes, fest umrissenes Thema. In einer Monographie über die ›Endlösung‹ lägen nicht nur die Schwerpunkte anders, sondern wäre auch meine Beurteilung von Gruppen und Einzelpersonen schärfer. Die Hauptfrage dieser Untersuchung lautet: Wurden Informationen unterdrückt oder nicht, und wurden sie geglaubt oder nicht. Es stimmt, daß manche von denen, die als erste Alarm schlugen, später wenig oder nichts taten, den überlebenden Juden zu helfen, während andere, die sich anfänglich sträubten, den Berichten und Nachrichten zu glauben, später viel unternahmen, um Juden zu helfen. Es gibt andere Bücher, die sich damit befassen, und die Literatur nimmt ständig zu.

Abgesehen von den Schwierigkeiten der Recherchen und deren Auswertung hat sich der Verfasser eines derartigen Buchs vor einem besonders zu hüten: vor der Versuchung nachträglichen Besserwissens. Nichts ist leichter, als viele Jahre später Lob und Tadel zu verteilen; für manche Historiker ist diese Versuchung unwiderstehlich. Mehr als jedes andere Thema sollte die ›Endlösung‹ mit Bedachtsamkeit, ja Bescheidenheit angegangen werden. Nichts ist billiger, als geltend zu machen, jedermann hätte wissen müssen, was geschehen würde, wenn der Faschismus an die Macht käme. Ein solcher Einwand ist ahistorisch. Der Nationalsozialismus war ein Phänomen ohne Vorbild. Gewiß wurden im faschistischen

---

* Das griechische *holokaustein* bedeutet die Darbringung eines (gänzlich) verbrannten Opfers; es war aber durchaus nicht die Absicht der Nazis, Opfer dieser Art darzubringen, und außerdem waren die Juden keine rituellen Opfer.

Italien neben anderen Übeln in den zwanzig Jahren seines Bestehens etwa zwanzig Feinde des Staats (oder Mussolinis) hingerichtet, von denen einige bewaffnete Anschläge verübt hatten. Aber für den mörderischen Charakter des deutschen Nationalsozialismus gibt es in der neueren europäischen Geschichte keinen Präzedenzfall; aus diesem Grund waren die meisten Zeitgenossen darauf nicht vorbereitet.

Um das nicht nur in Großbritannien oder in den Vereinigten Staaten, sondern auch in Deutschland und sogar unter den Juden selbst festzustellende Widerstreben zu begreifen, den Nachrichten über Massenmorde Glauben zu schenken, muß man die historische Belastung durch die Greuelpropaganda im Ersten Weltkrieg berücksichtigen. Natürlich war dies nicht der erste Krieg, in dem angeblich Massaker und Grausamkeiten begangen wurden, aber derartige Propagandafeldzüge waren nie zuvor in solchem Umfang und so systematisch durchgeführt worden. Beide Seiten ließen sich darauf ein, die Briten und Franzosen jedoch mit weitaus größerem Erfolg als die Deutschen, die zu ihrem Kummer die Propagandaschlachten verloren, obwohl sie sich bemüht hatten, ihre Feinde – besonders die Kosaken in Ostpreußen – aller nur denkbaren Untaten anzuklagen.

Die westlichen Alliierten erhoben ihre Beschuldigung, Deutschland habe Greueltaten begangen, seit der Verletzung der belgischen Neutralität durch die deutschen Armeen im August 1914. Die Deutschen, hieß es, hätten Frauen und Kinder vergewaltigt, Menschen gepfählt und gekreuzigt, Zungen und Brüste abgeschnitten, Augen ausgestochen und ganze Dörfer niedergebrannt. Solche Berichte erschienen nicht nur in der Boulevardpresse; führende Schriftsteller von John Buchan und Arthur Conan Doyle bis zu Arnold Toynbee schlossen sich dem an.[3] Diese Propaganda setzte sich auch 1915 fort, nahm Anfang 1916 an Intensität etwas zu und erreichte im April jenes Jahres einen neuen Höhepunkt, als die britische Presse anfing, Nachrichten und Kommentare über die Verwertung von Leichen gefallener Soldaten zu veröffentlichen, aus denen die Deutschen Fettprodukte wie Glyzerin und Seife herstellten. Wahrscheinlich im Hinblick auf China und die islamische Welt ergänzte man noch, daß auch Schweinefutter aus den Toten gewonnen werde.

Gewiß gab es solche Einrichtungen in Deutschland, die Kadaververwertungsanstalten. Sie verarbeiteten aber Tierkadaver und keine Leichen. Derartige ›Informationen‹ waren keine Ausnahmefälle. Sogar hochangesehene Zeitungen wie die *Financial Times* brachten Meldungen, wonach Kaiser Wilhelm II. persönlich die Tortur dreijähriger Kinder angeordnet und die anzuwendenden Methoden bestimmt habe. Der *Daily Telegraph* meldete im März 1916, daß die Österreicher und die Bulgaren 700 000 Serben vergast hätten.

Vermutlich erinnerten sich manche Leser an diese Horrormeldungen, als der *Daily Telegraph* als erste Zeitung im Juni 1942 berichtete, 700 000 Juden seien vergast worden. Als nämlich der Erste Weltkrieg zu Ende war, stellte es sich bald heraus, daß fast alle diese Nachrichten entweder erfunden – und manche ihrer ›Erfinder‹ gaben das auch zu – oder stark übertrieben waren. Die Invasion Belgiens war zwar ein Kriegsverbrechen, viele belgische Zivilisten waren unter der oft nicht erwiesenen Beschuldigung des bewaffneten Widerstands als Franktireurs erschossen worden, es hatte viel böswillige Zerstörung gegeben, aber auch die Alliierten waren keine Unschuldslämmer; jedenfalls bestand ein himmelweiter Unterschied zwischen den tatsächlichen Geschehnissen und den angeblichen Ausschreitungen der Deutschen. Mitte der Zwanziger Jahre gab Außenminister Austen Chamberlain im britischen Parlament zu, daß die Nachrichten über die ›Leichenverwertung‹ jeder Grundlage entbehrten. Und noch im Februar 1938, am Vorabend eines neuen Kriegs, sagte Harold Nicolson im Unterhaus, daß »wir abscheulich gelogen«, daß die Lügen Großbritannien immens geschadet hätten und daß er hoffe, eine solche Propaganda nie wieder erleben zu müssen. Als nun gegen Ende 1941 und 1942 ähnliche Nachrichten über Massenmord, Giftgas und Seifenfabrikation aus Leichen auftauchten, herrschte allgemein die Neigung vor, sie nicht zu glauben, oft unter Hinweis auf die ›Lektionen‹ aus dem Ersten Weltkrieg: niemand wollte sich zum zweitenmal in einer Generation in die Irre führen lassen. Zwei wichtige Umstände wurden dabei nicht beachtet: vor allem die Tatsache, daß das NS-Deutschland von 1942 ein vom Kaiserreich des Jahres 1914 grundverschiedenes politisches Regime darstellte, und zweitens, daß auch damals, wenn auch unter ganz anderen Verhältnissen, in entlegenen Gebieten Massenmorde stattgefunden hatten – die Massaker unter den Armeniern. Die Greuelpropaganda im Ersten Weltkrieg war als Abschreckungsmittel gedacht; sie war nicht das einzige psychologische Hemmnis, das das Hinnehmen der neuerlichen Schreckensbotschaften so erschwerte, aber sicherlich ein sehr bedeutsames. Auch was vor 1939 in Deutschland und in Österreich geschah, konnte damals vernünftigerweise nicht als logisches Vorspiel zum Völkermord betrachtet werden. Daraus leitet sich das Widerstreben der Juden in Europa und außerhalb ab, Informationen über die ›Endlösung‹ zu glauben. Anschuldigungen, weil man die Juden im Stich gelassen hatte, sind gleichermaßen gegen die Polen, die westlichen Alliierten und die Sowjetführer, gegen den Vatikan und das Rote Kreuz erhoben worden. Meine Untersuchung beschäftigt sich nicht mit der Frage der Hilfeleistung oder Rettung, sondern mit der Übermittlung von Informationen. Für die erwähnten Länder und Organisationen war die jüdische Katastrophe ein Randproblem. Dies trifft besonders auf die Hauptstrategen des Kriegs gegen Deutschland zu. Ihr oberstes Ziel war es, den Krieg gegen Hitler zu gewinnen, alles andere war von untergeordneter Bedeutung. Der Sieg war 1942 das Hauptanliegen, denn der Ausgang des Krieges stand noch keineswegs fest.

Aber alles verstehen heißt nicht unbedingt alles verzeihen. Trotz aller Zugeständnisse und der Anerkennung mildernder Umstände bleibt die Tatsache bestehen, daß nur wenige Instanzen bzw. deren Vertreter aus dieser Sache makellos hervorgehen. Es geht um die Geschichte vom Versagen, vom Mangel an Verständnis seitens jüdischer und nichtjüdischer Persönlichkeiten in hohen Positionen in und außerhalb Europas, auch in neutralen Ländern, die sich nicht darum scherten, nichts davon wissen wollten oder gar Informationen unterdrückten.

Man wird fragen, ob es wirklich von Bedeutung gewesen wäre, wenn die Welt die Fakten über die Massenmorde früher akzeptiert hätte, als tatsächlich geschehen. Niemand weiß es. Wahrscheinlich hätte es keinen sehr großen Unterschied gemacht. Die europäischen Juden wären ihrem Schicksal nicht entronnen, jene außerhalb waren zu schwach, als daß sie hätten helfen können, und die Neutralen und die Alliierten hätten jedenfalls nicht mehr getan, als sie ohnehin taten, was, wie man weiß, wenig genug war.

Gewißheit gibt es aber nicht. Es ist unwahrscheinlich, daß viele der 1942 Getöteten hätten gerettet werden können. Militärisch war Deutschland noch sehr stark, seine Macht über seine Verbündeten und Satelliten ungebrochen. Es gab jedoch selbst damals Mittel und Wege, Menschen zu retten. Erfolge waren denkbar, aber man versuchte es erst gar nicht: ein doppeltes Versagen, zuerst im Begreifen und später im Ergreifen der Möglichkeiten, die es noch gab. Ich werde gegen Ende des Buches die Frage noch einmal behandeln.

Wir sollten nun kurz auf die Chronologie der Endlösung eingehen. Am 30. Januar 1939 hatte Hitler die Vernichtung der jüdischen Rasse im Rahmen der Neuordnung Europas angekündigt. Der Krieg brach aus; anfänglich gab es hinsichtlich der Mittel zur Vernichtung keinen klaren Plan. Gewiß, die rein organisatorische Struktur war im September 1939 vom Reichssicherheitshauptamt (RSHA) in Umrissen festgelegt worden; in diesem Amt befand sich auch Eichmanns ›Judenreferat‹. Aber man hatte noch keine klare politische Linie. Wie Heydrich Ende September 1939 sagte, gab es ein Endziel, dessen Erreichung einige Zeit in Anspruch nehmen werde, aber die erforderlichen Schritte könnten mehr oder weniger bereits getan werden. Eines der 1940 diskutierten Projekte war ein Plan, die europäischen Juden nach Madagaskar auszusiedeln. Genaue Pläne waren bereits vorbereitet, aber schon nach einigen Monaten nahm man Abstand davon.

In der Zwischenzeit wurden polnische Juden in Gettos geschafft. Die größten waren in Lodz (Februar 1940) und Warschau (November 1940). Tausende von Juden wurden von Mitteleuropa nach Lublin ins südliche Polen deportiert, das eine Zeitlang als ›Reservat‹ für die ganze europäische Judenschaft gedacht war. Im November 1940 ließ man das Projekt fallen. Bis zum deutschen Einmarsch in die Sowjetunion im Juni 1941 hatte es einige willkürliche Tötungen, aber keine größeren Massaker gegeben. In den Gettos starben zwar Tausende an Krankheit und Hunger, aber noch gab es keine systematische Ausrottung. In der Zwischenzeit ging, wenn auch in sehr geringem Umfang, die jüdische Emigration aus Europa nach Nord- und Südamerika, Shanghai und anderen Zufluchtsstätten weiter.

Im Dezember 1940 unterzeichnete Hitler die »Weisung 21« (Unternehmen ›Barbarossa‹); bald danach wurden Himmler und Heydrich beauftragt, Vorbereitungen zur ›Endlösung‹ der jüdischen Frage in Europa zu treffen. Nicht nur die besetzten Gebiete waren in die Pläne einbezogen, sondern auch die Juden Großbritanniens und Irlands. Schriftliche Befehle gab es nicht; in einer Rede in späteren Kriegsjahren vor altgedienten SS-Führern erläuterte Himmler den Grund: über gewisse Angelegenheiten sollte es keine Akten geben.

Anfang Mai 1941 wurde der Kern der Einsatzgruppen in Mitteldeutschland zusammengerufen. Es sollte vier solche Gruppen geben: A sollte die Vernichtungsaktion in Nordrußland übernehmen, B im Mittelabschnitt der Ostfront, C in der nördlichen und D, die kleinste, in der südlichen Ukraine, auf der Krim und im Kaukasus. Unterstützt werden sollten sie von verschiedenen anderen Einheiten – Hilfs- und Feldpolizei, Freiwilligengruppen aus der

Ukraine und den baltischen Ländern. Die Operationen der Einsatzgruppen begannen fast unmittelbar nach dem Einmarsch am 22. Juni; sie töteten am 27. Juni 2000 Juden in Bialystok und 7000 drei Tage später in Lwow (Lemberg). In den folgenden vier Monaten durchkämmten sie den inzwischen besetzten Bereich und brachten zusammen mit ihren rumänischen Verbündeten im Süden etwa 600 000 Juden um. Auch der einsetzende Winter verlangsamte diese Aktionen nicht, und im Frühjahr 1942 erfolgte eine zweite Welle.

Von Anfang an war es klar, daß die Einsatzgruppen allein die ›Endlösung‹ nicht durchführen konnten. Ihre Zahl war zu klein, ihre Operationen auf die in der Sowjetunion besetzten Gebiete beschränkt. Gründlichere Vorbereitungen mußten für Polen und das übrige Europa getroffen werden. Am 31. Juli 1941 erhielt Heydrich, Chef der Sicherheitspolizei, von Göring den Befehl, die jüdische Frage unter den gegebenen Umständen auf die vorteilhafteste Art und Weise zu lösen. Es gab Techniken des Massenmords, aber die betreffenden Anlagen mußten gebaut und die Juden aus den verschiedenen Ländern zu den Vernichtungslagern transportiert werden.

Man traf sich, um die technische Seite der Aufgabe vorzubereiten; für den 20. Januar 1942 wurde die Wannsee-Konferenz einberufen. Schon vorher hatten Deportationen aus Mitteleuropa nach Lodz und anderen Gettos stattgefunden, und das erste Vernichtungslager, Chelmno am Fluß Ner, von den Deutschen in Kulmhof umbenannt, arbeitete bereits seit dem 8. Dezember 1941; getötet wurde mit Kohlenmonoxyd aus laufenden Lastwagenmotoren.

Das zweite Vernichtungslager wurde im Winter 1941 auf 1942 in Belzec eingerichtet, einem kleinen Ort an der Bahnlinie Lublin-Lwow. Es war Mitte März einsatzbereit. Die ersten Opfer waren Juden aus Lublin. Die Menschen wurden in festen, luftdichten Kammern, die zuerst in Holzhütten, später in einem Steinbau installiert waren, durch Giftgas getötet.[4] Sobibor, das dritte Lager, am Bug in Ostpolen gelegen, nicht weit von der ukrainischen Grenze entfernt, war im Mai 1942 einsatzbereit. Viele deutsche, niederländische, slowakische und polnische Juden wurden hier umgebracht.

Treblinka, eines der größten Vernichtungslager, liegt nördlich von Warschau und nahm seine Tätigkeit mit den ersten Transporten aus Warschau am 23. Juli 1942 auf.

Die bisher erwähnten Lager dienten nur einem Zweck: der Tötung. Auschwitz und Majdanek waren beides, Arbeits- *und* Vernichtungslager, was außerhalb des deutschen Machtbereichs viel zur Verwirrung der Begriffe beitrug. Tatsächlich war Auschwitz das größte Massenvernichtungslager, lieferte aber auch Arbeitskräfte an viele Fabriken. Hier, an der Grenze von Westgalizien und Oberschlesien, war im Mai 1940 zuerst ein Konzentrationslager errichtet worden, dessen Insassen hauptsächlich Polen waren. Im Oktober 1941 kam als zweites Lager Auschwitz II (Birkenau) hinzu, das für Juden bestimmt war. Daß sich in Auschwitz ein Konzentrationslager befand – und eines der schlimmsten – wurde früh bekannt; ein OSS-Bericht* vom August 1942 berichtete davon, erwähnte aber weder Juden noch Giftgas. Anderseits hieß es hier, daß Max Schmeling, der ehemalige Boxweltmeister, zum Kommandanten ernannt worden sei – eine im höchsten Grad unwahrscheinliche Behauptung. Diese Information war unter großen Mühen und wohl auch Risiken von Europa nach Amerika gelangt. Hätten die OSS-Leute etwas mehr Zeit auf das Lesen New Yorker Zeitungen verwendet, hätten sie über zuverlässigere und detaillierte Berichte verfügt.[5] Mehr als einmal brachten Zeitungen wichtige Informationen, Wochen und sogar Monate bevor sie ihren Weg in diplomatische Depeschen fanden.

Die ersten Tötungen mit Gas fanden im September 1941 in Auschwitz statt; dies war aber nur der Auftakt, denn Massentransporte trafen erst gegen Ende März 1942 ein und danach praktisch

---

* OSS: Office of Strategic Services: dem US-Generalstab unterstellter politisch-militärischer Geheim- und Sabotagedienst.

ohne Unterbrechung: slowakische und französische Juden im März 1942, niederländische im Juli, belgische und jugoslawische im August, tschechische im Oktober, norwegische und deutsche im Dezember, der Rest 1943 und 1944. Insgesamt wurden in Auschwitz etwa ein bis zwei Millionen Juden getötet.

Majdanek, ein Vorort von Lublin, diente ursprünglich als Kriegsgefangenenlager und wurde 1941 gewaltig erweitert. Bei Ankunft der Transporte wurde mehr als die Hälfte der Deportierten getötet, andere kamen in Arbeitstrupps; manche überlebten mehrere Monate oder sogar Jahre.

Was war, was konnte über das Fortschreiten der ›Endlösung‹ während der fraglichen Zeit bekannt sein?

Bis 1. Januar 1942:	Gesamtzahl der getöteten Juden 500 000–600 000: praktisch alle Juden Estlands getötet, 35 000 von 75 000 lettischen Juden, die den Nazis in die Hände fielen, 100 000 Juden in Litauen einschließlich 45 000 von 55 000 aus Wilna.
	300 000 aus der Ukraine, Ostgalizien und Weißrußland getötet.
	Chelmno in Betrieb.
	Ermordung kroatischer Juden.
	Tötung von zunächst 80 000 aus Transnistrien.
	Deportation von 20 000 deutschen Juden ins Getto von Lodz.
Bis 1. April 1942:	Fortsetzung dieser Aktionen.
	Deportationen aus der Slowakei nach Auschwitz und Majdanek.
	Lager Belzec betriebsfertig.
	Beginn der ›Evakuierung‹ polnischer Gettos (Lublin usw.).
	Zweite Welle der Einsatzgruppen (Krim usw.).

Bis 1. Juli 1942:	Sobibor ›eröffnet‹.

Bis 1. Juli 1942: Sobibor ›eröffnet‹.
Vernichtung der meisten polnischen jüdischen Gemeinden mit Ausnahme von Warschau, Lodz, Bialystok und einigen anderen. Deportationen aus Deutschland, den Niederlanden, Belgien, dem Protektorat Böhmen und Mähren usw.

Bis 1. Oktober 1942: Fortsetzung der Deportationen in Lager aus Polen und anderen europäischen Ländern.
Treblinka in Betrieb.
Die meisten Warschauer Juden in Treblinka getötet.

Bis 1. Januar 1943: Laut amtlichem SS-Bericht* waren gegen Ende 1942 zweieinhalb Millionen Juden ›verschickt‹ worden und nicht mehr am Leben.
In dieser Zahl sind enthalten:
100 000 aus Deutschland und dem Sudetenland,
47 000 aus Österreich,
69 000 aus dem Protektorat Böhmen und Mähren,

---

* Diese Angaben sind dem Korherr-Bericht entnommen. Dr. Korherr war ›Inspekteur für Statistik beim Reichsführer SS‹; Himmler beauftragte ihn am 18. Januar 1943, einen Zwischenbericht zu erstellen, den Korherr am 23. März 1943 vorlegte. Korherr gab an, daß die Zahlen für die ehemaligen sowjetischen Gebiete unvollständig seien. Die Gesamtzahl liegt wahrscheinlich bei fast drei Millionen. Während Himmler Korherr Vorwürfe machte, so gewagte Ausdrücke wie ›Endlösung‹ gebraucht zu haben, waren untergeordnete Beamte gelegentlich recht offen. So schrieb ein Dr. Wetzel, Amtsgerichtsrat im Reichsministerium für die besetzten Ostgebiete, am 25. Oktober 1941 an den Reichsstatthalter für die Besetzten Gebiete, daß die aus Deutschland kommenden, zur Arbeit untauglichen Juden mit Bracks Instrumentarium (d. h. Gas) »beseitigt« werden könnten. Der gleiche Dr. Wetzel schrieb im ›Generalplan Ost‹ (27. April 1942), daß, wollte man die Polen liquidieren, wie man die Juden liquidiert habe, dieses Verfahren das deutsche Volk bis in ferne Zukunft belasten und es überall Sympathien kosten würde (Nuremberg Documents, NG-2325).

1 274 000 aus dem Generalgouvernement (Polen) und Lwow,
41 000 aus Frankreich,
38 000 aus den Niederlanden,
16 000 aus Belgien,
532 aus Norwegen,
56 000 aus der Slowakei,
5 000 aus Kroatien,
635 000 aus sowjetischem Territorium.

Dies ist in kürzester Zusammenfassung die Chronologie der Ereignisse. Wir werden nun sehen, wann und wie Juden und Deutsche, Neutrale und Alliierte davon erfuhren.

1

Deutschland, eine Mauer des Schweigens?

Wann zuerst erreichten Informationen über den Massenmord Deutschland? Nach nahezu einhelligem Konsens gab es eine ›Mauer des Schweigens‹. Wenn es in Kriegszeiten sogar in den westlichen Demokratien gelang, gewisse Geheimnisse zu bewahren (etwa das Unternehmen ›Manhattan‹ oder ›Ultra‹ oder die Vorbereitungen für die zweite Front), so war dies natürlich in totalitären Ländern mit ihren viel wirksameren Mitteln der Kontrolle und Unterdrükkung weitaus leichter. Die Naziführung machte überdies entschiedene Anstrengungen, irreführende Informationen über das Schicksal der Juden zu verbreiten.

Das alles stimmt, ist aber nicht die volle Wahrheit. Die Vergleiche mit ›Manhattan‹ und ›Ultra‹* sind kaum relevant, weil diese Projekte nur ein paar hundert, höchstens ein paar tausend Menschen angingen, und weil die Geheimnisse von der zweiten Front nur wenige Wochen oder Monate zu hüten waren. Es ist zwar richtig, daß nur eine Handvoll Deutscher *alles* über die ›Endlösung‹ wußte, *aber nur sehr wenige wußten gar nichts*. Wie Hans Frank, Hitlers Statthalter im Generalgouvernement, in Nürnberg aussagte, solle man niemandem glauben, der behaupte, nichts zu wissen, und er beziehe dies nicht nur auf die vor Gericht Stehenden. Himmler verkündete während des Krieges in einer bekannten Rede über das Problem der Geheimhaltung des Schicksals der Juden feierlich, man werde nie darüber sprechen, es werde keine Akten geben. Aber während er redete, liefen die Tonbänder, und die Rede kann

---

* Unternehmen ›Manhattan‹: Bau der amerikanischen Atombombe. ›Ultra‹: Entschlüsselung der deutschen Geheim-Codes durch die Briten.

heute noch in den meisten größeren Tonbandarchiven abgehört werden. Millionen Menschen können nicht ohne Mithelfer beim Mord und ohne Zeugen getötet werden.

Die Parteiführer, die SS, die Sicherheitspolizei und andere Dienststellen, die damit zu tun hatten, benützten sogar in ihrem internen Briefwechsel eine Tarnsprache: die Juden wurden nicht hingerichtet, getötet oder ermordet – sie wurden lediglich ›umgesiedelt‹, ›evakuiert‹, ›weggebracht‹, ›verschickt‹ oder erhielten schlimmstenfalls eine ›Sonderbehandlung‹. Dieses Wort war aber für den feinfühligen Himmler zu direkt; als der Statistiker der SS, Dr. Korherr, ihm einen Zwischenbericht über die Fortschritte in der ›Endlösung‹ – wieder einer dieser Euphemismen – vorlegte, befahl ihm Himmler, diesen Ausdruck nicht mehr zu verwenden, sondern einfach von Judentransporten zu sprechen. Aber auch in einem totalitären System gibt es keine Konsequenz: die Einsatzgruppen gebrauchten in ihren Tages-, Wochen- oder Monatsberichten keine Umschreibungen. Sie hatten es eilig und berichteten schlicht, daß so und so viele tausend Juden in der und der Zeit getötet worden seien. Das gleiche gilt von den Kriegstagebüchern der Wehrmachtseinheiten, die ohne Beschönigung von den Massakern schrieben, deren Zeugen sie geworden waren. Ironischerweise konnte die SS sie nicht anweisen, besondere Sprachregelungen zu verwenden, ohne ihnen auch zu sagen, warum dies nötig sei – und das hielt man nicht für ratsam.

Die Sache erlangte Wichtigkeit in den Nachkriegsprozessen: manche altgediente SS-Führer behaupteten, nie etwas über die ›Endlösung‹ gehört zu haben – einer von ihnen, Karl Wolff, war zwar Himmlers Chefadjutant im Range eines SS-Generals, aber Himmler habe ihm gegenüber Massenmord nie erwähnt; wäre das geschehen, hätte er, Wolff, auf der Stelle Selbstmord begangen. Wie aber konnte Wolff erklären, daß er in einem Brief vom Juli 1942 »Freude« bekundet hatte, daß das »auserwählte Volk« von Warschau nach Treblinka überführt wurde, in Schüben von täglich mehreren Tausenden? Nun, der Brief sei von jemand anderem entworfen worden, er, Wolff, habe den schlimmen Sinn nicht bemerkt.

Die Erfahrung mit Deutschland zeigt, daß auch unter einem totalitären Regime Geheimnisse nicht bewahrt werden können, wenn sie einmal über eine kleine Gruppe hinaus durchgesickert sind. Zehn Männer oder Frauen können vielleicht ein Geheimnis wahren, tausend nicht. Auch Mauern des Schweigens haben ihre lockeren Ziegel und Löcher. Um die ›Endlösung‹ vorzubereiten und durchzuführen, brauchte man die aktive Mitarbeit Tausender in vielen Bereichen. Wer in Deutschland befand sich 1942 in einer Position, in der er Bescheid wissen konnte? Vor allem natürlich diejenigen, die den Massenmord anordneten, und andere, die bei der Durchführung direkt mitwirkten. Es waren nicht viele: Hitler, Göring, Himmler und danach Heydrich, Eichmann und ihre nächsten Mitarbeiter. Ferner die Einsatzgruppen, die verhältnismäßig klein waren und nur etwa dreitausend Mann zählten. Nachdem die Todeslager eingerichtet waren, kamen das Lagerpersonal und die Wachmannschaften hinzu, insgesamt auch nicht mehr als einige tausend, die natürlich strengster Schweigepflicht unterworfen waren. In vielen Fällen wurden diese Vorschriften nicht beachtet, Wachleute schwatzten oder ließen zumindest bei Verwandten oder Freundinnen Andeutungen fallen. Weder die Männer der Einsatzgruppen noch die Bewacher gehörten außerordentlich disziplinierten Eliteeinheiten an. War ihre Aufgabe beendet, kehrten sie zu ihrer Truppe zurück. Manche sprachen mehr oder weniger offen mit Kameraden oder Polizisten über ihre Erlebnisse im Osten.

Wenn auch die Zahl der direkt Beteiligten ziemlich klein war, die ›Endlösung‹ konnte ohne die indirekte Hilfe und das Wissen vieler nicht verwirklicht werden; dies gilt besonders für die ersten Monate nach dem Einfall in die Sowjetunion. Die Sondereinheiten, die zwischen Ende Juni und November 1941 etwa 500 000 Juden töteten, betraten unmittelbar hinter der Wehrmacht sowjetischen Boden. Sie konnten natürlich nur in enger Zusammenarbeit mit den deutschen Armeen operieren, mußten sich bei den örtlichen Kommandanten melden und ihre beabsichtigten Aktionen mit ihnen koordinieren. Die täglichen oder wöchentlichen Berichte der Einsatzgruppen erwähnen oft die Beziehungen zur Wehrmacht, die manchmal für ihre Hilfe gelobt wird. Einheiten der Heeresgruppe Mitte nahmen an Massakern teil; Generalfeldmarschall von Reichenau bekam hohes Lob von den Einsatzgruppen. Anderswo verlangten örtliche Kommandeure von den Einsatzgruppen, sie sollten ihre ›Arbeit‹ beschleunigen (Krementschug, Dsankoi). Dies wiederum provozierte Proteste der sonst nicht überempfindlichen SS-Kommandeure: »Wir sind nicht die Henker der Armee.«

Anderseits gab es auch Klagen über mangelnde Unterstützung oder auch über Kritik seitens mancher Offiziere, die kein Verständnis für die von den Einsatzgruppen zu leistende undankbare Arbeit zeigten. Somit mußten deutsche Wehrmachtoffiziere Bescheid wissen, ausgenommen jene, die ständig an der Front oder in Gegenden waren, wo es keine Juden gab, was aber selten der Fall war. Auf jeden Offizier, der von der SS ins Vertrauen gezogen werden mußte, kamen mehrere andere, die durch Zufall Zeugen von Tötungen wurden oder davon hörten.* Es gibt zahllose Berichte von Offizieren und Soldaten, die ungewollt Erschießungen beobachteten und Aufnahmen machten. Dies scheint auch unter den Einsatzgruppen ganz allgemein praktiziert worden zu sein. Es gab im November 1941 einen Befehl Heydrichs, das Fotografieren sofort zu unterlassen, und Anfang 1942 einen zweiten, alle existierenden Fotos einzuziehen. Von nun an durften Aufnahmen nur mit

---

* Nachdem Rudolf von Gersdorff, Major im Generalstab, von der Erschießung mehrerer tausend Juden in Borisow erfahren hatte, schrieb er ins Kriegstagebuch der Heeresgruppe Mitte am 9. Dezember 1941: »Bei allen längeren Gesprächen mit Offizieren wurde ich nach den Judenerschießungen gefragt. Ich habe den Eindruck gewonnen, daß die Erschießung der Juden ... fast allgemein im Offizierskorps abgelehnt [wird].« (R. Ch. Freiherr von Gersdorff, *Soldat im Untergang*, Berlin 1977, S. 96–99). Als Generaloberst Busch, Oberbefehlshaber der 16. Armee, in seinem Hotelzimmer in Kowno Erschießungen hörte, äußerte er sich, daß diese Dinge die Offiziere nichts angingen und daß sie nichts zu unternehmen hätten (Peter Hoffmann, *Widerstand, Staatsstreich, Attentat*, München 1970, S. 317). Ein anderer hochdekorierter Offizier, Axel von dem Bussche, entschied sich, der Verschwörergruppe gegen Hitler beizutreten, weil er im Herbst 1942 zufällig Zeuge einer Massenexekution auf dem Flughafen von Dubno geworden war.

Genehmigung der zuständigen Stellen gemacht werden; sie galten als Staatsgeheimnis.

Wer Zeuge einer Exekution wurde, sprach oder schrieb darüber beifällig, entsetzt oder nüchtern berichtend. Dies bezieht sich nicht nur auf Offiziere und Soldaten, sondern auch auf Zivilisten (Journalisten, Eisenbahnpersonal, Techniker usw.), die erzählten, was sie gesehen hatten, da viele nicht unter Eid standen. Auf diese Weise erreichten zuerst Informationen gewisse Teile der deutschen Bevölkerung. Interne Parteiberichte erwähnen besonders Soldaten auf Urlaub als Quelle für »sehr harte Maßnahmen« gegen die Juden. Dies alles bezieht sich auf die Frühphase, auf das Stadium der Einsatzgruppen. Als die Endlösung sich erst einmal eingespielt hatte und durchorganisiert war und die Todeslager Chelmno, Sobibor, Treblinka und Auschwitz ›funktionierten‹, wurden mit ziemlicher Sicherheit weniger Wehrmachtsangehörige Zeugen von Vernichtungsaktionen.

Die Einsatzgruppen setzten ihre Tätigkeit fort, wenn auch in kleinerem Umfang. In den besetzten Gebieten gab es nur noch wenige Juden. Die Zahl der beteiligten Zivilisten stieg jedoch sprunghaft an. Schon bei den ersten Planungskonferenzen wie jener am Wannsee hatten Vertreter der Ministerien des Auswärtigen, der Justiz, des Inneren, des Vierjahresplans und der Reichskanzlei teilgenommen, und als die Zwangsverschickungen aus Deutschland und Mitteleuropa in Gang kamen, mußten Beamte aller Rangstufen aus den verschiedensten Behörden beigezogen werden. Es handelte sich ja um eine große Verwaltungsmaßnahme, die bei der Kompliziertheit der modernen Gesellschaft zahllose Entscheidungen, Instruktionen, Rundschreiben, Briefwechsel erforderlich machte. Der Bürgermeister einer kleinen oder mittelgroßen deutschen oder österreichischen Stadt erhielt z. B. den Befehl, der ihn informierte, daß Juden in den Osten zu transportieren seien und daß er den mit der Aktion Beauftragten jede nur mögliche Hilfe zu leisten habe. Die Juden mußten benachrichtigt, alte und schwache Juden zum Sammelplatz gebracht werden, Ärzte und Schwestern hatten zu prüfen, ob alle transportfähig waren. Die Aktionen wurden häufig nicht einmal von der SS überwacht, die für Wichtigeres gebraucht wurde, sondern von der regulären Polizei. Man mußte auch mit den Dienststellen der Eisenbahn zusammenarbeiten, denn die Bereitstellung von ›Sonderwagen‹ war in der Kriegszeit durchaus nicht leicht, auch wenn die Verschickungen höchste Priorität besaßen. Das Begleitpersonal der Züge bestand aus Polizisten der verschiedenen Verwaltungszweige einschließlich jener der regulären Polizeikräfte. Berichte mußten über jeden Transport gefertigt werden; es gab Klagen über mangelhafte Mitarbeit der Stationsvorsteher, von denen sich manche so weit vergaßen, daß sie zu den Deportierten freundlich waren. Vielleicht ahnten sie, was den Juden bevorstand.

Mit dem Verschwinden der Juden aus den Städten waren die bürokratischen Probleme keineswegs erledigt. Die Nachbarn der Juden und Personen, die mit ihnen zusammen in den Fabriken gearbeitet hatten, merkten natürlich, daß sie verschwunden waren. Viele mögen der offiziellen Version von der ›Umsiedlung in den Osten‹ geglaubt haben, aber es liegen dokumentarische Beweise vor, daß zum mindesten manche mehr wußten: Juden, die in Berliner Fabriken arbeiteten, wurden vor bevorstehenden Razzien gewarnt. Manchmal sagten ihnen wohlmeinende Herren von der Fabrikleitung und Vorarbeiter, daß das, was das Schicksal für sie bereithielt, nicht gerade eine ›Umsiedlung‹ sei. Die Maschinerie der Bürokratie lief weiter. Das Eigentum der Juden wurde vom Staat eingezogen, Banken und Versicherungsgesellschaften mußten Todesmeldungen erhalten, andere Instanzen waren zu informieren, daß die Juden keine Lebensmittel- und Kleiderkarten mehr brauchten. Alle möglichen juristischen Komplikationen tauchten auf, die Gerichte hatten sich mit Problemen dieser Art zu beschäftigen.[6]

In einem späteren Stadium tauchten für die Verwaltung andere Probleme auf. Eigentum der in den Lagern Getöteten wurde nach Deutschland zurückgeschickt. Geld und andere Wertgegenstände, Goldplomben kamen auf die Banken; Bettwäsche, Brillen, Puppen,

Handtaschen, Wäsche, Uhren, Pfeifen, Schirme, Füllfederhalter und diverse andere Sachen wurden an die verschiedenen sozialen Dienste wie die Winterhilfe oder an die Familien verwundeter Soldaten weitergeleitet. In den Lagern wurden den Frauen vor der ›Sonderbehandlung‹ die Haare abgeschnitten und an die Filzfabrik Alex Zink bei Nürnberg geschickt, wo sie für Kriegszwecke verarbeitet wurden. Um es vorsichtig auszudrücken – es ist unwahrscheinlich, daß die Empfänger der Sendungen keine Vorstellung hatten, woher diese Dinge kamen.

Als die Transporte von Deutschland und anderen Ländern nach Osten rollten – so hieß es – verschwanden die Juden spurlos. Da die Vernichtungslager weit außerhalb der Grenzen Deutschlands lagen, konnte außer dem an der ›Endlösung‹ beteiligten Personenkreis eigentlich niemand etwas über das Schicksal der Juden wissen. Dies wird weithin geglaubt, stimmt aber nicht. Denn: zwei der Vernichtungslager, Chelmno, als erstes in Betrieb und Auschwitz als größtes, lagen faktisch innerhalb der Grenzen Großdeutschlands. Obwohl Auschwitz in vielerlei Hinsicht einen Staat im Staate darstellte, hatten die verschiedenen Zweige der deutschen Zivilbehörden mit der Einrichtung und der laufenden Versorgung der Lager zu tun. Der Status des Generalgouvernements war nicht der eines besetzten Gebietes, wo bürokratische Prozeduren häufig mißachtet wurden. Ein Blick auf die Karte zeigt, daß Auschwitz nicht mitten in einer Wüste liegt, sondern am Rand des oberschlesischen Industriegebiets mit den größeren Nachbarstädten Beuthen, Gleiwitz, Hindenburg (Zabrze) und Kattowitz.

Außerdem war Auschwitz beides, Arbeits- und Vernichtungslager, anders als Treblinka und Sobibor, die ganz einfach als Totenfabriken bezeichnet werden müssen. Auschwitz war ein regelrechtes Zentrum mit etwa vierzig Außenstellen. Diese Liste liest sich wie ein Ortsverzeichnis von Schlesien: Kosel, Blechhammer, Gleiwitz, Beuthen, Laurahütte, Bunzlau, Langenbielau, Ottmuth, Gogolin, Annaberg, Neukirch. Die Auschwitz-›Filialen‹ erstreckten sich bis Riesa in Sachsen und Warschau. Nicht jeder, aber mancher Arbeiter der Außenstellen wußte Bescheid. Arbeitskräfte aus Auschwitz wurden bei der AEG und den IG-Farben beschäftigt, sie arbeiteten für die Reichsbahn und andere, für die Kriegswirtschaft wichtige Unternehmen. Aus verschiedenen Quellen, polnischen und deutschen, weiß man, daß die polnische Bevölkerung in der Nähe weitaus besser isolierter Lager als Auschwitz recht gut wußte, was innerhalb des Stacheldrahts vor sich ging. Es ist unmöglich, daß kein Einwohner von Gleiwitz, Beuthen oder Kattowitz eine Ahnung hatte, was in einer Entfernung von ein paar Kilometern von seiner Haustür geschah. Außerdem wurden diejenigen Gefangenen in Auschwitz, die das Glück hatten, zur Arbeit statt für den Tod ›selektiert‹ zu werden, über ganz Schlesien und bis ins Reich verteilt. Und da sie mit Tausenden von Personen zusammenkamen, ist es unvorstellbar, daß Nachrichten über Auschwitz nicht viele Nicht-Juden erreichten. Wenn Juden in den nahebei gelegenen Gettos Bescheid wußten, dann auch Personen, die draußen größere Bewegungsfreiheit hatten.*

Charles Joseph Coward, ein britischer Kriegsgefangener, sagte im Nachkriegsverfahren gegen die IG-Farben aus:

»Die Menschen in der Stadt [Auschwitz], die SS-Männer, die Lagerinsassen, die Fremdarbeiter, das ganze Lager wußte es. Die ganze Zivilbevölkerung wußte es und beklagte sich über den Gestank der brennenden Leichen. Auch eine Menge Angestellter der IG-Farben, mit denen ich sprach, gaben es zu. Es wäre ganz unmöglich gewesen, nicht Bescheid zu wissen.«

---

* Zwei Beispiele sollten genügen: Eine Besucherin aus Palästinas, die bei Kriegsausbruch in Sosnowice (Sosnowitz) wohnte und im November 1942 repatriiert wurde, berichtete der Jewish Agency von den Schornsteinen des nahegelegenen Lagers Auschwitz – und wofür sie dienten. Ihre Aussage zusammen mit denen anderer – darüber mehr weiter unten – wurde von der Informationsabteilung der Jewisch Agency am 20. November 1942 verbreitet. Die Frau muß im August oder spätestens im September davon erfahren haben.
Laut Gestapo-Bericht vom 18. März 1942 wurde Karl Golda, 28 Jahre alt, Mitglied des Salesianerordens, in einem Kloster bei Auschwitz verhaftet, weil er Unterlagen über das Lager gesammelt hatte. Er wurde nach Auschwitz verbracht, wo er am 14. Mai 1942 starb. Dies geschah, noch bevor die Massentötungen eingesetzt hatten. Besondere Neugier zu zeigen war gefährlich; als dann die Transporte rollten, konnten die in der Nähe wohnenden Menschen nicht umhin, sie zur Kenntnis zu nehmen.

Ein Arzt der Waffen-SS wurde verhört. Frage: »Wußten die Zivilisten, die in der Nähe der Krematorien wohnten, von den Vergasungen?« Antwort: »Ja, das möchte ich meinen, weil man in Kattowitz den Gestank der Verbrennungsöfen genau so riechen konnte wie in Auschwitz.«[7] Wie Perry Broad, ein SS-Mann, aussagte, hätten Zivilisten aus allen Gegenden Deutschlands von Auschwitz gehört, mindestens gerüchteweise, denn »anders wäre das große Interesse nicht zu erklären, das die Fahrgäste der Züge zeigten, die in der Nähe des Lagers vorbeifuhren. Die Reisenden standen auf und stellten sich an die Fenster.«[8]

Adolf Bartelmas, ein Eisenbahnbeamter in Auschwitz, sagte als Zeuge beim Prozeß in Frankfurt viele Jahre danach, daß die Flammen der Krematorien in einer Entfernung von fünfzehn bis zwanzig Kilometern zu sehen waren; auch sei bekannt gewesen, daß Leichen dort verbrannt wurden. Noch deutlicher waren Kaduk und Perry Broad, die vor dem gleichen Gericht standen: wenn die Öfen in Betrieb waren, schlugen Flammen fünf Meter hoch aus den Kaminen. Der Bahnhof, voll von Zivilisten und Soldaten auf Urlaub, war in Rauch gehüllt, es roch durchdringend süßlich. Wie Broad sagte, konnte man die pechschwarzen Rauchwolken kilometerweit sehen und riechen: »Der Geruch war unerträglich.«

Hunderte von Zivilangestellten, Deutsche und Polen, arbeiteten in Auschwitz, kamen am Morgen, gingen nachmittags. Auch die Familien höherer Beamter wohnten dort. Viele Techniker und Arbeiter aus verschiedenen Gegenden Deutschlands kamen für kürzere oder längere Zeit nach Auschwitz, und es gibt Beweise, daß sie in der Öffentlichkeit darüber redeten, was sie im Lager gesehen hatten.[9] Arbeiter von Krupp, z. B. Erich Lutat und Paul Ortmann, sagten in Nürnberg als Zeugen aus, daß die Arbeiter die Geschehnisse im Lager zu besprechen pflegten; fuhren sie auf Urlaub heim nach Essen, erzählten sie davon auch »ganz entsetzt« ihren Angehörigen.

Wenn die Arbeiter im Bild waren, so wohl auch zumindest einige ihrer Chefs, was nicht heißen will, daß jeder Direktor bei Krupp oder IG-Farben von der systematischen Tötung wußte. Es hat aber den Anschein, daß es auch in Geschäftskreisen, die mit Auschwitz keine direkte Verbindung hatten, ein offenes Geheimnis war. 1961 legte Dr. Günther Prey, ein deutscher Industrieller, bei der Kriegsakademie der Niederländischen Regierung eine eidesstattliche Erklärung ab, wonach er gegen Ende 1941 oder 1942 in Danzig von ungefähr entdeckt hatte, daß Juden mit Gas getötet wurden. Ein bloßer Zufall vielleicht, der kaum vielen passierte, aber Dr. Prey sagte auch, daß in den Kreisen, in denen er in den Niederlanden verkehrte, die Sache offen besprochen wurde, und daß allgemein bekannt war, die Juden würden in Auschwitz und anderen Lagern *en masse* ermordet (Dr. Prey benützte den Ausdruck »Großbetrieb«).[10]

Insgesamt wurden 40 000 Auschwitz-Insassen in verschiedenen deutschen Industriebetrieben beschäftigt. Die IG-Farben als ›Hauptabnehmer‹ hatten allein 10 000 – einschließlich britischer Kriegsgefangener – die bei der BUNA (Fabrikation von synthetischem Gummi) und in Essigsäurefabriken arbeiteten. Es gab einen beachtlichen Umschlag auf diesem Arbeitsmarkt: von den 35 000 Menschen, die für BUNA arbeiteten, starben mindestens 25 000.[11] Einzelheiten über IG-Farben in Zusammenhang mit Auschwitz kamen in einem aufsehenerregenden Nachkriegsverfahren ans Tageslicht. In unserem Kontext sind zwei Fragen von Bedeutung: Wie viele nichtjüdische Arbeitskräfte wurden benötigt, um die Produktionsstätte in Auschwitz zu betreiben, und wie viele Personen in den Büros der Direktoren, der Produktionsleiter, der Planungsabteilung, des Personalchefs und der Verkaufsabteilung waren sozusagen zwangsläufig im Bild? Wenigstens mehrere hundert.

Weiterhin waren da die Ärzte, die in den Lagern medizinische Experimente durchführten, und wenn auch keine Berichte darüber veröffentlicht wurden, so referierten doch manche, zweifellos mit Billigung von oben, bei verschiedenen wissenschaftlichen Konferenzen vor Dutzenden von Kollegen. Journalisten bereisten das

Generalgouvernement und erfuhren auch ohne eigenes Dazutun allerlei. Die fremden Diplomaten in Berlin wurden häufig mit Fragen nach Landsleuten bedrängt, die im Strom der Vernichtung untergegangen waren. Dafür gab es im Auswärtigen Amt eine besondere Abteilung, das Referat Deutschland. Auch die im Ausland eingesetzten deutschen Diplomaten mußten im Bild sein. Wenn ihnen niemand unter dem Siegel der Verschwiegenheit etwas zuflüsterte, lasen sie es in der Presse der Neutralen oder der Alliierten. Entsprechende Zeitungsausschnitte wurden in den Akten des Auswärtigen Amts und anderer Dienststellen gefunden. Dies trifft auch auf die Hauptstädte der Satellitenstaaten zu. Wiederum wird ein Beispiel genügen. Dr. Dörtenbach, Botschaftsrat bei der Deutschen Botschaft in Rom, sagte nach dem Krieg unter Eid aus, bereits im Sommer 1942 in der britischen und der Schweizer Presse gelesen zu haben, daß SS-Einheiten in Rußland auf entsetzliche Weise wüteten:

»Ich glaubte diesen Nachrichten, weil ich in Polen meine eigenen Erlebnisse gehabt hatte. Die Vorfälle wurden in einem Kreis deutscher und italienischer Freunde diskutiert, unter denen auch deutsche Beamte waren, und immer mit dem Ausdruck der Entrüstung... Während meiner Tätigkeit bei der Deutschen Botschaft hörte ich im Herbst 1942 auch von der Tötung von Juden in Konzentrationslagern der Ostgebiete. Den ersten Hinweis erhielt ich von einem Beamten des italienischen Außenministeriums.«[12]

Dr. Dörtenbach sagte auch, daß er im Lauf der Zeit über diese Geschehnisse mit etwa dreißig Kollegen im Auswärtigen Amt debattiert habe. Er war kein Spitzenbeamter seiner Behörde und nicht offiziell in das ›Geheimnis‹ eingeweiht. Wenn er trotzdem etwas wußte, so waren seine Vorgesetzten umso mehr und zudem früher im Bild. Ab Oktober 1941 zirkulierten die Berichte der Einsatzgruppen im Auswärtigen Amt, manche in voller Länge, manche zusammengefaßt. In jedem Bericht war von mehreren tausend getöteten Juden die Rede. Schließlich war es nahezu unmöglich zu wissen, wie viele liquidiert worden, wie viele noch am

Leben waren. Im Dezember 1941 wurde Fritz Gebhardt von Hahn, ein jüngerer Beamter, gebeten, eine statistische Gesamtübersicht anzufertigen. Er schätzte, daß von jedem Sonderkommando rund 70 000–80 000 Juden umgebracht würden. Da es bei jeder der vier Einsatzgruppen mehrere Sonderkommandos gab, übertraf Hahns Zahl noch die grausame Wirklichkeit.[13]

Diese Berichte landeten auf verschiedenen Schreibtischen der Politischen Abteilung und wurden von zweiundzwanzig Personen abgezeichnet. Zu sehen bekamen sie weit mehr, und die Zahl derer, die gänzlich oder teilweise informiert waren, mag in die Hunderte gehen. Im Januar 1942 lasen höhere Beamte des Auswärtigen Amts im siebenten Berichte, der den Dezember 1941 erfaßte, daß die jüdische Frage im Osten gelöst sei. Diese Feststellung wurde im zehnten wiederholt.

Es gibt Hinweise, daß auch in entlegenen Botschaften mindestens einige Amtsträger sogar noch früher von gewissen Dingen erfuhren. So erhob die Deutsche Botschaft in Uruguay am 2. September 1941 Einwände gegen die Aus- bzw. Einwanderung einer jüdischen Lehrerin aus Warschau, weil ihr Wissen von den »neuesten Entwicklungen« der jüdischen Frage in Osteuropa Wasser auf die Mühle der antideutschen Propaganda wäre.[14] Die Ermordung vieler Tausende serbischer und rumänischer Juden, Hauptthema eines Rundschreibens des Auswärtigen Amts im Oktober 1941, das in weiten Kreisen zirkulierte, lief nicht einmal unter ›Streng geheim‹.

Die Frage, wer was wann wußte, wurde ein Hauptstreitpunkt in den Nachkriegsverfahren gegen Beamte des Auswärtigen Amts. Die Angeklagten konnten für sich vorbringen, daß die ›Endlösung‹ in ihrem zweiten Stadium – nach der Wannsee-Konferenz – zur Geheimen Reichssache erklärt worden war und daß nur eine kleine Zahl von Personen offiziell eingeweiht wurde. Diejenigen, die die Berichte der Einsatzgruppen abgezeichnet hatten, behaupteten, sie hätten sie ungelesen weitergegeben. Kriegsminister Henry Stimson sagte in einem berühmt gewordenen Bonmot, daß ein Gentleman zwar nicht die Briefe eines anderen Gentleman lese, daß aber diese Herren behaupteten, sie läsen ihre eigenen Schreiben nicht.

Eine sorgfältige Untersuchung des Beweismaterials zeigt, daß offiziell in der Tat nur wenige Personen informiert waren und daß Ansuchen um Auskunft über das Schicksal von Juden an das Reichssicherheitshauptamt (RSHA) geleitet wurden. Es geht daraus auch hervor, daß innerhalb der Ämter – und offenbar außerhalb noch öfter – Informationen durch Freunde oder Familienmitglieder, meist Soldaten auf Urlaub von der Ostfront, mündlich weitergegeben wurden.[15] Trotz aller Vorsichtsmaßnahmen schlüpfte manches durch und fand den Weg in die Akten. Ein übereifriger Mitarbeiter des Auswärtigen Amts, Paul Wurm, z. B. erwähnte in einem Brief vom Oktober 1941 »Sondermaßnahmen, um das jüdische Ungeziefer zu vertilgen«. Der Vertreter des Auswärtigen Amtes in den Niederlanden telegraphierte am 13. August 1942, daß die Juden die Wahrheit über die Verschickungen herausgefunden hätten und manche sich nicht mehr zu den Transporten meldeten. Geheimdienstberichte in den Akten des Auswärtigen Amtes sprechen von ›Sonderbehandlung‹ zum Unterschied von ›Arbeit‹. Der Beamte W. von Bargen berichtete aus Belgien im November 1942 von Gerüchten über »Schlächtereien«. Der bereits erwähnte Herr von Hahn schrieb in einem Antwortbrief an die Rechtsabteilung, daß man dem Internationalen Roten Kreuz nicht erlauben dürfe, Briefe von und an verschickte Juden zu übermitteln. Gäbe man die Einwilligung, »wäre das Internationale Rote Kreuz (IRK) in der Lage, die Zahl der deportierten Juden abzuschätzen und über deren Schicksal am Ort der Deportation und auf dem Weg dorthin Bescheid zu wissen«.[16]

Ziemlich häufig rührten die Informationen von den Verbindungsoffizieren des Auswärtigen Amtes zur Wehrmacht her.[17]

Beamte des Propagandaministeriums und bevorzugte Journalisten wurden durch Goebbels in Konferenzen, die fast täglich stattfanden, auf dem laufenden gehalten. Die Generallinie seiner Politik definierte Goebbels in der Konferenz vom 8. Dezember

1942 dahingehend, daß die Behandlung der Juden eine »delikate Frage« sei, die man am besten gar nicht antippe. Ein paar Tage später, am 12. Dezember sagte er, daß angesichts der britischen Propaganda über angebliche antijüdische Greueltaten im Osten etwas geschehen müsse; man solle sich aber nicht auf Polemiken einlassen, sondern die Aufmerksamkeit auf britische Schandtaten in Indien und anderswo lenken. Am 16. Dezember verbreitete er sich abermals ausführlich über das Thema. Er beabsichtigte, über diese Schandtaten der Briten ein mächtiges Geschrei zu erheben; dies sei die beste Möglichkeit, von dem heiklen Thema des Schicksals der Juden abzulenken. Das war deutlich genug, und die Journalisten brauchten erst gar nicht auf die Goebbels-Rede im Sportpalast am 28. Februar 1943 zu warten, als er über die »Ausrott... Ausschaltung« (sich selbst korrigierend) der Juden sprach, um zu begreifen, warum das Thema peinlich war.[18]

Ausländische Sender abzuhören, war natürlich in Deutschland während des Krieges streng verboten; wer erwischt wurde, hatte mit drakonischen Strafen zu rechnen. Trotzdem hörten viele in Deutschland und in den besetzten Gebieten die Auslandsender. In streng geheimen Bulletins der Partei, etwa den »Meldungen aus dem Reich«, wurde während der ganzen Dauer des Krieges ständig wiederholt, daß hier die Quelle nichtoffizieller, also unerwünschter Informationen für die Bevölkerung liege. Es wurde auch hervorgehoben, daß die Nachrichten der Auslandsender sich außerordentlich schnell verbreiteten und daß es sehr schwierig sei, die Missetäter zu fassen, die bei der Weitergabe der ›Feindpropaganda‹ deren Ursprung natürlich nicht nannten. Wenn 720 deutsche Bürger im Jahr 1941 zu langen Gefängnisstrafen oder zum Tod verurteilt wurden (die Zahl für 1942 ist 985), weil sie ausländische Stationen abgehört hatten, lag die Gesamtzahl der illegalen Hörer natürlich weit höher.* Nach einer halb-offiziellen deutschen Nachkriegsquelle hörten Millionen von Deutschen insgeheim die verbotenen

---

* In der Tagespresse wurden natürlich nicht alle Verurteilungen bekanntgegeben.

Nachrichten, häufig unter Beachtung aller konspirativen Regeln. Die British Broadcasting Company (BBC) London berichtete später, daß die Zahl ihrer deutschen Hörer im Jahr etwa eine Million betragen habe. Nach einer Umfrage der Amerikaner im Jahr 1945 behaupteten 51 Prozent aller Deutschen, daß sie wenigstens einmal Feindstationen abgehört hätten.[19]

Abgesehen von den illegalen Hörern hatten andere Personen offiziell die Erlaubnis, das Ausland abzuhören und die Feindpresse zu lesen: mehr als 500 Experten waren beim deutschen Abhördienst, dem ›Seehaus‹, in Berlin-Wannsee beschäftigt; das Seehaus, so sein Geschichtsschreiber, war aber eher eine Brutstätte des Defätismus als ein Bollwerk des Nazigeistes. Nach der gleichen Quelle waren diese Leute nicht willens, die Verantwortung für die Verbrechen des Regimes zu übernehmen, von denen sie durch die Auslandsender erfuhren. Dies bezieht sich besonders auf die »Ausrottung einer anderen Rasse«.[20] Die täglichen und wöchentlichen Berichte des Seehauses gingen ursprünglich an rund 400 Empfänger. Im Januar 1942 beschloß Hitler, diese Zahl drastisch zu reduzieren. Aber auch danach noch war der Kreis dieser Personen viel größer, als Hitler und Goebbels beabsichtigt hatten; außerdem gab es allerlei andere geheime Informationsdienste für führende Nazi-Würdenträger. Bei einem Ministertreffen im Februar 1942 sagte Staatssekretär Gutterer, daß es einige Hundert solcher Dienste gebe, die alle ›geheim‹ oder ›streng geheim‹ seien, und daß manche ihrer Rundschreiben in Auflagen bis zu 4000 Exemplaren zirkulierten.[21]*

Wenig beachtet wurde die Rolle der Eisenbahn bei der ›Endlösung‹.[22] Die Deportationszüge wurden direkt von der SS, d. h. von Eichmanns Referat IV B4 im Reichssicherheitshauptamt angefor-

* Um nur ein Beispiel zu geben: die offizielle deutsche Nachrichtenagentur ›Deutsches Nachrichtenbüro‹ (DNB), gab ein tägliches, in der Auflage beschränktes Bulletin heraus, das von Hunderten hoher Beamter gelesen wurde. Am 22. Juli 1942 hieß es darin, daß in den Madison Square Gardens, New York, eine Massendemonstration aus Protest gegen die Ermordung einer Million Juden stattgefunden habe.

dert. Der Einsatz zusätzlicher Züge mitten im Krieg erforderte immense logistische Anstrengungen, von denen auch untere Stellen erfuhren. Es wurden Besprechungen abgehalten, an denen leitende Eisenbahnbeamte, Bahn- und politische Polizei teilnahmen. Offiziell wurden die Züge angeblich nur für Judentransporte zur Umsiedlung in den Osten benötigt. Die meisten Vernichtungslager lagen in der Nähe von Hauptstrecken; die in Lager fahrenden und zurückkehrenden Züge konnten von passierenden oder auf Stationen haltenden Personenzügen aus gesehen werden (und wurden fotografiert). Der Bahnhof Auschwitz war nicht ganz zwei Kilometer von der Stelle entfernt, wo Menschen getötet wurden. Die Verbrennung der Leichen geschah mehr oder weniger öffentlich, wie ein Bahnangestellter nach dem Krieg es ausdrückte.[23] In der Reichsbahnzentrale in Berlin konnte man zu dem Schluß kommen, daß Auschwitz eine der größten Städte Europas sein müsse – vorausgesetzt natürlich, die vielen neuzugezogenen Einwohner wären am Leben. Auch die Alliierten hatten sich aus Gründen, die noch erörtert werden sollen, mit der Ballung des Eisenbahnverkehrs in unerwartete Richtungen zu beschäftigen.

Wahrscheinlich kannten auch noch im Herbst 1942 nur wenige die ganze Wahrheit, aber Hunderttausende, wenn nicht Millionen hatten von Urlaubern etwas über die »sehr harten Maßnahmen« gehört, die in Bormanns Rundbrief vom 9. Oktober 1942 (»zur vertraulichen Information«) an die Spitzenfunktionäre erwähnt werden.[24] Schon ein Jahr zuvor, am 25. Oktober 1941, waren in einem Gespräch zwischen Hitler, Himmler und Heydrich Gerüchte erwähnt worden, die in der Bevölkerung umliefen. Man sprach von einem Plan, die Juden zu vernichten.[25] Die vierzehntägigen und monatlichen Berichte des SD (Sicherheitsdienst des Reichsführers SS), die ungeschminkte Äußerungen der öffentlichen Meinung im Dritten Reich brachten, erwähnen für das Jahr 1942 keine Gerüchte über das Endschicksal der Juden. 1943 dagegen wurden viele Äußerungen von Volksgenossen wiedergegeben, die hauptsächlich mit den Bombardierungen der Alliierten und der Ermordung

Tausender polnischer Offiziere durch die Russen in Katyn zusammenhingen (die Stimme des Volkes dazu: wozu solle man sich aufregen? Die SS habe das gleiche mit den Juden gemacht usw.).[26] Es ist zuverlässig bekannt, daß zahlreiche Gerüchte dieser Art schon 1942 umgingen – unwahrscheinlich bleibt, daß sie dem rührigen SD entgangen wären.

Dieses scheinbare Paradox läßt sich erklären. Der Herausgeber der SD-Berichte, Dr. Otto Ohlendorf, wußte sicherlich alles, was man über das Schicksal der Juden wissen konnte, denn er war Kommandeur einer der Einsatzgruppen gewesen. Er wußte auch, daß seine Berichte zwar an eine beschränkte Anzahl von Spitzenleuten in der NS-Hierarchie gingen, daß aber seine ›Leserschaft‹ nicht identisch mit der Gruppe war, die wirklich in Einzelheiten über die Endlösung informiert war. Ohlendorf wollte zwar die wahre öffentliche Meinung wiedergeben, war sich aber auch bewußt, daß der Aufrichtigkeit Grenzen gesetzt waren. So wie er kein bloßes Gerücht über eine bevorstehende größere militärische Unternehmung oder eine wissenschaftliche Errungenschaft von militärischer Bedeutung bringen konnte, wollte er sich auch nicht mit einer als ›streng geheim‹ eingestuften Sache befassen. Anderseits war 1943 die überwiegende Mehrheit der Juden bereits abgeschlachtet, so daß Zurückhaltung offenbar nicht mehr nötig war; man konnte nun darüber berichten.

Jedenfalls war das Wissen um das Schicksal der Juden bereits im Sommer 1942 weit verbreitet. Noch ein Beispiel möge genügen: der Lehrer Haas aus Niedernhausen (Odenwald) hatte dem *Stürmer* einen Brief des Gefreiten Lothammer eingereicht, in dem dieser Einzelheiten über die Tötung von Juden in Jassy und der südlichen Ukraine berichtete. Der Brief wurde nicht veröffentlicht. Einer der Redakteure ließ den Gefreiten wissen, daß es aus gewissen Überlegungen jetzt nicht möglich sei, von jüdischen Schändlichkeiten zu berichten.[27] Der *Stürmer* war bis dato für Takt und Zartgefühl nicht bekannt gewesen. Warum sollte sich das gerade in Kriegszeiten ändern?

Der Gefreite hätte die Massaker natürlich nicht erwähnen dürfen, aber die entsprechenden Instruktionen beim Heer wurden häufig nicht beachtet; Berichte der Briefzensoren erwähnten ziemlich regelmäßig solche Unzulässigkeiten. Und zudem unterlagen Briefe deutscher und ausländischer Zivilisten aus dem Osten kaum einer Zensur. Es wurden hier und da Briefe einbehalten, die meisten aber nicht zensiert.

Von denen, die gehört hatten, daß Juden getötet wurden, dachten die meisten nicht an Gas. Man war der Ansicht, sie würden erschossen und dann verbrannt oder irgendwie mit Starkstrom getötet. Manchmal wurde von den ›Eingeweihten‹ sogar versucht, die Elite der Partei und die höhere Staatsbürokratie irrezuführen. So wurde dem Generalgouverneur Hans Frank nicht erlaubt, Belzec und Auschwitz zu betreten. Im internen Briefverkehr wurden Tötungen (außer in den Rechenschaftsberichten der Einsatzgruppen) kaum einmal ausdrücklich erwähnt: strenge Maßnahmen würden gegen die Juden ergriffen, sie würden zu harter Arbeit angehalten, worin die Andeutung lag, daß wahrscheinlich viele an Krankheiten und Hunger sterben würden. Außerdem konnte das Wort ›Endlösung‹ eine Menge Bedeutungen haben und mußte nicht mit gewaltsamem Tod gleichgesetzt werden. Führende Nazis erwähnten in ihren Gesprächen mit Diplomaten der Satellitenstaaten und der neutralen Länder nie den Judenmord, wenn sie wußten, daß ihre Gespräche schriftlich festgehalten wurden: die Juden verschwanden irgendwo, warum also über Einzelheiten sprechen, die weder besonders interessant noch wichtig waren?

Solche Mehrdeutigkeiten hatten Erfolg nur bei denjenigen, die eigentlich nichts wissen wollten. Wer von der Ermordung von tausend Menschen wußte oder gehört hatte, konnte sich immer noch einreden, es habe sich um einen Ausnahmefall gehandelt. Er mochte es sogar vergessen, denn schließlich kamen im Krieg eine Menge Menschen um, Menschenleben waren billig. Jedes neue Beweisstück sei, so sagte einmal ein Ahnherr des Detektivromans, nicht Beweis plus Beweis, sondern vervielfache sich ins Hundertste

43

oder Tausendste. So wußten gegen Ende 1942 Millionen Deutscher, daß die ›jüdische Frage‹ radikal gelöst war und daß diese radikale Lösung nicht Umsiedlung bedeutete, kurz, daß die meisten oder alle Juden, die verschickt worden waren, nicht mehr lebten.* Einzelheiten über die Tötung kannten weit weniger Leute.

Nun zu den Satellitenstaaten des Großdeutschen Reichs. Was war dort 1942 bekannt? Regierungsbeamte, Diplomaten, Journalisten, Offiziere und Soldaten auf Urlaub von der Ostfront wußten eine ganze Menge über die ›Endlösung‹. Aus der internen Korrespondenz des SD geht hervor, daß Italiener, die die Ostfront besuchten, unabsichtlich Zeugen einiger Massaker geworden waren und daß als Folgeerscheinung unangenehme Gerüchte in Rom die Runde machten.

Die Satellitenstaaten hatten Vertreter in Berlin, die gar nicht anders konnten, als mitzubekommen, was in der Reichshauptstadt geredet wurde. In der Presse lasen sie Reden von Robert Ley und anderen NS-Größen, die alles andere als zurückhaltend waren. So hieß es etwa: man müsse den Juden bis zur letzten Konsequenz bekämpfen. Es sei nicht genug, ihn als Weltfeind zu isolieren, er müsse vernichtet werden.[28] Oder Goebbels in der Wochenzeitung *Das Reich*: »Die Juden werden mit der Vernichtung ihrer Rasse in Europa und vielleicht darüber hinaus bezahlen.«[29]

Diese und andere Äußerungen wurden in Berliner Kreisen der

---

* Demgegenüber steht die in ihrer Ehrlichkeit nicht anzutastende Ansicht von Helmuth Graf Moltke, eines Märtyrers des Widerstands gegen Hitler, der am 25. März 1943 einem britischen Freund schrieb:
»Ich glaube, wenigstens neun Zehntel der Bevölkerung wissen nicht, daß wir Hunderttausende von Juden getötet haben. Sie glauben immer noch, daß die Juden lediglich ausgeschieden wurden und eine so ziemlich unveränderte Existenz wie zuvor führen, nur eben weiter im Osten, woher sie ja auch gekommen sind – vielleicht mit etwas mehr Schmutz, aber ohne Luftangriffe. Wenn man diesen Leuten sagte, was wirklich geschehen ist, würden sie antworten: ›Sie sind ein Opfer der britischen Propaganda. Erinnern Sie sich doch, was für lachhafte Dinge man über unsere angeblichen Missetaten in Belgien 1914/18 behauptet hat.‹«
So Moltke an Lionel Curtis in Stockholm (zitiert in M. Balfour and J. Frisby, *Helmuth von Moltke,* London 1972, S. 218). Moltke, der zur Tarnung mit der Abwehr zusammenarbeitete, hatte schon vor der Wannsee-Konferenz – wenn auch vage – von den Massenmorden gewußt, wie aus Briefen an seine Frau hervorgeht.

ausländischen Diplomaten ausgiebig zitiert. Die Sprache war unmißverständlich: der Jude war isoliert worden, jetzt mußte er vernichtet werden. Der Ausdruck ›vernichten‹ hatte in diesem Zusammenhang nur eine mögliche Bedeutung, und zwar weder Umsiedlung noch produktive Arbeit.

Der finnische Botschafter in Berlin wurde von Felix Kersten, dem Masseur Himmlers, gewarnt. Andere Diplomaten erfuhren Ähnliches. Döne Sztojay, der Botschafter Ungarns in Berlin, war ein radikaler Antisemit und wurde nach dem Einmarsch der Deutschen im März 1944 Ministerpräsident. Von Zeit zu Zeit besuchte er seine deutschen Kollegen und brachte allerlei zahme Proteste bezüglich des Schicksals ungarischer Juden in Deutschland vor, vergaß aber nie, hinzuzufügen, wie widerlich ihm persönlich solche Vorsprachen seien. Zu einem sehr frühen Zeitpunkt war er voll unterrichtet. Was Ungarn betrifft, ist es jetzt möglich, mit einiger Genauigkeit festzustellen, unter welchen Umständen die erste Information über die ›Endlösung‹ Budapest erreichte. Sie wurde aus Berlin von Andor Gellert übermittelt, der in der deutschen Hauptstadt die (ungarische) Revisionsliga vertrat*, und gelangte an das Politische Referat des ungarischen Außenministeriums, das sie nicht völlig zurückwies, aber doch Zweifel an ihrer Authentizität äußerte (»Übertreiben Sie nicht«, beschied ein höherer Beamter Gellert). Gellert, ein Protégé des Ministerpräsidenten Pal Teleki, war im März 1942 von Ernst Neugeboren, einem Volksdeutschen aus Siebenbürgen, auf die Folgen aufmerksam gemacht worden, die die Wannsee-Konferenz für Ungarn haben könnte. Neugeboren war Buchhalter von Beruf, trat der SS bei und erreichte eine Position von einiger Bedeutung.** Gellert hielt die

---

* Die Liga hatte sich die Annullierung des Vertrags von Trianon und die Rückerstattung der verlorenen Gebiete zum Ziel gesetzt.

** Nach seiner Personalakte in den NS-Zentralarchiven (Berlin Document Center) wurde er 1905 in Brasow geboren und kam 1939 ins Auswärtige Amt. 1942 trat er freiwillig der SS bei und verbrachte dann den Krieg mit Büroarbeit bei der SS, im Auswärtigen Amt und in Südosteuropa.

Neuigkeit zuerst für absurd und unglaubwürdig, aber ähnliche Informationen erreichten ihn auch von anderer Seite, was ihn beunruhigte und veranlaßte, nach Budapest zu berichten. Er war sich noch nicht sicher, ob Neugeboren ihn nur hatte warnen wollen, oder ob es ein Versuch war, Ungarn einzuschüchtern.[30] Sztojay wußte von Gellert Bescheid und hatte auch von anderer Seite etwas erfahren; bei Gelegenheit gab er Besuchern aus Budapest deutliche Winke. Einer der Besucher war György Ottlik, Schriftleiter des *Pester Lloyd*, der im August–September 1942 in Berlin war. Nach seiner Rückkehr in die ungarische Hauptstadt schrieb er ein Memorandum, das er dem Außenministerium übergab; darin hieß es, daß Sztojay durchaus für eine »Schein-Deportation« von Juden aus Ungarn sei und daß er, wenn er auch die ›Endlösung‹ nicht *expressis verbis* definiere, anderseits die Bedeutung des Ausdrucks nicht verschleiere (ungarisch *titkolni*).[31] Es mag in Sztojays Absicht gelegen haben, die ungarische Regierung zu bewegen, die Brücken zu den westlichen Alliierten abzubrechen, was dem damaligen Ministerpräsidenten Miklós Kallay jedoch fernlag.

Das Ottlik-Memorandum läßt eine Reihe von Fragen offen. Es war nicht Sztojays Art, sich bei einer so delikaten Angelegenheit wie der Ausrottung der Juden präzis auszudrücken; noch auch stand ihm Gellert politisch besonders nahe. Sztojay war ein Anhänger von Gyula Gömbös, des Vorkämpfers einer profaschistischen Orientierung Ungarns in den dreißiger Jahren, während Gellert im Grund ein ›Westler‹ war: er trat 1935 als Schriftleiter der halbamtlichen *Budapesti Hirlap* zurück, eben weil ihm die antiwestliche Linie der Zeitung nicht zusagte. Gewiß, auch der *Pester Lloyd* war ein halbamtliches Presseorgan, und Ottlik war mit der halbherzigen Bereitschaft der ungarischen Regierung zur Kollaboration einen Kompromiß eingegangen. Es bleibt aber zweifelhaft, ob er das Memorandum geschrieben hätte, wäre ihm nicht aus wenigstens einer anderen Quelle eine ähnliche Information zugegangen. Eine solche Quelle existierte und war keine andere als der Berliner Korrespondent des *Pester Lloyd*, Ernst Lemmer (nach dem Krieg ein prominenter Politiker der CDU).* Abgesehen von Ottliks Memorandum als Informationsquelle wußten Tausende ungarischer Offiziere und Soldaten, teilweise als Augenzeugen, von der Massenausrottung von Juden. Um einen ungarischen Historiker zu zitieren:

»Jeder, der an der russischen Front kämpfte und auf dem Wege dorthin Polen und die besetzten Gebiete der Sowjetunion durchquerte – ein Gebiet, in dem sechs Millionen Juden lebten und das dann ›judenfrei‹ war – macht sich lächerlich und auch verachtenswert, wenn er darauf beharrt, er habe nicht gewußt, was mit den Juden geschah, die zwangsverschickt wurden.«[32]

Die slowakischen und die italienischen Botschafter wußten wohl kaum weniger, und das gleiche gilt für die Vertreter dieser Länder in den Hauptstädten der Neutralen, denn ihnen war die Presse der Alliierten zugänglich, und sie konnten beliebig Rundfunk hören. Bei ihren Verhandlungen mit den Deutschen bestanden die Slowaken darauf, daß die Juden nie mehr zurückkehrten, aber die Gleichung ›Umsiedlung = Massenmord‹ erscheint in slowakischen Dokumenten erst im Jahr 1943. Die Slowaken hatten enge Verbindungen zum Vatikan (und den Italienern) und waren von dort bereits im März 1942 gewarnt worden. Manche Nachweise ergaben sich bei den Verhandlungen gegen Dr. Joseph Tiso, Staatspräsident der Slowakischen Republik, und Dr. Anton Vasek. Ein großer Bewunderer Tisos gab in späteren Jahren zu, daß um den Juli 1942 Tiso vom Vatikan unterrichtet wurde, die aus der Slowakei verschickten Juden würden in der Nähe von Lublin getötet (oder seien bereits getötet worden).[33]

Mussolini war Anfang 1942 von Hitler über den wahren Sinn der ›Endlösung‹ unterrichtet worden. Im Laufe des Jahres hatte Himmler ihm einige Einzelheiten berichtet. Wie viele führende Faschisten sonst davon wußten, kann nicht festgestellt werden. Manche waren im Bild, vor allem die Generäle und die Diplomaten, die mit

---

* Über seine Rolle als Quelle für die Massenvernichtung der Juden s. Anhang 1.

osteuropäischen Angelegenheiten zu tun hatten. Wahrscheinlich wußten die Italiener in ihrer besetzten Zone Frankreichs Bescheid, denn zu Eichmanns und seiner Leute Ärger halfen sie manchem Juden, dem Fangnetz der SS zu entwischen. General Giuseppe Pieche, der die Carabinieri im nördlichen Kroatien und in Slowenien führte, schrieb seiner Regierung in einer Note, daß die Juden aus der deutschen Besatzungszone in die östlichen Gebiete deportiert würden *»e sonso stati eliminati mediante l'impiego di gas tossico nel treno in cui erano rinchiusi.«** Diese Nachricht trägt das Datum des 4. November 1942. Einsicht nahmen der italienische Außenminister Ciano und General Mario Roatta. Vorgelegt wurde sie Mussolini, der sie las, darauf mit Blaustift vermerkte *» Visto dal Duce«* (»vom Duce gesehen«) und keinen Kommentar dazu gab. [34]

Wie sollte es aber auch Grund zur Überraschung gegeben haben? Vier Monate vorher, am 21. August 1942, hatte das Italienische Außenministerium Mussolini ein Memorandam vorgelegt, wonach Otto von Bismarck, Mitarbeiter der Deutschen Botschaft in Rom, eine Aufforderung der deutschen Machthaber eingebracht hatte, alle kroatischen Juden sollten ausgeliefert werden, um sie in den Osten zu verschicken. Aus dem Memorandum ging hervor, daß ›Verschickung‹ *»in pratica eliminazione«* bedeutete. Mussolinis handschriftlicher Kommentar: *»Nulla osta.«***

Noten und Eingaben dieser Art wurden von Dutzenden von Beamten gelesen, und wenn Staatsgeheimnisse nicht einmal in Deutschland bewahrt wurden, kann man sich vorstellen, in welchem Umfang sich derartige Informationen unter Italienern verbreiteten, die nicht wie die Deutschen vereidigt waren.

Das Bündnis Finnlands mit Deuschland war rein pragmatisch, sein Ziel: die Wiedereingliederung Kareliens. Auch die Finnen wußten, was die ›Endlösung‹ bedeutete, und als Himmler 1942 nach Finnland kam, um die wenigen finnischen Juden zu fordern, war die

---

* »...und sie werden durch die Verwendung von Giftgas in dem Zug liquidiert, in den sie eingeschlossen wurden.«
** »praktisch Liquidierung« – »kein Einwand«

finnische Regierung bereits von ihrer Botschaft in Berlin vorgewarnt.* Die Finnen hatten eine gute Ausrede. Die Juden konnten erst nach Debatte und Abstimmung im Parlament ausgeliefert werden, und Himmler, man braucht es gar nicht zu erwähnen, war durchaus nicht auf eine derartige Publicity aus. Die Berliner Botschaft war nicht die einzige Informationsquelle. Arno Anthoni, Chef der finnischen Staatspolizei, wurde 1947 in Åbo (Turku) vor Gericht gestellt, weil er der Gestapo mehrere Juden übergeben hatte, die nicht die finnische Staatsangehörigkeit besaßen. Er gab zu, mit Eichmann 1942 in Berlin zusammengetroffen zu sein, behauptete aber, nichts über die Massenmorde gewußt zu haben, »weil ich keine Zeit hatte, die Zeitungen zu lesen«. Nun wurde in seinen eigenen Akten ein Bericht eines seiner Untergebenen, des Polizeioffiziers Olavi Viherluoto, gefunden. Er betrifft eine Fahrt nach Estland im Spätjahr 1941 und enthält Einzelheiten über die Ausrottung der estnischen Juden: es ist dies der allererste authentische Bericht aus den baltischen Ländern. Anthoni behauptete, er habe den Bericht zwar abgezeichnet, aber nicht gelesen. Viel wahrscheinlicher ist aber, daß er ihn doch gelesen hatte und seinem

* Wie aus der finnischen Nachkriegsliteratur hervorgeht, »war während des ganzen Krieges [in Finnland] nichts über die in deutschen Konzentrationslagern angewendeten Praktiken bekannt«. So Feldmarschall Mannerheim in seinen Memoiren (*Muistelmat*, finnische Ausgabe, S. 388). Dies mag stimmen, aber nur wenn man den Akzent auf ›Praktiken‹ legt, d. h. ob Giftgas oder andere Mittel angewendet wurden. Professor Kiwimaeki, der finnische Botschafter in Berlin, schreibt in seinen »Memoiren eines finnischen Politikers« (*Suomalaisen politikon muistelmat*, Helsinki 1965, S. 243), er habe von Himmlers Masseur Kersten (einem der bestinformierten Männer in Hitler-Deutschland) erfahren, daß Hitler beabsichtige, Finnland zu ersuchen, seine 8300 (sic) Juden auszuliefern. Einige Seiten später sagt der Autor, er habe erfahren, daß die finnischen Behörden aus eigener Initiative Maßnahmen getroffen hätten, deutsche Juden zu überantworten, die als Flüchtlinge aus Nazi-Deutschland nach Finnland gekommen waren (S. 246). Diese Juden wurden dann auch am 6. November 1942 den Deutschen übergeben – ein einziger überlebte. In Israel ist zum Gedenken ein Kibbuz nach ihnen benannt. Schließlich erwähnt Kiwimaeki noch, daß er, obwohl er nichts Bestimmtes über das den Juden zugedachte Schicksal wußte, doch informiert war, daß für viele die Tage gezählt seien. Er schreibt auch, daß schwedische Zeitungen, die Berichte über die systematische Ausrottung der Juden brachten, in Finnland eifrig gelesen wurden. Für die meisten Finnen, die keinen Zugang zu irgendwelchen im Interesse des Staates geheimzuhaltenden Nachrichten hatten, war dies die hauptsächliche Informationsquelle, eine Tatsache, über die auch in jüngster Zeit geschrieben wurde (z. B. Boris Gruenstein in *Helsingin Sanomat* vom 22. April 1979).

Vorgesetzten, dem prodeutschen Innenminister Toivo Horelli, darüber berichtete. So gab es auch im entlegenen Finnland Leute, die das Geheimnis kannten, und es liegt kein Grund zu der Annahme vor, sie hätten ihr Wissen für sich behalten. In Finnland war man nach dem Krieg allgemein der Auffassung, daß Anthoni im Bilde war und einige Regierungsmitglieder informierte.[35]

Man kann mit Fug und Recht bezweifeln, ob Mitglieder der Finnischen Regierung oder überhaupt jemand in Finnland ins Bild gesetzt werden mußte. Wie der deutsche Botschafter in Helsinki, Wipert von Blücher, im Januar 1943 nach Berlin berichtete, war die deutsche Judenpolitik in Finnland so unpopulär, daß Gerüchte, die im Oktober 1942 über die Zwangsvertreibung einer Handvoll Juden umliefen, die Position Horellis ernstlich untergraben hatten.* Es gab einen noch kräftigeren Sturm der Entrüstung im Dezember 1942, als bekannt wurde, daß Anthoni, Chef der Politischen Polizei, (zweifellos mit Unterstützung seitens Horellis) den Deutschen mehrere »jüdische Verbrecher und Kommunisten« übergeben habe. Der Abtransport auf der ›Höhenhorn‹ verzögerte sich wegen eines Luftangriffs; in dieser Zeit machten sich die an Bord befindlichen Gefangenen Leuten am Hafen bemerkbar. Die Nachricht gelangte in die schwedische Presse und führte zu einer Konfrontation innerhalb der finnischen Regierung mit dem Sozialdemokraten Tanner an der Spitze der Horelli- und Anthonikritiker. Es ist höchst unwahrscheinlich, daß die Minister Tanner und Fagerholm (die an sich Horelli und Anthoni unterstützten) und die finnische öffentliche Meinung derart heftig protestiert hätten, wenn

---

* Wipert von Blücher an das Auswärtige Amt am 29 Januar 1943. Auch das Verhalten des finnischen Außenministers Rudolf Witting war allgemein mißbilligt worden, weil er nur zu willfährig den deutschen Forderungen entsprach. Die finnische Presse war recht offen in ihrer Kritik der Verantwortlichen. Die *Suomen Sosialdemokraati* vom 11. Dezember 1942 und das *Hufvudstadsbladet* vom 12. Dezember betonten, daß es hier um eine politische Frage gehe und daß es nicht Sache der Polizei sei, darüber zu entscheiden; das Asylrecht hätte nicht verletzt werden dürfen. Es gab noch andere, ähnliche Stimmen. Nur relativ unbedeutende pro-Nazi-Blätter wie *Ajan Suunta* und *Uusi Eurooppa* brachten Leitartikel, die die Sache mit Redensarten wie ›Viel Lärm um nichts‹ abtaten.

es nur eine Frage der Auslieferung einiger staatenloser jüdischer Kommunisten und Verbrecher an die deutsche Gerichtsbarkeit gewesen wäre, auch wenn sie einem unsicheren Schicksal entgegengingen.* Die Sache war vielmehr die, daß jedermann vom sicheren Ende der Gefangenen wußte. Das Resultat der Proteste war, daß die Zwangsverschickungen nach diesem Zwischenfall nicht fortgesetzt wurden.

Die Ungarn wußten noch mehr als die Finnen, auch wenn ihre führenden Staatsmänner später behaupteten, sie hätten von den Massenmorden erst 1943, vielleicht auch erst 1944 erfahren. Eichmanns Emissäre waren im ständigen Kontakt mit ihren ungarischen Gesinnungsgenossen und erläuterten ihnen den Sinn der ›Endlösung‹. Die ungarische Opposition ihrerseits wurde von den jüdischen Hilfskomitees auf dem laufenden gehalten. Es kann Ende 1942 in Budapest nicht viele Personen in verantwortlichen Positionen gegeben haben, die nichts wußten. Der Schweizer Botschafter in Budapest berichtete seiner Regierung, daß die Deutschen die ungarischen Juden nach Osteuropa überführen wollten. Arbeitsunfähige »würde man auf eine Art und Weise verschwinden lassen, die im Detail nicht spezifiziert wurde«. Im selben Bericht des Botschafters hieß es auch, die Slowaken hätten ihm »im Vertrauen« erzählt, daß in ihrem Land die Forderungen der Deutschen »in Übereinstimmung mit Hitlers These, daß das europäische Judentum ausgerottet werden müsse«, erfüllt worden seien.[36] In einem späteren Bericht bezog sich der Diplomat auf ein langes Gespräch mit Kallay, dem ungarischen Premier, der ihm gesagt habe, daß Ungarn eine Lösung der Judenfrage unmöglich akzeptieren könne, die nicht

---

* Der Finnischen Regierung stand noch eine andere wichtige Informationsquelle zur Verfügung. Nachdem der finnische Geheimdienst Anfang 1942 den Code der Amerikaner geknackt hatte, hörte er systematisch den Funkverkehr zwischen Washington und europäischen Hauptstädten ab. Der finnische Autor Jukka Mäkelä schreibt in seinem 1967 in Frauenfeld erschienenen Buch *Im Rücken des Feindes,* daß die Finnische Regierung durch das Abfangen der täglich von der Amerikanischen Gesandtschaft in Bern gefunkten Nachrichten außergewöhnlich gut informiert war (S. 159). Von dort aus erfolgten 1942 die meisten Informationen über die ›Endlösung‹.

auf der Linie von Ungarns christlicher Kultur und seiner geistigen Tradition, seiner »Seelenverfassung« liege.[37] Die deutschen Korrespondenten in Budapest sagten zu jedem, der es hören wollte, daß »es vielleicht in einem ›Neuen Europa‹ für die Juden einen Platz gegeben hätte, nicht aber in der ›Festung Europa‹«.[38] So viel zu jüngsten Behauptungen, slowakische und ungarische Beamte seien in Unkenntnis gehalten worden. Hitlers Vasallen in Kroatien gaben erst gar nicht vor, nicht informiert zu sein. In mancher Hinsicht waren sie die Pioniere einer ›Endlösung‹, die Serben und Juden gleichermaßen traf. In Rumänien wußte man fast sogleich über die Aktivitäten der Einsatzgruppen Bescheid, arbeiteten doch Rumänen in Südrußland mit ihnen zusammen. Als aber 1942 Eichmann und seine Kohorten erschienen und verlangten, die Judenschaft solle ausgeliefert werden, stellte sich Marschall Ion Antonescu, der rumänische Staatschef, taub, denn Bukarest war sich nicht mehr sicher, daß Deutschland den Krieg gewinnen würde, und außerdem verbot den Rumänen ihr Nationalstolz, daß sich andere in ihre inneren Angelegenheiten einmischten.

Anfänglich waren die Bulgaren in geringerem Maße unterrichtet. Bulgarien hatte der Sowjetunion nicht den Krieg erklärt, seine Truppen standen nicht in Rußland. Im Juni 1942 ließ der deutsche Gesandte in Sofia, A. H. Beckerle, bulgarische Stellen wissen, daß die gesamte Judenschaft Europas nach Polen deportiert werde. Sein Kontaktmann war Alexander Belew, der neuernannte Kommissar für jüdische Angelegenheiten. Belew neigte dazu, die Juden auszuliefern, andere opponierten. Die Geschichte dieses Tauziehens ist in allen Einzelheiten bekannt. Es kam schließlich zu einem Kompromiß: 11 000 Juden aus dem bulgarischen Thrakien und Mazedonien wurden 1943 verschickt und getötet, der Rest durfte in Bulgarien bleiben. Der Druck der Deutschen dauerte wie in Rumänien an, aber die Bulgaren stellten sich, wie die Rumänen, verständnislos. Der Führer hatte ihnen gesagt, daß die Juden bei Kriegsende Europa verlassen müßten. Warum also nicht das Ende des Kriegs abwarten? Die meisten der bulgarischen Juden waren

Arbeiter und wurden dringend gebraucht. Stalingrad und El Alamein waren auch nicht dazu angetan, den Glauben der Bulgaren an einen Sieg der Deutschen zu stärken, und außerdem hatten sie keine Lust, sich zusätzlich und unnötig zu kompromittieren.

Offiziell wußte die bulgarische Regierung nichts Greifbares über die ›Endlösung‹, aber es gab viele Informationskanäle. Die Russen hatten während des Krieges diplomatische Vertreter in der bulgarischen Hauptstadt. Bulgarischer Botschafter in der Schweiz war Georgi Koseiwanow, ein Freund von König Boris III., ehemaliger Ministerpräsident und persönlicher Freund vieler hoher Beamter. Wie alle Diplomaten war er ein eifriger Zeitungsleser, Istanbul lag näher als Bern, bulgarische Beamte und Parlamentarier begegneten regelmäßig Vertretern der Neutralen und Alliierten in Istanbul, Mitglieder einer bulgarischen Handelsmission gingen gegen Ende 1942 in Istanbul so weit, sich mit bulgarischen Juden zu treffen, die sich vorübergehend in der Türkei niedergelassen hatten.[39] Bulgarien hatte fast ständige Kontakte mit der übrigen Welt; es gab also für Sofia keine Geheimnisse.

Kommen wir noch zu Frankreich, der besetzten Zone und Vichy. Die Verhaftungen begannen im Juli 1942 mit der großen Razzia in Paris (Vel d'Hiv), als einige 13 000 staatenlose Juden zusammengetrieben wurden. Zahlreiche weitere Festnahmen folgten, und einen Monat später begannen die Züge nach Auschwitz zu rollen. Den Erläuterungen der Vichy-Regierung zufolge wurden die Juden nach Südpolen gebracht, wo man sie in verschiedenen öffentlichen Bauvorhaben beschäftigen wolle.[40] Man hatte sich von Anfang an auf solche Sprachregelungen geeinigt und bekräftigte sie bei einem Treffen zwischen Pierre Laval, dem Vichy-Premier, und Helmut Knochen, Befehlshaber der Sicherheitspolizei und des SD in Frankreich. Mehr als in jedem anderen Land versuchten die Deutschen in Frankreich, einen Schleier über die wahre Bedeutung der Deportationen zu breiten; der von den Machthabern bevorzugte Ausdruck war ›Umsiedlung‹ statt Verschickung oder Deportation.

Von vielen Seiten kamen Proteste: von den Vereinigten Staaten, katholischen Bischöfen und protestantischen Geistlichen, sogar von Ungarn. Laval erklärte jedoch, er lasse sich von dem eingeschlagenen Kurs nicht abbringen. Hätte man den offiziellen Erklärungen geglaubt, wären Proteste nicht erfolgt, denn in dieser Zeit kamen eine Menge Franzosen zur Arbeit nach Deutschland, was keine größere Entrüstung hervorrief. Daß auch kleine Kinder (die man überdies von ihren Eltern getrennt hatte) wie auch ältere Leute und Kranke abtransportiert wurden, zeigte deutlich, daß die Nazis andere Absichten hatten. Wie Donald Lowry, ein Quäker, dem Generalsekretär des Weltkomitees der YMCA am 10. August 1942 berichtete: »Sie [die Deportierten] haben über das Schicksal, das sie in Polen erwartet, wenig Illusionen.« Der päpstliche Nuntius Valeri schrieb dem Vatikan am 7. August das gleiche: das französische Volk glaube nicht an die offizielle Version, da auch Kranke und Alte weggeschafft würden.

Nachrichten über Massenmorde wurden per Radio von London in französischer Sprache seit Anfang Juli 1942 gesendet. Manche Blätter und Flugschriften der Résistance meldeten im Oktober und November die Verwendung von Gas. Eine bemerkenswerte Ausnahme bildete die kommunistische *Humanité,* die bis zum Ende des Kriegs keinen Kommentar zur Ausrottung der Juden gab.* Aber Laval blieb bei seiner Behauptung, daß die Juden eine landwirtschaftliche Kolonie aufbauten, als Pastor Marc Boegner ihn Anfang September aufsuchte, um zu protestieren. Boegner schrieb später: »*Je lui parlais de massacres, il me repondait jardinage.*«[41]** Aber Laval und seine Kollaborateure – unnötig, es ausdrücklich zu sagen – glaubten selbst nicht an *jardinage.* Wenn sie auch vielleicht nicht über die Einzelheiten der ›Endlösung‹ Bescheid wußten, so war ihnen doch klar, daß die Juden nicht zurückkommen würden.

---

* Nichtwissen kann nicht der Grund gewesen sein, denn eine andere kommunistische Untergrundzeitung mit weitaus kleinerer Auflage (für Lehrer und Studenten der Universität) erwähnte Auschwitz und berichtete die Tatsache, daß die Juden zur Tötung ausgesondert (›selektiert‹) wurden.
** »Ich sprach zu ihm von Massakern, er antwortete mir mit Gartenbau.«

2

Die Neutralen:
»Übereinstimmende und zuverlässige Berichte«

Vier neutrale Länder waren für Nachrichten über das Schicksal der europäischen Judenschaft von großer Bedeutung: vor allem die Schweiz, wo sich die meisten der jüdischen Emissäre aufhielten, Schweden, die Türkei und in geringerem Maße Spanien. Dies gilt für das Rettungswerk und noch mehr für das Zusammentragen von Nachrichten. Aus dem ersten Kapitel geht hervor, daß Angehörige der neutralen Staaten viele Gelegenheiten hatten, in Deutschland und den besetzten Ländern zu reisen – und viele waren sehr gut informiert. Die neutralen Länder waren auch für das Netz des polnischen Geheimdienstes lebenswichtig, mittels dessen die meisten Nachrichten aus dem Land nach London gelangten. Bern und Stockholm waren zentrale Operationsbasen (wie auch Budapest und Istanbul). Während die Emissäre, wenn irgend möglich, selbst nach London reisten, lieferten Kuriere ihre Botschaften häufig in Stockholm und Bern zur Übermittlung nach London ab.* Unnötig zu sagen, daß selbstverständlich auch der britische und der amerikanische Geheimdienst ihre Repräsentanten in diesen Hauptstädten hatten.

Die geographische Lage der Schweiz war günstig: als ›Horchposten‹ wie auch als Ausgangspunkt für Hilfsaktionen. Zehn Jahre nach Kriegsende bat die Schweizer Regierung, nach viel Selbsterforschung und nach öffentlichen Debatten, einen führenden Akademiker, Professor Ludwig, einen Bericht über die Schweizer

---

* Emissäre waren immer Mitglieder des polnischen Untergrundes; Kuriere konnten auch Angehörige anderer Länder sein; sie dienten als Nachrichtenüberbringer.

Politik gegenüber den Flüchtlingen während des Kriegs auszuarbeiten. Ein Durchschlag des Berichts wurde vor der Veröffentlichung Dr. H. Rothmund vorgelegt, der während dieses kritischen Zeitabschnitts Chef der Schweizer Fremdenpolizei gewesen war. Die von Professor Ludwig gestellte Kernfrage lautete: in welchem Stadium wußte man in der Schweiz von der Vernichtungsaktion gegen die Juden? Es macht ja einen gewaltigen Unterschied, ob die Schweizer Behörden 1942 von der Endlösung wußten oder nicht, als sie Flüchtlinge zurückschickten. In Rothmunds Sicht war diese Frage jedoch nicht von entscheidender Bedeutung. In einem Brief vom 3. Dezember 1956 an den Chef des Eidgenössischen Justiz- und Polizeidepartements, Bundesrat Dr. Markus Feldmann, schreibt er: »Wir wußten schon im Juli 1942 genug... Zu der von Herrn Professor Ludwig als entscheidend gestellten Frage, in welchem Zeitpunkt die Vernichtungskampagne der Nazi gegen die Juden bekannt geworden sei, möchte ich noch einmal betonen, daß sie m. E. keine große Rolle spielt.«

Am 30. Juli 1942 schickte Dr. Rothmund ein 23seitiges Memorandum an die örtlichen Polizeichefs, in dem er *expressis verbis* die *gräßlichen* Lebensbedingungen der Juden in den Gettos des Ostens unter Bezug auf »übereinstimmende und zuverlässige Berichte« erwähnte.[42] Bleibt nur noch anzumerken, daß dieses Wissen Rothmund nicht daran hinderte, zwei Wochen danach jüdische Flüchtlinge zurückzuschicken. Ein Wort wie »gräßlich« wird in Kriegszeiten nicht leichthin verwendet und weist auf etwas hin, das offenbar schlimmer ist als Krankheit und Hunger.

Die »übereinstimmenden und zuverlässigen Berichte« rührten sowohl aus zufälligen Quellen als auch aus normalen Kanälen her. So beobachtete ein Schweizer Bürger Ende 1941 durch Zufall eine Einsatzgruppe bei Kamenez-Kasirski bei der Tötung von Juden und berichtete das Vorkommnis seinem Konsul in Hamburg. In Professor Ludwigs Studie werden häufig Berichte aus jüdischen Quellen zitiert, die vom *World Jewish Congress* und der *Jewish Agency* stammten. Es steht aber nicht fest, ob die Schweizer Behörden den

Berichten glaubten; jedenfalls hatten sie Zugang zu diesen und anderen Quellen.

Es gibt den Fall des Zürcher Arztes, Dr. Rudolf Bucher, der Warschau, Smolensk und andere osteuropäische Städte zwischen November 1941 und Januar 1942 besuchte. Er war Mitglied der ersten Schweizer Ärztedelegation, die unter Leitung von Dr. Bircher – einem Schweizer Offizier und Arzt mit ausgesprochen prodeutschen Sympathien – an die Ostfront ging.[43] In einem nach dem Krieg veröffentlichten Buch behauptet Bucher, er sei im Dezember 1941 oder Januar 1942 über Auschwitz und Massenvergasungen in Spezialkammern unterrichtet worden.[44] Dies ist höchst unwahrscheinlich, weil die Gaskammern, abgesehen von einem Versuch im September, wobei 800 sowjetische Kriegsgefangene getötet wurden, erst einige Monate später in Funktion traten. Auch wenn das Gedächtnis Dr. Bucher hinsichtlich Auschwitz verließ, so war er doch sicherlich Zeuge von Massakern und hörte von anderen. Fast unmittelbar nach seiner Rückkehr in die Schweiz trat er in Versammlungen an die Öffentlichkeit, wo er über die unmenschlichen Bedingungen sprach, unter denen die Juden festgehalten würden; auch habe er mit eigenen Augen in Warschau und Smolensk die Ermordung vieler Juden miterlebt. Hunderte hörten seine Vorträge. Die deutschen Dienststellen protestierten, und Bucher wurden von seinen Vorgesetzten in der Armee harte Konsequenzen angedroht.[45] Bucher wurde später eine bekannte Persönlichkeit; er war in der Nachkriegszeit jahrelang Mitglied des Schweizer Parlaments. Die ihn kannten, beschreiben ihn als etwas unzuverlässig, leicht erregbar und zu Übertreibungen neigend. Was jedoch hier interessiert: in Sachen Juden übertrieb er bestimmt nicht, seine Erregung war nicht unangebracht.

Buchers Aussage wurde überdies von Franz Blättler (offenbar ein Pseudonym), einem Unteroffizier, bestätigt, der als Fahrer diese Ärztemission begleitet hatte. Auch er schrieb ein Buch, in dem er eine »Szene des Massensterbens« im Warschauer Getto beschrieb, das er als »einen großen Friedhof« bezeichnete: »Ich schämte mich, diese Stätte des Grauens als freier Mensch zu verlassen.«[46] Sein Tagebuch wurde den Schweizer Behörden vorgelegt. Es enthält Eintragungen wie diese vom 23. Oktober: »Gestern wurden 3000 Juden wegen Sabotage getötet«, oder am 7. November: »Frauen und Kinder wurden umgelegt, weil auf deutsche Soldaten geschossen worden war.«

Weitere drei Schweizer Ärztemissionen gingen an die Ostfront, die letzte 1943, aber für sie alle verhängte die Zensur über ihre Erlebnisse im Osten Nachrichtensperre. Bei der Lektüre der offiziellen (unveröffentlichten) in Archiven aufbewahrten Berichte und einiger Tagebücher der Missionsteilnehmer fand ich viele Krankheitsgeschichten und daneben Beschreibungen der polnischen und ukrainischen Landschaften und Bewohner, aber kein Wort über die Juden. Vielleicht sahen die Mediziner nichts Übles, vielleicht hatten sie sich die Anordnungen zu Herzen genommen, keine delikaten Informationen preiszugeben, über die sie hätten stolpern können. Alle mußten beim Betreten deutschen Territoriums eine entsprechende Versicherung unterschreiben. Vielleicht auch waren fast alle Juden bereits tot, und es gab nichts mehr zu sehen und zu berichten.

Informationen erhielt man natürlich auch aus offiziellen Quellen. Stucki, der Schweizer Botschafter in Vichy, berichtete von einem Treffen mit Laval, aus dem hervorgeht, daß Laval sich in trotziger Gemütsverfassung befand und die Proteste gegen die Deportationen französischer Juden ihn nicht schwankend machten – und daß auch er wußte, welches Los die Deportierten erwartete. Darüber gab es auch Berichte von Schweizer Konsuln, etwa aus Marseille.[47] Schweizer kehrten aus dem besetzten Europa auf kürzeren oder längeren Urlaub nach Hause zurück und erzählten von ihren Eindrücken. Die Schweizer hörten am Radio Hitlers Reden wie auch Thomas Manns Ansprachen aus den Vereinigten Staaten. In seiner Neujahrsbotschaft 1942 hatte Hitler erklärt, der Jude werde die Völker Europas nicht ausrotten; vielmehr werde er selbst das Opfer seines eigenen bösen Vorhabens sein. Und am 30. September

58

1942 sagte er im Sportpalast: »Ich habe am 1. September 1939 in der damaligen Reichstagssitzung zwei Dinge ausgesprochen: ...und zweitens, daß, wenn das Judentum einen internationalen Weltkrieg zur Ausrottung etwa der arischen Völker Europas anzettelt, dann nicht die arischen Völker ausgerottet werden, sondern das Judentum... Die Juden haben einst auch in Deutschland über meine Prophezeiungen gelacht. Ich weiß nicht, ob sie heute noch lachen oder ob ihnen nicht das Lachen bereits vergangen ist. Ich kann aber auch jetzt nur versichern: es wird ihnen das Lachen überall vergehen. Und ich werde auch mit diesen Prophezeiungen recht behalten.«[48]

Ein Schweizer Blatt, die *Thurgauer Zeitung*, kommentierte diese Rede am 2. Oktober 1942: »Wenn man bisher noch im Ungewissen sein konnte, was die nach dem Osten deportierten Juden zu erwarten hätten, so ist heute nach Hitlers eindeutiger Erklärung ein Zweifel darüber nicht mehr möglich. Hitlers Worte können nur in dem Sinn interpretiert werden, daß die Ausrottung der Juden einer jener Punkte seines Programms bleibt, die verwirklicht werden, wie auch der Krieg ausgehe.«

Thomas Mann, der über BBC London zu den Deutschen sprach, erwähnte in der Monatsansprache vom November 1941 »das Unaussprechliche, das in Rußland, das mit den Polen und Juden geschehen ist und geschieht.«

Im Vorwort zu der Sammlung dieser Radiobotschaften schrieb er im September 1942:

»Es lauschen mehr Menschen, als man erwarten sollte, nicht nur in der Schweiz und in Schweden, sondern auch in Holland, im tschechischen ›Protektorat‹ und in Deutschland selbst, wie durch aufs sonderbarste chiffrierte Rückäußerungen aus diesen Ländern belegt ist.«

Bei späteren Rundfunkansprachen wurde er noch deutlicher: »Jetzt ist man bei der Vernichtung, dem maniakalischen Entschluß zur völligen Austilgung der europäischen Judenschaft angelangt... [Ein] deutscher Lokomotiv-Führer... ist in die Schweiz entflohen, weil er mehrmals Züge voller Juden zu fahren hatte, die auf offener Strecke... durchgast wurden. Der Mann hat es nicht mehr ausgestanden.«[49]

Die Schweizer Presse war ständig gut informiert. Charles Schuerch, Sekretär der Schweizer Gewerkschaften, veröffentlichte einen Augenzeugenbericht aus Paris vom 21. Juli 1942 unter der Überschrift »Wir können nicht schweigen«[50], worin er die ausgedehnten Razzien in Frankreich, das Vorspiel zu der ersten großen Deportation beschrieb. Viele Schweizer Zeitungen schrieben damals, es sei lächerlich, behaupten zu wollen, daß die an der Schweizer Grenze zurückgeschickten Flüchtlinge in keiner Gefahr schwebten; in Wirklichkeit ständen sie dem sicheren Tod gegenüber.[51]

Die Berichte über die Szenen, die sich in Frankreich kurz vor Beginn der Deportationen abspielten, waren schlimm genug, aber noch war die Frage offen, was mit den Juden aus Frankreich, Belgien und den Niederlanden danach geschehen werde. Die Schweizer Presse hatte wenig Illusionen. Das *Volksrecht*, Zürich, schrieb am 15. August, die meisten Deportierten würden auf dem Transport sterben. *Das Volk*, Olten, meinte am 18. August, daß alle diese Tausende in einem polnischen oder einem ukrainischen Getto einen schauerlichen Tod finden würden. Die *Schweizerische Kirchenzeitung* schrieb am 27. August 1942:

»Kinder werden brutal ihren Eltern entrissen, und es ereignen sich Szenen, welche an den Bethlehemitischen Kindermord erinnern. Nur ein Ziel scheint allem zugrunde zu liegen: die Ausrottung des Judentums.«

Von Zeit zu Zeit mischte sich die Schweizer Zensur ein und rüffelte Blätter, die »zu einseitig« berichteten. So wurde dem Organ der Schweizerischen Jüdischen Gemeinde gesagt, daß die schlau ausgesuchten Zitate über die Verfolgung von Juden ihrem Wesen nach propagandistisch und daher unzulässig seien. Was, fragte der Zensor, wenn jemand eine Reihe antisemitischer Zitate mit der Absicht veröffentliche, antijüdische Propaganda zu betreiben? Die

Diskussion über Judenverfolgungen müsse auf ruhige und »sachliche« Art und Weise erfolgen.[52]

Im ganzen genommen unterdrückte aber die Schweizer Zensur die Nachrichten über systematische Massenmorde im Jahr 1942 nicht; in Anbetracht der politischen Situation der Schweiz und des ständigen deutschen Drucks erforderte dies ein gewisses Maß an Mut. Im folgenden Jahr, 1943, wurde die Zensur schärfer. Die Zeitungen wurden öffentlich verwarnt, weil sie aus der britischen Presse Berichte über das Babi-Yar-Massaker entnommen hatten, das zwei Jahre zurücklag.[53] Manche Zeitungen, wie die *Nation*, wurden ständig verwarnt, weil sie detaillierte Berichte über die Todeslager gebracht hatten, wo an manchen Tagen 7000 bis 10 000 Juden getötet wurden. Berichte dieser Art seien nach den Worten des Zensors »krasseste Greuelmeldungen«, die der Presse Großbritanniens entstammten und dafür gedacht seien, der Propaganda einer der kriegführenden Seiten zu dienen.[54]

Für den Militärzensor war es absolut unwesentlich, ob Nachrichten richtig oder falsch waren. Was für ihn ins Gewicht fiel, war, daß die Position der Schweiz in der zweiten Hälfte 1943 nach der deutschen Besetzung von Norditalien noch prekärer wurde als im Jahr zuvor. Unter diesen Umständen durfte Deutschland nicht provoziert werden. Aber noch im Jahr 1942, zu der Zeit, die in dieser Studie untersucht wird, waren auch gemäßigte und nicht zu Übertreibungen neigende Zeitungen sehr deutlich. So schrieb die *Neue Zürcher Zeitung* am 13. September 1942:

»Was an Berichten über diese Maßnahmen, deren unwahrscheinliche Härte selbst mitten im weltumspannenden Krieg ein Gefühl des Entsetzens weckt, bis heute vorliegt, kann ein abschließendes Bild der Vorgänge heute noch nicht geben, auf jeden Fall aber liegen erschütternde Nachrichten einwandfreien Charakters vor, angesichts deren jeder Versuch einer Beschönigung des Geschehens zunichte wird.«

Die meisten dieser Kommentare bezogen sich auf die Umstände der Deportationen, der Entwurzelung der Menschen und Auseinanderreißung von Familien. Tragische Vorkommnisse, gewiß, aber nur in wenigen Artikeln war in aller Offenheit die Rechnung ›Deportation gleich Mord‹ aufgemacht worden. Wäre denn so viel Entsetzen über die Deportationen ausgedrückt worden, wenn kein Verdacht (und mehr als Verdacht) über das Schicksal der Verschleppten bestanden hätte? So schrieb die *Tribune de Genève* am 16. September 1942: »*Où vont-ils, tous ces malheureux? Ils ne le savent pas, mais ils le devinent.*«* In der *Schaffhauser Zeitung* konnte man am gleichen Tag in Verbindung mit den Transporten lesen: »Es gehen die haarsträubendsten Gerüchte um.« Ein kleines Lokalblatt, der *Volksfreund*, Flawil, vom 10. Oktober 1942 ging noch weiter und fragte geradeheraus: »Werden die deportierten Juden getötet? Die klipp und klar gestellte Frage, ob die nach dem Osten deportierten Juden umgebracht werden, ob man sie erschießt, verhungern oder sonstwie umkommen läßt, mag vielleicht manchen schweizerischen Leisetretern unvorsichtig erscheinen. Solche meinen auch, die Vorgänge im Ausland gingen uns nichts an. Doch als christliches Volk im christlichen Europa sind wir darum bekümmert, ob diese Massenmorde an unschuldigen Menschen anderer Rasse wirklich geschehen.«

Flawil ist eine Kleinstadt im Kanton St. Gallen und hatte damals etwa 6000 Einwohner. Was in Flawil bekannt war, wußte man schließlich auch in Bern, Zürich, Basel und Genf. Viele Schweizer Zeitungen brachten eine United-Press-Meldung aus Stockholm (11. Oktober 1942), in der es hieß, in Berlin sei es »ein offenes Geheimnis«, daß keine Vorbereitungen getroffen würden, die Juden um- bzw. anzusiedeln. Die Evangelische Flüchtlingshilfe brachte im Oktober 1942 eine Flugschrift heraus, in der es hieß:

»Über das Volk der Juden, das Volk Gottes, ist ein großes Sterben gekommen. Europa hallt wider von den Sterbeschreien. In Europa gellen die Schreie der Sterbenden, die erschossen, vergast werden.«

---

* »Wohin gehen alle diese Unglücklichen? Sie wissen es nicht, aber sie können es sich denken.«

Die vom *Volksfreund* gestellte Frage wurde von der *Basler Nationalzeitung* beantwortet, einer der führenden Zeitungen des Landes: »Den Deutschen genügt es nicht, den Juden die elementaren Menschenrechte zu nehmen. Sie führen nunmehr ihre häufig ausgesprochene Drohung durch, die jüdische Rasse in Europa zu vernichten. Juden aus allen besetzten Gebieten werden unter fürchterlichen Umständen deportiert. In Polen liquidiert man sie dann systematisch. Man hat von denen, die verschleppt wurden, nie mehr ein Wort vernommen.«[55]

Ähnliche Informationen gingen auch durch andere Presseorgane. So hieß es in der *Thurgauer Arbeiterzeitung* vom 11. September 1942: »Tatsache ist, daß man von den Deportierten nichts mehr vernimmt.«

In der Rückschau hatte also Dr. Rothmund recht, als er sagte, 1942 habe man genug gewußt. Sein Vorgesetzter anderseits, Eduard von Steiger, Chef des Departements des Inneren, schrieb Professor Ludwig 1955, er und seine Amtskollegen in der Schweizer Regierung seien erst 1944/45 zu dem Glauben gelangt, daß die Gerüchte über das Entsetzliche tatsächlich wahr waren.[56] Rothmund, der mit voller Unterstützung seitens von Steigers angeordnet hatte, die Juden zurückzuschicken, wurde nach dem Krieg stark kritisiert und im Rang zurückgestuft. Von Steiger dagegen, ein vollendeter Opportunist, kam mit kaum einem Fleckchen auf der Weste davon. In der Politik ist Gerechtigkeit rar.

Von Steiger hätte vorbringen können, daß es für ihn als Minister eines neutralen Lands keinen Grund gegeben habe, den Gerüchten mehr Glauben zu schenken, wo es doch die Alliierten mit der Bestätigung keineswegs eilig hatten, daß die Nachrichten über Massenmorde im Osten authentisch seien. Es gab zwar die offizielle Erklärung der Alliierten vom Dezember 1942, aber sie war erstens nicht sonderlich eindringlich und wurde zweitens von der amerikanischen Regierung verwässert. Alles gut und schön, aber zur moralischen Entschuldigung kaum ausreichend. Der Schweizer Minister wußte genausogut Bescheid wie seine britischen und amerikanischen Kollegen, außer er hätte nie eine Zeitung gelesen, nie Radio gehört und sich überhaupt geweigert, sich zur Politik zu äußern. Für keinen, der im Spätsommer und im Herbst 1942 die Schweizer Presse verfolgte, konnte es einen vernünftigen Zweifel geben, daß in Osteuropa Massenmord begangen wurde – keine isolierten Pogrome, sondern systematische Ausrottung. Bedenkt man die exponierte Lage der Schweiz, so waren ihre Zeitungen ebenso freimütig, wenn nicht noch offener als die Presse in Großbritannien, Amerika und sogar Palästina.

Die ›Gerüchte‹ kamen außer von Schweizer Journalisten aus dem besetzen Europa durch mancherlei Kanäle: aus Schweizer diplomatischen Kreisen, von in Deutschland oder in Osteuropa lebenden Schweizern, die von Besuchen in Deutschland oder den von Deutschen besetzten Gebieten zurückkehrten. Flüchtlinge, denen 1942 der illegale Übertritt in die Schweiz gelungen war, brachten sie mit; manches wird an anderer Stelle in diesem Buch erwähnt. Sie gingen von den Exilregierungen aus wie der polnischen und der niederländischen, die in der Schweiz ihre Vertreter hatten; auch von ausländischen Geheimdiensten, vom Internationalen Roten Kreuz und dem Ökumenischen Hilfskomitee für Flüchtlinge (Dr. W. A. Visser 't Hooft und Reverend Dr. Freudenberg). Sie sickerten durch deutsche Diplomaten ein, die die Schweiz besuchten und gelegentlich Andeutungen fallen ließen. Nachrichten kamen also aus allen möglichen Richtungen. Herr von Steiger und durch ihn die Schweizer Regierung wurden von Dr. Alphons Köchlin, dem Präsidenten der Protestantischen Vereinigung, ständig auf dem laufenden gehalten.

Schweden lag als Horchposten weniger zentral, aber auch die Schwedische Regierung wurde aus vielerlei Quellen unterrichtet. Es gab schwedische Diplomaten, Journalisten und Geschäftsleute in Deutschland und in den besetzten Gebieten. So enthüllte Kurt Gerstein, Desinfektions-Experte des Referats Gesundheitstechnik im Hygiene-Institut der Waffen-SS, auf der Rückreise von einer Inspektionstour nach Belzec seine Wahrnehmungen einem schwedischen Diplomaten, Baron von Otter, bei einer berühmt geworde- nen Begegnung im Warschau-Berlin-Expreß.

Die Frage, was aus dem Otter-Bericht wurde, war Gegenstand vieler Vermutungen, kann aber jetzt mit einiger Sicherheit beant- wortet werden. Von Otter fertigte zunächst eine schriftliche Dar- stellung der dramatischen Begegnung an, entschied dann aber, das Schriftstück nicht der Diplomatenpost zu übergeben, da er in einer Woche selbst nach Stockholm zurückfahren sollte. Bei einem Interview, das er viele Jahre nach dem Krieg gab, sagte von Otter, es sei eine »absolut einmalige Situation« gewesen. Er war der erste Diplomat, der Definitives erfuhr. Was, wenn seine Vorgesetzten die Information den Alliierten weitergegeben und diese die Tatsachen bekanntgegeben hätten? Von Otter meinte, daß das deutsche Volk sie nicht geglaubt hätte, da es in einem »eisernen Griff« steckte.[57]

Der Chef der politischen Abteilung im Schwedischen Außenmi- nisterium, Söderblom, dem von Otter Bericht erstattet hatte, sagte: »Wir hielten es für zu riskant, Informationen von einer kriegführen- den Macht an eine andere weiterzugeben.« Er bemerkte auch, daß es derzeit eine Menge Gerüchte gebe. Gösta Engzell, damals Sprecher des Außenministeriums, hatte nur unbestimmte Erinne- rungen: von Otter habe irgendwelche Informationen erhalten, worüber im Außenministerium gesprochen worden sei. Erik Bohe- man, Regierungssprecher, glaubte auch, daß sich in den Archiven Dokumente befänden, die sich auf diesen Vorfall bezögen.

Einem Gesuch des Verfassers wurde stattgegeben, und so erhielt er im Februar 1980 als erster Zutritt zu der von-Otter-Akte. Das einzige Dokument, das sich vorfand, war ein Brief von Otters an Viscount Lagerfelt von der Schwedischen Botschaft in London.[58]*
Der Brief enthält die Geschichte des Zusammentreffens mit Ger- stein Ende August 1942 und dessen Bericht über die »Leichenfa- brik« (wörtliche Übersetzung aus dem Schwedischen) von Belzec.

---

* Ein anderer schwedischer Diplomat, der von den Massenmorden im Jahr 1942 gehört hatte, war Per Anger, der damals in Budapest Dienst tat. Sein Informant war der ungarische Journalist Kalman Konkoly (mitgeteilt vom Botschafter Anger am 28. Januar 1980.)

Er enthält Einzelheiten über die Transportverhältnisse, über technische Verfahren, die Reaktionen der SS-Wachmannschaften und der jüdischen Opfer, das Einsammeln von Schmuck, Zahngold und anderer Wertgegenstände. Gerstein zeigte von Otter auch verschiedene Dokumente über den Ankauf von Zyangas. Wie er selbst sagte, bezweckte er, die Aufmerksamkeit eines neutralen Staats auf diese Geschehnisse zu lenken. Er glaube, sagte er, daß das deutsche Volk das Nazi-Regime keine Sekunde länger ertragen würde, sollte das Wissen um die Ausrottung verbreitet und von unparteiischen Stellen des Auslands bestätigt werden.

Gerstein besuchte von Otter ein halbes Jahr nach dem ersten Treffen abermals, um sich zu erkundigen, welchen Gebrauch die Schweden von seinen Informationen gemacht hätten. Wie von Otter sagte, verriet Gersteins Aussehen einen Zustand tiefer Verzweiflung, er schien jeden Augenblick bereit, angesichts der Scheußlichkeiten, die sich in Deutschland abspielten, seinem Leben ein Ende zu setzen. Inzwischen war von Otter von Bischof Dibelius Gersteins Glaubwürdigkeit als Zeuge bestätigt worden. Dibelius zufolge war Gerstein freiwillig der SS beigetreten, um herauszufinden, ob es der Wahrheit entspreche, daß eine große Zahl Geisteskranker auf Befehl Hitlers getötet würde. Gerstein dachte, er als Experte im Gesundheitswesen habe eine gute Chance, zur Wahrheit vorzudringen. Von Otter zufolge hatte Dibelius von Gerstein den gleichen Bericht über das Schicksal der Juden bekommen.* Was aus alledem hervorgeht: es gab 1942 nur einen mündlichen Bericht von Otters, der nicht als Memorandum oder Note gelten kann. Das Argument, die schwedische Regierung habe es »zu riskant gefunden« (Söderblom), die Information an die Alliierten

---

* Gerstein hatte auch versucht, den päpstlichen Nuntius in Berlin, Orsenigo, zu alarmieren, wobei er nicht bedachte, daß von allen Bevollmächtigten des Vatikans Orsenigo der letzte gewesen wäre, der Hitler und die Nazis beleidigt hätte. Nicht zu verwundern, daß man Gerstein die Tür zeigte. Er setzte sich dann mit Dr. Winter, dem Koadjutor des Erzbischofs von Berlin, in Verbindung. Wenn seine Botschaft den Vatikan erreichte, »so hatte das nicht mehr zu bedeuten, als daß sie Tatsachen bestätigte, über die der Vatikan ausreichend informiert war«. S. Friedländer, *Counterfeit Nazi*, London 1969, S. 158.

zu übermitteln, kann kaum ernstgenommen werden, denn es gab natürlich Mittel und Wege, sie weiterzuleiten, ohne die Regierung selbst damit in Verbindung zu bringen. Wenn dem so war, warum ließ man sie nicht wenigstens an die Presse durchsickern? Die kürzeste Antwort darauf lautet: es war August 1942, eine kritische Zeit.

Die Schwedische Botschaft in Berlin wurde von unglücklichen Juden und ›christlichen‹ Juden belagert, die Deportation und Tod befürchteten, für die ein schwedisches Visum der letzte Rettungsanker war. Den Sachbearbeitern der Botschaft waren natürlich die tödlichen Gefahren bekannt, in denen die Antragsteller schwebten.* Der Botschaftspastor hatte engen Kontakt mit oppositionellen Kreisen der deutschen Protestantischen Kirche und wurde von ihr auf dem laufenden gehalten. Einem Telegramm des Associated-Press-Korrespondenten Uexküll in Stockholm vom 11. Oktober 1942 zufolge würden die »Todestransporte« trotz der Kriegsverhältnisse und des Mangels an rollendem Gut fortgesetzt: die Juden seien gänzlich in Apathie versunken, nachdem die letzte Hoffnung geschwunden war, der Deportation und damit dem Tod zu entgehen. Die einzigen Ausnahmen bildeten einige hochqualifizierte Arbeiter und Ärzte. Solche Information konnte aus schwedischen Kanälen stammen, ebenso gut aber auch von Flüchtlingen. Außer von Norwegen und Dänemark kamen nur wenige Flüchtlinge, aber im Laufe des Krieges immerhin einige, und fast jeder hatte eine außergewöhnliche Geschichte zu erzählen. Zu den freimütigsten Zeitungen zählte *Göteborgs Handels och Sjöfartstidning*, unter der Schriftleitung eines mutigen Journalisten, Torgny Segerstedt. Dieses Blatt wie auch die Wochenzeitungen *NU, Trots Allt* und einige andere enthielten Artikel über das Schicksal der Juden. Schweden

---

* Die schwedische Regierung wurde auch fortlaufend von der schwedischen Israelimmission in Warschau informiert, deren Chef damals Birger Pernow war. Einige ihrer Berichte, daß in Polen drei Millionen Juden getötet worden seien, fanden den Weg in die Presse: *Aftontidningen* vom 7. Oktober 1943. Aus diesem Datum erhellt, daß solche Artikel erst viel später kamen.

vertrat in Berlin auch die Niederländische Regierung, die die Schweden schon 1941 mobilisierte, als ihr die Tötung junger niederländischer Juden in Mauthausen bekannt wurde. Schweden wurde in Berlin vorstellig und dahingehend beschieden, dies sei eine Einmischung in innerdeutsche Angelegenheiten, dieses Thema könne nicht diskutiert werden. 1942 machten die Schweden abermals einen Vorstoß, als die Massenverschickungen begannen; auch traten sie für die norwegischen Juden ein, die deportiert wurden. Das Ergebnis ihrer Bemühungen ist in diesem Zusammenhang nicht relevant; wichtig bleibt, daß durch diese Interventionen der Botschafter Richert und seine Mitarbeiter Einblick in die Mechanik der Endlösung bekamen. Schließlich erhielt die Regierung in Stockholm eingehende Berichte von schwedischen Geschäftsleuten in Polen.

Die schwedische Presse verhielt sich zum Thema ›Endlösung‹ im allgemeinen zurückhaltender als die schweizerische, obwohl es in Schweden keine Zensur gab. Erst im Dezember 1942, als sich eine Wende des Kriegsglücks zeigte, wurden gelegentlich offene und in Einzelheiten gehende Berichte und Kommentare in schwedischen Zeitungen veröffentlicht. Dies trifft auch auf ein liberales, prowestliches Blatt wie *Dagens Nyheter* zu. Während der kritischen Sommermonate des Jahres 1942 erschienen Berichte über antisemitische Erlasse in Vichy (4. Juni) und in Norwegen (19. Juni), über die Verschickung jüdischer ›krimineller‹ Elemente aus den Niederlanden in den Osten und über noch strengere antijüdische Gesetze in Deutschland (24. Juli). Massenmorde jedoch wurden nur indirekt erwähnt, etwa anläßlich der Botschaft Churchills an eine Protest- und Trauerversammlung der Juden in Madison Square Gardens, New York (23. Juli 1942).

Es gab noch einige wenige Ausnahmen in größeren Abständen. So berichtete *Dagens Nyheter* am 13. September 1942, daß die ›Technik‹ der Verfolgung der Juden härter und grausamer geworden sei. Das konnte vielerlei bedeuten, bis zum Mord. Der wahrscheinlich erste unmißverständliche Leitartikel erschien am 21.

Oktober 1942 im *Eskilstuna Kuriren.* Er sprach von unbeschreiblicher Barbarei und einem »Vernichtungsfeldzug« gegen die Juden, stellte fest, daß die »Verantwortung bei uns allen« liege, und fragte, ob die schwedischen Christen nicht ihrer Brüder Hüter seien. Eskilstuna ist eine kleine Provinzstadt westlich von Stockholm. Was dort bekannt war, wußte man natürlich auch in der Hauptstadt. Wenn die Stockholmer Zeitungen sich solcher Artikel enthielten, war nicht Informationsmangel der Grund.

Exakte Information war gewiß schwer zu bekommen, und noch mehr traf dies auf den Partisanenkrieg in Jugoslawien zu, worüber jedoch zu dieser Zeit die Zeitungen eine Menge zu berichten wußten. Da die schwedische Regierung aus erster Hand detaillierte Informationen über Ereignisse in Polen von einigen führenden Mitgliedern der schwedischen Kolonie in Warschau bis zu deren Verhaftung im Juli 1942 als auch aus anderen Quellen erhielt und da britische und amerikanische Zeitungen in Schweden verfügbar waren, muß die Frage gestellt werden, warum die Informationen zumindest teilweise unterdrückt wurden. Die Antwort lautet kurzgefaßt: obwohl es keine Zensur gab, hatte die Regierung das Recht, eine Zeitungsausgabe zu beschlagnahmen (ohne die Angelegenheit vor Gericht zu bringen), wenn die Zeitung eine Nachricht oder einen Kommentar enthielt, »der dazu angetan ist, Differenzen mit einer ausländischen Macht zu verursachen«. Das schwedische Informationsamt verschickte »graue Handzettel« an die Redaktionen und machte auf Themen aufmerksam, die als ungeeignet zur Veröffentlichung galten. Darunter fielen auch »von den Kriegführenden begangene Greueltaten«. Schwedische Minister, besonders Außenminister Christian Günther, waren während dieser kritischen Periode Zeitungen gegenüber empfindlich, die einen bedauerlichen Mangel an nationalem Verantwortungsgefühl zeigten: eine neue Ordnung in Europa war im Kommen, das Gleichgewicht der Kräfte hatte sich verändert, es war außerordentlich gefährlich, die Deutschen, die stärkste Macht Europas, zu provozieren.

Der Wendepunkt trat ein, als die Quisling-Regierung im benachbarten Norwegen alle Juden verhaften und im November 1942 abtransportieren ließ, ausgenommen jene, denen es gelungen war, sich noch rechtzeitig nach Schweden abzusetzen. Es sei daran erinnert, daß im November 1942 die deutsche 6. Armee in Stalingrad eingeschlossen war, Rommel entscheidend geschlagen wurde und die Alliierten in Nordafrika landeten.

In Schweden herrschte Norwegens wegen große Erschütterung: Gottesdienste wurden in den Kirchen abgehalten, die Bischöfe veröffentlichten Aufrufe gegen die antijüdischen Maßnahmen, Prediger wählten Themen wie »die Stimme von deiner Brüder Blut schreit zu mir aus der Tiefe«.[59] Sprecher in öffentlichen Versammlungen sagten, die Behandlung der Juden in Norwegen spotte jeder Beschreibung. Das Gallup-Institut ermittelte in einer Umfrage, daß 25 Prozent aller Schweden gesagt hatten, sie würden die Deportation der Juden aus Norwegen länger (und mit größerem Entsetzen) im Gedächtnis bewahren als alles andere, was 1942 geschehen war; so *Dagens Nyheter* vom 31. Dezember 1942.

Die schwedische Presse einschließlich der Zeitungen, die bisher keine besondere Sympathie für die Juden gezeigt hatten, drückte ihre Entrüstung aus. *Svenska Dagbladet* schrieb, platonische Erklärungen genügten nicht mehr, es müsse gehandelt, allen Juden aus Norwegen Asyl gewährt werden. Häufig war die Rede von »Todesschiffen« und der Ausrottung der Juden.[60] Manche Blätter hoben den »sadistischen Charakter« und die »mechanische Präzision« der ›Endlösung‹ hervor, die als furchtbarer Schandfleck für die europäische Zivilisation bezeichnet wurde. Während einige Leitartikler das Schicksal der Juden beklagten, ohne zu erwähnen, daß die Juden getötet würden, stellten andere – und überraschenderweise wieder viele Provinzblätter – *expressis verbis* fest, dies sei ein Fall von »Massenmord«, ein ganzes Volk werde mit unmenschlicher Grausamkeit umgebracht.[61] Meistens war der Blick auf Norwegen gerichtet, und nur selten wurde die Tatsache erwähnt, daß die 2000 norwegischen Juden nicht Hitlers einzige Opfer waren und daß die Alliierten eine gemeinsame Erklärung gegen den Massenmord veröffentlicht hatten.[62] Am 20. Dezember 1942 stand in *Dagens Nyheter* zu lesen, daß das Schweigen der schwedischen Zeitungen über die Judenverfolgung in Norwegen dem Wunsch zuzuschreiben sei, den unglücklichen Opfern zu helfen – zu einer Zeit, da man glaubte, die schwedische Regierung tue alles in dieser Richtung, was sie könne: »Es ist nicht möglich, in diesem Augenblick Einzelheiten über die Verhandlungen zu berichten. Wenn sie aber abgeschlossen sind, muß die Öffentlichkeit unterrichtet werden, es wird nicht mehr nötig sein, zu schweigen.« Als sich aber die Tore von Auschwitz hinter den Juden aus Norwegen geschlossen hatten, verschwand das Thema auf lange Zeit aus den Kolumnen der schwedischen Presse.

Unter den Neutralen war Spanien am wenigsten an den Juden interessiert. Spanische Journalisten und Geheimdienstagenten gaben sich keine Mühe, das Schicksal der Juden zu ergründen. Aber auch die Spanier konnten nicht umhin, von ›Gerüchten‹ Kenntnis zu nehmen; sie hatten Botschafter und Journalisten bei den Achsenmächten, in den Hauptstädten der Neutralen und der Alliierten. Eine spanische Freiwilligendivision, die Legion Condor, kämpfte an der Ostfront. Jüdischen Flüchtlingen gelang es, nach Spanien durchzukommen, was bei der damaligen Situation einen sicheren Hafen bedeutete. Spanische Konsuln in deutschbesetzten Gebieten wurden von Menschen, denen die Verschickung drohte, um Zuerkennung der spanischen Staatsangehörigkeit oder Ausstellung von Visa angefleht. Die spanische Regierung gewährte in Griechenland und in anderen Ländern diesen Schutz Juden spanischer Herkunft. Sie zeigte sich in der Tat somit hilfreicher als andere demokratischere, aber furchtsamere Länder und nahm das Risiko auf sich, den Unwillen der Deutschen auf sich zu ziehen. Offiziell wußte Spanien nichts von der ›Endlösung‹, aber aus deutschen und spanischen Quellen geht hervor, daß wenigstens in Madrid einige Leute Bescheid wußten. Eberhard von Thadden, der Spezialist des Auswärtigen Amtes für internationale Probleme, die sich aus der ›Endlösung‹ ergaben, unterrichtete Eichmann, daß ein Beamter der

Spanischen Botschaft in Berlin zu einem Beamten des Auswärtigen Amts gesagt hatte, Spanien hätte nichts dagegen, die spanischen Juden aus Griechenland auszuliefern, »vorausgesetzt, wir könnten sicher sein, daß die Juden nicht liquidiert werden«.[63] Einen Monat danach berichtete die Britische Botschaft in Madrid, die Spanische Regierung würde die Idee begrüßen, Juden mit spanischen Pässen nach Spanien einreisen zu lassen – eine Alternative zu der Verschickung nach Polen, wo sie vermutlich in Konzentrationslagern sterben und zu Seife verarbeitet würden.[64] Die spanischen Archive sind noch nicht erforscht worden; auch wenn sich überraschend neue Erkenntnisse ergeben sollten – fest steht jedenfalls, daß man in Madrid, wie auch sonst in Europa, vom Schicksal der Juden gehört hatte.

Ähnlich wie in Spanien war die Situation in der Türkei. Im Jahr 1943 und später war Istanbul von großer Bedeutung als ein Zentrum, von wo aus Hilfsunternehmungen gelenkt wurden. Die verschiedenen Hilfskomitees waren allerdings – mit wenigen Ausnahmen – erst nach Januar 1943 dort vertreten, was bedeutet, daß während der kritischen Zeit, 1941/42, relativ wenig Informationen über das Schicksal der Juden über die Türkei in den Westen gelangten (s. Kapitel 6 über einzelne Versuche von Meleh Neustadt und anderen, Informationen einzuholen). Weder die türkische Presse noch die Regierung war an dem Thema interessiert. 1942 gab es einige Auslandskorrespondenten in Istanbul, die wie die etwas zahlreicheren Geheimdienste nur ausnahmsweise über jüdische Angelegenheiten berichteten. Eine solche Ausnahme bildet der Bericht Francis Ofners an Basil Davidson vom britischen Geheimdienst. Was aus dem Bericht wurde, ist nicht bekannt.

Über die Rolle des Vatikans ist endlos debattiert worden – ob Papst Pius XII. (Eugenio Pacelli) schweigend hätte verharren sollen, oder ob er, sich so verhaltend, seine Grundpflichten als Christ verletzt habe. Der Vatikan intervenierte in der Slowakei, in Rumänien und, wenn auch nicht sehr nachdrücklich, in Frankreich und Kroatien. Es ist die Frage gestellt worden, ob Hitler den Papst hätte festnehmen und die Kardinäle hinrichten lassen, wenn sie kein Blatt vor den Mund genommen hätten. Kaum, denn er war zu sehr darauf bedacht, in Kriegszeiten einen offenen Konflikt mit dem Vatikan zu vermeiden. Wenn der Vatikan nicht wagte, Hunderten von polnischen Priestern zu Hilfe zu kommen, die in Auschwitz starben, so war es unrealistisch, zu erwarten, daß er mehr Mut und Initiative zeigen würde, wenn es sich um Juden handelte.

Die Hauptfrage in dieser Untersuchung ist aber nicht, was der Vatikan tat, sondern was er wußte. Es kann berechtigte Meinungsverschiedenheiten über die Aktivitäten des Vatikans (oder deren Ausbleiben) geben, aber es besteht nicht der Schatten eines Zweifels, daß man Bescheid wußte. Es ist behauptet worden (von Wladimir d'Ormesson), daß der Papst und seine Umgebung keine Ahnung gehabt hätten, was in der Außenwelt vor sich ging, wenn man an die »totale Isolierung« denke, die von den Deutschen und dem faschistischen Italien verhängt wurde: der Telegraph war in den Händen der Italiener, ausländische Sender wurden gestört usw.[65] Aber d'Ormesson, der bis Oktober 1940 Frankreich beim Vatikan vertrat, war nicht unparteiisch, und seine Argumentation ist nicht überzeugend. Zwischen dem Vatikan und der Außenwelt herrschte während des Krieges ein lebhaftes Kommen und Gehen. Der Vatikan wurde aus Genf von den Vertretern der Judenschaft auf dem laufenden gehalten, die lange Memoranden an den päpstlichen Nuntius, Monsignore Bernardini, in der Schweiz (17. März 1942) und an Angelo Roncalli, den künftigen Papst Johannes XXIII., damals päpstlicher Nuntius in der Türkei, richteten. Die Vertreter der Vereinigten Staaten beim Vatikan, Myron Taylor und Harold Tittmann, der britische Botschafter Sir Ronald Campbell, der Vertreter Brasiliens und zahllose andere bombardierten den Vatikan mit Noten und Memoranden. Alle diese Schriftstücke enthielten Nachrichten über die von den Nazis begangenen Massenmorde. Der Vatikan brauchte aber diese Diplomaten und ihre Informationen über die Geschehnisse in Deutschland und in Osteuropa keineswegs. Man war dort besser informiert als anderswo in

Europa. Es gab Zehntausende katholischer Priester in Polen, der Slowakei und in anderen Ländern; sie lebten in ihren Gemeinden, und wenn jemand wußte, was geschah, dann sie. Es gab Millionen praktizierender Katholiken in Deutschland und abermals Zehntausende katholischer Priester, von denen nicht wenige im Osten in der Wehrmacht dienten. Wenn ein katholischer Priester von der Verschwörung gegen Hitler erfuhr, kann man schwerlich glauben, daß er nichts über die Aktivitäten der Einsatzgruppen und die Todeslager gehört haben sollte. Ein katholischer Beamter des Auswärtigen Amtes sprach mit seinem Bischof über die ›Endlösung‹ und erwartete geistlichen Zuspruch, den er offenbar nicht bekam. Dies wurde durch Zufall bekannt, aber es wird viele solche Fälle gegeben haben.

Mit Ausnahme der Sowjetunion hatte der Vatikan direkte oder indirekte Verbindungen zu jedem europäischen Land.* Wenn in Deutschland einige katholische Priester mit den Nazis sympathisierten, taten es die meisten nicht, und im polnischen Klerus gab es keine Sympathisanten und nur einige wenige in Frankreich.

Aus den kärglichen zugänglichen Unterlagen geht hervor, daß der Vatikan als erste oder eine der ersten Regierungen vom Schicksal der deportierten Juden erfuhr. Nach Aussage von Hans Gmelin, Gesandtschaftsrat in Bratislava, schrieb der dortige Nuntius Burzio im Februar 1942 in einem Brief an Ministerpräsident

---

* Die polnischen Bischöfe hatten Rom nur über Nuntius Orsenigo in Berlin zu berichten, dem sie mit einiger Berechtigung mißtrauten. Denn Orsenigos Verhalten bei seinem Verkehr mit den Nazis ging über die gebotene Vorsicht weit hinaus. Es ist schwer zu beurteilen, ob er glaubte, zum Besten der Kirche zu handeln, oder ob er vor allem an seine eigene Karriere dachte, denn er wollte sehr gern Kardinal werden. Seine Berliner Amtsführung während des Kriegs machte ihn nach Kriegsende in Rom nicht sehr beliebt, und so erreichte er sein Ziel nicht. Was über die polnischen Bischöfe gesagt wurde, bezieht sich natürlich nur auf die offiziellen Kanäle. Es gab andere Verbindungsmöglichkeiten mit dem Heiligen Stuhl, z. B. durch Kuriere mit Nuntius Bernardini in der Schweiz, oder über Budapest. Vor allem hatte der polnische Klerus mit London Kontakt über die Exilregierung, die während des ganzen Krieges einen Botschafter beim Vatikan hatte, Casimir Papée. Aus den von ihm veröffentlichten Dokumenten und den Berichten der polnischen Heimatarmee geht hervor, daß der Vatikan über die Vorgänge in Polen vollständig unterrichtet war. (C. Papée, *Papiez Pius XIIa Polska-Przemowienia i listy papieskie 1939–1946*, 2. Aufl. 1946; s. auch Carlo Falconi, *The Silence of Pius XII*, Boston 1970, S. 109–244.)

Vojtech Tuka, es sei ein Irrtum, zu glauben, daß die Juden zur Arbeit nach Polen verbracht würden; vielmehr rotte man sie aus. Dies wird in einer Depesche Burzios vom 9. März 1942 an den Vatikan bestätigt, die es ob ihrer Wichtigkeit verdient, zitiert zu werden: »Die Auslieferung von 80 000 Menschen nach Polen auf Gnade und Ungnade der Deutschen bedeutet für einen Großteil die Verurteilung zum sicheren Tod.«[66]

Und doch blieb der offizielle Standpunkt des Vatikans den ganzen Krieg über der gleiche: man könne Nachrichten über die ›Endlösung‹ nicht bestätigen, die Informationen über Massaker schienen übertrieben zu sein. Zwar hatte Nuntius Orsenigo aus Berlin am 28. Juli »*le più macabre supposizioni sulla sorte dei non-ariani*«[67]* geäußert, aber *supposizioni* sind keine Tatsachen, mit denen eine Regierung (oder das Oberhaupt der Katholischen Kirche) ihre Politik untermauern kann. Hohe katholische und protestantische Würdenträger (etwa Bischof Dibelius) haben nach dem Krieg behauptet, daß sie sich bis zum Ende des Kriegs nicht der vollen Bedeutung der ›Endlösung‹ bewußt gewesen seien. Dies mag stimmen, legt man den Ton auf ›voll‹. Schließlich gab es keinen Beweis, der vor Gericht hätte vorgebracht werden können, und kein Kardinal oder Bischof erhielt je die Erlaubnis, Auschwitz, Sobibor oder Treblinka zu besuchen. Das ›Wissen‹ gründete sich auf Hörensagen, aber andererseits ist es natürlich unwahrscheinlich, daß die Authentizität der Informationen bezweifelt wurde.

Der Vatikan war im Vergleich zu den Protestanten wegen seiner überlegenen Organisation und weitreichenden internationalen Verbindungen besser informiert. Gegenwärtig sind die Archive des Vatikans nicht zugänglich. Kardinal Casaroli, Staatssekretär, zuständig für die öffentlichen Angelegenheiten der Kirche, hat mir versichert, daß der Heilige Stuhl zwar von seinem Prinzip der Unzugänglichkeit der Archive nicht abgehen könne, daß aber in den elf Bänden von *Der Heilige Stuhl während des zweiten Welt-*

---

* »...die grauenhaftesten Vermutungen über das Schicksal der Nichtarier.«

kriegs nichts weggelassen wurde, was mit dem Zweck meiner Untersuchung zusammenhinge.[68] Wenn dem so ist, muß man annehmen, daß der Großteil der zwischen dem Heiligen Stuhl und seinen Repräsentanten einerseits und den ausländischen Regierungen anderseits ausgetauschten Noten, Berichte, Briefe, Memoranden usw. verlorengegangen sind. Man kann nur hoffen und beten, daß der Verlust nicht endgültig ist.*

Viele Informationen erreichten den Vatikan nicht durch diplomatische Kanäle, sondern mittels persönlicher Kontakte zwischen Geistlichen hohen und niedrigen Rangs; das alles wird nie in die Archive gelangt sein. Man mag behaupten, daß auch die energischsten Schritte des Vatikans keinen einzigen Juden vor dem Tod gerettet hätten. Anderseits kann die Behauptung unmöglich aufrechterhalten werden, der Vatikan habe keine Informationen gehabt. Wie Carlo Falconi schreibt: »Niemand war über die Lage in Polen besser unterrichtet als der Papst, ausgenommen vielleicht die polnische Exilregierung.«

Von allen inoffiziellen internationalen Körperschaften war keine in einer vorteilhafteren Position, über das Schicksal der Juden in Europa Bescheid zu wissen, als das Internationale Rote Kreuz (IRK).[69]

Das IRK trat für eine besondere Idee ein, nämlich den Schutz verwundeter und kranker Kriegsteilnehmer, den Beistand für wehrlose Opfer von Feindseligkeiten, für Achtung des Menschen und wirksame Hilfeleistung nach dem grundsätzlichen Prinzip der absoluten Unparteilichkeit.

Im Ersten und im Zweiten Weltkrieg, wie bei vielen Gelegenhei-

---

* Bestrebungen, Kenntnisse des Vatikans geheimzuhalten, sind politisch und psychologisch verständlich, aber nicht sehr weitsichtig, denn früher oder später werden wenigstens manche Tatsachen bekannt. Auch wenn die Vatikanischen Archive auf unbeschränkte Zeit verschlossen bleiben, gibt es noch andere Quellen. Die Vertreter des Vatikans in den verschiedenen Ländern benutzten einen veralteten Code für ihre Mitteilungen, die von den meisten (wenn nicht allen) europäischen Geheimdiensten abgehört und aller Wahrscheinlichkeit nach auch dechiffriert wurden. Es läßt sich vermuten, daß die Emissäre des Vatikans ihrem eigenen Code nicht trauten und daß streng geheime oder heikle Dinge mündlich weitergegeben wurden. Trotzdem dürfte es in nicht allzu ferner Zukunft wenigstens einige Enthüllungen geben.

ten vorher und nachher, hat das Rote Kreuz enorm viel Gutes getan und verdient höchstes Lob. Im Zweiten Weltkrieg besuchten seine Vertreter Tausende von Kriegsgefangenenlagern und leisteten mit Lebensmittel- und Medikamentenlieferungen, mit Paketen an die Zivilbevölkerung humanitäre Hilfe: 36 Millionen Pakete wurden versandt, 120 Millionen Botschaften übermittelt. Das Rote Kreuz arrangierte den Austausch verwundeter oder unheilbar kranker Gefangener und bestimmter Kategorien von Zivilisten; es organisierte auch den Austausch kurzer persönlicher Nachrichten zwischen Zivilisten der kriegführenden Nationen.

Trotzdem wurde das IRK stark kritisiert, weil es die Hilfeleistungen nicht auch auf die Juden ausgedehnt hatte. Wie der damalige Präsident Max Huber sagte, war sich das Rote Kreuz bewußt, daß die Zivilbevölkerung in den vom Feind besetzten Gebieten wenig Schutz genoß, denn es gab nur die »überholten und ungenügenden Bestimmungen« der Haager Landkriegsordnung von 1907; kein einziger Jude wäre gerettet worden, hätte man darüber hinaus Aufsehen oder Skandale erregt. Es ist richtig, daß das IRK auf ehemals russischem Territorium nicht operieren konnte, weil die Sowjetunion die Vereinbarungen nicht unterschrieben hatte; auch legten die Deutschen dem IRK viele Hindernisse in den Weg. Dem nationalen Komitee des Deutschen Roten Kreuzes (DRK), mit dem das IRK zusammenzuarbeiten hatte, standen mehrere führende SS-Leute und spätere Kriegsverbrecher vor: Dr. Ernst Grawitz und Professor Karl Gebhardt, Erfinder der Gaskammern und Initiatoren der ›Experimentalmedizin‹ in den Todeslagern (das Giftgas Zyklon B wurde manchmal in Lastwagen mit dem Zeichen des Roten Kreuzes transportiert). Schließlich bedingte die Schweizer Neutralität strikte Beschränkungen bei den Aktivitäten des IRK; alle führenden IRK-Leute waren Schweizer Bürger. Die Neutralität der Schweiz verhinderte bis 1943 jede Aktion, die als unfreundliche Handlung gegen Deutschland und die Achsenmächte hätte ausgelegt werden können. Auch hier geht es nicht darum, ob das Rote Kreuz tat, was es hätte tun können, sondern wann es über die Massenmorde Bescheid wußte und welchen Gebrauch es davon machte.

Die Gliederung des IRK war damals kurz wie folgt: leitendes Gremium war die Zentral-(Koordinations-)kommission, die im November 1940 zusammengetreten war. Ihre führenden Mitglieder waren die Professoren Max Huber und Carl Jacob Burckhardt (1937-39 Völkerbundkommissar in Danzig), die Herren Jacques Chenevière und Barbey. Huber war ein Experte für Internationales Recht, Burckhardt ein bekannter Diplomat, Historiker und Literaturwissenschaftler. Sie standen Komitees vor, die sich mit Kriegsgefangenen, Hilfswerken, Rechtsfragen usw. befaßten. Das IRK-Personal in der Schweiz betrug 1942 fast 3000 Personen, im Ausland gab es etwa 70 Festangestellte. Gegen Ende des Krieges existierten 76 Delegationen mit 179 Mitgliedern, die Kriegsgefangenen- und Zivilinterniertenlager aufsuchten; 1942 allein lag die Zahl der Besuche bei rund 1000. Die Emissäre und Delegierten legten enorme Strecken zurück; sie sprachen im Auswärtigen Amt vor, unterhielten sich mit zahllosen Zivilisten und Armeeangehörigen beider Seiten, und obwohl sie sich auf deutschem Gebiet nicht überall frei bewegen durften, konnten sie sicherlich an Orte gelangen, die Ausländern (und vielen Deutschen) verschlossen waren.

Es gab in Polen mehrere Kriegsgefangenenlager. Frühzeitig muß das IRK erfahren haben, daß jüdische Soldaten und Offiziere der polnischen Armee aus den Lagern ›mit unbekanntem Ziel‹ verbracht wurden. Das IRK hatte außer in Deutschland auch Delegierte in Kroatien und Rumänien, in den Ländern, wo die ersten größeren Massaker stattfanden.

Das IRK in Genf wurde ständig von den dortigen jüdischen Verbänden um Nachforschungen über das Schicksal von Juden in den von den Deutschen besetzten Gebieten ersucht. Als das IRK sich verschiedentlich um Klärung bemühte, kam vom Deutschen Roten Kreuz der Bescheid, daß über »nichtarische Gefangene« keine Auskunft gegeben werde. Was sollte das IRK unter solchen Umständen tun? Professor Huber war der Auffassung, Proteste seien zwecklos, denn das IRK sei kein internationales Tribunal. Hätte das Komitee zum Mittel des öffentlichen Protests gegriffen, wäre es unvermeidlich gezwungen gewesen, mehr und mehr einen definitiven Standpunkt einzunehmen, und zwar allen Kriegshandlungen und sogar politischen Angelegenheiten gegenüber, was natürlich gänzlich unmöglich gewesen wäre. Auf Grund der gemachten Erfahrungen war es die wohlbegründete Ansicht des IRK, daß »öffentliche Proteste nicht nur unwirksam sind, sondern dazu führen können, eine Verhärtung der Haltung des beschuldigten Landes dem Komitee gegenüber, ja sogar den Abbruch der Beziehungen zu provozieren.«[70]

»Deutschland hat die Juden in eine neue Kategorie eingeordnet, jene der Menschen zweiter Klasse«, hieß es im IRK-Nachkriegsbericht. Genau wie die allgemeinen Gesetze nicht für Hunde, Katzen und Schafe gelten, so auch nicht für die Juden. Was hätte es aber genützt, auf den Tisch zu hauen und zu protestieren – »welche Proteste und Drohungen hätten jemals kriminelle Prozeduren abgewendet?«[71]

Diese und viele andere Äußerungen aus der Zeit nach dem Krieg (»Haben wir nicht in der Erfüllung bestimmter Pflichten versagt?«) zeigen, daß sich das IRK des schweren Dilemmas bewußt war, dem es gegenübergestanden hatte, und daß es vielleicht doch nicht alles getan habe, was selbst unter den schwierigen Umständen möglich gewesen wäre. Denn es ist doch wohl so: sich in Schweigen hüllen kam damals fast einer Billigung der Endlösung gleich.

Was nun wußte das IRK wirklich und auf welchen Wegen erhielt es Informationen? Es durfte keine ständige Vertretung in Polen unterhalten; dies wurde erst Ende 1942 für die Slowakei, Ungarn und Rumänien zugestanden. IRK-Emissäre bereisten gleichwohl Osteuropa, und von diesen Missionen und aus anderen Quellen sickerten Nachrichten über das Los der Juden durch. Wenigstens bei einer Gelegenheit Ende August 1942 konnte der IRK-Delegierte Dr. von Wyss das Lebensmittelverteilungszentrum für die polnischen Gettos besichtigen. Einige weitere Beispiele dürften genügen.[72] Zwischen den Mitarbeiterinnen des Britischen Roten Kreuzes, Miss Warner und Miss Campion, und Madame Ferrière in Genf gab es lebhaften Meinungsaustausch: Was war aus den deportierten deutschen und tschechischen Juden geworden? Stimmte es, daß man sie nach Polen und Rußland verbracht hatte? Zuverlässige Informationen gebe es nicht, antwortete Mme. Ferrière, derartiges geschehe in ganz Europa. Es sei eine tragische Situation, »aber wir können gar nichts tun«. Bei anderer Gelegenheit erwähnte sie die »furchtbaren Konsequenzen der Lage.« Im August 1942 berichtete Miss Campion nach Genf über »massenhafte Anfragen« wegen der Deportationen. Einzelne IRK-Mitarbeiter hatten mit jüdischen Ärzten über die Verschickungen aus Berlin gesprochen (Dr. Exchaquet, 20. November 1941).

René de Weck, Gesandter der Schweiz in Bukarest, schrieb in einem an Jacques Chenevière vom IRK gerichteten Privatbrief über die systematischen Verfolgungen, denen die rumänischen Juden ausgesetzt seien, und fügte hinzu, daß »die armenischen Massaker, die am Beginn des Jahrhunderts das Gewissen Europas erschüttert haben, im Vergleich zu den Geschehnissen in Rumänien ein bloßes Kinderspiel sind« (29. November 1941). In einem Postscriptum stellte er fest, daß die Grundtendenz »die physische Vernichtung der Juden« sei. Einer Initiative de Wecks und dringendem Ersuchen von anderen Seiten folgend, besuchte W. Rohner Ungarn und Rumänien im März 1942. In einem langen Memorandum an Dr. Burckhardt erwähnte er »*les massacres les plus atroces*«* bei Kamenez-Podolsk und die Tatsache, daß in der Ukraine einige 100 000 Juden getötet worden seien (Bericht vom 10. April 1942); auch slowakische Juden habe man deportiert. Ihm war ein Bericht zugegangen, wonach die jüngeren jüdischen Frauen glaubten, sie würden in polnischen Fabriken arbeiten, was aber wohl eine Selbsttäuschung sei, denn man werde sie »*à la disposition des soldats allemands*«** stellen. In Ungarn erfuhr er von der Verschickung

* »die schauerlichsten Massaker«
** »den deutschen Soldaten zur Verfügung«

von 8000 Juden nach Auschwitz und in Rumänien von der Ermordung von 20 000 Juden in Odessa. Rohner war Präsident der *Commission mixte de secours* (Gemischte Hilfskommission), und sein Wort hatte Gewicht.

Neben anderen Orten wurde Auschwitz auch in einem Bericht des Leiters des Slowakischen Roten Kreuzes, Skotnicky, vom 9. Juni 1942 und jenem des Französischen Roten Kreuzes, Colonel Garteiser, erwähnt, der fälschlich ›Hauswitz‹ schrieb und bemerkte, daß man von den Deportierten nie mehr etwas höre; es sei ihnen nicht erlaubt, Briefe zu schreiben oder zu empfangen (2. Juni 1942). Dr. Marti, Vertreter des IRK in Berlin, war ebenfalls eine wichtige Nachrichtenquelle. Er besuchte Dr. Sethe vom Deutschen Roten Kreuz und intervenierte, mußte aber erfahren, daß die aus Frankreich Deportierten als Kriminelle betrachtet würden, und so könne keine Hilfe gewährt werden (20. Mai 1942). Im September versuchte es Dr. Marti wieder: ob es wenigstens möglich sei, den in den Osten Verbrachten zu schreiben. Wieder war die Antwort negativ. Auf viele tausend Anfragen trafen lediglich etwa dreißig Einzelauskünfte ein.

Man erlaubte Dr. Marti im August 1942, ins Generalgouvernement zu reisen, aber er scheint nicht viel gesehen zu haben. Er berichtete allerdings von Schauerszenen bei Rawa Russka, wo französische Kriegsgefangene aus dem Stalag 325 der Erschießung von 150 Juden durch Ukrainer zugesehen hatten. Einige Monate vorher konnte Dr. Marti berichten, daß Sondereinheiten der SS Zivilisten in den besetzten sowjetischen Gebieten umbrächten. Als er Sethe sagte, außerhalb Deutschlands heiße es, die Zustände in den Lagern seien schlimmer als alles, was die Inquisition erfunden habe, lautete die lakonische Antwort: »Lassen Sie sie reden« (28. Januar 1942). Später wußte Marti zu berichten, französische Juden seien in Riga gesehen worden, und man glaube, daß 60 000 dort getötet worden seien (14. November 1942).

So weit waren die Informationen sporadisch gewesen, im Spätherbst kamen sie dann von allen Seiten. Der IRK-Delegierte in

81

Washington teilte mit, das State Department sei benachrichtigt worden, daß Juden in großer Zahl in Polen getötet würden (13. Oktober 1942). Nun erhob sich die Frage, ob das IRK publik machen solle, was es wußte. In der IRK-Zentrale debattierte man bereits den ganzen August. Gegen Mitte September hatten Professor Huber und seine Mitarbeiter einen Entwurf ausgearbeitet, in dem ohne Namennennung und Anprangerung schlicht verlangt wurde, die Zivilbevölkerung solle menschlich behandelt werden. Für Madame Odier (Unterausschuß für zivile Angelegenheiten) und Madame Bordier (Hilfskomitee) war dies nicht deutlich genug. Kräftigere Sprache sei vonnöten angesichts einer Katastrophe ohne Präzedenzfall. Die Mehrheit glaubte aber nicht an Appelle, hielt sie für emotional und vergeblich und unterstützte den Huber-Entwurf.

Die entscheidende Sitzung fand am 14. Oktober 1942 statt. Für den erkrankten Huber präsidierte Chenevière. Die Versammlung erlebte einen der seltenen Auftritte Philipp Etters, der in den dreißiger Jahren wiederholt Außenminister gewesen war. Er tendierte, wenn überhaupt irgendwohin, zu den Achsenmächten und war sogar gegen den zahmen Huber-Entwurf, den man als Verletzung des Neutralitätsprinzips interpretieren konnte. Seine Meinung setzte sich durch, und das Ergebnis war, daß überhaupt keine IRK-Verlautbarung zum Judenmord erfolgte. Wenn führende IRK-Mitglieder auch nichts von Appellen an die Öffentlichkeit hielten, so waren sie gleichwohl bereit, sich privat darüber zu äußern, was sie wußten.

Im Oktober 1942 fing Carl Jacob Burckhardt zu reden an.*

* Er war nicht der einzige, der Informationen privat weitergab. Dr. Gerhard Riegner erwähnte in einem Brief vom Juni 1942, ein führendes Mitglied des IRK habe ihm erzählt, daß die Repräsentanten des Judentums in Genf die Zahl der in den besetzten Teilen Rußlands getöteten Juden unterschätzten. Den einzigen Weg, das Schlachten zu stoppen, sehe er darin, den Deutschen Vergeltungsmaßnahmen anzudrohen. (Riegner an Goldmann, 17. Juni 1942.) Der IRK-Vertreter war wahrscheinlich André de Pilar, ein baltischer Baron, der die Schweizer Staatsangehörigkeit hatte. Er gehörte zur Gemischten Hilfskommission des IRK, einer Sonderabteilung für den Versand von Hilfsgütern. De Pilar stand ständig in Verbindung mit dem Deutschen Roten Kreuz. Riegner erinnert sich, daß der Baron im Gespräch sehr freimütig war; »er gab mir ab und zu außerordentlich wertvolle Informationen« (Riegner zum Verfasser am 13. Dezember 1979).

Zuerst informierte er einen alten jüdischen Freund und Kollegen vom Genfer Centre of Advanced Studies, Professor Paul Guggenheim, und traf dann am 7. November Paul C. Squire, den amerikansichen Konsul in Genf. Ihm erzählte er, daß er, obwohl er selber den Text nicht gesehen habe, privatim – und nicht zur Veröffentlichung bestimmt – versichern könne, daß Hitler 1941 den Befehl erteilt habe, vor Ende 1942 müsse Deutschland ›judenrein‹ sein. Er hatte die Information von zwei sehr gut unterrichteten Deutschen unabhängig voneinander erhalten: einem Beamten des Auswärtigen Amtes (wahrscheinlich Albrecht von Kessel) und einem Beamten des Kriegsministeriums. Squire fragte, ob das Wort ›Ausrottung‹ gefallen sei. Burckhardt sagte, in dem Befehl stehe »judenrein«. Da es für die Juden keinen Platz gab, Deutschland aber gesäubert werden mußte, war die Schlußfolgerung klar. Burckhardt sagte auch, daß das IRK erwogen habe, über die Judenfrage einen öffentlichen Aufruf an die ganze Welt zu richten, aber es sei dagegen gestimmt worden; man sei zu der Ansicht gelangt, daß ein Appell die Situation nur noch schwieriger gestalten würde und alle Hilfeleistungen für Kriegsgefangene und Zivilinternierte – die eigentliche Aufgabe des Roten Kreuzes – gefährde.*

In einer Begleitnote an Leland Harrison, US-Gesandten in Bern, schrieb Squire, er habe schon immer beobachtet, daß die Nazis versuchten, ihre amtlichen Texte mit Legalität zu umkleiden, und so sei der Ausdruck ›Ausrottung‹ zu blutig für ein Protokoll, aber es gebe keinen Zweifel, daß »für die Unglücklichen eines bleibt, nämlich der Tod.«[73]

Später im November besuchte Riegner Burckhardt und erfuhr, daß das IRK vorläufig keinen Protest einlegen wolle. Man befürchte, daß die Informationen, die das IRK über die Deportationen noch erhalte, im Fall einer Protestaktion gänzlich ausbleiben könn-

---

* Burckhardt war ein vorsichtiger Mann. Es existiert eine amerikanische Niederschrift dieses Gesprächs, das Squire festhielt. Ein Direktor des IRK hat mir versichert, eine Nachforschung in den IRK-Büros in Genf habe ergeben, daß Burckhardt keine Notiz über diese Unterredung hinterließ.

ten. Es sei ratsam, nur zu protestieren, wenn es absolut keine wie immer geartete Hoffnung mehr gebe, auf andere Weise zu helfen. Inzwischen werde das IRK die Deutschen weiterhin dringend um Informationen und um die Erlaubnis ersuchen, Delegierte ins Generalgouvernement, nach Theresienstadt und Transniestrien entsenden zu dürfen. Ein deutscher Rotekreuz-Mitarbeiter namens Kundt habe ihm gesagt, solche dringliche Ersuchen seien erwünscht (!), auch wenn er nicht versprechen könne, daß sie zu einem Ergebnis führen würden.[74]

Burckhardts Eröffnungen waren nicht sensationell. Bis Oktober 1942 waren etwa zwei Millionen Juden getötet worden, und Nachrichten darüber hatte man aus vielen Quellen erhalten. Aber allein die Tatsache, daß Burckhardt willens war, über einen Führerbefehl, wenn auch inoffiziell und nicht für die Öffentlichkeit bestimmt, zu sprechen, war natürlich eine Verletzung der Neutralität, wie sie seine Kollegen, auch Professor Huber, verstanden. Burckhardts Gespräch mit Squire tat sicherlich seine Wirkung auf amerikanische Diplomaten, die polnischen und jüdischen Quellen nur widerstrebend Glauben schenkten. Die Information wurde in Washington immer noch als unangenehm empfunden, konnte aber nicht länger ignoriert werden.

3

Die Alliierten:
»Wilde, von Ängsten der Juden veranlaßte Gerüchte«

Kurz nach Kriegsende schrieb Abbé Glasberg, ein mutiger Priester
russisch-jüdischer Herkunft, der viel getan hatte, französische
Juden zu retten, er habe es schwierig gefunden, zu erklären, wieso
während all dieser Jahre die Geheimdienste der Alliierten die
Wahrheit über die Vernichtungslager nicht gekannt haben sollten
(oder ignorierten), die sich über viele Quadratkilometer ausdehn-
ten und in denen Millionen von Menschen eingesperrt waren.[75]
Die Frage ist berechtigt. Zwar ist kein Geheimdienst allwissend,
aber für diesen spezifischen Fall bedurfte es keines brillanten
analytischen Geschickes und keines durchdringenden Verstandes:
auf Briefen und Postkarten war davon zu lesen, und manchmal
stand etwas in der Presse. Die Zeitspanne dieser Studie erstreckt
sich von Juli 1941 bis Ende 1942. Der amerikanische Geheimdienst
begann damals erst zu arbeiten, während der britische auf vollen
Touren lief. Für diese Dienste war zwar alles interessant, was im
deutschbesetzten Europa vor sich ging, es gab aber Prioritäten, und
das Schicksal einer ethnischen oder religiösen Minorität fungierte
nicht vorn auf ihrer Tagesordnung. Anderseits kam kein Geheimdienst und kein Nachrichtendienst in Europa drumherum, 1942 von
der ›Endlösung‹ zu hören, aus dem einfachen Grund, weil sie auf
dem Kontinent allgemein bekannt war. Einzelheiten waren vielleicht von Geheimnissen umgeben, aber das Gesamtbild nicht: wie
Hitler vorausgesagt hatte, verschwanden die Juden.
Die Regierungen der Alliierten hörten davon aus einer Vielzahl
von Quellen. In Großbritannien gab es den Secret Intelligence
Service (SIS), der für die Auslandsspionage zuständig war. Aber

auch die *Special Operations Executive* (SOE) unter Kontrolle des Ministeriums für wirtschaftliche Kriegführung (MEW) war konspirativ im Ausland, in Frankreich, Dänemark und in anderen Ländern tätig. Alle Nachrichten aus Polen gingen automatisch über den polnischen Nachrichtendienst an den SIS, ausgenommen rein innerpolnische Angelegenheiten. Ähnliche Abmachungen gab es zwischen dem britischen Geheimdienst und dem niederländischen, französischen, tschechischen und norwegischen. SOE war auch für Polen tätig. MI-5, der Sicherheitsdienst, erhielt wichtige Information von seinen Vernehmungszentren, weiterhin gab es Vernehmungsstellen, die sich mit den vom Kontinent geflüchteten britischen Kriegsgefangenen und Zivilpersonen befaßten. Die Entschlüsselung und Entzifferung oblagen der GC & CS (Government Code and Cipher School), die Luftaufklärung war Sache des Luftwaffenministeriums. Es gab vielerlei bürokratische Komplikationen, aber wie auch immer, wichtige Nachrichten sollten den Premierminister, das Kriegskabinett und den Generalstab erreicht haben.[76]

Was aber sind wichtige Nachrichten? Sehr oft handelt es sich um kleinere und vielleicht nebensächliche Dinge, die an sich keinerlei Bedeutung zu haben scheinen. Ein klares Bild tritt erst zutage, wenn man sie in einen breiteren Kontext stellt. Außerdem gibt es unzählige Möglichkeiten, Dinge falsch oder richtig zu interpretieren. Wie bei der Geschichtsschreibung ist es eine Sache der Auswahl, und auch wenn ein bestimmtes Ereignis genau beobachtet wurde, bedeutet das *per se* noch nicht, daß es auch richtig verstanden wurde. Es ist auch nicht gesagt, daß Informationen höhere Instanzen der geheimen Dienste erreichten, etwa das Joint Intelligence Committee (JIC), das Koordinierungsorgan zwischen den verschiedenen Diensten, und erst gar das Kriegskabinett, dessen Aufnahmefähigkeit für Nachrichten notwendigerweise begrenzt war.

Für die Zwecke dieser Untersuchung genügt es nicht, zu wissen, daß Stellen des polnischen oder des britischen Geheimdienstes

Kenntnis hatten. Wichtig ist festzustellen, in welchem Umfang eine Information verbreitet und ob sie gelesen und akzeptiert, d. h. verstanden wurde, was natürlich schwieriger zu dokumentieren ist.*

Während des fraglichen Zeitabschnitts war London der Sammelpunkt für Nachrichten aus dem besetzten Europa. Nicht alle Informationen, die der Westen erhielt, stammten von Geheimdiensten. Man denke daran, daß die Vereinigten Staaten in Berlin bis Dezember 1941 eine Botschaft hatten, in Budapest und Bukarest bis Januar 1942, in Vichy bis Ende 1942. Jüdische Organisationen bekamen die meisten Nachrichten von ihren Vertretern in Genf. Es gab noch Dutzende von Kanälen, etwa Berichte von Besuchsreisenden nach oder aus neutralen Ländern, aus der Presse, von Soldaten, die geflüchtet waren, von ausgetauschten Zivilpersonen und anderen.

Viel Information war in der Tagespresse zu finden. So berichtete im Oktober 1941 das Londoner deutschsprachige Blatt *Die Zeitung* in einem Artikel unter der Überschrift *Apokalypse*, daß die aus Deutschland deportierten Juden auf die eine oder andere Weise umgebracht würden. Dem Artikel lag ein am 22. Oktober im schwedischen *Social Democraten* veröffentlichter Bericht zugrunde, in dem es ausdrücklich hieß: »Es gibt keinen Zweifel, daß hier

---

* Manchmal kann es aber doch belegt werden. Die aus Polen in Großbritannien eintreffenden Emissäre wurden von den britischen Diensten befragt und genau unterwiesen, bevor sie mit ihren Landsleuten von der Exilregierung zusammenkamen. Einer dieser Emissäre beschreibt seine Ankunft in Großbritannien so: »Nach der Landung auf einem schottischen Flughafen wurde ich zuerst von Major Malcolm Scott, wahrscheinlich im Auftrag der Spionageabwehr befragt; seine Familie besaß in Lwow eine Fabrik, er sprach so gut Polnisch wie ich. Dann gab es in der ›Patriotic School‹ in Süd-London mit Leuten verschiedener Abwehrdienste weitere Besprechungen; sehr ins Detail gehend bei MI–9, die sich für das Schicksal britischer Kriegsgefangener interessierten. Ich wurde auch von McLaren und Osborn aus dem Foreign Office (für die polnische Abwehr zuständig) interviewt. Es wurden Niederschriften angefertigt; neulich habe ich einige im Public Record Office (Staatsarchiv) eingesehen. Es bestand kein Interesse an dem, was ich über das Schicksal der Juden zu berichten hatte. Es gab nur eine Ausnahme, die eher eine persönliche als eine offizielle Angelegenheit betraf.« Den drei Befragern, die von der systematischen Ausrottung der Juden unterrichtet waren, sollte man noch die Majore, später Hauptleute Colin Gubbins (später General) und Perkins hinzufügen, die sich als SOE-Männer mit Polen beschäftigten. Gubbins wurde später SOE-Chef. Man erwartete offenbar von keinem, daß er sich für das Schicksal der Juden interessiere, und sie taten es auch nicht.

ein Fall von bewußtem Massenmord vorliegt.« Als Kopf des Unternehmens wurde Adolf Eichmann genannt.[77]

Wir müssen uns nun Rußland zuwenden, denn in den von den Deutschen besetzten Gebieten begann nach ihrem schnellen Vormarsch zwischen Juni und Oktober 1941 die systematische Ermordung des europäischen Judentums durch die Einsatzgruppen; bis November 1941 wurden etwa eine halbe Million Juden getötet. Zuerst wurde darüber wenig bekannt, weil diese Gebiete praktisch von der Außenwelt abgeschnitten waren. Amerikanische jüdische Zeitungen wußten von Judenmorden in Grenzstädten zu berichten, was aber wohl nur auf Vermutungen beruhte, die man auf Grund des Verhaltens der Nazis in Polen und anderswo anstellte. Etwas später brachten schwedische Zeitungen Nachrichten, daß in Wilna, Kowno und Bialystok Gettos eingerichtet worden seien. Nach einer Radiomeldung aus Moskau im August waren bei Minsk 45 Juden mit Maschinengewehren niedergemacht worden.[78] Am 5. September wußte die polnische Exilregierung in London über das Getto in Riga Bescheid, und am 18. September erreichte die Nachricht aus Polen Zürich, das Getto von Bialystok sei liquidiert worden – was durchaus nicht stimmte, denn es war eines der letzten, deren Insassen 1943 getötet wurden. Am 22. Oktober 1941 zitierte der Korrespondent der Jewish Telegraphic Agency (JTA) in Zürich eine ukrainische Zeitung, die *Krakowskie Westi*, wonach deutsche Streitkräfte die Juden nach einem unbekannten Bestimmungsort fortgetrieben hatten und in Schitomir von 50 000 Juden nur 6000 übriggeblieben seien. Am 29. Oktober besagte ein Bericht aus Londoner polnischen Kreisen, daß 6000 Juden in Lomza getötet wurden, und Anfang November stand in der schwedischen Presse, daß man die Juden in Riga auf halbe Ration gesetzt hatte. Mehr und mehr Informationen gingen ein, aber wohl nicht nicht genug, um das Ausmaß der Katastrophe begreiflich zu machen.

Die JTA brachte dann am 25. November 1941 einen sensationellen und bemerkenswert genauen Bericht, der, wie es hieß, »von der deutschen Front« stamme, aber verspätet eingetroffen sei: einer zuverlässigen Quelle zufolge seien in Kiew 52 000 Männer, Frauen und Kinder umgebracht worden. Die Opfer hätten ihr Leben nicht etwa bei einem Pogrom, sondern »durch gnadenlose, systematische Ausrottung« verloren. Es sei eines der »erschütterndsten Massaker in der jüdischen Geschichte«, und ähnliches sei auch in anderen sowjetischen Städten geschehen. Man weiß nicht, woher der Bericht kam, aus sowjetischer Quelle bestimmt nicht, wahrscheinlich aus polnischen Kreisen. Seitens der Sowjets erfolgte die Bestätigung Anfang Januar, als bekanntgegeben wurde, daß 52 000 Menschen in Kiew getötet wurden. Die amerikanische Botschaft in Moskau versuchte festzustellen, ob alle oder die meisten Opfer Juden waren, und erhielt am 16. März 1942 eine bejahende Antwort. Am Tag darauf jedoch verkündete die jüdische Presse unter Berufung auf das *Soviet War Bulletin* in London, es habe sich um ein Mißverständnis gehandelt, nur tausend Juden seien umgebracht worden. Diese ›Korrektur‹ war natürlich eine Irreführung, aber es kann nicht festgestellt werden, wer der Schuldige war.

Inzwischen gab es noch mehr alarmierende Nachrichten. Am 2. Januar 1942 brachte die Londoner *Jewish Chronicle* einen von sowjetischen Partisanen, die hinter den deutschen Linien operierten, stammenden Bericht, daß die Deutschen Hunderte von Juden in Rostow am Don getötet hätten. Polnische Quellen meldeten im März die Vernichtung der litauischen Judenschaft. Einzelheiten folgten am 15. März 1942: 7000 Juden in Schawli, in Wilna 40 000 von 70 000. Der Stockholmer *Social Democraten* berichtete auf Grund einer Meldung in der *Deutschen Zeitung in Ostland*, daß die Juden im Rigaer Getto ihre letzten Habseligkeiten verkauften. Aus sowjetischen Quellen lief nur Spärliches, bis auf einen detaillierten Bericht aus Borisow vom 25. März 1942, wonach dort 15 000 Juden umgebracht worden waren. Über den Massenmord in Mariupol folgte ein kürzerer und weniger in Einzelheiten gehender Bericht.

Am 6. Januar 1942 befaßte sich die Sowjetunion in einer von Molotow unterzeichneten und an alle Regierungen, zu denen diplomatische Beziehungen bestanden, gerichteten Note mit den

»monströsen Verbrechen, Roheiten und Ausschreitungen, die von den Deutschen in den besetzten sowjetischen Territorien begangen wurden«.[79] Die Note war viele Seiten lang und erwähnte dreimal Juden. Zuerst wurden Juden zusammen mit Russen, Ukrainern, Letten, Armeniern, Usbeken und anderen genannt, die zweite Erwähnung war ein kurzer Hinweis, daß die Deutschen am 30. Juni, als sie Lemberg besetzten, eine Orgie des Mordens unter dem Losungswort »Tötet die Juden und die Polen« inszeniert hätten. Und schließlich war von den 52 000 Toten in Kiew die Rede. Noch viele andere Massenmorde seien von den deutschen Besatzern in anderen ukrainischen Städten begangen worden. In der Note heißt es dann:

»Diese blutigen Exekutionen richten sich besonders gegen eine unbewaffnete und wehrlose jüdische Arbeiterschaft. Unvollständigen Zahlen zufolge wurden nicht weniger als 6000 Menschen in Lwow erschossen, über 8000 in Odessa, nahezu 8 500 in Kamenez-Podolsk erschossen oder gehenkt, mehr als 10 500 in Dnjepropetrowsk von Maschinengewehren niedergemäht, über 3000 Einwohner von Mariupol erschossen... Nach vorläufiger Schätzung wurden etwa 7000 Menschen in Kertsch von den faschistischen Metzgern umgebracht.«

Insgesamt kam Molotow auf etwa 90 000 Opfer – weniger als ein Fünftel der tatsächlich Getöteten.*

Am 27. April 1942 wurde eine zweite, ebenfalls von Molotow unterzeichnete Note veröffentlicht. Sie war 27 Seiten lang, behandelte Plünderungen, die Errichtung eines Regimes der Sklaverei, die Zerstörung der nationalen Kultur mehrerer Völker, die Entweihung von Kirchen, die Folterung und Tötung von Arbeitern und Bauern, die Vergewaltigung von Frauen und Exekution von Kriegs-

---

* Die Tatsache, daß in sowjetischen Berichten die Kategorien der Opfer selektiv angegeben wurden, war in Washington bemerkt worden. Die Abteilung Research and Analysis des Militärischen Geheimdienstes (OSS) veröffentlichte 1943 ein neun Seiten langes Memorandum unter dem Titel *Lücken in Moskaus Angaben über Grausamkeiten*, worin betont wurde, daß ›Nichtarier‹ nicht erwähnt würden (OSS – Washington DC R & A – 1626, 12. Dezember 1943).

gefangenen. Gewiß waren eine Menge Menschen vieler Nationalitäten beraubt, verletzt und getötet worden, aber daß die Juden, anders als die anderen, zur totalen Vernichtung ausgesondert wurden, davon war in der Note nicht die Rede. In diesem Dokument wurden die Juden nur einmal erwähnt – zusammen mit Russen, Moldauern, Ukrainern und anderen Opfern. Es gab noch eine dritte Molotow-Note vom 14. Oktober 1942 über die Verantwortlichkeit der Hitlerinvasoren und ihrer Komplizen für die begangenen Greuel; die Juden wurden überhaupt nicht erwähnt. Als Ergänzung (oder Postscriptum) wurde am 19. Dezember 1942 eine nicht unterzeichnete Erklärung des Informationsbüros des sowjetischen Außenministeriums verteilt, die sich insbesondere mit der »Durchführung des Hitler-Plans zur Ausrottung der jüdischen Bevölkerung in den besetzten Gebieten Europas« beschäftigte. Es war ein verhältnismäßig kurzes Dokument, enthielt aber mehr Tatsachen und Zahlen, als in den vergangenen eineinhalb Jahren insgesamt bekanntgegeben worden waren. Es erwähnte auch den Plan, Millionen von Juden aus allen Teilen Europas »zum Zweck der Ermordung« zusammenzutreiben.[80]

Man muß fragen, warum sich die Sowjetregierung achtzehn Monate Zeit ließ, diese Tatsachen zu veröffentlichen, und welche Gründe sie bewogen haben, die Zahl der Juden unter den Opfern herunterzuspielen oder sie mit Schweigen zu übergehen. Die ersten sechs Monate des Krieges in Rußland waren für die Sowjetunion die schwierigsten und schlimmsten: Millionen von Soldaten waren gefangengenommen, ein beträchtlicher Teil des Landes verloren. Die Bevölkerung bereitete den Invasoren häufig einen freundlichen Empfang; auch gab es in den ersten Kriegsmonaten nur wenige Partisanen. Anderseits war natürlich nicht jedermann in den besetzten Gebieten ein Kollaborateur mit den Deutschen, und viele sowjetische Geheimdienstmitarbeiter waren zurückgelassen worden. Darüber hinaus wurden bald nach Kriegsbeginn Fallschirmjäger hinter den deutschen Linien abgesetzt, einige um Sabotage zu betreiben, andere um Nachrichten zu sammeln. Funkkontakt bestand zwischen den besetzten Gebieten und Bolschaja Semlja von Anfang an. Obwohl kein Grund für die Annahme besteht, daß die Geheimpolizei (damals NKWD genannt) und der Stab der Roten Armee täglich Nachrichten aus jedem besetzten Ort erhielten, darf man doch sicher sein, daß die Sowjetmachthaber zu jeder Zeit über alle wichtigen Ereignisse in den besetzten Gebieten unterrichtet waren. Die sowjetischen Archive sind interessierten westlichen (und sowjetischen) Wissenschaftlern zwar noch nicht zugänglich, aber die sowjetischen Historiker heben stolz hervor, wie gut informiert man über alles war, was auf der anderen Seite geschah.

Ein bekannter Fall ist das Doppelspiel von N. I. Kusnezow, der sich in der Tarnung eines deutschen Offiziers (unter dem Namen Paul Siebert) in den Stab Erich Kochs einschlich, eines der drei Statthalter Hitlers in Osteuropa. Koch hatte sein Hauptquartier in Rowno. Bis 1941 war jeder zweite Einwohner der Stadt Jude gewesen, und so konnte ihr Verschwinden (sie waren alle in der Stadt oder nahebei getötet worden) der Aufmerksamkeit des sowjetischen Meisteragenten nicht entgangen sein.

Was den Juden geschah und wie viel damals bekannt war, wird im sowjetischen Nachkriegsschrifttum nicht oft berührt. So eine Unterhaltung zweier NKWD-Agenten Ende 1941: »Sie wissen natürlich, was in Babi Yar geschehen ist?« »Ja, das gleiche auch in Winniza.«[81] Überall ist das Widerstreben zu spüren, die Tatsache auszusprechen oder niederzuschreiben, daß es sich bei den Opfern um Juden handelte. Die in Kiew, Odessa, Minsk und anderen Städten verbliebenen Agenten waren für die Regierungsstellen nicht die einzige Informationsquelle, und als die Sowjets bei der Winteroffensive von 1941 auf 1942 einige von den Deutschen besetzte Gebiete zurückgewannen, sahen sie, was unter der deutschen Besetzung geschehen war.

Mit wenigen Ausnahmen, wie der Note vom 13. Dezember 1942, besagte die sowjetische Richtlinie, daß sich die Hitler-Invasoren wie Barbaren benahmen. Und so wurde die Tatsache nicht erwähnt, daß die Juden zur ›Sonderbehandlung‹ aussortiert wurden. Was war der Grund dieses Verschweigens? Die Sowjetmachthaber mochten sich fragen, was zu gewinnen wäre, wenn man aussprach, daß die Juden bei dem Mordfeldzug der Nazis selektiert wurden – wenig oder nichts. Die Ermordung von Juden mag sogar in Teilen der Bevölkerung nicht ungern gesehen worden sein: Ukrainer, Litauer und Letten hatten sich immer wieder bei den Massakern hervorgetan. Daß die Deutschen sich in den besetzten Gebieten schnell unbeliebt machten, lag nicht an ihrer Einstellung gegenüber den Juden. Aus diesem Grund und vielleicht noch aus anderen Überlegungen spielten die Sowjets die ›Endlösung‹ herunter. Gleich dem Vatikan wußten sicherlich auch die Sowjets mehr, als zu veröffentlichen sie sich entschlossen. Nachrichten über die Einsatzgruppen rührten hauptsächlich von neutralen Journalisten her, dem polnischen Geheimdienst und von ungarischen und italienischen Soldaten, die an der Ostfront kämpften – und nicht von denen, die am meisten wußten.*

Bis zum 1. Juli 1942 war in Osteuropa mehr als eine Million Juden getötet worden. Was wußte man im Westen darüber?

Die deutsche Offensive in Rußland war in vollem Schwung, die deutschen Armeen marschierten in Richtung Stalingrad, Rostow, Kaukasus. Die Einsatzgruppen hatten ihre zweite Welle hinter sich gebracht, in Polen hatte im März die Vernichtung der Gettos mit dem Abtransport der Juden aus dem Lubliner Bezirk begonnen, eben der Region, wo der Nazipropaganda zufolge ein autonomes jüdisches Siedlungsgebiet geschaffen werden sollte. Die Gaskammern von Chelmno, Belzec und Auschwitz waren in Betrieb; die Wannsee-Konferenz hatte vor sechs Monaten stattgefunden, die Zwangsverschickungen aus der Slowakei im März begonnen, und

---

* Gegen Ende 1942 flossen die sowjetischen Quellen etwas reichlicher, aber die Informationen waren meistens zur Veröffentlichung außerhalb der Sowjetunion gedacht. So z. B. ein Zitat aus einem Tagebuch eines deutschen Soldaten vom Februar 1942: »Seit wir in dieser Stadt sind, haben wir bereits mehr als 13 000 Juden erschossen. Wir sind südlich von Kiew.« Oder die Befragung des Kriegsgefangenen Karl Brenner vom 20. Juni 1942 an der Krimfront: »Keiner der Juden wurde je wieder gesehen. Es heißt, daß sie 24 Kilometer von Simferopol entfernt an der Feodosiastraße erschossen wurden.« *New Soviet Documents on Nazi Atrocities*, Soviet Embassy, London 1942, passim.

die ersten Waggonladungen mit Juden rollten aus Mittel- und Westeuropa in Polen an.

Aus der Sowjetunion gab es wenig Nachrichten. Alliierte Korrespondenten in der Schweiz zitierten jedoch Artikel aus Nazizeitungen der besetzten Gebiete. So verkündete der *Grenzbote* in Preßburg im April 1942, daß »Deportationen« aus der Slowakei stattgefunden hätten, und die Belgrader *Donauzeitung* schrieb im Juni, daß in Kischinew keine Juden übriggeblieben seien. Ebenfalls im April berichtete der Korrespondent der Londoner *Sunday Times* aus der Türkei, daß 120 000 rumänische Juden den Tod gefunden hätten, eine Zahl, die ziemlich genau ist. All das waren für die Weltpresse untergeordnete Ereignisse, die von den großen Schlachten an den Fronten überschattet wurden und nicht viel Aufmerksamkeit auf sich zogen. Im Mai und Juni 1942 wurden nachträglich Informationen über die Geschehnisse in den baltischen Ländern verfügbar. Am 15. Mai lieferten polnische Quellen in London Zahlen über Wilna: die Ermordung von 40 000 Menschen.[82]

Am nächsten Tag berichtete ein Stockholmer Korrespondent des Londoner *Evening Standard*, diese Zahl sei noch höher: 60 000 Juden seien allein in dieser Stadt getötet worden. Die Nachricht beruhte auf der Aussage eines Mannes, der aus Wilna entfliehen konnte und nach einer dramatischen Flucht über Warschau und den Hafen von Gdynia (Gdingen) eben angekommen war. Seine Erklärung ging ins einzelne, er erwähnte Ponary, die Bahnstation außerhalb von Wilna, wo die meisten umgebracht worden waren. Die Nachricht wurde von einigen amerikanischen und jüdischen Zeitungen aufgegriffen. Zwei Monate später, am 21. Juli, berichtete der US-Botschafter darüber nach Washington. Dann herrschte zwei Monate Schweigen.

Gegen Ende Mai fand eine Information, die London durch polnische Kuriere und über Funk erreicht hatte, den Weg in den Rundfunk: am 2. Juni sendete BBC London Auszüge aus verschiedenen Berichten, die aus Osteuropa eingegangen waren. Bis zu diesem Zeitpunkt seien 700 000 Juden getötet worden. Diese Zahl stützte sich auf eine Funknachricht der Jüdischen Arbeitervereinigung ›Bund‹ aus Warschau und untertrieb noch beträchtlich die tatsächliche Zahl der Opfer. Die polnischen Juden waren natürlich nicht voll im Bilde über die Situation in der Sowjetunion und in den baltischen Ländern.

Die Berichte aus Warschau – sie werden später noch behandelt – bewirkten hektische Geschäftigkeit in polnischen Exilkreisen: General Sikorski benachrichtigte die Regierungen der Alliierten in Telegrammen vom 10. Juni: »Die Ausrottung der jüdischen Bevölkerung geht in einem unglaublichen Umfang vor sich.« Der Polnische Nationalrat, das Exilparlament, richtete einen Appell an die Parlamente der freien Welt. Am 9. Juni sagte Sikorski in einer Sendung der BBC:

»Die jüdische Bevölkerung Polens ist in Übereinstimmung mit der Maxime ›Schlachtet alle Juden, egal wie der Krieg ausgeht‹ zur Auslöschung verdammt. Dieses Jahr haben regelrechte Massaker Zehntausender von Juden in Lublin, Wilna, Lwow, Stanislawow, Rzeszow und Miechow stattgefunden.«

Zuerst nahmen die Zeitungen wenig Notiz davon. Schließlich kamen Nachrichten über Judenverfolgungen aus vielen Teilen Europas, und wahrscheinlich waren sie übertrieben. Daß die Juden nicht verfolgt, sondern vernichtet wurden, war noch nicht ›registriert‹ worden. Als erstes Presseorgan hob der Londoner *Daily Telegraph* am 25. und am 30. Juni 1942 in zwei Artikeln den Unterschied hervor und markierte damit den Wendepunkt. Die Redakteure sahen nun, daß die Nachrichten aus Osteuropa ein neues finsteres Bild ergaben: es handelte sich um keine Pogrome im herkömmlichen Sinn mehr. Der erste Artikel dazu begann »Mehr als 700 000 polnische Juden sind in den größten Massakern der Weltgeschichte abgeschlachtet worden« und stellte dann fest, »daß die grauenvollsten Methoden der Massentötung bis zur Verwendung von Giftgas« in einem geheimen, von einer aktiven Gruppe in Polen (dem ›Bund‹, der aber nicht genannt wurde) an den jüdischen Repräsentanten im Polnischen Nationalrat, Shmuel Zygielbojm, übermittelten Berichte »aufgedeckt wurden«. Der Artikel gab einen Überblick über die Massenausrottungen in Ostgalizien und Litauen, die Verwendung von Vergasungswagen und das Lager Chelmno wie über andere Fakten und Zahlen. Der Korrespondent schloß: »Es heißt, daß die Polnische Regierung beabsichtigt, die Tatsachen in einem Bericht der Britischen Regierung und den Regierungen der Alliierten bekanntzugeben.« Dies war bereits geschehen.

Der zweite Artikel erschien fünf Tage später und trug die Überschrift »Mehr als eine Million Juden in Europa getötet«. Er gründete sich auf weitere Nachforschungen, nicht nur auf den ›Bund‹-Bericht, und traf eine wichtige Feststellung, die bisher noch nicht so deutlich ausgesprochen worden war: daß es das Ziel der Nazis sei, »die jüdische Rasse auf dem europäischen Kontinent auszulöschen«. Die Vernichtung der Juden sollte sich auch auf den Westen erstrecken. In Frankreich, den Niederlanden und in Belgien hatte es viele Erschießungen gegeben, Massendeportationen nach Osteuropa fänden zur Zeit statt. In Rumänien seien 120 000 Juden getötet worden; zwei Eisenbahnzüge mit Juden verließen jede Woche Prag in Richtung Polen. »Man schätzt, daß die Toten des jüdischen Volks in den von den Achsenmächten besetzten Ländern bereits die Verlustzahlen aller anderen Völker in diesem Krieg bei weitem übertreffen.«

Diese Berichterstattung des *Daily Telegraph* erregte großes Aufsehen. Es folgten im Juni Rundfunkansprachen von Arthur Greenwood, dem Fraktionsführer der Labour Party, von Kardinal Hinsley, vom niederländischen Exil-Ministerpräsidenten, von Zygielbojm (der Jiddisch sprach) und einigen anderen Persönlichkeiten. Die *New York Times* brachte die Artikel des *Daily Telegraph* am 30. Juni und 2. Juli irgendwo im Innern des Blatts. Die Redakteure wußten offenbar nicht so recht, was sie davon halten sollten. Wenn es stimmte, daß eine Million Menschen umgebracht worden war, gehörte die Nachricht auf die erste Seite, denn schließlich geschah so etwas nicht jeden Tag. Wenn nicht, hätte man die Nachricht überhaupt nicht bringen sollen. So entschieden sie sich für den Kompromiß, sie an möglichst unauffälliger Stelle zu bringen, womit sie einen gewissen Vorbehalt ausdrückten: vielleicht enthielten die Artikel etwas Wahres, waren aber wahrscheinlich übertrieben.

Einstellungen dieser Art waren nicht auf die Presse Amerikas beschränkt. Seit Hitler an die Macht gekommen war, hatte z. B. der *Manchester Guardian* viel Sympathie für die Juden gezeigt. Am 31. August 1942 jedoch, mehr als zwei Monate nach den eben erwähnten Artikeln und nach ergänzenden Informationen, hieß es in einem Leitartikel des *Guardian:* »Die Deportation von Juden nach Polen bedeutet, daß jüdische Muskelkraft für die deutsche Kriegswirtschaft benötigt wird.« Kurz, Sklavenarbeit statt Mord. Nicht nur der *Guardian* verhielt sich so. Präsident Roosevelt sagte genau das gleiche. Das Nichtbegreifen war auch keineswegs auf Zeitungen in Großbritannien oder in den Vereinigten Staaten beschränkt. Hebräische Blätter in Palästina waren genau so ungehalten über die »nicht bewiesenen und übertriebenen Gerüchte«, über die Tatsache, daß Nachrichtenbüros und Korrespondenten sich in der Übermittlung von Greuelgeschichten und schauerlichen Einzelheiten überböten.[83]

Zygielbojm, Vertreter des ›Bund‹ beim Polnischen Nationalrat, hatte das Material für den *Daily Telegraph* besorgt. Sein Kollege im Rat, Dr. Ignacy Schwarzbart, war auch nicht untätig. Er trat am 29. Juni 1942 bei einer vom World Jewish Congress (Jüdischer Weltkongreß) in London einberufenen Pressekonferenz zusammen mit S. S. Silverman, Parlamentarier der Labour Party, und Ernst Frischer, Mitglied des Tschechoslowakischen Nationalrats auf. Schwarzbart (1888–1961) hatte dem polnischen Vorkriegsparlament angehört und war im Gegensatz zu Zygielbojm kein Sozialist. Sein Beitrag handelte von der Ermordung von Juden in Wilna, Pinsk, Bialystok, Slonim, Rowno, Lwow, Stanislawow, Lomza und zwei Dutzenden anderer Orte. In Lublin sei ein Teil der jüdischen Bevölkerung abgeschlachtet worden, der Rest verschwunden. Er gab auch Zahlen über die Vergasungen in Chelmno.* Von dieser Pressekonferenz wurde anderntags in den meisten britischen Zeitungen unter Überschriften wie »Über eine Million Tote seit Kriegsbeginn« *(The Times)*, »Eine Million Juden stirbt« *(Evening Standard)*, »Million Juden stirbt« *(News Chronicle)*, »Sklaverei in Osteuropa, dem Judenschlachthaus« *(Scotsman)* berichtet. Die Mehrzahl der Artikel war ziemlich kurz, unauffälllg placiert und ohne Einzelheiten. Wenige Leser hatten je von Lomza oder Stanislawow gehört, und während es nun doch den Anschein hatte, daß etwas Schlimmes in Osteuropa geschah, blieben immer noch Zweifel über das Ausmaß und die wahre Bedeutung dieser unglückseligen Vorkommnisse.

Die allgemeine Stimmung unter den Juden im Westen war im Juli und August 1942 eine Mischung aus Besorgnis und Verwirrung. Es wurden Massenversammlungen in New York (Madison Square Gardens am 21. Juli), Protestdemonstrationen in verschiedenen anderen Städten veranstaltet, und am 23. Juli verrichtete der Geistliche des Repräsentantenhauses bei Eröffnung der Sitzungsperiode ein besonderes Gebet für die jüdischen Opfer. In London erfolgten Resolutionen des Nationalen Exekutivkomitees der Labour Party (22. Juli) und der Gewerkschaften; eine Labour-Delegation sprach bei Außenminister Anthony Eden (24. August) und bei John Winant, dem Botschafter der Vereinigten Staaten vor. Bei einer großen Protestversammlung am 2. September in der

---

* Schwarzbart war etwas behutsamer als Zygielbojm. In einem Brief an den Londoner *Jewish Chronicle* vom 29. Juni 1942 (unveröffentlicht im Schwarzbart-Archiv) schrieb er: »Jede Übertreibung beim Aufrunden von Zahlen ist nicht nur unnötig, sondern auch schädlich und unverantwortlich.« Er bedauerte, daß »mein Kollege vom Nationalrat« es auf sich genommen habe, sich auf 700000 Juden zu beziehen, die ermordet worden seien, während man »ausgerottet« hätte sagen sollen. Schwarzbart folgte der Linie von Professor Stronski, dem polnischen Informationsminister, der in einer Pressekonferenz des britischen Informationsministeriums am 9. Juli gesagt hatte, daß die Zahl von 700000 Juden, die in der Presse genannt werde, »sowohl die direkt Ermordeten als auch jene enthält, die im Zuge der deutschen Ausrottungspolitik gestorben sind«. Es ist eigentlich nicht einzusehen, warum Schwarzbart dem Unterschied zwischen ermordet und ausgerottet so viel Bedeutung beigemessen haben sollte, außer er hätte dem Wahrheitsgehalt der Nachrichten aus Polen mißtraut. Der ›Bund‹-Bericht jedenfalls war absolut unzweideutig: 700000 Juden waren ermordet worden *(Niemcy wymordowali...)*

98

Caxton Hall sprachen u. a. Herbert Morrison und Jan Masaryk, Außenminister der Tschechoslowakischen Exilregierung. In einer leidenschaftlichen Rede wiederholte Zygielbojm, es seien Verbrechen begangen worden, die in der Geschichte der Menschheit ohne Beispiel seien, Verbrechen so ungeheuerlich, denen gegenüber die barbarischsten Taten vergangener Epochen als bloße Bagatellen erschienen:

»In Polen wird kaltblütig ein ganzes Volk ausgerottet... Man schätzt, daß die Gesamtzahl der von den Deutschen bis Mai dieses Jahres ermordeten Juden sich auf 700 000 beläuft.«

Zygielbojm machte auf viele der Anwesenden den Eindruck eines überreizten und erschöpften Mannes; als er die Rede hielt, betrug die Zahl der Toten bereits wenigstens eineinhalb Millionen, und das Warschauer Getto war nahezu geleert.*

Abgesehen von der Zahl der Opfer hatte sich ein ziemlich klares Bild ergeben. Es lag auf deutscher Seite offenbar eine Entscheidung auf höchster Ebene vor, alle Juden umzubringen. Wann sie getroffen worden war – das konnte man weder aus Warschau noch aus Riga erfahren – und so müssen wir uns einer Episode zuwenden, von der bereits die Rede war, die aber immer noch durchaus nicht geklärt ist. Dr. Riegner, Vertreter des Jüdischen Weltkongresses in der Schweiz, hatte im Juli 1942 von einem deutschen Industriellen die erste Nachricht erhalten, daß Hitler die Vernichtung der europäischen Judenschaft durch Vergasung angeordnet hatte. Riegner sandte das folgende Telegramm nach London und Washington:

»erhielt alarmierenden bericht in führerhauptquartier sei plan diskutiert und erwogen dass in deutschbesetzten und kontrollierten ländern alle juden anzahl dreieinhalb bis vier millionen nach deportation und zusammenfassung im osten mit einem schlag ausgerottet und damit die jüdische frage in europa ein für allemal gelöst werden soll stop aktion für herbst geplant stop methoden

---

* Zygielbojm beging im März 1943 Selbstmord – aus Protest gegen die allgemeine Gleichgültigkeit dem Schicksal der Juden in Polen gegenüber. Über die näheren Umstände s. Kapitel 4.

einschliesslich blausäure diskutiert stop information unter vorbehalt übermittelt da richtigkeit nicht bestätigt stop informant behauptet enge verbindung zu höchsten deutschen stellen stop seine berichte im allgemeinen zuverlässig.«

Manches davon war bereits bekannt, anderes ungenau: der Plan wurde nicht mehr »erwogen«, sondern war mehrere Monate zuvor angenommen worden. Auch bestand nicht die Absicht, die Juden »mit einem Schlag« zu töten, was unüberwindliche technische Schwierigkeiten bereitet hätte. Es stimmte, daß Hitler eine Entscheidung gefällt hatte; nun ging aus deutscher Quelle klar hervor, daß sich dies nicht auf ausgedehnte Pogrome bezog, sondern auf eine ›Endlösung‹. Daß Riegner die Botschaft »unter Vorbehalt« übermittelte, kann ihm nicht vorgeworfen werden.

Gerhard Riegner war damals dreißig Jahre alt. Er war in Berlin geboren und Doktor der Rechte. Er und der beinahe dreißig Jahre ältere Richard Lichtheim, Vertreter der Jewish Agency in Genf, waren die beiden wichtigsten Repräsentanten des Judentums auf dem europäischen Kontinent. Wer aber war der Informant, der geheimnisvolle Industrielle? Über seine Identität sind verschiedene Vermutungen veröffentlicht worden.* Er kam im Juli 1942 in die

---

* Ich habe meine bisher erfolglose Suche nach dem ›deutschen Industriellen‹ in ziemlicher Ausführlichkeit in einem Artikel in der amerikanischen Zeitschrift *Commentary* (März 1980) beschrieben. Dem Vorwort zur hebräischen Übersetzung von Artur Morses *While six Millions died* zufolge handelte es sich dabei um Dr. Arthur Sommer, auf dessen Rolle im folgenden hingewiesen wird. Diese Annahme stimmt jedoch nicht. Ich selber glaubte längere Zeit, daß es sich dabei um Robert Boehringer handelte, den Industriellen und Schriftsteller deutscher Herkunft, der Jahrzehnte in der Schweiz lebte und während des Krieges beim Roten Kreuz in Genf tätig war (Boehringer war einer der führenden Gestalten der zweiten Generation des Stefan-George-Kreises und Georges literarischer Erbe). Doch auch diese Vermutung stellte sich schließlich als unrichtig heraus. Ich bedaure jedoch keineswegs die langwierigen Nachforschungen, denn dabei stieß ich auf andere Kanäle der Nachrichtenübermittlung, die mir sonst entgangen wären. So – um nur ein einziges Beispiel zu geben – vermutete ich, daß Sam Woods, amerikanischer Generalkonsul in Zürich (bis Dezember 1941 in Berlin), wohl der bestinformierte amerikanische Diplomat in Europa, sehr früh über die Massenvernichtung Bescheid gewußt hatte. Das wurde mir zur Gewißheit durch die Aussagen, die ich von Dr. Ruben Hecht (Basel–Haifa) erhielt, der während des Krieges eng mit Woods zusammengearbeitet hatte. Mit Bestimmtheit läßt sich heute sagen, daß der ›deutsche Industrielle‹ (dessen Name aller Wahrscheinlichkeit nach mit ›S‹ beginnt) heute nicht mehr am Leben ist, daß er während des Krieges in der Schweiz lebte, aber häufig nach Deutschland fuhr, und daß er den

Schweiz. Es war nicht seine erste Reise im Krieg dorthin. Über einen gemeinsamen Freund hatte er mit Dr. Benjamin Sagalowitz (1901-1970), dem Pressesprecher der Schweizer Jüdischen Gemeinschaft, Kontakt gehabt. Der Industrielle leitete angeblich eine Fabrik mit einer Belegschaft von rund 30 000 Mitarbeitern und war ein leidenschaftlicher Gegner des Naziregimes. Aus Gewissensgründen wollte er die Welt warnen, damit etwas unternommen werden könnte, Hitlers Pläne beizeiten zu durchkreuzen. Der Industrielle bat den gemeinsamen Freund, die Nachricht an Sagalowitz weiterzugeben, der aber zu der Zeit nicht in Zürich war.

Nach seiner Rückkehr übermittelte Sagalowitz die Information an Riegner, weil er annahm, Riegner könne Rabbi Stephen Wise in New York und durch diesen Präsident Roosevelt erreichen. Leland Harrison, der US-Gesandte in Bern, bestand darauf, den Namen des Informanten zu erfahren, und da es keinen anderen schnellen und sicheren Kanal für die Übermittlung in die Vereinigten Staaten gab, überreichte Sagalowitz Harrison einen verschlossenen Umschlag mit dem Namen (und den Angaben zur Position) des Industriellen. Sagalowitz schließt seine Darstellung so:

Alliierten auch andere wichtige Nachrichten zukommen ließ. Möglicherweise ist er identisch mit einem Gewährsmann von Elizabeth Wiskemann, den sie in ihren Lebenserinnerungen erwähnt (Frau Wiskemann war während des Krieges britische Presseattaché in Bern). Ihr deutscher Gewährsmann arbeitete bei La Roche. Er stand mit Robert Bosch in Verbindung und war ein Freund von Albrecht Bernstorff. In Frau Wiskemanns Buch erscheint er als ›Y‹. (*The Europe I saw*, London 1968). Es besteht jedoch eine Reihe von anderen Möglichkeiten, denen ich nachgegangen bin, jedoch gegenwärtig noch nichts mit Bestimmtheit aussagen kann. Es dürfte aller Wahrscheinlichkeit nach Georg Ernst Veiel gewesen sein, der bei Hoffman-La-Roche in Berlin bis 1938 als Direktor beschäftigt war und dann, um seine jüdische Frau zu schützen, um Versetzung nach Basel bat. Veiel war zusammen mit Hermann Göring im Ersten Weltkrieg auf der Fliegerschule gewesen und hatte Kontakte mit alten Kriegskameraden aufrechterhalten. Seine Verbindung zu Bosch ging anscheinend über Boschs Privatsekretär, Willi Schloßstein. Elizabeth Wiskemann erwähnt jedoch noch einen anderen Gewährsmann in Basel, der ihr sehr frühzeitig Nachrichten über die Massenvernichtung der Juden übermittelte. Er wird vorgestellt – ohne Namensnennung – als jüdischer Bankier, der mit einer deutschen Frau verheiratet war. Nachforschungen haben ergeben, daß es sich dabei aller Wahrscheinlichkeit nach um den Bankier Seligman-Schuerch gehandelt hat. Schließlich sei noch auf eine andere Möglichkeit hingewiesen: es mag sich bei dem mysteriösen Industriellen um Dr. Eduard Schulte gehandelt haben, den damaligen Generaldirektor der Bergwerksgesellschaft Georg von Gieskes Erben in Breslau. Ich verdanke diesen Hinweis, auf den ich hier nicht im einzelnen eingehen kann, Herrn Dr. O. D. C. Messner in Zürich sowie einigen anderen Schweizer Industriellen und Bankiers.

»Dr. Riegner hat den Namen von mir nicht erfahren. Ich brachte die beiden Herren erst im Februar 1945 zusammen. Um mein Gewissen zu erleichtern, erzählte ich dem Industriellen nach dem Krieg, daß ich seinen Namen dem amerikanischen Geschäftsträger genannt hatte; er zeigte Verständnis.«[84]

Weder die Akten des verstorbenen Dr. Sagalowitz noch die National Archives in Washington und auch nicht die persönlichen Unterlagen des Gesandten Harrison liefern einen Schlüssel. Die Akten der Schweizer Vertretung in Berlin – Anträge auf Visa für die Schweiz während des Krieges – sind vernichtet worden. Man hat mir versichert, daß auch die Rapporte der Schweizer Grenzpolizei nicht mehr existieren.

Warum sollte der Industrielle (der bei Abfassung dieser Untersuchung nicht mehr am Leben war) auf Anonymität auch noch nach Kriegsende bestanden haben? Es gibt zwei mögliche Erklärungen. Könnte es sich um einen Schweizer Diplomaten oder einen Angehörigen des IRK oder des Weltkirchenrats gehandelt haben? Dies ist aus einer Reihe von Gründen unwahrscheinlich. Die zweite Möglichkeit scheint plausibler. Als Riegner 1942 Gewißheit haben wollte, ob seinem Informanten zu trauen sei, gab man ihm durch Sagalowitz zu verstehen, daß der Industrielle bei früheren Gelegenheiten Informationen über bevorstehende Änderungen im deutschen Oberkommando des Heeres geliefert (Rücktritt des Generalfeldmarschalls Fedor von Bock im Juli 1942) und, was noch wichtiger war, das Datum für das Unternehmen ›Barbarossa‹, den Einmarsch in die Sowjetunion, genannt hatte. In der offiziellen Geschichte des britischen Geheimdiensts ist u. a. niedergelegt, daß der SIS-Vertreter in Genf Ende März oder Anfang April von einer gut getarnten Quelle aus offiziellen deutschen Kreisen gehört hatte, Hitler werde die Sowjetunion im Mai angreifen.[85] Großbritannien will für weitere fünfundzwanzig Jahre (wenn überhaupt jemals) die Identität des Industriellen nicht aufdecken; und jedenfalls ist es nicht sicher, daß er tatsächlich die Quelle war. Kann man aber überhaupt die Möglichkeit in Betracht ziehen, daß Riegner im Juli

1942 bei seiner Erkundigung über die Zuverlässigkeit seines Informanten etwas von der aus wertvollster Quelle stammenden, ultrageheimen Sache bzw. deren Gewährsmann erfahren hätte? Es mag eine Antwort auf diese Frage geben; Indizien existieren, aber kein absoluter Beweis.[86]

Die Reaktion auf das Riegner-Telegramm in London und Washington läßt sich kurz wiedergeben. Das Foreign Office erhielt es am 10. August 1942; vier Tage später schrieb Frank Roberts von der Zentralabteilung, die Botschaft könne nicht länger zurückgehalten werden; er befürchte aber peinliche Konsequenzen, und eine Bestätigung habe man nicht. Dies stimmte insofern, als kein Bericht über eine von Hitler getroffene Entscheidung vorlag. Roberts hatte allerdings vor Monaten von einem Kollegen über das Verschwinden von einerhalb Millionen Juden in Polen gehört, was ihm D. Allen von der gleichen Abteilung durch weitere Meldungen bestätigen konnte; trotzdem hielt Allen die Sache immer noch für eine »wilde Geschichte«.

Das Foreign Office gab den Text an den Labour-Abgeordneten Sidney Silverman weiter, der dann im Foreign Office von Sir Brograve Beauchamp und Colonel Ponsonby empfangen wurde. Er wollte telefonisch mit Rabbi Wise in New York darüber sprechen, aber man sagte ihm, daß dies nicht in Frage komme, weil die Deutschen alle Gespräche mithörten. Er möge auch bedenken, daß jede von jüdischen Institutionen unternommene Aktion »die Deutschen verärgern und sich ungünstig auswirken würde«. Man sagte ihm auch, daß die Regierung Seiner Majestät keine Information habe, die die Riegners stützen könnte.

Nach Meinung des Foreign Office behandelten die Deutschen die Juden grausam, ließen sie verhungern und massakrierten alle, die als Arbeitskräfte unbrauchbar waren. Die polnischen Berichte über weiterreichende Pläne der Deutschen wurden offenbar nicht geglaubt. Man habe nichts dagegen, wenn der Weltkongreß den Riegner-Bericht veröffentlichen wolle, obwohl die Möglichkeit bestehe, daß dadurch die Juden noch mehr gequält würden und

Riegners Gewährsmann kompromittiert würde. Die britische Regierung ihrerseits habe nicht die Absicht, die Sache publik zu machen oder sie ohne Bestätigung als Propaganda gegen Deutschland zu benutzen.[87] Kurz, das Foreign Office war nicht sehr hilfreich, gab aber die Botschaft mit allen Vorbehalten weiter.

Nicht so das State Department, das Außenministerium der Vereinigten Staaten. Howard Elting, US-Vizekonsul in Genf, verlangte, daß Riegners Text an Rabbi Wise weitergegeben werde, aber die europäische Abteilung des State Department in Washington widersetzte sich. Paul Culbertson gefiel die Idee nicht, das Telegramm Wise zu geben, und Elbridge Durbrow betrachtete es als ›Phantasieprodukt‹. Am 17. August wurde Harrison in Bern mitgeteilt, daß es wegen seiner unzureichenden Begründetheit nicht weitergeleitet worden sei.* Am 28. August jedoch erreichte eine Kopie des Riegner-Texts Rabbi Wise über das Foreign Office, das nun doch, trotz schwerer Bedenken, die Botschaft nicht unterdrückt hatte. Wise setzte sich mit dem Unterstaatssekretär Sumner Welles in Verbindung, der ihm riet, von der Bekanntmachung des Hitlerschen Ausrottungsbefehls Abstand zu nehmen, bis eine Bestätigung vorläge.

Im August und September 1942 gelangten zusätzliche Beweise nach Washington. Manche kamen aus Genf, etwa die Bestätigung des Führerbefehls durch Carl Jacob Burckhardt, den ›Außenminister‹ des IRK. Am 3. Oktober reichte Riegner die Aussage zweier junger Juden nach, die die Schweizer Grenze überschritten hatten. Einer von ihnen war Gabriel Zivian, ein Zeuge des Massakers an Juden in Riga, der am 22. September eingetroffen war.[88] Der andere hatte die Strecke von Frankreich nach Stalingrad und zurück hinter sich und wußte eine Menge Einzelheiten über die Morde in Polen und Rußland zu berichten. Aber sie konnten den Führerbe-

---

* Harrison bat Elting, das Telegramm direkt an das State Department zu schicken. Aber sein eigener telegraphischer Kommentar nach Washington war mehr als skeptisch; er betrachte die Riegner-Botschaft als »wildes, von Ängsten der Juden inspiriertes Gerücht«. Ein Resümee seines Kabels wurde an OSS, den amerikanischen Militärischen Geheimdienst, weitergeleitet (RG 226, Bern, Folder 2, Box 2, Entry 4).

fehl ebenso wenig in ein helleres Licht rücken wie die Postkarten aus Warschau, die der Repräsentant des orthodoxen Judentums Sternbuch erhalten hatte und die die Liquidierung des Warschauer Gettos meldeten. Diese Einzelheiten paßten jedoch nur zu gut in das allgemeine Bild. So auch ein Bericht der US-Botschaft in Stockholm und ein anderer umfangreicher von A. J. Drexel Biddle jr., US-Botschafter bei den Londoner Exilregierungen; seinen Details lag ein Memorandum des tschechischen Parlamentariers Ernst Frischer zugrunde, der zusammen mit Schwarzbart und Silverman an der Pressekonferenz Ende Juni in London teilgenommen hatte. Er stellte fest, daß es in der ganzen Geschichte der Juden und auch der Menschheit kein Beispiel gebe für ein derart perfekt organisiertes Massentöten. Eine Kopie des Berichts von Biddle ging direkt ans Weiße Haus.

Bei den Diplomaten der Vereinigten Staaten im Ausland fragte das State Department an, ob sie irgend etwas gehört hätten, das zur Klärung der Riegner-Meldung beitragen könnte. Am 22. Oktober traf Harrison mit Riegner und Lichtheim von der Jewish Agency zusammen, dabei erhielt er von ihnen mehrere eidesstattliche Versicherungen und schickte alle diese Unterlagen nach Washington. Elf Wochen waren seit dem Riegner-Telegramm vergangen, elf Monate, seit die ersten Nachrichten über Massenmorde in Rußland in den Westen gelangt waren. Weitere Meldungen kamen aus jüdischen und nichtjüdischen Kreisen. Eine aus einer Vatikan-Quelle besagte, daß die Massenmorde an Juden in Polen weitergingen. Die Anzahl der in den größeren Vernichtungslagern Umgebrachten wurde nach Zehntausenden bemessen. Die Opfer würden mit Giftgas in besonders für diesen Zweck eingerichteten Kammern getötet.[89]

Das Foreign Office leitete das Riegner-Telegramm an die Vereinigten Staaten weiter, obwohl es »lästige Rückwirkungen« befürchtete. Noch Ende November war man in London der Meinung, daß es für diese Grausamkeiten keinen wirklichen Beweis gebe. Immerhin war die Wahrscheinlichkeit groß genug, um irgendeine ›Aktion‹

seitens der Alliierten zu rechtfertigen, was in der Praxis die Veröffentlichung einer Erklärung bedeutete.*

Nicht alle zusätzlichen Informationen, die aus Genf kamen, halfen weiter, und manche waren einfach falsch – so ein von den jüdischen Repräsentanten stammendes Kabel, wonach der Ausrottungsbefehl von Herbert Backe, dem NS-Beauftragten für Lebensmittelversorgung, ausgegangen sei, der auf diese drastische Weise die bestehenden Engpässe in der Ernährungswirtschaft beseitigen wolle, während sich Frank und Himmler (sic) gegen die ›Endlösung‹ gestellt hätten, weil jüdische Arbeitskräfte und (im besonderen) jüdische Spezialisten für die Kriegswirtschaft gebraucht würden. Unnötig zu sagen, daß dies ein reines Hirngespinst war, denn Hitlers Entscheidung hatte nichts mit der Versorgungslage Deutschlands zu tun.**

Es gab auch gewisse Widersprüche zwischen den verschiedenen Berichten: manche wollten wissen, daß die Juden mit Giftgas getötet würden, andere erwähnten eine dem elektrischen Stuhl ähnliche Methode. Es gab die Behauptung, die Leichen würden zur Herstellung von Seife und Kunstdünger verwendet. Dies stammte offenbar von Sternbuch in Montreux, der es aus polnischer Quelle gehört hatte. Riegner berichtete eine ähnliche Geschichte, die ihm ein »Anti-Nazi-Offizier aus dem Hauptquartier« erzählt hatte: es gebe zwei Fabriken, in denen aus jüdischen Leichen Seife, Leim und Schmiermittel hergestellt würden. Solche Unwahrscheinlichkeiten verstärkten in London und Washington die Skepsis. Frank Roberts schrieb dazu: »Die Tatsachen sind schon schlimm genug auch ohne solche alten Hüte wie Seifenfabrikation aus Leichen.«[90]

Nach dem Krieg stellte es sich heraus, daß all das nicht stimmte, wenn auch gerade die Gerüchte von der Seifengewinnung weite Verbreitung, besonders bei Nichtjuden in Polen, der Slowakei und

---

* s. Anhang 3: Das Britische Foreign Office und die Nachrichten aus Polen.
** Typisch für die merkwürdige Art und Weise, wie mit der Riegner-Meldung in den Staaten verfahren wurde, ist die Tatsache, daß alles aus Genf Stammende, einschließlich der Informationen, die ganz eindeutig *nicht* zur Veröffentlichung bestimmt waren, im *Congress Weekly* vom 4. Dezember 1942 publiziert wurden.

in Deutschland gefunden hatten; sie erschienen auch in vertraulichen deutschen Berichten und sogar im Gedankenaustausch zwischen Naziführern.[91] Frauenhaar wurde allerdings für Kriegszwecke verwendet. Die ständige Wiederholung unsinniger Gerüchte machte die ›Endlösung‹ in den führenden amerikanischen und britischen Kreisen verdächtig, die sie zuerst nur als lästig empfunden hatten. So dachte auch Cavendish-Bentinck, der Vorsitzende des Britischen Geheimdienstkomitees, der noch im Juli 1943 schrieb, daß die Polen und noch mehr die Juden dazu neigten, die Grausamkeiten der Deutschen zu übertreiben, »um uns aufzuheizen«.[92]

Es war von »lästigen Rückwirkungen« durch Nachrichten über Massenmorde die Rede. Wem könnten sie lästig sein? Man war in London und Washington der Ansicht, daß solche Geschichten bestenfalls die Alliierten von ihren Kriegsanstrengungen ablenken würden – schlimmstenfalls, wie der Chef des Southern Department im Foreign Office meinte, verschiedene Dienststellenchefs zwingen könnten, »einen unverhältnismäßig großen Teil ihrer Zeit mit jammernden Juden zu verschwenden«.

Als der Riegner-Bericht nach London gelangte, bemerkte D. Allen von der Zentralabteilung, daß »wir natürlich zahlreiche Berichte über Massaker großen Maßstabs an Juden besonders in Polen erhalten haben«.[93] Diese Berichte kamen teils aus den Geheimdiensten, andere von entflohenen Kriegsgefangenen, die zufällig solche Szenen miterlebt hatten. Einer von ihnen, der später berühmt wurde, war Airey Neave, ein prominenter Tory-Parlamentarier, der 1979 von irischen Terroristen getötet wurde. Er war Zeuge des Anfangsstadiums der ›Endlösung‹ in Polen gewesen. Ein britischer Offizier, der sich in Warschau versteckt hielt und Anfang Juni fliehen konnte, soll den weiter unten erwähnten OSS-Bericht aus Lissabon verfaßt haben.

Manches kam auch über die üblichen diplomatischen Kanäle. So auch ein Schreiben von David Kelly, Chef der Britischen Gesandtschaft in der Schweiz, an Frank Roberts im Foreign Office vom 19. November 1941:

107

»Hier einiges, was ich soeben von Kollegen erfahren habe. Der Pole sagte mir... daß eineinhalb Millionen Juden, die in Ostpolen (bis vor kurzem russisch) lebten, alle zusammen einfach verschwunden sind und niemand weiß, wie und wohin.«[94]

Diese interessante Mitteilung ist der möglicherweise erste Hinweis auf die Einsatzgruppen und die Tötung Hunderttausender von Juden, der den Westen erreichte. Die Quelle war Leszek Lados, der polnische diplomatische Vertreter in Bern. Er war weder naiv noch sensationslüstern und hatte, bevor er in die Schweiz kam, den Posten des Innenministers der Exilregierung bekleidet. Er hatte keinen Funkkontakt mit Polen, die Nachricht konnte ihm nur durch einen polnischen Kurier auf dem Weg in den Westen überbracht worden sein. Sie war den Tatsachen nach korrekt, denn eineinhalb Millionen Juden hatten in den seit der Invasion besetzten Gebieten gelebt; wer nicht entwischt war, wurde getötet.

Es gibt da noch zwei andere ergiebige Informationsquellen, die eine streng geheim, die andere offen. Die Geschichte der Code-Entschlüsselung (›Ultra‹, ›Triangle‹) wurde in den siebziger Jahren schrittweise bekannt. Während eines großen Teils des Kriegs war der britische Geheimdienst in der Lage, den internen Funkverkehr innerhalb Deutschlands abzufangen und zu entschlüsseln. In Bletchley, der Dechiffrierzentrale, waren Tausende von Experten tätig. Zuerst wurden der Luftwaffe-Code und nach ihm gegen Ende 1941 der SS- und der Abwehr-Code geknackt. Viele Untersuchungen über den Zweiten Weltkrieg, die diesen Aspekt nicht berücksichtigen, müßten neu geschrieben werden, denn es macht einen gewaltigen Unterschied, ob die Befehlshaber der Armee, der Marine und der Luftwaffe verläßlich über die Stärke der anderen Seite und deren Absichten informiert sind oder nicht. Wichtiges wurde gewiß nicht immer drahtlos übermittelt, sondern über Fernsprecher, Fernschreiber oder Kuriere. So erfolgte die Nachrichtenübermittlung zwischen Berlin und Madrid über Funk und konnte abgefangen werden, nicht aber die zwischen Berlin und Paris ausgetauschten brieflichen Mitteilungen. Der britische Geheimdienst hätte durch die Entschlüsselung über die ›Endlösung‹ Bescheid wissen können – aber wußte er es? Auf lange Zeit hinaus wird es nicht möglich sein, darauf eine endgültige Antwort zu geben. Viele ›Ultra‹-Funksprüche sind in jüngster Zeit freigegeben worden, aber sie betreffen fast ausschließlich militärische See- und Luftoperationen, und auch sie sind unvollständig. Bisher sind Unterlagen über Landstreitkräfte und SS-Geheimdienstmaterialien nicht zugänglich, und viele davon werden vielleicht nie freigegeben. Das gleiche gilt für amerikanische Entschlüsselungen; Großbritannien war nicht das einzige Land, das während des Kriegs deutsche Funkverbindungen in Osteuropa abhörte. Das erreichbare Material ist also lückenhaft und muß eher auf Wahrscheinlichkeit als auf Gewißheit hin analysiert werden.

Offenbar befaßten sich die meisten der in Bletchley geknackten deutschen Funksprüche von allgemeinen Kommunikationen der deutschen Geheimdienste nicht mit der ›Endlösung‹. Man hat mir versichert, daß die Leute, die die an das Reichssicherheitshauptamt (RSHA) gerichteten und von dort ausgesandten Kabel lasen, von den Massenmorden an Juden über britische Geheimdienstquellen erfuhren.* Es ist auch behauptet worden, daß bis 1943, als ein Computer installiert wurde, nur ein verhältnismäßig kleiner Teil des Abgehörten tatsächlich schnell entschlüsselt wurde. ›Treffer‹ beim Abfangen von Nachrichten waren mehr oder weniger Sache

---

* Die betreffenden Unterlagen sind jedoch nicht verfügbar. Es ist nicht bekannt und wird wohl auch auf lange Zeit unbekannt bleiben, von wem und unter welchen Umständen der SS-Code gebrochen wurde. Wir wissen aber, daß der polnische Geheimdienst den SD-Code entschlüsselt und Funksprüche schon eine gute Weile vor dem Ausbruch des Zweiten Weltkriegs abgehört hat. In Einzelheiten wird dies in den Memoiren des Chefs dieser Dienststelle beschrieben: von Marian Rejewski, einem talentierten Mathematiker, in *Wspomnienia o mej pracy i Biurze Szyfrow Oddzialu II w latach 1930–49* (unveröffentlichtes Manuskript im Militärhistorischen Institut Warschau); s. auch Richard S. Woytak, *On the Border of War and Peace. Polish Intelligence and Diplomacy in 1937–1939 and the Origin of the Ultra Secret*, New York 1979, S. 101. Es ist durchaus wahrscheinlich, daß der SD-Code nach dem August 1939 gewechselt wurde, man weiß aber nicht, ob grundlegend, und aus diesem Grunde läßt sich nicht mit einiger Sicherheit sagen, ob die britischen geheimen Dienste einfach dort weitermachten, wo die Polen 1939 aufgehört hatten, oder ob es einer abermaligen größeren Anstrengung bedurfte. Was hier wichtig ist: gegen Ende 1941 war der SD-Code in Großbritannien geknackt.

des Zufalls, und solchen, die nicht von militärischer oder hochpolitischer Bedeutung waren, wurde geringe Priorität zugemessen: Informationen über Juden standen kaum an erster Stelle. Es heißt auch, daß der Empfang aus Osteuropa aus technischen Gründen unsicher war. Dies hinderte aber ›Ultra‹ im Frühjahr 1941 nicht, wichtige Informationen zu sammeln, die einen Überblick über die Massierung deutscher Truppen und Luftstreitkräfte in Polen zum Einmarsch in die Sowjetunion gaben.

Aus den ›Erfolgsberichten‹ der Einsatzgruppen geht hervor, daß zur Nachrichtenübermittlung nicht nur Fernschreiber, sondern auch Sender dienten. So meldete z. B. der Operationsbericht 131 vom 10. April 1942, daß die Einsatzgruppen A und B Radio Smolensk benützten; die Gruppe 6 Stalino, 7A Klinzy und Orel, 9 Witebsk, 10 Feodosia, 12 Federowka. Die Nachrichten der Einsatzgruppen gingen auch über die Radiostationen Kiew, Charkow, Nikolajew und Simferopol.

Noch eine andere Informationsquelle gab es, die direkt mit der ›Endlösung‹ zu tun hatte. Der britische Geheimdienst analysierte von Tag zu Tag eingehend den Zugverkehr der Deutschen Reichsbahn. Es gab einen besonderen ›Eisenbahndienst‹ beim Ministerium für Kriegswirtschaft, der mit Hilfe von ›Enigma‹ im Februar 1941 den deutschen Eisenbahn-Code knackte. Zur selben Zeit und unabhängig davon entdeckte auch der britische Geheimdienst (SIS) den Code, und dies ermöglichte es, die Bewegungen der deutschen Züge über ganz Europa hinweg zu verfolgen.[95] Man war natürlich an Ungewöhnlichkeiten im Zugverkehr besonders interessiert, und so können die vielen Judentransporte nach und innerhalb Polens der Aufmerksamkeit nicht entgangen sein. Vielleicht vermutete man anfänglich Rüstungsbetriebe in Auschwitz und anderen Lagern. Zweifellos wurden solche Überlegungen angestellt, aber die Dokumente unterliegen noch der Geheimhaltung.

Die Frage, ob Informationen über die Ausrottung der europäischen Juden von Geheimdiensten unterdrückt wurden, scheint mit ja beantwortet werden zu müssen; da aber sehr viele Akten

110

anscheinend vernichtet wurden, dürfte es kaum möglich sein, dafür Beweise zu finden. Die Integrität der Geheimdienstoffiziere, die in späteren Jahren das Wissen um diese Dinge verneint haben, soll keineswegs angezweifelt werden. Wie Churchill einmal sagte: Kriegserinnerungen sollte man ohne Prüfung ihres Wahrheitsgehalts nie trauen. In diesem Fall ist die Überprüfung unmöglich gemacht worden.

Größerer Verlaß ist auf andere Quellen. Anders als die Sowjetunion war Deutschland kein hermetisch abgeschlossenes Land. Zehntausende von Ausländern lebten und reisten in Deutschland, manche kamen auch in die im Osten besetzten Gebiete. Nord- und südamerikanische Diplomaten und Journalisten (argentinische und chilenische ausgenommen) verließen Deutschland im Januar 1942, es blieben aber die Vertreter der Neutralen – Spanien, Portugal, Schweden, die Schweiz, Irland, die Türkei – sowie der Verbündeten und der Satellitenstaaten. Sie alle hatten Botschaften oder Gesandtschaften und außerdem viele Konsulate: Schweden hatte 53 Vertretungen, Finnland 32, Dänemark 30 und Portugal 20. Viele dieser Konsuln waren Deutsche, aber die Schlüsselpositionen, etwa in Hamburg, Prag oder Wien, waren gewöhnlich von Vertretern jener Länder besetzt; die Schweizer Konsuln waren immer Schweizer. Es war nicht die Aufgabe von Konsularbeamten, politische Nachrichten zu liefern, aber man konnte es ihnen nicht verübeln, wenn sie dies und jenes an Gerede und Nachrichten aufschnappten und weitergaben. So z. B. unterrichtete ein Schweizer Staatsangehöriger, der zufällig Zeuge eines Massakers in der Ukraine geworden war, seinen Konsul in Hamburg davon. Konsuln halfen nicht nur ihren Landsleuten, sondern auch Menschen aus Ländern, die ihnen im Krieg die Wahrnehmung ihrer Interessen anvertraut hatten. Unter diesen Personen konnten sich Juden befinden, die unvernünftigerweise in Deutschland geblieben waren. Es gab andere, deren Wünsche oder Ansprüche auf schwachen Füßen standen, z. B. Witwen oder Abkömmlinge türkischer oder spanischer Staatsangehöriger. Nachforschungen waren in jedem Einzelfall anzustellen, und so erfuhr das diplomatische und konsularische Personal ohne eigenes Zutun, daß Juden deportiert, deren Hab und Gut beschlagnahmt wurde, daß sie weg waren, ohne eine Spur zu hinterlassen. Wenn in Berlin zwei der Sekretäre der Türkischen Botschaft verschwanden, die zufällig Juden waren, wenn das gleiche mit dem jüdischen Deutschlehrer des Botschafters von Siam in Berlin geschah – Fragen mußten gestellt, Erkundigungen eingezogen werden. Goebbels erwähnte bei einer seiner Mitarbeiterkonferenzen (am 11. März 1941) mit sichtlicher Entrüstung, er habe eben erfahren, daß die Hälfte der in Berlin studierenden Ausländer in jüdischen Wohnungen untergebracht sei.

Der Finnische Botschafter, Professor Kiwimaeki, war ein persönlicher Freund von Felix Kersten, Himmlers Masseur; Kersten machte ihn im Juli 1942 darauf aufmerksam, daß Himmler von den Finnen erwarte, daß sie ihre Juden auslieferten. Der schwedische Diplomat Baron von Otter wurde im Warschau-Berlin-Expreß von Kurt Gerstein angesprochen. Dieser hatte als Offizier der Waffen-SS die Aufgabe, das Gift für die Lager zu besorgen. Er kam gerade von einer Inspektionsreise zurück und hatte sich mit technischen Einzelheiten der jeweiligen Vorteile von Zyklon B (Zyangas, Blausäure) und Kohlenmonoxyd bei der Vergasung von Menschen beschäftigt. Er erzählte von Otter davon, der dann Stockholm informierte.

Dies waren rein zufällige Begegnungen, andere aber eher Routine. Der Pastor der Schwedischen Botschaft hatte ständigen Kontakt mit oppositionellen Persönlichkeiten der deutschen Protestantischen Kirche und versuchte, leider ohne Erfolg, einige Konvertierte zu retten, darunter die Adoptivtochter des bekannten Schriftstellers Jochen Klepper. Botschaftsrat Almquist war daran ebenfalls beteiligt. Schwedische Geschäftsleute in Warschau standen mit dem polnischen Untergrund in Verbindung und wurden festgenommen. Es ist, gelinde gesagt, höchst unwahrscheinlich, daß schwedische und andere diplomatische Vertreter von Neutralen (wozu manchmal auch solche von Deutschlands Verbündeten, etwa italienische

112

und ungarische kamen) sich bemüht hätten, die Zwangsverschik-
kung eines Juden aus Deutschland, den Niederlanden oder Frankreich nach einem osteuropäischen Bestimmungsort zu verhindern,
wenn sie nicht genau gewußt hätten, daß Verschickung dem Todesurteil gleichkam. Nur sehr wenige wie Baron von Otter kannten die
Technik des Massenmordes im einzelnen. Über das Endergebnis
gab es jedoch keinen Zweifel.

Die Diplomaten bildeten in Deutschland während des Krieges
nur einen kleinen Teil der ›Ausländerkolonien‹. Auch nach der
Abreise der amerikanischen Journalisten im Dezember 1941 lebten
noch einige hundert ausländische Pressekorrespondenten in
Deutschland. Ihre Zahl stieg 1942/43 leicht an, und erst im letzten
Kriegsjahr verließen viele das Land, nachdem die Verbindungen zu
ihren Ländern unterbrochen waren.

Die Mehrheit der Zeitungsleute kam aus den Satellitenstaaten,
was nicht heißt, daß sie ständig von der Politik der Nazis begeistert
gewesen wären. Die großen Zeitungen Schwedens, *Svenska Dagbladet, Dagens Nyheter, Stockholm Tidningen, Nya Daglight Allehanda* und auch *Social Democraten* hatten ihre ständigen Korrespondenten in Berlin. Ihre Berichte unterlagen noch nicht einmal einer
Vorzensur.

NS-Funktionäre hielten auch bei streng geheimen Angelegenheiten nicht immer dicht. So verkündete Professor Karl Böhme,
Chef des Referats Auslandpresse beim Propagandaministerium,
bei einem Empfang in der Bulgarischen Botschaft (schon) im Mai
1941, daß er demnächst zum Gauleiter der Krim ernannt werde.
Nach diesem Zwischenfall wurde er zwar an die Ostfront geschickt,
aber als einfacher Soldat, und nur der persönlichen Intervention
von Goebbels hatte er es zu verdanken, daß er nicht erschossen
wurde. Wenn militärische Geheimnisse von solcher Wichtigkeit nur
zufällig aufgedeckt wurden, so wurde die ›Endlösung‹ in weiten
Kreisen diskutiert und kommentiert. Auslandskorrespondenten
hatten nicht die Erlaubnis, während des Krieges frei in Osteuropa
zu reisen, aber immer noch gab es Studienfahrten für in Deutsch-

land lebende oder mit Sondereinladungen bedachte Journalisten. So fuhr eine Gruppe im Oktober 1941 nach Kiew, um die von den Bolschewisten angerichteten Zerstörungen zu besichtigen. Hauptmann Hans Koch, der sie betreute, wurde nach der Ermordung vieler Tausende von Juden in Kiew befragt – es war ein paar Tage nach Babi Yar. Koch bestritt jegliches Wissen, worauf die Journalisten ihm sagten, »daß wir darüber doch genau Bescheid wissen« – so in einem Bericht der Abwehr.[96] Die Journalisten konnten solche Geschichten nicht drucken lassen, aber doch darüber sprechen. Wohl alle erzählten davon, wenn sie auf Urlaub in die Heimat fuhren, und informierten ihre Redaktionen, ihre Familien und Freunde. Albert Müller, von 1934 bis 1965 Redaktor für Auslandsnachrichten bei der *Neuen Zürcher Zeitung*, schrieb rückblickend, daß es über Deportationen und die Auffüllung der Gettos keine »direkten Nachrichten« gegeben hatte; die Auslandskorrespondenten in Berlin entnahmen sie Artikeln und Andeutungen in der deutschen Presse des besetzten Polen, d. h. des Generalgouvernements. Müller drückte das so aus: »Wir erhielten keine Bilder von fotografischer Treue, nur Silhouetten.«[97] Aber die ›Silhouetten‹ waren recht enthüllend. Müller erinnerte sich auch an eine Information, die er nach Kriegsbeginn aus einwandfreier Quelle von einem Rechtsanwalt und Reserveoffizier, der im Warthegau (dem polnischen, Ende 1939 von Deutschland annektierten Gebiet) stationiert war, über die Massengräber der jüdischen Opfer erhielt. Der Offizier fügte hinzu, der Vorfall sei weniger ungewöhnlich als die Tatsache, daß er überhaupt bis zu seiner Gerichtsbehörde vorgedrungen war. Bei einer anderen Gelegenheit informierte die niederländische Exilregierung Müller und seine Kollegen, daß das Zentralmeldeamt in Amsterdam von der Widerstandsbewegung in die Luft gesprengt worden sei, weil es dort Hinweise gegeben habe, daß in Polen Einrichtungen für den Massenmord an den jüdischen Deportierten existierten oder vor der Fertigstellung stünden.

Die Anwesenheit und die Reisen Neutraler in Deutschland

während des Krieges werden uns noch beschäftigen. Sie werden hier erwähnt, weil durch sie die Alliierten von den Verhältnissen in den besetzten Gebieten erfuhren. Neutrale berichteten britischen oder amerikanischen Stellen, so wie etwa in London tätige spanische Diplomaten Berlin unterrichteten. Wer keine direkte Verbindung zu den Alliierten hatte, machte seine Mitteilungen den Vorgesetzten in Stockholm, Bern usw. Sie unterhielten sich mit Freunden, Kollegen und Geschäftspartnern; auch solches ›Geplauder‹ konnte über Agenten den Weg in die Hauptstädte der Neutralen finden.

Briefe, die aus Deutschland und den neutralen Ländern kamen, wurden von den verschiedenen Zensurstellen der Alliierten aufmerksam gelesen; die Zensurzentrale befand sich auf den Bermudas. Zusammen mit Presse- und Agenturmeldungen waren diese Briefe eine wichtige Informationsquelle. Ein Bericht über die »Verhältnisse in Deutschland und den besetzten Ländern« vom 18. Februar 1942, der allein auf Lesefrüchten der Zensoren beruhte, vermerkte eine »neue rücksichtslose Tendenz, das Reich judenfrei zu machen«. Ein großer Teil des Briefverkehrs des Roten Kreuzes aus Deutschland im Januar 1942 »handelte von Unglücklichen, die kurz vor der ›Abreise‹ nach Polen oder einem unbekannten Bestimmungsort standen«. Es gab genaue Angaben über viele Städte. Hinsichtlich der Lebensumstände, die die Deportierten zu erwarten hätten, hieß es in dem Bericht, war eine direkte Information nicht leicht zu erlangen, was offenbar eine Untertreibung war. Festgestellt wurde aber auch, daß »Gerüchte, die in Deutschland durchsickerten, eine Anzahl von Juden veranlaßt habe, den Selbstmord der Deportation vorzuziehen« (Brief aus Lugano vom 9. Januar 1942). Aus Amerika kam die »Horrorgeschichte über Tausende von Insassen eines Gettos« irgendwo nahe der russischen Front, die zu Tode kamen, »als versucht wurde, den Typhus zu bekämpfen«.[98] Aus solchen periodisch zusammengestellten Bruchstücken aus scheinbar nicht viel versprechenden Quellen war manches Interessante zu gewinnen.

Im Spätsommer 1942 waren in London Informationen über die Massenmorde bekannt, man gab ihnen aber keine große Publicity. Man kann verschiedene Gründe beibringen, warum die Nachrichten heruntergespielt wurden; die Regierungen der übrigen Alliierten reagierten ähnlich. Die Frage hat ihre Bedeutung, denn wenn die Informationen über die ›Endlösung‹ in größerem Umfang verbreitet worden wären, hätten mehr Menschen im besetzten Europa früher davon erfahren. Welche Rolle das britische Informationsministerium, dem damals Brendan Bracken vorstand, in diesem Zusammenhang gespielt hat, muß noch erforscht werden. Jemand, der mit ihm zusammenarbeitete und ihn gut kannte, hat mir versichert, seiner Ansicht nach seien die Nachrichten so grauenvoll gewesen, daß sie als »Propagandalügen von Goebbelsschen Dimensionen« nicht geglaubt wurden. Bracken saß im Juli einer von der Londoner polnischen Regierung einberufenen Pressekonferenz vor und sprach entsetzt und zornig über die an den Juden begangenen Greueltaten. Er erklärte auch, daß nach dem Sieg Vergeltung geübt werde, gab aber auch zu bedenken, daß es politisch unklug wäre, diesem spezifischen Naziverbrechen zu viel Publizität zu geben.

Das Planungskomitee des britischen Informationsministeriums (MOI) war im Juli 1941 zu der Entschließung gekommen, daß zwar eine gewisse Dosis Horror für die Propaganda im Land nötig sei, daß man sie aber sparsam handhaben solle; außerdem »muß sie sich immer mit der Behandlung einwandfrei unschuldiger Menschen befassen. Nicht mit gewalttätigen politischen Opponenten. Und nicht mit Juden.«[99]

Warum nicht mit Juden? Waren die vielleicht nicht »einwandfrei unschuldig«? Nun, die Gründe waren komplizierter. Nach Meinung der Experten des Ministeriums dachte der Mann auf der Straße, daß ausgesonderte, irgendwie zusammengefischte Leute wahrscheinlich eine üble Gesellschaft seien. Jedoch wies paradoxerweise MOI im Juli 1942 auf den »Holocaust der Katholiken« in Europa hin, aber in bezug auf die Juden sprach das Ministerium nur selten von einem Holocaust, sogar als Fakten über die »Endlösung« bereits vorhanden waren.

Es gab noch einen anderen Grund, wie ein Beamter des Ministeriums seinerzeit schrieb: zwanzig Jahre lang sei zwischen den beiden Weltkriegen eine Kampagne gegen Greuelmärchen geführt worden, wodurch viele Menschen unbeeinflußbar geworden seien. Er selbst wisse nicht, ob es eine ›Leichenfabrik‹ gebe, aber die meisten Leute glaubten es nicht.[100] Das gleiche Argument wurde auch in den Vereinigten Staaten häufig vorgebracht. Als John Pehle, Direktor des Kriegskomitees für Flüchtlinge, den Auschwitz-Bericht zweier 1944 entkommener Gefangener veröffentlichen wollte, protestierte Elmer Davis, Chef des Office of War Information (OWI, Amt für Kriegsinformation): die Veröffentlichung dieser Berichte würde das Gegenteil des gewünschten Zwecks bewirken, denn die amerikanische Öffentlichkeit würde sie nicht glauben und als Greuelpropaganda à la Erster Weltkrieg abtun. Aber die Weisen des OWI brachten auch das genaue Gegenteil vor: im besetzten Europa würden die Fakten über die ›Endlösung‹ geglaubt, und die oppositionellen Nichtjuden bekämen eine derartige Todesangst, daß jeder Widerstand gegen die Nazis zusammenbrechen werde.

Ein drittes Argument ist vielleicht das entscheidende. Nach den Worten des offiziellen Historikers des britischen Informationsministeriums gibt es für ihn beim gänzlichen Fehlen von Notizen und Memoranden zu diesem Thema keinen Zweifel, daß »das Ministerium wegen der in der britischen Öffentlichkeit weitverbreiteten Vorurteile gegen die Juden zögerte«.[101] Antisemitismus spielt in den Jahren 1940 und 1941 in fast jeder Ausgabe des *Home Intelligence Weekly Report* (Inlands-Wochenbericht des Nachrichtendienstes) eine Rolle. Warum Andeutungen dieser Art während der zweiten Hälfte 1942 abnahmen und erst gegen Ende des Jahres wieder einsetzten, ist nicht klar ersichtlich, aber es scheint, daß durch die Enthüllungen über die systematische Ausrottung europäischer Juden, der Antisemitismus wieder auflebte.[102]

Die Berichte vom 8. und 15. Dezember 1942 drücken noch

Entsetzen, Zorn, Abscheu und Entrüstung aus, aber in der Ausgabe vom 29. Dezember hieß es, das Ergebnis der Berichterstattung über die Juden in Polen sei gewesen, daß die Leute mehr über die Juden nachgedacht hättten, »die man hier nicht mag«.* Zweifellos war dies der Hauptgrund, die Ermordung der Juden herunterzuspielen, und wenn das Informationsministerium sich dieses Arguments gegenüber dem Inlands-Nachrichtendienst der BBC bediente, so hatten die Geheimdienste und das Foreign Office den Auslands-nachrichtensendungen gegenüber ähnliche Gründe. Die Dienst-stelle für politische Kriegsführung (Political Warfare Executive, PWE) war über die ›Endlösung‹ sicherlich gut informiert. In ihrem Hauptquartier im Electra House in London liefen nicht nur die relevanten Berichte aller britischen Dienste zusammen, sie hatte in der britischen Botschaft in Stockholm eine Gruppe von dreißig Analytikern, die die gesamte Presse der Achsenmächte und der neutralen Länder auswerteten; die Ergebnisse wurden jede Woche einmal mit einem Sonderflugzeug der Royal Air Force nach Lon-don geflogen. Dem Amt war es peinlich, welcher Gebrauch von dem Thema ›Juden‹ gemacht wurde. Noch gegen Ende des Kriegs erklärte der Chef von PWE, Sir Robert Bruce Lockhart, einem Kollegen vom diplomatischen Dienst, daß es gänzlich zwecklos sei, die Aufrufe zur Rettung der unglücklichen Juden zu intensivieren, denn derartige Erklärungen hätten nur eine noch grausamere Behandlung der Opfer zur Folge. Außerdem seien Papier, Flugzeu-ge und die Sendezeiten knapp, und sein Amt habe vielerlei andere Aufgaben. Wie auch immer die Gründe heißen mochten, und es gab deren wenigstens ein halbes Duzend, es lief immer auf dasselbe hinaus. Die Nachrichten über Massenmord wurden herunterge-spielt, aber nicht gänzlich unterdrückt; außerdem hatten Lockharts Dienststelle und das Informationsministerium keine absolute Kon-

---

* Die Leitartikler der führenden britischen Zeitungen waren sicherlich nicht so befangen wie die Bürokraten. In der *Times*, im *Manchester Guardian*, *Daily Telegraph* und anderen Tageszei-tungen erschienen den ganzen Dezember 1942 über klar und deutlich formulierte und ins einzelne gehende Artikel und Kommentare.

trolle über die Medien, und so ergab sich als offizieller Konsensus, mit Hinweisen und Nachrichten über das jüdische Schicksal sparsam zu verfahren.

Im Oktober 1942 erfuhr die Jewish Agency den Text des Riegner-Telegramms und veröffentlichte das Wesentliche ohne Kommentar. Im November wurde Rabbi Wise nach Washington gebeten und von Staatssekretär Sumner Welles unterrichtet, daß die beim State Department eingegangenen zusätzlichen Informationen die schlimmsten Befürchtungen bestätigt hätten und er von der Schweigepflicht entbunden sei. Bei seiner Pressekonferenz in Washington sagte er, das State Department habe ihm bestätigt, daß die Hälfte der schätzungsweise vier Millionen Juden im deutschbesetzten Europa einem »Ausrottungsfeldzug« zum Opfer gefallen sei.[103] Am 17. Dezember 1942 veröffentlichten die elf Regierungen der Alliierten und das Französische Nationalkomitee eine gemeinsame Erklärung des Inhalts, daß die deutschen Behörden nunmehr Hitlers des öfteren wiederholte Absicht durchführten, das jüdische Volk in Europa auszurotten. Daraufhin erschienen in der Presse Leitartikel, der Rundfunk verbreitete die Nachricht, es fanden öffentliche Versammlungen dazu statt. Über die Authentizität der furchtbaren Informationen schien es keinen Zweifel mehr zu geben.

Als aber am 10. Februar 1943 der US-Gesandte in der Schweiz eine weitere Botschaft Riegners über die Endlösung übermittelt hatte, wurde er von Unterstaatssekretär Breckinridge Long ersucht, weitere derartige Berichte weder anzunehmen noch sie an Privatpersonen in die Vereinigten Staaten weiterzuleiten.[104] Es gebe in Washington einflußreiche Kreise, die nicht wünschten, daß Berichte dieser Art in Umlauf kämen. Man befürchte peinliche Rückwirkungen.

Vielleicht war diese Einstellung durch echte Zweifel am Wahrheitsgehalt der ›Horrorgeschichten‹ bedingt. Nachrichten über Nazigreuel waren seit 1939 in der amerikanischen Presse verbreitet worden. In einem Kommentar über verschiedene derartige Berichte hieß es im Leitartikel der *New York Herald Tribune* vom 5.

Dezember 1941: »Das Gesamtbild ergibt, daß das von den Nazis den Juden zugedachte Schicksal schlimmer ist als ein Status der Leibeigenschaft. Es geht hier um nicht weniger oder mehr als systematische Ausrottung.« Im ersten Halbjahr 1942 gab es Berichte über Massenmorde, alle aus Polen kommenden wichtigen Nachrichten wurden auch veröffentlicht. Die amerikanischen Botschaften in Budapest und Bukarest berichteten vom Massaker in Kamenez-Podolsk und der Deportierung nach Transniestrien. Die Depeschen darüber, die der Botschafter Franklin M. Gunther aus Bukarest übermittelte, erregten im Department anscheinend einiges Mißfallen, aber hier interessiert vor allem, daß die Information in Washington vorlag. US-Diplomaten waren bis Ende 1941 in den Ländern der Achsenmächte tätig, in Vichy ein Jahr länger. Jüdische Institutionen lieferten einen ständigen Strom von Nachrichten. Die Akten des State Department sind voll von solchen Unterlagen: Informationen, Gesuche, Hilferufe, Vorschläge für Aktionen, Proteste. Bereits am 7. Oktober 1941 übersandte Ray Atherton von der Europaabteilung des State Department ein sechzigseitiges Memorandum »Polen unter deutscher Besetzung« an Oberst William Donovan, der damals ›Informationskoordinator‹ war. Ein Beamter der US-Botschaft in Berlin, der früher in Warschau stationiert war, hatte das Dokument von einem Polen bekommen. Es beschrieb die Verhältnisse in Polen vor dem deutschen Einmarsch in die Sowjetunion und besagte, daß es das Ziel der Deutschen in Polen sei, »das jüdische Element rücksichtslos und gänzlich aus dem Leben der arischen Gemeinwesen zu tilgen«. Verschiedentlich wurden Ausdrücke wie »Ausrottung«, »Vernichtung«, »Liquidierung« gebraucht und betont, die Nazi-Politik bestehe darin, die Juden aus Europa verschwinden zu lassen.* Obwohl Berichte dieser Art nicht ausdrücklich von physischer

---

* NND 750 140. Das Dokument ist von beträchtlichem Interesse, weil es als erstes detailliert die Lage im besetzten Polen vom polnischen Untergrund aus schildert. Es gibt Gründe zu der Annahme, daß es von einem der schwedischen Geschäftsleute, die in Warschau lebten, nach Berlin gebracht wurde.

Vernichtung sprachen, ließen sie der Phantasie wenig Raum. Ein langes Telegramm aus Lissabon vom 20. Juli 1942 beginnt mit den Worten:

»Deutschland verfolgt die Juden nicht mehr, sie werden systematisch ausgerottet... Diese Tatsachen sind von vielen hierher zurückgekehrten Europäern bestätigt worden.«[105]

Ob es in Washington gelesen wurde? Als drei Monate später Professor Felix Frankfurter bei Präsident Roosevelt Besorgnis über das Schicksal der Juden äußerte, bekam er zur Antwort, er solle sich keine Sorgen machen, die Juden würden an der russischen Front lediglich zur Errichtung von Befestigungsanlagen eingesetzt.[106]

Es steht außer Zweifel, daß Roosevelt mehr wußte, als er zugab, denn einen Monat zuvor hatte er bei einer Pressekonferenz im Weißen Haus gesagt:

»Die Mitteilung, die ich gerade bekommen habe... gibt Anlaß zu der Befürchtung, daß bei der bevorstehenden Niederlage der feindlichen Länder die barbarische und erbarmungslose Art des Besatzungsregimes sich mehr und mehr offenbaren wird und sogar zur Vernichtung gewisser Volksgruppen führen kann.«

Gewisser Volksgruppen? Sicherlich nicht der Niederländer und Luxemburger, von deren Exilregierungen Roosevelt informiert worden war. Seine generelle Haltung zeigt sich vielleicht am prägnantesten in der Antwort auf einen Brief General Sikorskis Anfang Juli 1942, in dem der polnische Regierungschef drastische Aktionen zur Abschreckung des deutschen Terrors angeregt hatte. Roosevelt meinte, es gebe auf den Terror keine andere Antwort als die Zerschlagung der militärischen Macht der Achsenmächte. Amerika sei zutiefst erschüttert über das barbarische Vorgehen der Nazis, befürworte aber keine Vergeltungsmaßnahmen wie etwa die wahllose Bombardierung der Zivilbevölkerung feindlicher Länder.[107] Roosevelt wurde u. a. auch mit langen Telegrammen von A. D. Biddle, seinem persönlichen Freund und Botschafter bei den Exilregierungen in London, auf dem laufenden gehalten. Bei seiner Ansicht, daß der einzige, politisch und strategisch vernünftige Kurs

»die wirksamste Weiterführung des Krieges sei«, schenkte er den Nachrichten über die ›Endlösung‹ wahrscheinlich weniger Beachtung, und vielleicht kamen sie ihm auch ungelegen.

Ein anderer Bericht unter den im Frühjahr und Sommer 1942 in Washington eintreffenden stammte wahrscheinlich aus der gleichen Quelle und begann mit einer Erörterung der vermutlichen Chronologie der Endlösung:

»Das genaue Datum der Entscheidung Hitlers, die Juden von Europas Boden wegzufegen, d. h. im wörtlichsten Sinn zu töten, ist nicht bekannt. Evakuierungen und Deportationen, begleitet von Exekutionen, liegen so weit zurück wie der Einfall in Polen, aber das organisierte Abschlachten ganzer Gemeinden und Waggonladungen voll Juden scheint nicht vor dem deutschen Angriff auf Rußland praktiziert worden zu sein.«[108]

Es folgt noch eine Beschreibung, wie außerhalb von Minsk die Vergasungs-LKW arbeiteten.

Der eben zitierte Bericht des amerikanischen Geheimdiensts (OSS) war nicht der einzige. Einer der ersten über die »systematische Liquidierung der Juden« stammt vom 14. März 1942, aber führende Geheimdienstler hatten schon vorher davon gewußt und darüber geschrieben. Einer unter ihnen war Fred Oechsner, vormals Chef des United Press-Büros in Berlin, der als Kriegsberichterstatter mit der deutschen und der rumänischen Armee in den Osten ins Feld zog und in Odessa und anderen Orten gewesen war. Im Oktober 1941 wußte er aus deutschen Quellen über die ›Sonderbehandlung‹ der Juden in Kiew, Schitomir, Cherson usw. zu berichten (»die Ukrainer nahmen sich der ›Sache‹ an«).[109] Major Arthur Goldberg, der für den amerikanischen Geheimdienst in London arbeitete, erhielt Einzelheiten über die Endlösung von Shmuel Zygielbojm und gab die Informationen nach Washington weiter.*

* Arthur J. Goldberg, später US-Chefdelegierter bei den Vereinten Nationen, wurde Ende August 1942 von Oberst Donovan, dessen Mitarbeiter er war, beauftragt, in London eine Außenstelle des OSS zu organisieren, dem er vorstand. Adolph Held, Präsident des Jewish

Der in den Jahren 1941/42 über deutsche Angelegenheiten wohl am besten unterrichtete Amerikaner war der legendäre Sam Woods (1892-1953), zunächst Handelsattaché in Berlin und seit Sommer 1943 in Zürich. Ein Texaner, der kein Deutsch konnte und tat, als habe er nicht das leiseste Interesse an der Politik, engagierte sich Woods mit großem Erfolg in Geheimdienstaktivitäten auf eigene Faust außerhalb geheimdienstlicher Organisationen. Im Februar 1941 ›erhielt‹ er Details aus Hitlers »Weisung Nr. 21«, der operativen Anleitung für den Krieg gegen die Sowjetunion (Unternehmen ›Barbarossa‹), später, in Zürich, ›erhielt‹ er eine Information, wonach die Deutschen debattierten, ob sie an der Atombombe weiterarbeiten sollten – um nur zwei seiner größeren Knüller zu erwähnen. Grund genug für die Annahme, daß er durch seine deutschen Kontaktleute auch über das Schicksal der Juden Bescheid wußte. Er übermittelte aber seine Informationen seinen Vorgesetzten fast immer mündlich, und so läßt sich wenig belegen. Bei den Deutschen geriet Woods allem Anschein nach während seiner Berliner Zeit, 1937-1941, nicht in Verdacht; sie interessierten sich für ihn erst nach seiner Versetzung nach Zürich.

In einem anderen Bericht von OSS wird ein Soldat der italienischen Truppenverbände an der Ostfront zitiert: »Gott wird uns furchtbar für die Beihilfe an allen diesen Verbrechen strafen.« Ein Bericht vom August 1942 enthielt die Kopie einer Botschaft an Rabbi Wise, die von US-Stellen abgefangen wurde:

Labour Committee, schlug Shmuel Zygielbojm unter anderen als nützliche Kontaktperson vor. Die beiden wurden im Herbst 1942 Freunde und trafen sich offiziell und gesellschaftlich: »Bei diesen verschiedenen Zusammenkünften informierte mich Mr. Zygielbojm über Hitlers Programm der ›Endlösung‹. Er lieferte mir auch Beweise für die Richtigkeit der Informationen, die er beibrachte. Ich gab sie über OSS an General Donovan weiter. Hier wird mein Gedächtnis lückenhaft. Ich glaube, er unterrichtete mich nicht nur über die Todeslager, sondern auch über den Aufstand im Warschauer Getto und drückte seinen dringenden Wunsch nach einer Bombardierung von Auschwitz und/oder des Warschauer Gettos aus ... Ich erinnere mich aber an anderes genau. Ich erhielt nach der Weitergabe seiner Information und seines Wunsches einen negativen Bescheid. Ich bat ihn ins Claridge, wo ich wohnte, zum Dinner. Mit verständlichem Mißbehagen mußte ich ihm sagen, daß unsere Regierung nicht in der Lage sei zu tun, worum er ersuchte, denn nach Meinung unseres Oberkommandos stünden für diesen Zweck keine Flugzeuge zur Verfügung. Am nächsten Tag beging er Selbstmord – mir ist, als wäre es gestern gewesen.« (Brief an Verfasser vom 15. November 1979.)

»In ganz Ostpolen, einschließlich des besetzten Teils der Sowjetunion, ist kaum mehr ein Jude anzutreffen ... Die aus Deutschland, Belgien, Holland, Frankreich und der Slowakei deportierten Juden werden umgebracht ... Da dieses Abschlachten, geschähe es im Westen, größeres Aufsehen erregen würde, müssen die Juden zuerst in den Osten deportiert werden, wo ein Bekanntwerden im Ausland weniger wahrscheinlich ist.«

Französische Offiziere, die aus Gefangenenlagern entfliehen konnten oder aus Polen repatriiert wurden, meldeten nicht nur »Unglaubliches über die Massaker an Juden«, sondern schilderten auch konkrete Einzelheiten wie etwa die Ausrottung der gesamten jüdischen Bevölkerung der Stadt Rawa Russka.[110] Und in einer anderen Nachricht heißt es, daß »Juden im Osten, Ostgalizien und Lwow nicht ausgenommen, systematisch ermordet werden. Es sind keine Juden in den größeren ukrainischen Städten verschont geblieben, und in Litauen werden sie bald gänzlich ausgerottet sein.«[111] Ein OSS-Telegramm ›Deutsche Front, 15. November 1942‹, das wahrscheinlich auf dem Bericht eines Journalisten basiert, schildert die Ermordung von Juden in den baltischen Ländern und meint, diese Prozedur werde als Beispiel für anderswo dienen.[112] Der amerikanische Militärische Geheimdienst erhielt durch Verbindungsoffiziere laufend Informationen aus polnischen Quellen in London. Berichte vom August und September 1942 enthielten Einzelheiten u. a. über Treblinka und Aussagen polnischer und deutscher Augenzeugen.

Angesichts dieser und anderer Berichte, veröffentlicht oder geheimgehalten, hätte man annehmen sollen, daß gegen Ende 1942 nicht nur die amerikanischen Geheimdienste und das State Department, sondern auch der Durchschnittszeitungsleser gewußt hätten, daß die Juden Europas systematisch ausgerottet würden. Dies war aber keineswegs der Fall, und wenn man auch verschiendene Erklärungen anführen kann, so bleiben die Gründe dafür immer noch rätselhaft. Präsident Roosevelt war zu beschäftigt, als daß er die Zeitungen bis ins Detail hätte studieren können, und außerdem war er kein so leidenschaftlicher Leser von Geheimdienstberichten wie Winston Churchill. Und die Diplomaten und Geheimagenten im Außendienst? Zwei Beispiele werden genügen. Am 5. April 1943 sandte Hershel Johnson, US-Gesandter in Schweden, ein Telegramm nach Washington, wonach von den 450 000 Juden in Warschau nur 50 000 noch lebten, was dem Gesandten, wie er sagte, »unglaublich« erschien. Es enthielt auch einige Ungenauigkeiten: die Geschichten über die Tötungsmethode (Gas) seien angeblich eine Verdrehung der Tatsachen, denn die Juden seien alle von Erschießungskommandos der Wehrmacht umgebracht worden; außerdem hätten deutsche Soldaten gemeutert. Dieser Bericht ist trotzdem bemerkenswert: im April 1943 war die große Mehrheit der polnischen (und europäischen) Judenschaft bereits tot. Gesandter Johnson mußte sich dessen bewußt sein. Als erfahrener Diplomat war er auf einem der exponierten und interessantesten Außen-Horchposten mit Richtung auf das von den Nazis besetzte Europa tätig. Zweifellos hatte er in der amerikanischen Presse über das Schicksal der Juden gelesen und auch manches aus schwedischen Zeitungen übersetzt bekommen. Im Jahr zuvor hatte er die Nachricht über die Vernichtung der baltischen und ukrainischen Juden nach Washington gekabelt. Trotzdem schloß er im April 1943 sein Telegramm mit den Worten: »So phantastisch ist die Geschichte des deutschen Augenzeugen, die er seinem Freund erzählte, daß ich zögere, sie zum Thema eines offiziellen Berichts zu machen.«[113]

Aber in diesen Jahren war kaum jemand über die Ereignisse im deutschbesetzten Europa besser unterrichtet als Allen Dulles, Vertreter des amerikanischen Geheimdienstes (OSS) in Bern. Dies macht den folgenden Zwischenfall vom Juni 1944 um so unerklärlicher. Zwei Auschwitz-Häftlingen, Rudolf Vrba und Alfred Wetzler, war es gelungen, in die Slowakei zu fliehen, wo sie einen ausführlichen Bericht über ihre Erlebnisse zu Papier brachten, der später berühmt wurde. Mit Kurier gelangte er nach Budapest und von dort in die Schweiz. Der Korrespondent der britischen Nachrichtenagentur Exchange Telegraph, Garrett, erhielt eine Kopie, die er am 22. Juni 1944 Allen Dulles überbrachte und die dieser in Garretts Anwesenheit las: »Er war tief erschüttert und so außer Fassung wie ich und sagte: ›Man muß sofort etwas unternehmen.‹«[114]

Dulles telegraphierte tags darauf dem Außenminister. Nun hatten bereits vor eineinhalb Jahren die *New York Times* und andere Zeitungen wiederholt Nachrichten wie diese gebracht: »Zwei Drittel der in Polen gefangengehaltenen Juden erschlagen – von dreieinhalb Millionen sollen nur 1 250 000 überlebt haben.«[115] Selbst angenommen, es wäre seit Dezember 1942 kein einziger Jude mehr umgekommen, sind Allen Dulles' Schreck und Überraschung nicht zu verstehen.

Aus diesen und ähnlichen Vorkommnissen geht hervor, daß der Prozeß des Erfahrens und Verarbeitens doch wohl komplexer ist, als man annehmen möchte. Daß eine Information einmal oder auch hundertmal in Geheimberichten oder in auflagestarken Tageszeitungen erwähnt wurde, bedeutet nicht unbedingt, daß sie auch ›akzeptiert‹ und begriffen wurde. Hohe Zahlen werden zur Statistik, und Statistik hat keine psychologische Wirkung. Der und jener dachte, die Tragödie der Juden werde übertrieben, oder er bezweifelte zwar die Nachricht nicht, hatte aber andere Prioritäten oder auch Vorurteile.

Eine bewegende, auf persönlichem Erleben beruhende Interpretation gibt Visser 't Hooft, protestantischer Theologe und Erster Sekretär des Weltkirchenrats, der die Kriegsjahre in der Schweiz zubrachte. Im Oktober 1941 erhielt er alarmierende Berichte über die Deportation von Juden aus Deutschland und den besetzten Gebieten nach Polen. Als er dreißig Jahre später darüber schrieb, merkte er, daß es mehrerer Monate bedurft hatte, bis die Information wirklich in sein Bewußtsein einging.

»Es geschah in dem Augenblick, als mir ein junger Schweizer Geschäftsmann erzählte, was er auf einer Geschäftsreise nach Rußland mit eigenen Augen gesehen hatte. Deutsche Offiziere hatten ihm angeboten, bei einer Massenexekution von Juden zugegen zu sein. Ein Offizier erläuterte auf höchst unverblümte und realistische Art und Weise, wie Gruppe auf Gruppe jüdischer Männer, Frauen und Kinder gezwungen wurde, sich in die Massengräber zu legen, worauf sie durch Maschinengewehrgarben erschossen wurden. Das Bild, das der Mann mir vermittelte, ist mir seitdem im Gedächtnis geblieben. Von diesem Augenblick an hatte ich keine Ausrede mehr, mich vor Informationen zu verschließen, die meiner Ansicht von der Welt und der Menscheit nicht entsprachen.«

Warum blieb nach Meinung dieses prominenten Geistlichen die Außenwelt gleichgültig? Etwa, weil die Opfer Juden waren? Visser 't Hooft antwortet:

»Ich unterschätze das Vorhandensein des Antisemitismus nicht, habe aber kaum Beweise gefunden, daß er in dieser Situation die Hauptrolle gespielt hätte. Es war doch eher so, daß die Menschen solche unvorstellbaren Schrecken in ihrer Gedankenwelt einfach nicht unterbringen konnten und daß sie nicht die Vorstellungsgabe und nicht den Mut hatten, diesen Dingen ins Auge zu sehen. Es ist möglich, in einem Zwielicht zwischen Wissen und Nichtwissen zu leben.«[116]

Es gibt jedoch mehr als eine Erklärung für Gleichgültigkeit. Wohl jedermann unterlag eine Zeitlang dem Zweifel an den fürchterlichen Nachrichten aus Osteuropa. Manche entschieden sich, die Sache ernst zu nehmen, als kein vernünftiger Zweifel mehr an der Richtigkeit der Information bestand; andere verblieben in der Zone des Zwielichts, weil sie nicht anders wollten, und wer wirklich Bescheid wußte, behielt sein Wissen manchmal für sich.

4

Die Nachrichten aus Polen

Die ersten authentischen und detaillierten Nachrichten über die ›Endlösung‹ kamen aus Polen. Hitler hatte beschlossen, aus diesem Land das Schlachthaus Europas zu machen, und so waren die polnischen Informationsquellen wichtiger als alle anderen. Polen war im Herbst 1939 von den Deutschen besiegt und besetzt worden; dann teilten Deutschland und die Sowjetunion das Land unter sich auf. Im Juni 1941 dann, nach dem Einmarsch der deutschen Armeen in die Sowjetunion, wurde das sowjetisch gewordene Ostpolen abermals besetzt, ebenso die baltischen Länder und Teile von Weißrußland und der Ukraine.

Bald nach der Niederlage Polens konstituierte sich eine polnische Exilregierung, die von den Regierungen der Alliierten anerkannt wurde. In Polen hatte diese Regierung einen Repräsentanten, den ›Delegat‹, der ständig mit London in Verbindung stand, wo die Exilregierung nach dem Fall Frankreichs ihren Sitz hatte. Unabhängig davon war eine landesweite bewaffnete Organisation gebildet worden, Zwiazek Walki Zbrojnej (ZWZ), die 1942 zur Armia Krajowa (AK), Heimatarmee wurde. Der militärische Oberbefehlshaber war General Stefan Rowecki, während der Delegat oberste Instanz für alle politischen Fragen war. Die Trennlinie zwischen den beiden Bereichen war nicht scharf gezogen und die Aufteilung der Belange alles andere als perfekt. Die polnische Innenpolitik war nicht nur kompliziert, sondern hatte auch wenig von ihrer Schärfe aus der Vorkriegszeit verloren. Die Polnische Sozialistische Partei (PPS) und die Bauernpartei (Stronnictwo Ludowe, SL) waren innerhalb der Widerstandsbewegung die stärksten Kräfte, während manche der führenden Persönlichkeiten in und um die Exilregierung – W. Sikorski, K. Sosnkowski, J. Haller, M. Kukiel – und in der Heimatarmee Männer der Mitte oder der Rechten waren. ›Delegat‹ war zuerst Ratajski, später Professor Jan Piekalkiewicz. Für praktische Unterstützung waren beide von der Heimatarmee abhängig, weil sie anfänglich keinen eigenen Funkkontakt mit London hatten und auch die Hilfsgelder nicht regelmäßig eintrafen. Piekalkiewicz wurde 1943 von den Deutschen festgenommen und getötet.

Eine eingehende Beschreibung der verschiedenen Kräfte des polnischen Widerstands kann hier nicht gegeben werden. Es genügt zu erwähnen, daß die einzige wichtige Gruppe, die sich geweigert hatte, sich der allgemeinen Sache anzuschließen, die Kommunisten waren, die aber erst später Bedeutung gewannen. 1941/42 existierten sie kaum, weil die Partei in den dreißiger Jahren von der Komintern gründlich ›gesäubert‹ und schließlich aufgelöst worden war. Einzelne Kommunisten nahmen 1942 Funkkontakt mit Moskau auf. Eine polnische Nachkriegspublikation zitiert eine Botschaft an den Sekretär der Kommunistischen Internationale über Deportationen aus dem Warschauer Getto. Es ist dies vielleicht die einzige derartige Meldung, was aber nicht heißen will, daß der sowjetische Geheimdienst von den Tatsachen nicht unterrichtet war.

Wenn der kommunistische Untergrund 1942 unbedeutend war, so war auch die Heimatarmee als militärische Organisation nicht beeindruckend, waren ihre Pläne für eine bewaffnete Erhebung gegen die Deutschen geradezu phantastisch. Sie hatte aber über ganz Polen ein weites Netz von Sympathisanten und Informanten, was in unserem Zusammenhang von Wichtigkeit ist.[117] Anders als in Frankreich und den meisten westeuropäischen Ländern gab es in Polen keine politischen Kollaborateure. Die Deutschen konnten einen Spitzel, einen Informanten in kriminellen Kreisen finden, nicht aber unter den Leuten, aus denen sich der Untergrund zusammensetzte. Die Deutschen hatten nicht die Absicht, den

Polen eine wenn auch beschränkte politische Autonomie zuzugestehen. Für sie gehörten die Polen einer minderwertigen, zweitklassigen Rasse an: auf dieser Grundlage konnte es keine Kollaboration geben. Überdies war die Herrschaft der Deutschen in Polen bei weitem blutiger und repressiver als im westlichen, nördlichen und sogar südlichen Europa: etwa eine Million Polen wurden im Laufe des Krieges getötet. Die Heimatarmee war populär, die Deutschen nicht.

Die polnische Exilregierung hielt Kontakt zu Polen hauptsächlich durch das Polenreferat der Special Operations Executive (SOE), einer britischen Sabotageorganisation, die zusammen mit dem Sechsten Büro des polnischen Generalstabs die Verbindungen mit Polen ausbaute, Bedarfsgüter nach Polen lieferte und Menschen nach und aus Polen transportierte. Dieser Kontakt wurde auf verschiedene Art und Weise hergestellt. Seit dem 15. Februar 1941 sprangen Fallschirmjäger über Polen ab, was ab Sommer 1942 sozusagen zur Routine wurde. Fälschlich wird oft angenommen, Polen sei bis Ende des Krieges außerhalb des Bereichs der alliierten Luftstreitkräfte geblieben. Es war natürlich ab London eine lange Flugstrecke, und man mußte Spezialflugzeuge einsetzen. Zwei-Weg-Luftbrücken-Operationen, wie sie in Belgien und Frankreich mit kleinen Lysandermaschinen durchgeführt wurden, waren für Polen unmöglich. Die erste Landeoperation fand im April 1944 bei Lublin statt.[118] Kuriere aus Polen hatten lange, beschwerliche Wege nach London zu bewältigen. Manche nahmen den Weg über Schweden, andere quer durch Westeuropa. Mit den Berichten waren sie Wochen, manchmal einen Monat oder auch zwei unterwegs. Kurze Botschaften konnten täglich nach London gefunkt werden, längere wurden außerhalb Warschaus gesendet, wo die Gefahr der Entdeckung durch die deutsche Funkabwehr weniger groß war; Verzögerungen der Übermittlung waren nicht zu vermeiden.

1941 und bis Ende Juli 1942 bestand noch eine andere Verbindung von Warschau zur Außenwelt, die wichtiger war als die SOE:

die Polen hatten sie mit Hilfe von Sympathisanten aus der Warschauer schwedischen Kolonie eingerichtet. Diese ›Warschau-Schweden‹ vermittelten lange Botschaften der Heimatarmee und der ›Delegatura‹ nach außerhalb. Sie hatten Geld für die Rückfahrt und ausländische Pässe bei sich. Diese schwedische Verbindung war für Informationen über das Schicksal der Juden von besonderer Bedeutung. Carl Wilhelm Herslow und Sven Norrman, die zwei führenden Persönlichkeiten unter den Schweden – es gab noch eine dritte, Carl Gösta Gustafsson, von dem man aber wenig weiß – hatten viele jüdische Bekannte, mit denen sie in Kontakt blieben und denen sie zu helfen versuchten. 1942 betrat Norrman bei einer sich zufällig bietenden Gelegenheit das Warschauer Getto und machte Filmaufnahmen, bis ihm die Gettopolizei Einhalt gebot. Die Filme und andere Unterlagen wurden an Mieczyslaw Thugutt weitergeleitet, der damals dem Stockholmer Außenposten des polnischen Geheimdiensts vorstand. Gegen Ende 1942 wurde er als Chefkoordinator zwischen Polen und der polnischen Exilregierung nach London versetzt.

Herslow, der Berufsoffizier und Militärattaché in Moskau und Berlin gewesen war, leitete die Warschauer Zweigstelle des polnischen Zündholzmonopols, das zum schwedischen Ivar-Kreuger-Konzerns gehörte. Norrman war Chef der ASEA, einer elektrotechnischen Gesellschaft, an der der Wallenberg-Konzern beteiligt war. Beide hatten viele Jahre in Polen gelebt und identifizierten sich mit der polnischen Sache, für die sie sich energisch und unter großen Risiken einsetzten.[119] Bei ihren häufigen Reisen nach Schweden berichteten sie dem Außenminister, seinem Staatssekretär Eric Boheman (der bei vielen, wenn auch nicht allen ihren Aktivitäten beteiligt gewesen zu sein scheint) und dem Chef des Generalstabs der Armee. Herslow war auch gelegentlich zum Rapport bei König Gustaf V. Adolf und dem Kronprinzen.

Diese Schweden waren gut informiert über die Geheimberichte, die sie beförderten, weil sie sich schon früh für den Widerstand eingesetzt hatten. Einige hatten sich sogar mit General Rowecki

(›Kalina‹), dem Kommandanten der Heimatarmee, getroffen, was natürlich gegen alle konspirativen Regeln verstieß. Die von der polnischen Exilregierung veröffentlichten Berichte über die Situation im Generalgouvernement *(Sprawozdanie sytuacyjne z kraju)* stützten sich hauptsächlich auf die Unterlagen der Schweden. Zusammen mit Briefen von Juden in Polen (etwa der ›Bund‹-Brief vom Mai 1942 und der von E. Ringelblum stammende Chelmno-Bericht) waren dies in der ersten Hälfte 1942 die Hauptquellen über das Schicksal der polnischen und osteuropäischen Judenschaft. Die Schweden faßten das Material gewöhnlich in 35-mm-Filmen in Warschau zusammen und brachten es am eigenen Leib versteckt nach Stockholm oder übermittelten es durch die schwedische Handelskammer. Thugutt und andere Mitglieder der Residentur übergaben es dem britischen Geheimdienst; es gelangte dann mit dem wöchentlichen Royal-Air-Force-Flugzeug nach London.*

So kann der Weg mancher Berichte aus Polen fast von Tag zu Tag verfolgt werden. Der bekannte (zweite) ›Bund‹-Brief, der noch zu erörtern sein wird, wurde in der ersten Häfte des Mai 1942 geschrieben. Sven Norrman übernahm ihn in Warschau am 21. Mai, in London traf er schon nach zehn Tagen ein – ein Beispiel ausnehmend schneller Beförderung. Der Chelmno-Bericht erreichte London offenbar auf dem gleichen Weg, war aber viel länger unterwegs.

Es war Norrmans letzte Reise. Er wurde gewarnt, nicht nach Polen zurückzukehren. Seine Kollegen wurden ab Ende Juli 1942 von der Gestapo verhaftet. Vier der Schweden wurden zum Tod verurteilt, andere zu langen Gefängnisstrafen. Die Todesurteile gegen die Schweden wurden nicht vollstreckt, die meisten der

---

* Die gleiche Maschine beförderte die Tages- und Wochenberichte *The Digest* des Pressebüros der britischen Botschaft in Stockholm, dem Cecil Parrott vorstand und in dem die Zeitungen vieler besetzter Länder (und auch die Deutschlands) ausgewertet wurden. Darunter befanden sich gelegentlich auch Angaben über das Schicksal europäischer Juden (s. z. B. FO 371/26515 3410). Die Pressestelle bestand aus etwa dreißig Mitarbeitern, meist Juden; »sie stellten prächtige tägliche Übersichten aller Hinweise auf Themen zusammen, für die wir uns interessierten« (Brief Sir Cecil Parrotts an Verfasser vom 10. Dezember 1979).

verhafteten Polen aber hingerichtet. Himmler bedauerte in einem Sonderbericht, daß Norrman, der wichtigste Mann der Organisation, nicht verhaftet werden konnte.[120] Bei den Befragungen wurde auch erwähnt, daß die von Herslow herausgeschmuggelten Filme, also die Aufnahmen aus dem Warschauer Getto, in britischen und in amerikanischen Kinos gezeigt worden waren und starke Antipathien gegen die Deutschen erregt hätten.

Damit war die wichtigste direkte Verbindung zur Beförderung umfangreicher Unterlagen in den Westen genau zum Zeitpunkt des Beginns der Liquidierung des Warschauer Gettos abgeschnitten. Der polnische Untergrund hielt weiterhin Funkkontakt mit London und versuchte, längere Texte über V-Männer in der Schweiz und in Istanbul zu übermitteln (›Bey‹). Aber erst seit der Ankunft Jan Karskis in London im November 1942 stand detaillierte Information wieder zur Verfügung.

Die polnischen Juden hatten keine Verbindungen zu den Alliierten, sie konnten auch keine Kuriere entsenden, wozu der polnische Untergrund in der Lage war. Sie schrieben Briefe und Postkarten in die Schweiz, nach Ungarn und in die Türkei, die sehr oft nicht ankamen und in denen die Schreiber nur andeuten und umschreiben konnten, was sich zutrug. Von Zeit zu Zeit tauchten mysteriöse Kuriere aus neutralen Ländern auf, aber man konnte nie sicher sein, ob sie vertrauenswürdig waren. Der polnische Untergrund war in einer weitaus besseren Lage, was die Übermittlung von Nachrichten ins Ausland und auch das Sammeln von Informationen anbelangt. Die Juden waren in den Gettos eingesperrt, während die Polen sich mit gewissen Einschränkungen in ihrem Land frei bewegen konnten. Polnische Funker von der SOE begaben sich nach Weißrußland und in die Ukraine, waren in Kiew, Minsk, Schitomir, Pinsk und anderen Orten. Die Heimatarmee erhielt ziemlich regelmäßig Informationen von ihren Agenten bei der polnischen Polizei und von Eisenbahnern.

Die ersten authentischen Berichte über die ›Endlösung‹ haben also den Westen über Kuriere und Radiosendungen der Heimatarmee erreicht. Die polnisch-jüdischen Beziehungen während des Kriegs sind ein kompliziertes und heikles Kapitel. Es kann z. B. nicht ernstlich bestritten werden, daß die Heimatarmee den Juden nur wenig Waffen zur Verfügung stellte. Unser Thema heißt aber hier: hat der polnische Untergrund Nachrichten über die Tötungen so schnell und vollständig übermittelt, wie es ihm möglich war? Und wurden diese Nachrichten von den polnischen Stellen in London unterdrückt oder gab man ihnen volle Publizität?

Kurz gesagt, die Polen taten, was sie konnten, gewöhnlich unter großen Risiken und schwierigen Bedingungen. Wenn Nachrichten über Massenmorde in Polen im Ausland nicht geglaubt wurden, liegt die Schuld nicht bei den Polen. Es war anfangs auch die Schuld der Juden selbst, die sich zunächst weigerten, es zu glauben. Die Verantwortung lag auch bei den jüdischen Organisationen im Ausland, die zuerst recht skeptisch reagierten.[121] Andererseits argumentieren manche jüdischen Historiker polnischer Herkunft, daß die Heimatarmee zwar London informierte, für die Unterrichtung der Juden im Inland aber mehr hätte tun können. Außerdem wird die polnische Exilregierung beschuldigt, die Bekanntgabe der ›Evakuierung‹ des Warschauer Gettos zwischen Juli und September 1942 verzögert zu haben. Dieser Version zufolge meldeten die Polen zwar das Gemetzel in den östlichen Provinzen, die unter sowjetischer Kontrolle gewesen waren, zeigten sich aber zurückhaltender bei der Nachrichtenübermittlung, als der Prozeß der Ausrottung innerhalb Polens in Gang kam. Hätten sie bekanntgegeben, daß 400 000 Juden aus dem Warschauer Getto in ein nahegelegenes Todeslager deportiert wurden, hätte die Welt bestimmt erwartet, daß der polnische Untergrund etwas unternehme. Aus diesem Grund brachten die Warschauer Ereignisse den polnischen Untergrund in eine peinliche Lage, die Meldungen mußten deshalb heruntergespielt oder wenigstens hinausgeschoben werden.

Wieviel Wahres steckt hinter all diesen Beschuldigungen? Daß in der neueren polnischen Geschichte der Antisemitismus eine große Rolle gespielt hat, ist unstrittig, wahr ist aber auch, daß nach 1939

Hilfe für die Juden manchmal gerade von jenen gewährt wurde, die zuvor die erbittertsten Feinde der Juden gewesen waren. Diejenigen, die Polen nach 1940 repräsentierten, waren im großen und ganzen Männer, die in den dreißiger Jahren in Opposition zu der fanatisch-antisemitistischen Regierung gestanden hatten und die nun versuchten, jene Kräfte auszuschalten, die Polens Ruin verschuldet hatten. Dies alles will nicht heißen, daß die Exilregierung und ihre Vertreter in der Heimat liberale Weltbürger gewesen wären, die ihre oberste Pflicht in der Hilfe für die verfolgten Juden sahen. Wenn die Polen weniger Sympathie und Solidarität für die Juden zeigten als z. B. viele Dänen und Niederländer, so bewiesen sie doch bei weitem mehr Menschlichkeit als die Rumänen oder Ukrainer, die Litauer und Letten. Auch ein Vergleich mit Frankreich fiele für Polen keineswegs ungünstig aus. Angesichts der polnischen Einstellung vor dem Krieg den Juden gegenüber ist es nicht überraschend, daß so wenig, sondern daß so viel geholfen wurde.

Die Polen erfaßten nicht sogleich den Umfang des Plans zur Ausrottung aller Juden, aber die meisten polnischen Juden waren noch begriffstutziger und erkannten nicht, daß sie nicht einzelnen Pogromen, sondern etwas unendlich Schlimmerem gegenüberstanden. In den Schriften Ringelblums (später mehr über ihn) und anderer finden sich nur zu oft Klagen, daß der Ernst der Situation von den Juden verkannt wurde.

Es wäre für die Juden natürlich besser gewesen, sie hätten sich nicht ganz auf die Sender der Heimatarmee oder den ›Delegaten‹ für ihren Kontakt mit der Außenwelt verlassen müssen. Diese Abhängigkeit ist eines der vielen Rätsel jener Zeit. Es war schwierig, im Getto Waffen herzustellen, aber weitaus einfacher hätten sich Sendegeräte basteln lassen. Es gab Dutzende, wenn nicht Hunderte, die über Sachkenntnisse verfügten. Tausende von Juden arbeiteten in Werkstätten oder kleinen Fabriken. Das nötige Material konnte gestohlen oder gekauft werden, mit ausländischen jüdischen Organisationen hätte man sich auf einen Code einigen können. Im Jahr 1942 bedurfte es keines Edison oder Marconi, um einen Sender von 20 oder 30 Watt zu bauen, der im Ausland empfangen werden konnte. Der polnische Widerstand hatte etwa hundert solche Sender; sie waren verhältnismäßig klein, und so sehr sich die Deutschen abmühten, es gelang ihnen nur, einige wenige zu lokalisieren. Unnötig, zu bemerken, daß die technischen Kenntnisse auch in Palästina vorhanden waren. Paradoxerweise bat Anfang 1942 der britische Nachrichtendienst die Jewish Agency, Kurzwellenausbilder für Fallschirmspringer zu vermitteln, die in ägyptischen Lagern trainiert wurden. Die Hagana entsandte vier Experten dorthin. Da jegliche Initiative dieser Art fehlte, blieb es bei der fast vollständigen Abhängigkeit der Juden von den Polen zur Übermittlung von Nachrichten.

Anfänglich hatten die Juden im Getto sogar große Schwierigkeiten, sich mit dem polnischen Untergrund in Verbindung zu setzen. Es gab sporadische Kontakte zwischen der zionistisch-sozialistischen Jugendbewegung (›Hashomer Hatzair‹) und der Führung der polnischen Pfadfinder. Einer von ihnen, ›Hubert‹ (Kaminski) war Herausgeber des Heimatarmee-*Biuletyn Informacyjny*, und Ringelblums Bericht über Chelmno, die erste Nachricht von Massenmord durch Vergasung, gelangte vermutlich über diesen Kanal in den Westen. Wichtiger waren die Beziehungen zwischen dem sozialistischen antizionistischen ›Bund‹, vertreten durch Leon Feiner, und den polnischen Sozialisten. Feiner (›Mikolaj‹, ›Berezowski‹) vermittelte über Heimatarmee-Funk und Kuriere Nachrichten an ›Artur‹, zuerst gelegentlich, dann ziemlich regelmäßig. ›Artur‹ war Zygielbojm, Repräsentant des ›Bund‹ in London, der nach der Flucht aus Polen über Amerika im April 1942 nach London gelangt war und zum wortgewaltigsten polnisch-jüdischen Sprecher im Ausland wurde. Leon Feiner war von Beruf Anwalt, hatte bei einer Reihe politischer Prozesse großen Mut bewiesen und war auch einmal verhaftet worden. Eine Illegale, eine junge Jüdin, die ihn im Krieg kennenlernte, beschrieb ihn so:

»Meine Aufmerksamkeit richtete sich auf einen Gast, der gerade eingetreten war. Er strahlte Selbstbewußtsein aus – ein großer, eleganter älterer Herr mit Silberhaar und aufgezwirbeltem Schnurrbart, hellen Augen und rosigen Wangen – das Bild eines polnischen Landedelmanns.«[122]

Jan Karski (Kozielewski), der Kurier, dessen Mission in den Westen im Spätjahr 1942 eine beträchtliche Wirkung hatte, traf Feiner ebenfalls und schrieb über ihn:

»[Er] lebte außerhalb des Gettos, war aber auf geheimen Wegen in der Lage, es zu betreten und zu verlassen, wie es ihm beliebte, und dort sein Werk fortzusetzen. Im Getto glich er im Aussehen, im Gespräch, im Benehmen den anderen Bewohnern. Zur Verfolgung seiner Aufgaben außerhalb von Mauer und Stacheldraht gelang es ihm, seine Erscheinung so vollkommen zu verändern, daß er bei schärfsten Kontrollen unentdeckt blieb... Mit seinem distinguierten grauen Haar und Backenbart, der gesunden Farbe, der aufrechten Haltung und dem allgemeinen Aussehen von Wohlbefinden und Gepflegtheit war er ohne weiteres ein polnischer Landedelmann. Vor den deutschen Behörden trat er als Inhaber eines großen Ladens auf, reich, würdig, unerschütterlich. Welcher gewaltigen Willensanstrengung es zur Beibehaltung dieser Attitüde bedurft haben mußte, wurde mir später bewußt, als er mich ins Getto begleitete.«[123]

Feiner erlebte noch den Abzug der Deutschen aus Polen, starb aber bald danach in einem Lubliner Krankenhaus.

Irgendwann zwischen November 1941 und Februar 1942 wurde im Büro für Information und Propaganda der Heimatarmee ein Unterkomitee für jüdische Angelegenheiten eingerichtet, dem zwei Intellektuelle vorstanden – der Historiker Stanislaw Herbst (Chrobot) und der Anwalt Henryk Wolinski (Zakrzewski). Der Kontakt mit den Juden war immer noch spärlich, eine regelmäßige Verbindung zwischen den Juden und London ergab sich erst im folgenden Winter, nachdem die meisten Warschauer Juden bereits zugrundegegangen waren. 1941 übermittelte die Heimatarmee nur einige Berichte über die Lage der Juden; gegen Ende des Jahres wurde

137

dies anders, als in Warschau die Massaker im Osten Polens bekannt wurden. Nach einer polnischen Quelle war die Kommunikation langsam, und die alarmierenden Nachrichten aus Lwow, Wilna, Bialystok und der Provinz Wolhynien erreichten Warschau erst Anfang 1942.[124] Eine Durchsicht der Akten zeigt aber, daß Massaker in Litauen und in der Ukraine bereits im November 1941 bekannt waren. Ein Artikel in dem illegalen Organ einer kleinen sozialistischen Gruppe *(Barykada Wolnosci)* vom November 1941 stellte u. a. fest, daß in Wilna nur 3000 Juden am Leben geblieben und daß Massaker großen Umfangs anderswo stattgefunden hätten.[125]

Ähnliches enthielten die Heimatarmee-Bulletins. Danach hatten in Wilna (zu einem früheren Zeitpunkt) von 70 000 Juden 12 000 bis 15 000 überlebt; das Getto in Kowno existierte nicht mehr; in Minsk und Motel (Chaim Weizmanns Geburtsort) waren alle Juden getötet worden, und das gleiche galt in etwa für Polesien, Wolhynien und Pinsk.[126] Ein noch früherer Heimatarmee-Bericht vom Oktober 1941 brachte »schreckliche und widerwärtige Nachrichten« aus Litauen und dem Bezirk Wilna, wo die litauische Polizei mit aktiver Hilfe von Schülern und Studenten der Mittelschulen und der Universität 170 000 Juden umgebracht hatte. Kurz, Berichte über die Taten der Einsatzgruppen hatten Warschau längst vor Ende 1941 erreicht. Ein Bericht, der die Tage vom 16. bis 28. Februar 1942 umfaßt, meldete außer vereinzelten Tötungen in Warschau, Miedzyrzec, Jaslo, Poznan und Ostryna auch Massaker unerhörten Ausmaßes in Ostpolen, Litauen und in der Ukraine.

Einige Beispiele aus dieser Übersicht: Molodeczno: im November erschoß die litauische Polizei alle Juden mit Ausnahme eines Arztes. Nowa-Wilejka: alle Juden im November getötet. Wilna: von kurz zuvor eingetroffenen 70 000 Juden waren Ende Dezember noch 11 000 am Leben. Stanislawow: am 16. November 1941 wurden die Juden von Deutschen mit Hilfe der Ukrainer getötet. Kosow: mehrere tausend Juden von der Gestapo und einem ukrainischen Bataillon getötet. Massenexekutionen von Juden in

138

Staro-Konstantinow und Schitomir (17 000 Opfer), in Kiew 70 000. Diese Zahl bezieht sich offenbar auf das Babi Yar-Massaker. Es gab noch mehr Namen, noch mehr Zahlen, noch mehr grauenhafte Einzelheiten.

Die schlimmsten Nachrichten kamen also aus Gegenden im Osten, die nach dem Juni 1941 von den Deutschen besetzt wurden. Im Januar 1942 gelangten die ersten Informationen über die Vergasungswagen in Chelmno nach Warschau: der bereits erwähnte sechsseitige Bericht. Eine kleine Gruppe von Totengräbern konnte fliehen; ihre Aussagen wurden von Freunden Ringelblums in Warschau schriftlich niedergelegt. Wohl durch Kurier gelangte der Bericht nach London und dann in die Vereinigten Staaten, wo er in vielen Zeitungen erschien.[127]

Ende März und im April kamen Nachrichten über die ›Deportationen‹ aus Lublin, über die Tötung von 2000 Juden auf der Stelle und den Transport von 26 000 in geschlossenen Waggons nach Belzec, wo man mit sie Giftgas umbrachte. Die Heimatarmee hatte aber offenbar keine genauen Angaben, wie die Juden in Belzec ermordet wurden; bei späteren Gelegenheiten wurden Massentötungen durch Strom und verschiedene andere Mordtechniken erwähnt.[128]

Schon vorher, am 16. März, war in einem langen Brief von ›Bund‹ das Warschauer Getto als »*ein* großes Konzentrationslager« bezeichnet worden, wo die Juden von der Welt und dem restlichen Polen abgeschnitten waren. Sie starben auf vielerlei schreckliche Weise, Tausende wurden abtransportiert, ihre Spuren verloren sich, andere wurden vergast. Der Brief schloß mit der in diesem Zusammenhang merkwürdigen und unpassenden Frage, wie es denn in den Vereinigten Staaten mit den Kräfteverhältnissen unter den Juden bestellt sei – ein Nachklang ideologischer Debatten vergangener Jahrzehnte.[129]

London hatte offenbar um Bestätigung der Gerüchte über Massenmorde in den östlichen Landesteilen ersucht. Die Antwort gab am 8. April 1942 der Delegat und bestätigte die Ermordung

Tausender von Juden in Galizien, im Gebiet Wilna, in Weißrußland und Lublin; in Wilna allein waren es 60 000.[130] Zuvor scheinen die meisten Nachrichten von der Heimatarmee geliefert worden zu sein.

Die Nachrichten wurden entweder kurz durch Funksprüche übermittelt, die London in ein paar Stunden erreichten, öfter aber als ausführliche Berichte: *Pro memoria o sytuacji w kraju* (›Memorandum über die Lage im Land‹). Ins einzelne gehende Darlegungen erschienen im *Biuletyn Informacyjny*, das das Warschauer Informationsbüro der Heimatarmee herausgab. Nach dem Ausfall der Vermittlung durch die Schweden wurde z. B. der Rechenschaftsbericht über den August 1942 erst Ende Dezember in London veröffentlicht.

Für den polnischen Untergrund stellten die Juden nicht die Hauptsorge dar, und in den Nachrichten für London wurde ihr Schicksal nicht mit besonderem Vorrang behandelt, wurde aber auch nicht unterdrückt: von den 85 Seiten der Nummer 6/1942 von *Sprawozdanie* beschäftigt sich mehr als ein Drittel mit ihnen. Es scheint allgemein die Auffassung geherrscht zu haben, daß praktisch nichts getan werden konnte, die Millionen von Juden zu retten. Schließlich konnte man nicht einmal den eigenen Landsleuten helfen. Außerdem ist eine Tendenz festzustellen, den Anteil der Ukrainer, Litauer und Letten an den Massakern hervorzuheben und damit auszudrücken, daß die polnische Polizei sich zu Aktionen dieser Art nicht hergeben würde.[131] Im großen und ganzen entsprach dies auch den Tatsachen.

Gelegentlich erhielt und verbreitete der polnische Untergrund ungenaue Nachrichten, was in Kriegszeiten wohl unvermeidlich ist. So erfuhr die Heimatarmee die Wahrheit über Auschwitz mit einiger Verspätung. 1942 brachte die Heimatarmee drei von Frauen verfaßte illegale Broschüren heraus, aus denen nicht hervorgeht, daß Auschwitz zum größten aller Vernichtungslager geworden war.[132] Offenbar verwirrte sie die Tatsache, daß Auschwitz aus mehreren Lagern bestand und es sogar geschah, daß einige Häftlinge aus diesem Lager entlassen wurden. Nach den Erfahrungen der drei Frauen war noch nie jemand aus einem Todeslager freigekommen. Der erste, mehr oder weniger genaue Bericht über den wahren Charakter von Auschwitz scheint erst im September 1942 erstellt worden zu sein. Er erwähnt 70 000 jüdische Häftlinge aus ganz Europa, die Einrichtung von Gaskammern und drei Verbrennungsöfen, die rund um die Uhr in Betrieb waren.[133]

Der polnische Untergrund hatte in London verschiedene regelmäßige Adressaten. Der ›Delegat‹ richtete seine Mitteilungen an ›Stem‹, Stanislaw Mikolajczyk, den Innenminister der Exilregierung; diese Berichte befaßten sich im allgemeinen mit ›zivilen‹ Geschehnissen. Militärisches hingegen wurde an Ministerpräsident Sikorski gefunkt oder geschickt; Absender war der Kommandeur der Heimatarmee, General Rowecki, oder sein Stellvertreter, Bor Komorowski. Die Nachrichten wurden von Sikorski, seinem Kabinettchef Sosnkowski, dem Oberbefehlshaber, und einigen anderen gelesen. Es versteht sich, daß militärische Nachrichten, also Angelegenheiten der Heimatarmee, nicht weiter zirkulierten, aber Informationen über die Juden fielen nicht unter diese Kategorie. Seitens Zygielbojms gab es keine Klagen, daß ihm irgendwelches Informationsmaterial vorenthalten worden wäre, und er war durchaus nicht der Vertrauensseligste. Auch wenn die Regierung ihm etwas vorenthalten hätte, hätte er es von Freunden erfahren, denn schließlich waren die polnischen Sozialisten in der Exilregierung vertreten, und Geheimnisse blieben nicht lange geheim. Als sich im Juni 1942 zeigte, daß die polnische Judenschaft nicht bloßen Pogromen, sondern der Ausrottung ausgesetzt war, wies der Londoner Polnische Nationalrat in seinen Resolutionen vom 10. Juni und 8. Juli auf die »geplante Abschlachtung praktisch der gesamten jüdischen Bevölkerung« hin. General Sikorskis Rundfunkansprache vom 9. Juni 1942 wurde bereits erwähnt. Wenige jüdische Organisationen waren damals willens, sich so unverblümt zu äußern. Der Unglaube im Westen gab den Polen in London zu denken, und so hieß es in ihrem Bulletin:

»Wenn die Berichte aus Polen bei der angelsächsischen Nation keinen Glauben finden und als unzuverlässig angesehen werden, so muß zweifellos den Nachrichten aus jüdischen Quellen Glauben geschenkt werden.« *(Sprawozdanie*, 5. August 1942).

Sie wurden aber immer noch nicht geglaubt oder jedenfalls für stark übertrieben gehalten, und dies scheint die Berichterstattung aus Polen beeinflußt zu haben. Sollte man vielleicht die Ungeheuerlichkeit der Geschehnisse untertreiben, um für den Westen glaubwürdiger zu werden?

Am 22. Juli 1942 begannen die Abtransporte aus Warschau, was natürlich ein außerordentliches Ereignis war. Aber weder die Polen in London noch die britische Regierung schenkten dem viel Beachtung. General Komorowski schrieb später in seiner Autobiographie:

»Bereits am 29. Juli hatten wir von Eisenbahnern erfahren, daß die Transporte zum Konzentrationslager in Treblinka gingen und daß die Juden dort spurlos verschwanden. Es konnte keinen Zweifel mehr geben, daß die Deportationen nur ein Vorspiel zur Ausrottung waren.«[134]

Laut General Bor Komorowski übermittelte die Heimatarmee täglich Lageberichte nach London, aber die BBC bewahrte gänzliches Stillschweigen:

»Es schien nur eine einzige Erklärung für das Schweigen Londons zu geben. Die Nachrichten waren so unglaublich, daß sie nicht überzeugen konnten. Schließlich waren wir selbst in Verlegenheit gewesen, den ersten Nachrichten Glauben zu schenken, die wir von den Ausrottungen erhielten. Später einmal sollte ich erfahren, daß dies tatsächlich der Grund des Schweigens gewesen war.«[135]

Stefan Korbonski war Chef der *Kierownictwo Walki Cywilne* (zivilen Kampfleitung) und wurde später der letzte Delegat in Polen. Er erzählt im wesentlichen die gleiche Geschichte. Die offiziellen polnischen Stellen in London und die BBC nahmen keine Notiz von den Berichten über die Deportationen aus Warschau in das Todeslager, die Korbonski ebenfalls übermittelt hatte:

142

»Dieses Spiel dauerte einige Tage, bis die Regierung endlich antwortete, offenbar von täglichen alarmierenden Hinweisen des Senders veranlaßt. Das Telegramm erklärte nicht viel. Es lautete: ›Nicht alle Ihre Telegramme eignen sich zur Veröffentlichung.‹ Ich zermarterte mir das Hirn und versuchte, einen Sinn herauszulesen. Hier in Polen deportierten und ermordeten sie 7 000 Menschen Tag für Tag, und London war der Ansicht, so etwas eigne sich nicht zur Veröffentlichung. Hatten die den Verstand verloren – oder was? Erst einen Monat später brachte die BBC auf unsere Information hin endlich die Nachricht; viele Monate danach erklärte mir die Sache ein Regierungskurier, der über Polen abgesprungen war: ›Die glaubten Ihren Telegrammen nicht, weder die polnische Regierung, noch die britische. Sie sagten, Sie übertrieben ein bißchen in Ihrer antideutschen Propaganda. Erst als die Briten die Bestätigung aus ihren eigenen Quellen erhielten, brach Panik aus, und die BBC verbreitete Ihre Meldungen.‹«[136]

Die Funksprüche aus Warschau während der ersten vier Wochen nach den Deportationen sind nicht veröffentlicht. Ein von der Station Wanda am 25. August gesendetes Funktelegramm meldete, daß an manchen Tagen 5 000 bis 6 000, an anderen 15 000 Juden aus Warschau abtransportiert, insgesamt etwa 150 000 deportiert wurden.[137] Es war dies aber ein Heimatarmee-Funkspruch von Rowecki an Sosnkowski in London.

---

* Am 30. Juli 1942 gab es noch keine genaue Information über den Bestimmungsort der Judentransporte. Es hieß, sie würden »in den Osten, Richtung Malkinia und Brest am Bug gebracht«. Es gebe keine präzise Angabe, »aber Gründe für die pessimistischsten Vermutungen«. Auch die im nächsten *Biuletyn* erschienenen Angaben sind nicht richtig: die Juden, hieß es, würden in »zwei Todeslager, Belzec und Sobibor« transportiert (6. August 1942). In der Ausgabe vom 13. August stand, daß die Zahl der Deportierten sich auf 120 000 bis 150 000 belaufe. Das *Biuletyn* vom 20. August gab eine Zahl von 200 000 an, und der Leitartikel kommentierte den »bestialischen Mord an Millionen Juden, die unter uns vor den Augen unseres Volkes lebten«.

Das Innenministerium der polnischen Exilregierung verteilte die *Sprawozdanie*-Berichte in englischer Übersetzung an Persönlichkeiten des öffentlichen Lebens und Journalisten. So umfaßt Bericht 6/1942 die Zeit vom 1. Juli bis 1. Dezember 1942 unter besonderer Berücksichtigung der Wochen vom 16. Juli bis 16. August. »Die Vertreter Polens in London erhalten Berichte über die Situation in Polen ... Wir glauben, daß diese Informationen der britischen Öffentlichkeit mitgeteilt werden sollten.«

Da es der Grundsatz der polnischen Archive in London ist (wie unglücklicherweise auch der meisten anderen), Zutritt nur von Fall zu Fall zu gestatten, kann nicht nachgeprüft werden, ob vom nicht-militärischen polnischen Untergrund häufig Funksprüche Ende Juli, im August und Anfang September aus Warschau nach London gesendet wurden. Das *Biuletyn Informacyjny* kommentierte in der Ausgabe vom 30. Juli ausführlich die vollständige Zerstörung des Warschauer Gettos, die Art und Weise, wie die Deportationen organisiert wurden, und den Selbstmord von Adam Czerniakow, des Vorstehers des Judenrats; darin wurde auch richtig vorher-gesagt, daß die Deportationen mehrere Wochen dauern würden.* Aber das *Biuletyn* konnte London erst nach vielen Wochen errei-chen. Die Kopien der vielen, von Komorowski und Korbonski erwähnten Funksprüche sind noch nicht gefunden worden, was aber nicht heißt, sie existierten nicht.* Es gibt keinen Grund für die Annahme, man hätte sich in Warschau plötzlich entschlossen, die Übermittlung von Informationen einzustellen, nachdem man der Tötung der Juden in den vorhergegangenen Monaten in Ostpolen, aber auch im eigentlichen Generalgouvernement breite Bericht-erstattung eingeräumt hatte. Wahrscheinlicher ist, daß die Ver-haftung der Schweden die Unterbrechung verursachte und daß andererseits die Erklärungen Komorowskis und Korbonskis prinzi-piell richtig waren: Informationen aus Warschau wurden herunter-gespielt, die Gründe waren in London zu suchen – wer waren dort die Schuldigen?

Dr. I. Schwarzbart, der zweite jüdische Vertreter beim Polni-schen Nationalrat, schrieb am 24. Oktober 1944 in sein Tagebuch: »Ich werde es Mikolajczyk nie verzeihen, daß er über die Berichte von der Vernichtung der Juden zwischen Juli und September 1942 Schweigen bewahrt hat.«[138] Vielleicht enthüllte der Innenminister

---

* Polnische Dokumente zum Zweiten Weltkrieg sind über viele Archive verstreut. Ich habe in den beiden Londoner Archiven vergebens nach den Funksprüchen von Korbonskis Sender gesucht; General Tadeusz Pelczynski hat mir versichert, daß sie dort nicht seien. Sie könnten sich in amerikanischen Archiven oder in Privathand befinden.

nicht die ganze Wahrheit; die Gründe, die ihn dazu veranlaßt haben könnten, wurden bereits erwähnt. Es ist aber auch möglich, daß Schwarzbart ein ungutes Gefühl hatte, denn er selbst hatte damals vor »Übertreibungen« gewarnt. Die Zahl der Überlebenden, die Schwarzbart an jüdische Institutionen weitergab, war optimistischer als jene der polnischen Exilregierung. So erwähnte er im November 1942 140 000 Überlebende im Warschauer Getto.

In Warschau erfolgte die erste Deportation am 22. Juli 1942.** Fünf Tage später berichtete die Jewish Telegraphic Agency (JTA) unter Berufung auf Zygielbojm und die polnische Exilregierung, daß die Deutschen mit Massenvertreibungen aus Warschau mit dem Ziel der Massenvernichtung begonnen hätten. Am Tag darauf folgte ein weiterer JTA-Bericht des gleichen Inhalts; auch der *Manchester Guardian* brachte die Nachricht, die die Exilregierung nur über einen der Untergrundsender empfangen haben konnte.

In Reden am 22. August und am 1. September machte Zygielbojm klar, daß er wisse, was in Warschau geschehe: ein ganzes Volk werde in Giftgaskammern ausgelöscht. Die Deutschen hätten Polen als Hinrichtungsstätte für die Juden aller besetzten Ländern bestimmt. Es gehe nicht um Pogrome. Die Henker hegten keinen Haß gegen ihre Opfer, sie täten schlicht ihre Arbeit, es handle sich um einen Fall vorsätzlicher und kaltblütiger Ausrottung.[139] Damit steht fest, daß schon die ersten Deportationen aus Warschau gemeldet worden waren; nach vier Wochen kam die Nachricht, daß 150 000 Juden verschwunden waren. Und dann folgte das Herunterspielen der Deportationen. Warum hat sich die polnische Exilregierung dazu entschieden?

Es gab in dieser Regierung einige Skeptiker; auch stimmt es sicherlich, daß das Foreign Office die Nachrichten im großen und

---

** Schwarzbart an den Jüdischen Weltkongreß, 16. November 1942, Institute of Jewish Affairs, London Archives. Schwarzbart wußte vom Beginn der Deportationen aus Warschau. Am 27. Juli sandte er dem Weltkongreß ein Telegramm, das so anfing: »Die Deutschen haben im Getto von Warschau mit Massenmorden begonnen.« Eine handschriftliche Notiz besagt: »Ich erhielt diese Information heute vom Innenminister Mikolajczyk.«

145

ganzen für unzuverlässig oder übertrieben hielt. Es mag internen Streit gegeben haben, ob man sie glauben solle oder nicht. Baroness Hornsby Smith war 1942 Erste Privatsekretärin von Lord Selborne, Minister für Kriegswirtschaft, der für die SOE, die Special Operations Executive, und deren Aktivitäten in Polen verantwortlich war. 1979 sagte sie mir, daß die Informationen aus Polen anfänglich nicht geglaubt wurden.

»Die SOE – nie sehr beliebt bei den regulären Diensten, weil wir unsere eigenen Nachrichtenquellen und Verbindungen hatten – sammelte Material nicht durch diplomatische Kanäle, sondern durch Personen, die täglich im Untergrund ihr Leben riskierten. Ich muß es wiederholen: zuerst wurde die Information als unzuverlässig und als übertriebene Propaganda eines leidenden Volks abgetan.«[140]

Somit scheinen die hauptsächlich Verantwortlichen einige Beamte in der Nachrichtenabteilung des Foreign Office gewesen zu sein. Aus polnischer Quelle ist aber bekannt, daß auch Lord Selborne damals die Information nicht recht glauben wollte. Wenn der polnische Sender in London (Swit), der aus Polen empfing, diese Information nicht weitergab, so ist zu sagen, daß die letzte Entscheidung bei den Briten lag, weil der Sender, obwohl er polnische Angestellte beschäftigte, eine britische Station war. Der Unglaube war keineswegs auf das Foreign Office beschränkt. Ein Beispiel sei herausgegriffen: Hillel Storch, Vertreter des Jüdischen Weltkongresses und der Jewish Agency in Stockholm, ging irgendwann im Jahr 1942 zur US-Botschaft und erzählte dem Ersten Sekretär, daß ein Jude namens Leonidas Sebba über Finnland nach Stockholm gekommen sei und Nachrichten über Massaker in Lettland mitgebracht habe. »Lieber Mr. Storch«, sagte man ihm, »über Propaganda wissen wir mehr als Sie.«[141] Die Botschaft hatte aber die gleiche Information aus polnischer Quelle erhalten (von Wieslaw Patek, Chef der Konsularabteilung bei der polnischen Gesandtschaft in Stockholm), außerdem Zahlen über die Opfer in Wilna, Riga und in anderen Landesteilen von Lettland und Estland.

146

Quelle war ein estnischer Offizier, der Zeuge von Massenexekutionen geworden war; er hatte seine Informationen nach Helsinki weitergegeben, von wo sie nach Stockholm geleitet wurden.[142] Mehrmals wiederholte Informationen lagen also vor, aber sie wurden nicht geglaubt.

So ergab es sich, daß die polnische Exilregierung, deren Schätzungen der Opfer bis Juli 1942 im großen und ganzen stimmten, nunmehr anfing, Zahlen zu nennen, die zu niedrig waren.* Bis nicht alle Akten britischer und polnischer Archive freigegeben sind, was wohl so bald nicht geschehen wird, kann es keine Gewißheit darüber geben, wer für diesen Wechsel in der Nachrichtenpolitik verantwortlich ist. Es war kein systematisches Vertuschen, sondern ein Herunterspielen, das um so leichter fiel, weil man immer anführen konnte, es habe keine Bestätigungen aus unabhängigen Quellen gegeben.

Inzwischen waren die Nachrichten über Warschau auch an die jüdischen Institutionen in London und New York gelangt. Richard Lichtheim in Genf berichtete am 15. August:

»Am 14. August kam noch jemand (ein Arier) gerade aus Polen an, ein sehr vertrauenswürdiger, wohlbekannter Mann, und berich-

---

* Im November 1942 sprach die Exilregierung in ihren Kommuniqués immer noch von »mehr als einer Million jüdischer Opfer«. Gelegentlich konnte man auch lesen (*New York Herald Tribune* vom 25. November 1942), Himmler habe die Exekution der Hälfte der jüdischen Bevölkerung bis Ende des Jahres angeordnet. Sicherlich wußte niemand, auch Himmler selbst nicht, zu dieser Zeit genau, wie viele Juden umgebracht worden waren. In London hätte man aber wissen müssen, daß die Zahl näher bei drei als bei einer Million lag. Ende 1943 kam ein polnischer Flüchtling, ein kaufmännischer Angestellter aus Warschau, in Großbritannien an. Er hatte Gdingen am 1. November verlassen und traf über Stockholm am 10. Dezember in London ein. Er wurde von MI-19 eingehend verhört und berichtete u. a., daß 3,3 Millionen polnischer Juden getötet worden seien, daß 200 000 versteckt lebten und weitere 130 000 als Nichtjuden gälten. Diese Zahlen waren bemerkenswert genau. Cavendish Bentinck, Vorsitzender des Verbindungskomitees der Nachrichtendienste, gab diesen Bericht an Alexander Cadogan im Foreign Office weiter, weil er glaubte, diese Information sei von außergewöhnlichem Interesse. Er fügte aber hinzu: »Die Polen können die Zahlen nicht recht glauben, die für die Ausrottung der Juden angegeben werden.« (FO 37139449 xk 6699). Dies scheint damals allgemein die Ansicht der Nachrichtendienste der Alliierten gewesen zu sein. Nach ihrer offiziellen Bekanntgabe vom August 1943 waren bis dahin 1 702 500 Juden getötet worden (*New York Times*, 27. August 1943). Die wirkliche Zahl der Opfer war mehr als doppelt so hoch.

tete folgendes: ›Das Getto in Warschau wird liquidiert. Die Juden werden ohne Rücksicht auf Alter und Geschlecht in Gruppen aus dem Getto weggeführt und erschossen.‹«

Daß der Bericht erhalten geblieben ist, verdankt man der Achtsamkeit eines Mr. Yates aus dem State Department: »Der deutsche Text war zwischen die Seiten des Briefes an Rabbi Wise geraten... Mir fiel das auf, ich ließ Kopien für unsere Akten machen.«[143] Seine Vorgesetzten nahmen die Sache ernst. Als am 23. September Unterstaatssekretär Sumner Welles den US-Botschafter beim Vatikan, Myron Taylor, bat, herauszufinden, was im Vatikan über die ›Endlösung‹ bekannt sei, zitierte dieser den vollständigen Text.[144]

Der Londoner *Jewish Chronicle* und andere Zeitungen berichteten am 21. August 1942 den Selbstmord von Adam Czerniakow, Vorsteher des Judenrats im Warschauer Getto. Es hieß, dies sei seine Antwort auf die Forderung der Nazis gewesen, daß 100 000 Juden deportiert werden müßten, »was gleichbedeutend mit dem Tod war«. Am 10. September berichtete die Jewish Telegraphic Agency den Abtransport von 300 000 Juden aus Warschau, und aus der gleichen Quelle verlautete am 20. September: »Pogrome unerhörten Umfangs in Polen. Die Nazis haben mit der Vernichtung der Juden begonnen. Rettet uns.« Wieder im *Jewish Chronicle* vom 2. Oktober 1942: »Nazi-Generalstabsplan gegen die Juden«. Der Artikel, der den Riegner-Bericht darstellte, ohne die Quelle zu nennen, stand im Inneren des Blattes: wie so oft wurde die Information für nicht so wichtig erachtet, um auf der Titelseite gebracht zu werden; auch gab es keinen Kommentar dazu. Schließlich konnte man nicht absolut sicher sein und zog es daher vor abzuwarten.

Während der verbleibenden Monate des Jahres 1942 erhielt Zygielbojm Funksprüche und Briefe von Überlebenden des ›Bund‹ in Warschau. Eine Nachricht vom 2. Oktober besagte, daß 300 000 Juden aus Warschau getötet worden seien und daß die restliche halbe Million in ganz Polen das gleiche Schicksal erwarte.[145] Und am 15. Dezember hieß es: »Etwa 40 000 Juden sind noch im

Getto.«[146] Ein ausführlicher Bericht aus Warschau vom August 1942 handelte von den Todeslagern, im besonderen von Treblinka I und II, vom Vorgang der Selektion und vielen anderen Einzelheiten. Es gab auch einen zehn Seiten langen, eng beschriebenen Brief von Feiner, der am letzten Augusttag geschrieben worden war und noch einmal einen Rückblick auf den ganzen Prozeß der Ausrottung von den Anfängen an gab. Feiner beschrieb, wie es die Deutschen fertiggebracht hatten, die für den Tod bestimmten Menschen irrezuführen und ihren Widerstandswillen zu lähmen: wer vorübergehend verschont blieb, glaubte fest, er sei gerettet. Die Getto-Polizei hatte sich an den organisatorischen Vorbereitungen der Deportation beteiligt. Nach einem Blick in andere Teile Polens schloß Feiner mit einer Reihe von Anregungen. Man könne die Toten nicht mehr zum Leben erwecken, es bleibe aber noch eine Chance, die Reste der polnischen Judenschaft zu retten. Er schlug einen Appell der Vereinten Nationen an die ganze Welt vor und eine ernste Warnung an die Nazis, daß die Verbrechen streng bestraft würden. Außerdem solle die polnische Exilregierung einen Aufruf an die Nation richten, damit jeder Pole den Juden alle nur mögliche Hilfe leiste. Besondere Aufforderungen sollten an die Arbeiter und an die Intelligenz ergehen. Und vor allem sollte es klar sein, daß in diesem ungleichen Ringen die Nazis nur eine Sprache verstünden, die der Gewalt. Alle Deutschen, die in den Ländern der Alliierten lebten, sollten für die vom Tod bedrohten Juden als Geiseln genommen werden.[147]

Den gleichen Vorschlag hatte der ›Bund‹ in einer früheren Botschaft gemacht. Feiner war Jurist und wußte um die Grenzen des Rechts – *de maximis non curat lex*. Die Alliierten gaben zwar im Dezember 1942 eine Erklärung ab, die aber Hitler keine große Angst einjagen konnte; er nahm auch keine Notiz davon. Die Idee der Geiselnahme war nicht durchführbar, und was die Drohung anging, die Kriegsverbrecher für ihre Taten zu bestrafen, so herrschten unter den westlichen Staatsmännern verschiedene Meinungen. Während Churchill dachte, daß eine derartige Ankündi-

149

gung »das böse Herz mit kaltem Hauch streifen könnte«, war Anthony Eden der gegenteiligen Ansicht; er befürchtete, daß solche Ankündigungen Hitlers und seiner Kumpane böse Herzen nur »noch mehr verhärten« würden.

Im November 1942 kam ein anderer polnischer Kurier, Jan Kozielewski (›Witold‹, ›Jan Karski‹), nach London, ein junger Mann, der vor dem Krieg dem polnischen Außenministerium angehört hatte; dies war seine dritte und letzte Mission. Schon einmal war er den Deutschen in die Hände gefallen. Anders als andere Kuriere vor ihm hatte er mit führenden jüdischen Persönlichkeiten gesprochen, mit Leon Feiner und einem jungen Zionisten, dessen Identität bis heute ungeklärt ist. Als Karski mit den beiden »in einem großen, leeren, halb zerstörten Haus in einer Vorstadt« saß, begriff er, daß die Zukunftsaussichten über jede Beschreibung hinaus schrecklich waren. Der Zionistenführer sagte: »Ihr Polen seid besser dran, ihr leidet auch, und viele werden noch sterben, aber wenigstens wird Eure Nation weiterleben. Nach dem Krieg wird Polen wieder auferstehen.«[148]

Sie sagten ihm, daß die Juden ohne Hilfe dastünden, daß das ganze jüdische Volk vernichtet werde. Der polnische Untergrund könne einige wenige retten, aber drei Millionen seien zum Tod verdammt. »Legen Sie diese Verantwortung auf die Schultern der Alliierten. Lassen Sie es nicht zu, daß auch nur ein einziges Mitglied der Vereinten Nationen sagen darf, es hätte nicht gewußt, daß wir in Polen ermordet werden und daß uns nur von außen geholfen werden kann.« Dann brachten sie alle möglichen Vorschläge zur Sprache, etwa die massierte Bombardierung deutscher Städte und die öffentliche Hinrichtung von Deutschen in Ländern der Alliierten. Karski engegnete, dies seien überspannte Ideen; Forderungen dieser Art würden alle, die mit den Juden sympathisierten, in Verwirrung stürzen und zutiefst erschrecken. »Natürlich«, antwortete der Zionist. »Glauben Sie, ich wüßte das nicht? Wir verlangen es, weil es die einzige Antwort ist auf das, was uns angetan wird.« Dann fragten sie, warum nicht jüdische Frauen und Kinder ausgetauscht werden könnten, wo doch amerikanische und britische Staatsangehörige auf diese Weise gerettet würden. Warum könnte nicht das Leben von ein paar tausend polnischen Juden von den Alliierten den Deutschen abgekauft werden? Karski meinte, dies sei gegen alle Kriegsstrategie. »Genau das. Genau dagegen sind wir«, entgegnete der Führer des ›Bund‹. »Sagen Sie den jüdischen Führern, daß wir kein Anlaß für Politik oder Taktik sind. Sagen Sie ihnen, daß die Erde in ihren Grundfesten erschüttert und wachgerüttelt werden muß. Vielleicht wacht sie dann auf.«[149]

Dann schlug er vor, die maßgeblichen jüdischen Persönlichkeiten sollten bei allen wichtigen britischen und amerikanischen Regierungsstellen vorsprechen und dort bleiben, in den Hungerstreik treten, bis über einen Weg entschieden worden sei, die Juden zu retten: »Laßt sie einen langsamen Tod sterben, während die Welt zusieht, laßt sie sterben. Vielleicht weckt ihr Tod das Weltgewissen.«

Karski war nach London gekommen, nachdem er zweimal im Warschauer Getto gewesen war und sich ins Todeslager Belzec geschmuggelt hatte. Er traf Zygielbojm und übermittelte die Botschaft aus Warschau. Er vergaß auch nicht, den Hungerstreik zu erwähnen.

»Das ist unmöglich«, sagte Zygielbojm, »absolut unmöglich. Sie wissen, was geschehen würde. Man würde zwei Polizisten kommen lassen und mich hinausschleifen. Glauben Sie, die würden zuschauen, wie ich langsam sterbe? Nie... sie würden mich nicht sterben lassen.«[150]

Er versprach aber, alles zu tun, wenn er eine Chance sehe. Karski schreibt, Zygielbojm habe wohl aufgeschnitten und mehr versprochen, als er je hätte tun können.

Karski suchte Persönlichkeiten des öffentlichen Lebens auf, traf auch Eden und später in Amerika Roosevelt. Wer ihn kennenlernte, war beeindruckt, wie Eduard Graf Raczynski, der Polnische Außenminister, in seinem Tagebuch notierte. Im Mai 1943 erreichte Karski die Nachricht von Zygielbojms Selbstmord. In einem letzten Brief an den Präsidenten und den Ministerpräsidenten im Exil schrieb Zygielbojm, wenn auch das Verbrechen des Mords an der gesamten jüdischen Bevölkerung Polens in erster Linie auf die Mörder zurückfalle, so laste es doch indirekt auf der ganzen Menschheit, auf den Regierungen und Völkern der alliierten Staaten, die keine konkreten Schritte unternommen hätten, dem Verbrechen Einhalt zu gebieten:

»Weil sie passiv der Ausrottung von Millionen wehrloser, zu Tod gequälter Kinder, Frauen und Männer zusahen, sind diese Länder zu Komplizen der Mörder geworden.« Obwohl die polnische Regierung viel zur Beeinflussung der Weltmeinung beitrug, habe sie doch nichts getan, was dem Ausmaß der sich in Polen abspielenden Tragödie einigermaßen entspräche: »Ich kann nicht stumm bleiben, ich kann nicht weiterleben, wenn die Reste des jüdischen Volkes in Polen auch noch ausgerottet werden. Durch meinen Tod will ich meinem stärkstem Protest gegen die Auslöschung des jüdischen Volks Ausdruck verleihen.«

Die Welt ließ sich nicht in ihren Grundfesten erschüttern, und Zygielbojms Tod fiel bald in Vergessenheit, außer bei seinen Mitstreitern.

Als der Krieg zu Ende war und die ganze Ungeheuerlichkeit der Katastrophe offenbar zu werden begann, gab es bittere Vorwürfe. Auf der einen Seite wurde von Polen die den Juden während des Kriegs erwiesene Hilfe in apologetischen Schriften manchmal übertrieben verherrlicht. Einzelbeispiele geleisteter Hilfe wurden hervorgehoben, Fälle von Gleichgültigkeit oder Feindseligkeit ignoriert. Andererseits wurde in manchen jüdischen Kreisen gelegentlich unterschiedslos mit Beschuldigungen der Nachlässigkeit und Sabotage um sich geworfen, wobei die Polen als willkommene Zielscheibe dienten. Solche Anklagen und die Suche nach Prügelknaben sind psychologisch leicht verständlich, tragen aber nicht zu einem besseren Verständnis des Geschehenen bei. Die ›Westen‹ des polnischen Untergrunds und der Polnischen Exilregierung waren nicht blütenweiß, was die Veröffentlichung von Nachrichten über

152

die ›Endlösung‹ angeht. Die ausführliche Darstellung jedoch, die Eduard Raczynski, Vertreter Polens bei den Regierungen der Alliierten, am 9. Dezember 1942 vorlegte, enthielt die vollständigste Übersicht über die Ereignisse. Keine andere Regierung der Alliierten war damals und lange Zeit danach im entferntesten so freimütig.* Wenn man ihnen Vorwürfe macht, was soll man dann über die Russen sagen, die die Sache von Anfang an bis auf den heutigen Tag herunterspielen? Und was über das Foreign Office, das sich noch gegen Ende 1943 entschied, jeden Hinweis auf die Verwendung von Gaskammern zu tilgen, weil die Unterlagen nicht vertrauenswürdig seien.** Was über die amerikanischen Beamten, die versuchten, die »nicht autorisierten Meldungen« aus Osteuropa zu unterdrücken? Was schließlich über manche führende jüdische Persönlichkeiten, die den Wahrheitsgehalt der Nachrichten auch noch bezweifelten, als ihnen längst hätte klar sein müssen, daß es keinen Zweifel mehr geben konnte? Wenn nach Prügelknaben gesucht wird, kommen wenige Beteiligte ungeschoren davon.

---

* Die Note wurde von Biddle am 18. Dezember 1942 an Cordell Hull weitergegeben.
** Dies bezieht sich auf die von Stalin, Roosevelt und Churchill unterzeichnete Erklärung vom 1. November 1943.

5

Die Juden im deutschbesetzten Europa: Verweigerung und Akzeptierung von Informationen

In der Rede zum sechsten Jahrestag der Machtergreifung sagte Hitler:
»Ich will heute wieder ein Prophet sein: Wenn es dem internationalen Finanzjudentum in und außerhalb Europas gelingen sollte, die Welt noch einmal in einen Weltkrieg zu stürzen, dann wird das Ergebnis nicht die Bolschewisierung der Erde und damit der Sieg des Judentums sein, sondern die Vernichtung der jüdischen Rasse in Europa.«[151]
Unter jüdischen Persönlichkeiten von Bedeutung auf dem europäischen Kontinent, in Großbritannien und Amerika wurde dieser und ähnlichen Erklärungen nicht zu viel Beachtung geschenkt. Politiker neigen eben zu übertriebenen Äußerungen, und Hitler war wohl keine Ausnahme. Die führenden Juden waren nicht blind und taub, und es war natürlich kein Geheimnis, daß NS-Deutschland die Juden härter verfolgte als sonst ein Staat der Neuzeit. Nun waren die Juden in ihrer langen Geschichte oft das Opfer von Verfolgungen geworden; sie hatten alle Hasser des Hauses Israel überdauert, sie würden auch Hitler überleben. Immerhin war es ein weiter Weg von Verfolgung zu Vernichtung. Kein Mensch mit gesundem Verstand glaubte, daß Hitler tatsächlich beabsichtige, alle Juden umzubringen. Etwa die Hälfte der deutschen und österreichischen Juden verließen ihr Land vor Ausbruch des Zweiten Weltkriegs; mehr hätten es getan, wenn die Auswanderung nicht nahezu unmöglich gemacht worden wäre. Kein Land wollte sie haben. Sogar Palästina war Einwanderern noch im Jahr 1936 praktisch verschlossen. Prominente Juden äußerten Befürchtungen

und protestierten gegen die NS-Politik; manchen bereitete die schleppend vor sich gehende Auswanderung aus Deutschland und Österreich Sorgen, besonders als 1938 die Verfolgungen gewaltsamer wurden. Die jüdischen Gemeinden in den Nachbarländern Deutschlands hatten natürlich von der Misere ihrer Glaubensgenossen in Deutschland gehört und gelesen, und viele Juden waren besorgt, daß sich diese Art von Antisemitismus ausbreiten könnte. Im großen und ganzen jedoch sahen sie die tödliche Gefahr nicht.

Nachdem Polen 1939 besiegt und zwischen Deutschland und der Sowjetunion aufgeteilt war, kamen viele tausend polnische Juden, die in die Sowjetunion geflohen waren, in das deutschbesetzte Gebiet zurück. Die ältere Generation erinnerte sich an die deutschen Truppen im Ersten Weltkrieg, die große Teile Polens und der Ukraine besetzt hatten. Wenn auch ihre Herrschaft hart war, und wenn sie auch die Juden nicht mochten, so waren die Deutschen schließlich ein Kulturvolk, eine zivilisierte Nation, und willkürliche Tötungen gab es nicht. Das gleiche gilt für die nach dem Einmarsch in die Sowjetunion im Juni 1941 besetzten Gebiete. Die osteuropäische Judenschaft begriff nicht, daß sie es im Jahr 1940 mit einer anderen Art von deutscher Autorität zu tun hatte. Juden wie Slawen waren ›Untermenschen‹, wobei die Juden noch tiefer als die Slawen standen; es gab unter der ›neuen Ordnung‹ der Deutschen für sie in Europa buchstäblich keine Zukunft. Die Juden wurden aus den dem Reich einverleibten Teilen Polens vertrieben und in Gettos gesteckt; sie verloren alle Rechte, wurden mißhandelt und verhungerten. Die Sterblichkeitsrate in den Gettos war hoch. Schon 1940 gab es Stimmen, die behaupteten, die osteuropäische Judenschaft sei verloren, aber dies bezog sich auf eine langfristige Perspektive. Niemand war auf die Massenmorde gefaßt, die mit dem Einmarsch in die Sowjetunion einsetzten.

Die Juden in den westlichen Regionen der Sowjetunion waren noch weniger vorbereitet als die polnischen. Die Beziehungen zwischen der Sowjetunion und Nazi-Deutschland waren seit dem Abkommen von 1939 ziemlich eng gewesen. Die Sowjetpresse hatte sicherlich nicht berichtet, daß den Juden unter Hitler Böses zugefügt worden sei. Wie die Führer der Einsatzgruppen überrascht feststellten, wenn sie ihre Opfer zum Blutbad einsammelten, schienen die Juden überhaupt keine Ahnung zu haben, was sie erwartete. Erst Monate später, nachdem Hunderttausende getötet worden waren, merkten die Einsatzgruppen, daß sich Nachrichten über die Praktiken der SS verbreitet hatten und daß sie nicht mehr die gesamte jüdische Bevölkerung antrafen, wenn sie in einen neuen Ort kamen. Die Juden in der Sowjetunion waren nicht organisiert, es gab zwischen den Gemeinden keine Verbindungen, und bis die Art der Gefahr begriffen wurde, war es gewöhnlich zu spät.

Dies traf auch auf die erst 1940 von der Sowjetunion annektierten polnischen Gebiete zu, die baltischen Republiken, Bessarabien und die Bukowina, wo es starke jüdische Bevölkerungsteile gab. Die ›Sondereinheiten‹ gingen mit Hilfe lokaler Halsabschneider systematisch an die Arbeit, von dem Tag an, da sie in eine neue Stadt oder ein neues Dorf einrückten. Die Berichte von Überlebenden der Massaker – es gab fast immer einige wenige – wurden nicht geglaubt. Dr. M. Dworschezki, Arzt in Wilna, erinnerte sich nach vielen Jahren an seine ersten Reaktionen:
»Eines Tages sah ich auf der Straße eine Frau, barfuß und mit zerzaustem Haar. Sie machte den Eindruck einer Verrückten. Ich nahm sie in mein Sprechzimmer, und sie sagte: ›Ich komme von Ponary.‹ ›Vom Arbeitslager Ponary?‹ fragte ich. ›Es gibt kein Arbeitslager in Ponary, sie bringen dort Juden um.‹«

Die Frau erzählte dann über die Erschießungen und beschrieb, wie sie aus der Grube entkommen war, in die die Leichen geworfen wurden. Sie war nur am Arm getroffen worden. Der Arzt glaubte ihr immer noch nicht, aber in der Wunde am Arm, die er behandelte, wimmelte es von Waldameisen.

Dworschezki erzählte dann Bekannten, was er über Ponary gehört hatte.

»Doktor«, sagten sie, »sind Sie ein Panikmacher. Statt daß Sie uns ein Wort des Trosts sagen, erzählen Sie uns Schauergeschichten. Schließlich befinden wir uns in Europa und nicht im Dschungel. Die können uns nicht alle umbringen.«

Nachrichten über Massenmorde stießen auf Unglauben oder wurden dem Wüten eines Ortskommandanten zugeschrieben.[152]

Die Exekutionen in Ponary hörten nicht auf, und ähnliche Vorkommnisse in Kowno und kleineren Gemeinden bei Wilna sickerten durch. Die jüdische Jugendorganisation veranstaltete eine Versammlung und veröffentlichte am 1. Januar 1942 ein Manifest, das der Schriftsteller und spätere Partisanenführer Abba Kowner verfaßt hatte. Es besagte, daß »alle Wege der Gestapo nach Ponary führen«, daß Ponary gleichbedeutend sei mit Tod, daß dort kein Konzentrationslager und kein Arbeitslager sei und daß dort jedermann erschossen werde. Es wurde auch festgestellt, daß Hitler beabsichtige, alle europäischen Juden umzubringen, und die litauische Judenschaft komme als erste an die Reihe.[153]

Es war das erstemal, daß eine solche Warnung erging. Die Führer des Wilnaer Untergrunds entschlossen sich, die jüdischen Gemeinden in Polen zu alarmieren, mit denen sie eine traditionell enge Verbindung pflegten. Noch bevor die Emissäre sich auf den Weg machten, kam Ende Oktober oder Anfang November 1941 ein erster Bote aus Warschau. Schreckliche Gerüchte waren nach Warschau gedrungen, und man wollte Gewißheit. Der Kurier war ein junger Pole namens Henik von den Pfadfindern, die freundschaftliche Beziehungen zur zionistisch-sozialistischen Jugendorganisation Hashomer Hatzair unterhielten. Er sprach mit den Leuten vom Wilnaer Untergrund und scheint Zeuge eines Massakers geworden zu sein. Nach einer anderen Version führte er seinen Auftrag noch früher, im September 1941 aus. Nach allgemeiner Ansicht wurde ihm in Warschau nicht geglaubt. Was er berichtete, schien absolut unglaubhaft zu sein. [154] In den folgenden Wochen und Monaten kamen mehrere Emissäre aus Wilna nach Grodno, Bialystok und Warschau, hauptsächlich jüdische Frauen ›arischen Aussehens‹. Anfang 1942 kam eine ganze Delegation des Wilnaer Untergrunds nach Warschau und traf dort Vertreter der wichtigsten jüdischen Gruppen. Ihre Berichte erschienen in den illegalen Zeitungen. *Jutrznia* (von der zionistisch-sozialistischen Jugendorganisation) meldete am 21. März 1942, die Periode der Einzeltötungen sei zu Ende, die Juden stünden nunmehr vor der totalen physischen Liquidierung. *Slowo Mlodych* (von der Gruppe Gordonia) schrieb in der Ausgabe vom Februar/März 1942, daß von 400 000 litauischen Juden nur 100 000 übriggeblieben seien; man habe die Opfer wie die Schafe ins Schlachthaus getrieben: Hitlers Drohung, die europäische Judenschaft zu vernichten, werde wahrgemacht. Inzwischen war Frumka Plotnicka, Emissärin der Jugendbewegung, in Wolhynien gewesen und brachte die Nachricht, daß in Kowel alle Juden bis auf ein paar tausend umgebracht worden seien.

Die illegale Presse, die solche Berichte brachte, war zur Information innerhalb der Gettos von großer Bedeutung. Es gab viele Zeitungen in polnischer, hebräischer und jiddischer Sprache und das *Tägliche Bulletin* von drei Seiten, in dem hauptsächlich Nachrichten von Auslandsendern abgedruckt wurden. Die Kommunisten brachten täglich ein zweiseitiges Blatt *Morgen frai* heraus. Zu diesen kommen noch als wichtige Publikationen das bereits erwähnte *Biuletyn* und *Der Vecker* (vom ›Bund‹) , *Plomienie* und *El Al* (von der Jugendorganisation Hashomer Hatzair), *Yedies* und *Unser Weg* (Dror), *Yugentshtimme* und *Proletarisher Stimme*. Das *Tägliche Bulletin* hatte eine Auflage von 200 Exemplaren, die anderen etwa 300 bis 500. Sie wurden auch außerhalb Warschaus verteilt. Jede einzelne Zeitung wurde von vielen Leuten gelesen, die die Nachrichten dann auch mündlich weitergaben. So erreichte die illegale Presse Zehn-, vielleicht Hunderttausende.

Man kann sich fragen, wie groß die politische und psychologische Wirkung auf die Menschen war. Als sich die Emissäre aus Wilna mit den führenden Vertretern der jüdischen Parteien Anfang 1942 in Warschau trafen, bezweifelte die Mehrheit nicht mehr die Authentizität der Nachrichten aus Litauen; man befürchtete auch die Möglichkeit ähnlicher Vorkommnisse anderswo. Im großen und ganzen neigte man der Ansicht zu, in diesen Gewalttaten Manifestationen der Rache der Deutschen an ›jüdischen Kommunisten‹ in den ehemals sowjetischen Gebieten zu sehen. Wie einer der Anwesenden meinte: »Dies hier ist Warschau, Warschau im Zentrum Europas. Hier leben im Getto 400 000 Juden, eine Liquidierung solchen Umfangs ist sicherlich unmöglich.«[155] Mit den um diese Zeit aus Ostgalizien eintreffenden Nachrichten war es nicht anders; auch diese Region hatte nach dem September 1939 zur Sowjetunion gehört; in Warschau konnte so etwas nicht geschehen.

Ende März dann gab es alarmierende Nachrichten über den Abtransport von Juden aus dem Lubliner Bezirk; niemand schien von dem Bestimmungsort etwas zu wissen. Lublin, das war Polen selbst und überdies genau die Gegend, die seinerzeit von den Nazis als die Region ausersehen worden war, wohin die osteuropäischen Juden ›umgesiedelt‹ werden sollten. Schon vorher, im Februar, hatte man von Chelmno, dem ersten Vernichtungslager, gehört.* Chelmno am Ner (Kulmhof) liegt in Westpolen, etwa sechzig Kilometer von Lodz entfernt, und war nach dem Polenfeldzug 1939 Deutschland einverleibt worden. Im Oktober 1941 bezog eine Spezialeinheit in dem Dorf Quartier, das Sonderkommando Lange, so benannt nach seinem Kommandeur Herbert Lange. Diese Einheit hatte in Ostpreußen ihre Ausbildung im Massenmord erhalten, als sie etwa 500 Kranke liquidierte, die an verschiedenen Geisteskrankheiten litten. Anfang Dezember 1941 – noch vor der Wannsee-Konferenz – nahm sie in Chelmno ihre Tätigkeit auf.

Der Bericht, der nach Warschau und später auch in den Westen** gelangte, besagte, daß Juden aus der Gegend, aus Orten wie Koło und Sompolno, aber auch aus dem Lodzer Getto nach Chelmno gebracht wurden, wo sie einfach verschwanden. Zuerst hatte man den Juden gesagt, daß eine neue Gemeinde irgendwo in

---

* Die Berichte erschienen in *Der Vecker, Slowo Mlodych* und in anderen Untergrundzeitungen.
** Zygielbojm verhalf dem Bericht in London zur Veröffentlichung, er erschien in New York (*The Ghetto*, 5. August 1942) und in der jiddischen Presse und wurde vielfach nachgedruckt.

der Umgebung geschaffen werde. Dann brachte man sie in ein Schloß, eine eingeschossige Ruine aus dem Ersten Weltkrieg. Man behandelte sie freundlich und beruhigte sie über ihre Weiterreise. In Gruppen führte man sie in einen großen, gut geheizten Raum und dann in einen unterirdischen Gang, an dessen Ende sich eine rampenartige Konstruktion befand. Ein älterer Deutscher sagte ihnen, der gesamte Transport gehe in ein neues Getto; die Männer würden in der Fabrik arbeiten, die Frauen im Haushalt, die Kinder würden in die Schule geschickt. Vor Beginn der Fahrt müßten sie sich und ihre Kleidung desinfizieren lassen. Man sagte ihnen, sie sollten die Kleider ablegen und ihre Papiere und Wertsachen abgeben. Sie stiegen dann auf große graue Lastwagen, die hermetisch verschlossen wurden und dann in den etwa sieben Kilometer entfernten Lubrodzer Forst fuhren. Die Fahrer überzeugten sich, daß die ganze ›Ladung‹ tot war, und kippten sie in eine fünf Meter tiefe und fast zwei Meter breite Grube, die von einer Gruppe jüdischer Totengräber ausgehoben worden war, die ihrerseits von dreißig Feldpolizisten bewacht wurden. Die Entleerung der Wagen wurde eingehend beschrieben. Jede Schicht Leichen wurde wegen des widerlichen Gestanks mit Chlorkalk bestreut. Die Totengräber versuchten, die Außenwelt wissen zu lassen, was sich in Chelmno abspielte; sie ließen Briefe aus den Lastwagen fallen, die sie zur Arbeit brachten. Dreien gelang die Flucht; sie schlugen sich nach Warschau durch, wo sie im Februar ankamen.

Haim Rumkowski, Vorsteher im Getto Lodz, dem zweitgrößten in Polen, scheint unabhängig davon erfahren zu haben, welchem Zweck Chelmno diente. Dies geht aus einem Brief hervor, den er Rabbi Jakob Schulman von der Nachbargemeinde Grabow schrieb, der ihn um Auskünfte gebeten hatte.[156] Rumkowski war aber weiter nicht sehr gesprächig, und wenn die Ereignisse von Chelmno der jüdischen Öffentlichkeit in Polen und im Ausland bekannt wurden, so dank einer kleinen Gruppe im Warschauer Getto, die ein geheimes Dokumentationszentrum und einen Nachrichtendienst unter dem Namen Oneg Shabbat unterhielt. Mitglieder dieses

Kreises befragten die jüdischen Totengräber und gaben ihre Ermittlungen an die illegale jüdische Presse und den polnischen Untergrund weiter.*

Die treibende Kraft hinter dieser Gruppe war Emanuel Ringelblum, führend in der linken marxistisch-zionistischen Partei Poale Zion. 1900 in Ostgalizien geboren, hatte er an der Warschauer Universität studiert und an Warschauer Mittelschulen Geschichte gelehrt, bis er sich 1938 der Hilfsorganisation für Flüchtlinge aus Deutschland anschloß. Seit dieser Zeit war er eine der führenden Persönlichkeiten der Bewegung für Selbsthilfe und gegenseitige Unterstützung. Zusammen mit A. Gutkowski und Hersh Wasser sowie einer Gruppe junger Leute richtete er ein Archiv über die Lage der Juden in Warschau und über den Prozeß der Liquidierung ein. Informationen wurden auch von Flüchtlingen aus kleineren Gemeinden Polens eingeholt. Die wöchentlichen Nachrichtenblätter wurden an »Persönlichkeiten des öffentlichen Lebens und Redaktionen der Untergrundzeitungen, jüdischer und polnischer«, verteilt. Die öffentliche Meinung wurde auf das Ausmaß der Massenmorde und ihre wahrscheinliche Fortführung warnend aufmerksam gemacht; die Blätter »dienten auch dem Ausland als Informationsquellen über die Abscheulichkeiten, die der jüdischen Bevölkerung angetan wurden.«[157] Ringelblum wurde im März 1944 von der Gestapo verhaftet, gefoltert und erschossen. Sein enger Mitarbeiter Wasser überlebte. Die von der Gruppe gesammelten Dokumente wurden bei der Zerstörung des Gettos in drei Behäl-

---

* Es ist erwiesen, daß die Totengräber etwa vier Wochen nach ihrer Flucht im Warschauer Getto ankamen. Offenbar hatte ihnen Rabbi Schulman von Grabow (nicht weit von Chelmno), den sie von früher kannten, empfohlen sich in die Hauptstadt zu begeben. Oneg Shabbat gab die Information an die polnische Untergrundpresse weiter, ferner an die linksgerichtete Zeitung *Barykada Wolnosci* (Artikel: *Satanskie Zbrodnie Hitlera*, März 1942) und über den Anwalt Henryk Wolinski, Chef der Abteilung Juden bei der ›Delegatura‹, nach London und in die Vereinigten Staaten. Wolinski half Ringelblum auch, die Berichte über die Vernichtung der Juden in Lublin und anderen Orten in den Westen zu bringen (März/April 1942). Da es sich um längere Texte handelte, wurden sie von Kurieren, nicht über Funk übermittelt; sie erreichten London mit einer Verzögerung von vier bis acht Wochen. Dazu: *Biuletyn Zydowskiego Instytutu Historycznego w Polsce*, Juli–Dezember 1979 und Kapitel 4 oben (Nachrichten aus Polen).

tern versteckt. Nach Kriegsende wurden zwei gefunden, der dritte war verloren. Diese Unterlagen stellen die wichtigste Einzelquelle unserer Kenntnisse von Warschau während dieser tragischen Jahre dar.

Ringelblum hatte Nachrichten über Chelmno nicht nur durch die Totengräber bekommen; auf weniger dramatische Weise waren sie im Januar nach Warschau gelangt – auf dem Postweg. In den Archiven des Jüdischen Historischen Instituts in Warschau werden fünf Briefe und Postkarten aufbewahrt, durch die Juden aus der Gegend von Chelmno Freunde und Verwandte in Warschau über die Geschehnisse unterrichteten und sie baten, die maßgebenden Juden über die drohende Gefahr sofort zu informieren.[158] Die Briefe sind vom 9., 21., 22. und 27. Januar datiert. Wenn nach der totalen Zerstörung von Warschau fünf solche Benachrichtigungen gefunden wurden, darf man wohl annehmen, daß es noch mehr Botschaften dieser Art gegeben hat. Abgesehen von diesen Berichten über Chelmno gab es noch viele andere über Massaker, Deportationen und Vergasungen aus ganz Polen. Die Post in Polen funktionierte. Warnungen kamen von überallher; vielleicht dachten die Nazis, schriftliche Hilferufe von einem Ort zum anderen fielen nicht mehr ins Gewicht, waren die Juden doch ohnehin zum Tod verurteilt. Die Existenz dieser Briefe beweist jedenfalls, daß viele polnische Juden frühzeitig über die ›Endlösung‹ Bescheid wußten. Wenn dem so war, warum sträubten sie sich, es zu glauben? Vielleicht dachten sie wie eine Frau aus Kruschniewiza, die eine Woche vor der Deportation nach Chelmno am 24. Januar 1942 ihrem Mann schrieb:

»Ein großes Unheil kommt auf uns zu, wir wissen vorher schon, was mit uns geschieht. Es wäre besser, wenn man nichts wüßte, wenn es plötzlich über einen hereinbricht.«[159] Aus der gleichen Einstellung scheinen zwei Artikel in der Untergrundzeitung *Der Vecker* entstanden zu sein, die als erste die Nachricht über Chelmno brachte, in der nächstfolgenden Nummer vom 15. Februar 1942 jedoch einen anderen Ton anschlug und die »Alarmschläger und

162

Panikmacher« angriff, die Nachrichten verbreiteten, wonach Deportationen aus Warschau bevorstünden. Solche Gerüchte, sagte die Zeitung, seien »verbrecherisch und unverantwortlich«.

Der älteste Beleg über die Existenz des ersten Todeslagers, der erhalten geblieben ist, liegt noch weiter zurück. Es ist eine von einem unbekannten Juden geschriebene Postkarte, adressiert an einen Verwandten in Posbebice, die später nach Lodz gelangte. Sie lautet:

»Lieber Cousin Mote Altszul,

31. Dezember 1941

wie Du von Kolo, Dabie und anderen Orten weißt, sind Juden nach Chelmno in ein Schloß gebracht worden. Zwei Wochen sind bereits vergangen, und es ist nicht bekannt, wie viele Tausende zugrundegegangen sind. Sie sind fort, und Du sollst wissen, daß sie keine Adresse mehr haben. Man hat sie in den Wald gebracht und begraben. Also, wende Dich an alle Juden, daß sie sollen beten für das jüdische Volk, und möge es Gott gefallen, zu sprechen ein Wort: bis hierher und nicht weiter. Was die Juden von Zagzewo angeht, so ist ihre Adresse die gleiche. Achte diese Sache nicht gering, sie haben beschlossen, uns auszulöschen, umzubringen, zu vernichten. Gib dieses Schreiben an gebildete Leute zum Lesen weiter.«[160]

Man weiß nicht, ob die Karte außer vom Empfänger von anderen gelesen wurde. Ein anderer Brief erreichte wahrscheinlich weitere Kreise. Nachdem die Totengräber von Chelmno Rabbi Schulman in Grabow besucht hatten, schrieb er an seinen Schwager in Lodz:

»Mein Lieber,

19. Januar 1942

auf Deine Briefe habe ich noch nicht geantwortet, weil ich über alle diese Dinge, von denen die Leute gesprochen haben, nichts Genaues wußte. Verhängnisvoll ist unsere große Tragödie – jetzt wissen wir alles. Ein Augenzeuge, der rein zufällig überlebte und es fertigbrachte, der Hölle zu entkommen, hat mich besucht... Alles weiß ich von ihm. Der Ort, wo alle zugrunde gehen, heißt Chelmno und liegt nicht weit von Dabie entfernt; alle Toten werden im angrenzenden Wald von Lochow vergraben. Die Menschen werden auf zweierlei Art umgebracht: von Erschießungskommandos oder mit Giftgas. So geschah es in den Orten Dabie, Isbica, Kujawska, Klodawa und anderen. Kürzlich sind Tausende von Zigeunern aus dem sogenannten Zigeunerlager von Lodz dorthin gebracht worden, und das gleiche wird ihnen angetan. Denke nicht, daß ich verrückt bin. Wehe, es ist die tragische, grausame Wahrheit. Reißt Euch die Gewänder vom Leib, streut Asche auf Eure Häupter, lauft durch die Straßen und tanzt den Tanz des Wahnsinns...

Ich bin so erschöpft wegen der Leiden Israels und ich kann nicht mehr schreiben. Ich spüre, daß mir das Herz zerspringt. Und möge es sein, daß der Allerhöchste doch noch Mitleid haben und retten wird, was von unserer Nation übrig ist. O Schöpfer der Welt, hilf uns!   [Jakob Schulman]«[161]

Aus diesem Brief geht hervor, daß in Lodz schon vorher Gerüchte über Chelmno umliefen und daß der Brief von Rabbi Schulman die Antwort auf eine Bitte um Informationen war.

Ein Mann von wenig Illusionen war Ringelblum, dessen Tagebuch eines der wichtigsten Dokumente über die letzten Tage der polnischen Judenschaft ist. Er schrieb darin auch über Chelmno, er wußte im April über Belzec und im Mai über Sobibor Bescheid, die zwei anderen Lager, die gerade den Betrieb aufgenommen hatten.[162] Sein Tagebuch spiegelt auch seine furchtbaren Enttäuschungen wider. Der April verging und auch der Mai, und es gab immer noch kein Anzeichen, daß die Informationen, die er der polnischen Exilregierung und durch sie der westlichen Welt über die erste Todesfabrik und über die Exekutionen im März/April weitergegeben hatte, wirklich ihre Bestimmungsorte erreicht hatten.

Endlich, am Freitag, dem 26. Juni konnte er sicher sein, daß seine Botschaften nach London gelangt waren. Er notierte in seinem Tagebuch, daß die BBC am Morgen in einer Sendung »Slonim und Wilna, Lemberg und Chelmno, die wir so gut kannten«, erwähnt hatte. Viele Monate hatte er gewartet und sich gefragt, ob die Welt taub und stumm sei. Eine Zeitlang hatte er den polnischen Widerstand verdächtigt, vielleicht über die Tragödie der Juden schweigen zu wollen, um nicht von der eigenen abzulenken. Ringelblum notierte mit Genugtuung, daß die BBC nicht nur einzelne Akte von Grausamkeit, sondern zum erstenmal auch die Zahl der Opfer erwähnt hatte – 700 000. Damit hatte die Oneg-Shabbat-Gruppe eine große historische Mission erfüllt und vielleicht Hunderttausenden von Juden das Leben gerettet. So würden die Opfer nicht umsonst gestorben sein, denn der teuflische Plan, den die Nazis hatten geheimhalten wollen, war nun bekanntgeworden: die Vernichtung der polnischen Judenschaft. Wenn Großbritannien angemessene Gegenmaßnahmen ergreife, konnten die restlichen Juden Polens vielleicht noch gerettet werden.

Ringelblums Wort von der »großen historischen Mission« und sein daraus abgeleiteter Optimismus sind in der Rückschau natürlich ein tragischer Irrtum. Es wird heute jedoch allgemein anerkannt, daß er und seine Gruppe tatsächlich die ersten waren, die den Westen alarmierten, daß die osteuropäische Judenschaft nicht mehr nur Pogromen ausgesetzt war, sondern daß ein neues Stadium eingetreten sei – die Ausrottung.[163] Es war nicht die Schuld der Oneg-Shabbat-Leute, daß keine entsprechenden Gegenmaßnahmen ergriffen wurden – und vielleicht nicht ergriffen werden konnten.

Ein paar Tage später, am 30. Juni, kam Ringelblum in seinem Tagebuch auf das gleiche Thema zurück:

»In den letzten Tagen hat die jüdische Bevölkerung unter dem Eindruck von ›London‹ gelebt. Viele Monate haben wir uns mit der Frage gequält: weiß die Welt von unseren Leiden? Und wenn, warum schweigt sie? Erst jetzt sehen wir den Grund dafür: London wußte von nichts. Nun herrscht auf diese Enthüllungen hin große Erregung, Freude mit Furcht gemischt.«

Ringelblum war der Ansicht, daß auch die meisten Deutschen in Polen bis vor kurzem nichts über die Massenmorde gewußt hätten. Manche Deutsche, die von Chelmno hörten, wären sehr verstört gewesen und hätten gesagt, daß sie und ihre Familien für diese Verbrechen einmal teuer bezahlen müßten. Daraus schloß Ringelblum, es sei durchaus möglich, daß sich die Nazis vor der öffentlichen Meinung in Deutschland fürchteten. Eine nüchterne Einschätzung der Dinge jedoch zeigte, daß die Juden von den Deutschen keine Gnade erwarten konnten. Alles hing davon ab, wieviel Zeit Hitler haben würde, sein Vorhaben zu verfolgen. Blieb ihm genügend, waren die Juden verloren.

Noch vor der BBC-Meldung hatte Ringelblum sich über Sobibor, ein anderes Todeslager, in seinem Tagebuch Gedanken gemacht. Er trug am 17. Juni ein, daß ein Freund aus einer anderen Stadt, der den ›Umzug‹ der Bevölkerung nach Sobibor mitangesehen hatte – die Juden wurden dort mit Gas erstickt –, ihm die Frage gestellt hatte, wie lange sich die Juden noch wie die Schafe zur Schlachtbank führen lassen würden. Ringelblum meinte, die Zwangsverschickungen würden auf eine Art und Weise vorgenommen, daß man nie wisse, ob sie mit Massenmord endeten. Dadurch gehe der Antrieb zur – ohnedies unmöglichen – Selbstverteidigung und auch das Gefühl der Solidarität verloren, es trete ein moralischer Zusammenbruch, eine Zersetzung, ein, was alles dem Terror zuzuschreiben sei, der bereits drei Jahre andauerte.

»Trotzdem bleibt es absolut unbegreiflich, wieso Juden aus den Dörfern in der Umgebung von Hrubieszow unter der Aufsicht jüdischer Polizisten evakuiert wurden. Kein Jude entkam, obwohl alle wußten, wohin der Weg führte und zu welchem Ende. Niemand wird erklären können, warum vierzig Pioniere (Halutzim) von einem landwirtschaftlichen Kibbuz sich zum Schlachten abführen ließen, obwohl sie wußten, was in Wilna, Slonim, Chelmno und anderen Orten geschehen war. Ein Gendarm genügt, eine ganze Stadt abzuschlachten ... In Lublin stellten sich vier Gestapomänner hin und führten die ganze Operation durch ... Die Juden gingen willenlos in den Tod, und sie taten es, damit das übrige Volk am Leben bleibe, denn jeder Jude wußte, daß er, erhob er die Hand gegen einen Deutschen, damit seine Brüder in der Stadt oder einer anderen Stadt oder einem anderen Land in Gefahr brächte. Deswegen auch ließen sich dreihundert Kriegsgefangene auf dem Weg von Lublin nach Biala umbringen, tapfere Soldaten, die sich im Kampf um Polens Freiheit ausgezeichnet hatten.«

War diese Erklärung voll überzeugend? Ringelblum selbst sagt, daß das Phänomen letztlich unerklärbar sei. An einigen Stellen notiert er, daß den Opfern nicht klar war, was sie erwartete, ein andermal, daß sie es genau wußten. So sind seine Kommentare widersprüchlich, was aber der allgemeinen Situation zuzuschreiben ist, die selbst widersprüchlich war.

Yizhak Zukerman, einer der Führer des zionistisch-sozialistischen Untergrunds, schrieb 1944, daß die jüdische Untergrundpresse ausführliche Berichte über die Massenmorde brachte:

»... Aber Warschau glaubte sie nicht ... Der normale Menschenverstand weigerte sich, die Möglichkeit der Massenvernichtung Zehn- und Hunderttausender von Juden zu akzeptieren ... Die Presse wurde der Panikmache bezichtigt, obwohl die Schilderungen von Deportationen genau der Wahrheit entsprachen. Die Nachrichten über die Verbrechen der Deutschen wurden mit Mißtrauen und Unglauben aufgenommen, und das eben nicht nur im Ausland. Sogar hier in der unmittelbaren Nähe von Ponary und Chelmno, Belzec und Treblinka fanden diese Berichte keinen Glauben. Unbegründeter Optimismus ging Hand in Hand mit Nichtwissen.«[164]

Anders als Ringelblum stand Haim Aron Kaplan nicht im Mittelpunkt der Warschauer Ereignisse, auch hatte er keinen privaten Informationsdienst zur Verfügung. Er war ein Pädagoge vorgeschrittenen Alters und Leiter einer hebräischen Volksschule. Sein Tagebuch wurde nach dem Krieg gefunden – Kaplan und seine Familie starben im Dezember 1942 oder Januar 1943 in Treblinka. Sein Tagebuch zeigt deutlich, daß es im Getto keine Geheimnisse gab. So lautet die Eintragung vom 16. Mai 1942:

»Alfred Rosenberg hat ausdrücklich festgestellt: ›Die Juden erwarten das Ende des Krieges, aber sie werden es nicht erleben. Sie werden von dieser Erde gehen, bevor es kommt.‹ Wilna, Kowno, Lublin, Slonim und Nowogrudok haben bewiesen, daß man sich auf die Nazis verlassen kann: Sie halten ihr Wort.«[165]

Am 3. Juni schrieb Kaplan in sein Tagebuch, daß 40 000 Lubliner Juden verschwunden seien, aber niemand kenne ihre Gräber. Arische Kuriere hätten danach gesucht, aber keine Spur gefunden. »Aber es besteht kein Zweifel, daß sie nicht mehr am Leben sind.« Und am 7. Juni: »Das englische Radio, dessen Hörer ihr Leben riskieren, stärkt unsere Hoffnung. Wir hören Reuters Meldungen mit großem Respekt.« Am 10. Juli 1942 wußte Haim Kaplan, Lehrer im abgesperrten Getto, von der ›Endlösung‹. *Ein* Flüchtling war aus Lublin entkommen und brachte fürchterliche Nachrichten:

»Es ist in führenden Nazikreisen verfügt und entschieden worden, über die Juden des Generalgouvernements die systematische physische Vernichtung zu verhängen. Zu diesem Zweck existiert eine militärische Spezialeinheit, die je nach Bedarf und augenblicklichen Erfordernissen in allen polnischen Städten die Runde macht. Aber eine totale Abschlachtung wie diese kann nicht an einem Tag durchgeführt werden... Deshalb haben die Nazis ein gigantisches Sammellager für dreihunderttausend Menschen geschaffen, ein zwischen Chelm und Wlodawa gelegenes Konzentrationslager eingerichtet... Juden aus allen besetzten Gebieten werden in dieses Lager gebracht.« Und einen Tag später: »Solange man nichts weiß, fließt noch Hoffnung ins Herz, aber von jetzt an ist alles klar und jeder Zweifel über unsere Zukunft beseitigt... In jeder Generation sind sie aufgestanden gegen uns, uns zu vernichten. Die aus unserer Geschichte gewonnenen Erfahrungen gleichen aber nicht denen der Gegenwart. Es besteht keine Ähnlichkeit zwischen der physischen Vernichtung, die das Resultat momentanen Haßausbruchs eines fanatischen, zum Mord angestachelten Mobs ist, und diesem genau kalkulierten Programm einer Regierung, für dessen Realisierung man einen Mordapparat aufgezogen hat.«

Am 22. Juli begannen die Zwangsverschickungen aus Warschau. Einen Monat zuvor, am 22. Juni, hatte sich Ringelblum gefragt, warum die Warschauer Juden so privilegiert sein sollten, daß sie dem Fluch der Deportation entgingen. Brutale Abtransporte wurden in Krakau, der Hauptstadt des Generalgouvernements, unter den Augen höchster (deutscher) Machthaber durchgeführt. Warum also sollten die Wellen der Vertreibung, die so nahegekommen waren, die Warschauer Juden verschonen? Der Vorsteher des Judenrats hatte gesagt, man habe ihm fest versprochen, es werde keine Deportationen aus Warschau geben.[166] Dann begannen sie trotzdem, und bevor der zweite Schub die Stadt verließ, beging Adam Czerniakow Selbstmord; wenn er nicht wußte, was die Abtransporte bedeuteten, so erriet er es. Bestimmungsort war Treblinka im Nordosten von Warschau. Die Juden im Getto hatten von Chelmno, Belzec und Sobibor gehört, aber von Treblinka wußten sie nur, daß es ein Lager für Gefangene war. Auch die Heimatarmee wußte damals nicht mehr. Man beschloß, den Pfadfinder Zalman Friedrich, einen jungen Juden arischen Aussehens, als Kundschafter auszuschicken, um Informationen über dieses neue Lager einzuholen. Er fuhr nach Sokolow, der Treblinka am nächsten gelegenen Bahnstation, wo er zufällig einen Bekannten traf, blutend und in Lumpen gehüllt, der gerade aus dem Lager geflohen war. Dieser Mann erzählte ihm, Treblinka sei ein Todeslager, das am selben Tag den Betrieb aufnahm, als die ersten Transporte aus Warschau ankamen. Friedrich kehrte am sechsten Tag nach Eintreffen der ersten Transporte (28. Juli) nach Warschau zurück und berichtete dem ›Bund‹, dessen Mitglied er war. Die illegale Presse brachte sofort einen Bericht. Wie fast immer ergaben sich gleich mehrere Quellen: Eli Linder, ein anderer Warschauer Jude, war in einem Haufen schmutziger Wäsche dem Lager entkommen. Weitere Einzelheiten erzählte Abraham Krzepicki, der nach achtzehn Tagen aus Treblinka fliehen konnte und nach Warschau zurückkam. Eisenbahner, die die Züge begleitet hatten, bestätigten all dies. Und dann hing ja auch der Gestank der verbrannten Leichen wie eine »Wolke der Pestilenz« über der ganzen Gegend, wie der deutsche Kommandant in Ostrow in seinem Bericht erwähnte. Alle Einwohner der umliegenden Dörfer wußten Bescheid.

Die in Warschau noch belassenen Juden wußten, daß das Todesurteil über sie gesprochen war, aber sie hofften immer noch auf Hilfe von außen, und so war es von größter Wichtigkeit, die Welt zu informieren. Die Zionisten, in den Gettos sehr rührig, waren dazu in keiner günstigen Lage. Viele ihrer maßgebenden Leute und die aktivsten Mitglieder hatten Polen vor dem Krieg oder kurz nach Kriegsausbruch via Wilna verlassen. Sie hatten Kontakt mit der Slowakei, Ungarn und der Schweiz; ihre Briefe und Karten brachten Andeutungen und Hinweise, die nicht immer verstanden und auch nicht immer geglaubt wurden. Einige gelangten in die Slowakei und von dort nach Ungarn, wo sie vorläufig verhältnismäßig sicher waren.

Den jüdischen Kommunisten ging es kaum besser. Sie hatten ihre Genossen außerhalb der Gettos, aber weder für sie noch für die Heimatarmee war die Hilfe für die Juden von höchster Dringlichkeit. Schließlich waren die polnischen Kommunisten in den dreißiger Jahren wieder und wieder ›gesäubert‹ worden. Die Partei war dann von der Komintern aufgelöst und erst 1942 in Warschau neu gegründet worden. Eine kommunistische Kampforganisation kam erst 1943 zustande. Bis zu dem Zeitpunkt, da ein neues, allerdings unvollkommenes Funknetz etabliert war und Nachrichten nach Moskau gefunkt werden konnten, waren die meisten polnischen Juden nicht mehr am Leben. Dann war da noch der ›Bund‹, die große, gut organisierte Partei der Arbeiterklasse; sie war immer gegen Auswanderung eingetreten. Manche seiner Führer waren in die Sowjetunion entkommen, wo sie ein tragisches Ende fanden (die Hinrichtung von Victor Alter und Henryk Ehrlich). Die Zurückgebliebenen hatten ziemlich enge Kontakte zu den Sozialisten (PPS), und da die PPS zum polnischen Untergrund gehörte, waren sie in der Lage, ausführliche Informationen an Kameraden in London und New York zu übermitteln. Anfänglich dauerte es ziemlich lange, bis die Botschaften den Westen erreichten, aber gegen Ende 1942 hatte der ›Bund‹ auch Zugang zu den Untergrundsendern, welche die Meldungen sehr schnell über Relais nach London weiterleiten konnten.

Über die Hauptakteure dieses Sendebetriebes und die übermittelten Nachrichten später mehr. Eine Meldung aber soll besonders hervorgehoben werden, weil sie einen Einblick ohnegleichen in die Ängste und die Hoffnungslosigkeit der polnischen Juden Mitte 1942 vermittelt. Es handelt sich um den Bericht des ›Bund‹, der Anfang Mai 1942 verfaßt wurde und noch im gleichen Monat in London eintraf; die BBC sendete ihn (in Auszügen) am 2. Juni, in Amerika wurde er im August veröffentlicht. Er beginnt wie folgt:

»Von dem Tag an, als der russisch-deutsche Krieg ausbrach, hatten es die Deutschen auf die physische Ausrottung der jüdischen Bevölkerung Polens abgesehen; für dieses Geschäft waren ihnen die ukrainischen und litauischen Faschisten gerade recht.«

Er enthält eine Menge Tatsachen und Zahlen über die an verschiedenen Orten getöteten Juden (einschließlich Chelmno) und den Beginn der Ausrottung im Generalgouvernement. Die Zahl von 700 000 Opfern wird genannt, die deutsche Regierung hatte mit der Ausführung der Hitlerschen Prophezeiung begonnen, wonach in den letzten fünf Minuten des Krieges, wie immer auch sein Ausgang sein möge, alle Juden Europas umgebracht sein würden. Der ›Bund‹ regte an, die polnische Exilregierung möge die Vereinten Nationen ersuchen, augenblicklich Vergeltungsmaßnahmen gegen die in ihrer Mitte lebende Fünfte Kolonne einzuleiten:

»Wir sind uns bewußt, daß wir von der polnischen Regierung die Anwendung ungewöhnlicher Gegenmaßnahmen verlangen. Es ist aber die einzige Möglichkeit, Millionen von Juden vor der unvermeidlichen Vernichtung zu retten.«[167]

Dr. Feiner vom ›Bund‹ brachte anschließend die gleichen Vorschläge in noch schärferer Form in einem Telegramm an den Westen vor, das später besprochen werden soll.[168] Die polnische Exilregierung gab bei verschiedenen Gelegenheiten ähnliche Anregungen. Die Möglichkeit von Repressalien seitens der Alliierten war auch deutschen Beamten in den Sinn gekommen, und der Staatssekretär im Auswärtigen Amt hatte in einem früheren Stadium des Kriegs geschrieben, Deutschland befinde sich in dieser Hinsicht in einer ungünstigen Lage (»wir sitzen am kürzeren Hebel«), wobei er allerdings an ein besonderes Problem dachte: die Festnahme von jüdischen Staatsbürgern der Vereinigten Staaten 1941 in Frankreich. Die Situation der europäischen Juden war natürlich grundverschieden. Drohungen, die die Alliierten hätten ausstoßen können, um die polnische, deutsche oder österreichische Judenschaft zu retten, wären unglaubwürdig gewesen. Und auch wenn es Mittel und Wege gegeben hätte, Deutschland mit »ungewöhnlichen Gegenmaßnahmen« zu drohen, hätten die meisten alliierten Politiker eingewendet, daß solche Maßnahmen oder auch schon deren Androhung nicht zu verantworten wären, auch wenn es darum gehe, Menschenleben zu retten. Andere hätten – öffentlich oder privat – argumentiert, daß es in Kriegszeiten nun einmal eine Menge Opfer gebe, und daß es sich kaum lohne, der Juden halber Risiken auf sich zu nehmen. Trotzdem – das alles entschuldigt nicht das Widerstreben, den Berichten des Jahres 1942 aus Polen Glauben zu schenken und sie zu veröffentlichen. In der Rückschau möchte man meinen, daß wenigstens eine Anzahl von Juden hätte gerettet werden können, wenn damals ein stärkerer Druck auf die deutschen Satellitenstaaten ausgeübt worden wäre.

Im Juni 1942 brachte eine Untergrundzeitung einer jüdischen Jugendbewegung in Warschau einen letzten Schrei der Verzweiflung:

»Die Zahl der Opfer des totalen Mords steigt von Tag zu Tag an. Die europäische Judenschaft schreitet zum Galgen – deutsche, tschechische, slowakische Juden. SOS SOS SOS.«[169]

Wie so viele Hilferufe blieb auch dieser unbeantwortet.

So also war die Lage in Polen. Aber noch bevor die Todeslager ihren Betrieb aufgenommen hatten, waren anderswo in Osteuropa zwei Ereignisse eingetreten, die fast unmittelbar darauf im Westen bekannt wurden. Normalerweise wäre ein Aufschrei erfolgt, aber in diesem Fall gab es kaum irgendwelche Rückwirkungen: ich meine das Massaker von Kamenez-Podolsk und die Ermordung von über 100 000 rumänischen Juden in Transniestrien.

Die ungarische Regierung war am 27. Juni 1941 in den Krieg gegen die Sowjetunion eingetreten. Im Juli beschlossen einige hohe Beamte und Militärs in Budapest, sich so vieler fremdländischer Juden wie möglich zu entledigen. Dies bezog sich vor allem auf Personen zweifelhafter Staatsangehörigkeit in Karpatoruthenien die den Deutschen überstellt werden sollten. Der ungarischen Regierung, die ihren Segen dazu geben mußte, redete man ein, die ausländischen Staatsangehörigen würden in Galizien neu angesiedelt. Etwa 18 000 Juden wurden in Budapest und Karpatoruthenien zusammengetrieben und nach Kamenez-Podolsk jenseits des Dnjestr verbracht, in ein Gebiet, aus dem sich die Russen gerade zurückgezogen hatten. Die deutschen Ortskommandanten waren alles andere als begeistert über diesen Zustrom von Menschen und wollten die Juden zuerst nach Ungarn zurückschicken. Dann wurde aber die SS herbeigezogen, die mit Hilfe ukrainischer Einheiten und eines ungarischen Zugs Infanterie am 27./28. August 1941 15 000 ungarische Juden und 8 000 aus der Gegend tötete. Es war, um Randolph Braham zu zitieren, »das erste fünfstellige Massaker im Nazi-Programm der Endlösung der Judenfrage«. [170]

Von den dorthin Verschleppten überlebten 2000, vor allem weil die Deutschen nicht bereit waren, sich mit ihnen zu befassen. Ein Überlebender kehrte nach Budapest zurück und wurde mit einer Delegation von Glaubensgenossen beim ungarischen Innenminister vorstellig, der behauptete, überrascht und schockiert zu sein. Er setzte den Austreibungen ein Ende.

Damals wußte man in Budapest über Kamenez-Podolsk weithin Bescheid. Die US-Gesandtschaft wurde von Bertrand Jacobson vom Hilfskomitee und vielleicht auch von anderen unterrichtet. In einer Botschaft vom 26. September 1941 informierte Paul Culbertson, Stellvertreter Leiter der Europaabteilung des State Department, die Zentrale des Hilfskomitees, daß »Augenzeugenberichten zurückgekehrter ungarischer Offiziere zufolge etwa 7 500 bis 15 000 Juden getötet worden seien und die Leichen den Dnjestr hinuntertrieben«. Vier Wochen später fand diese Meldung den Weg in die Presse; die Jewish Telegraphic Agency brachte sie am 13. Oktober, die *New York Post* am 23. und die *New York Times* am 26. Oktober 1941.

Budapest sollte auch in den kommenden Monaten eine wichtige Informationsquelle bleiben. Ungarische Offiziere von der Ostfront erzählten zuhause über die von den Einsatzgruppen Anfang Oktober begangenen Massenerschießungen bei Dnjepropetrowsk und anderswo. Ähnliches wußten Offiziere und Soldaten des italienischen Expeditionskorps aus dem Südabschnitt der Ostfront zu berichten.[171] Anderseits besteht keine Gewißheit, ob die finnische Armee und ausländische Freiwillige der Waffen-SS Zeugen der fraglichen Aktionen wurden, denn es waren Fronteinheiten, die vor allem im karelischen Abschnitt der russischen Front eingesetzt waren, wo es nur sehr wenige jüdische Gemeinden gab.

Die Vorgänge um Kamenez-Podolsk verliefen nahezu unbeachtet. Man nahm offenbar an, es habe sich um einen Einzelfall gehandelt, und als dann die Transporte aus Ungarn aufhörten, dachte man wohl, sie würden sich nicht wiederholen. Gewiß, ungarische Einheiten waren für die Tötung von einigen 700 Juden im Jahr 1941 in der von Ungarn besetzten Zone Jugoslawiens verantwortlich, aber die für die Morde verantwortlich gemachten Kommandanten wurden im Dezember 1943 in Budapest vor Gericht gestellt. Die seinerzeitige ungarische Regierung huldigte nicht gerade philosemitischen Ansichten, aber sie hielt Aktionen dieser Art für unvereinbar mit den Werten und Traditionen der Nation.

Kamenez-Podolsk wurde also sozusagen ignoriert; schwerer zu verstehen ist, daß die Entscheidung der rumänischen Regierung, fast 200 000 Juden nach Transniestrien – die von den Rumänen besetzten Gebietsteile der Ukraine, die an Bessarabien grenzen – zu deportieren, zuerst wenig Beachtung fand. Anfänglich verweigerten die Deutschen die Annahme der Juden, aber in den folgenden sechs Monaten wurden etwa 120 000 getötet, die übrigen überlebten und kehrten schließlich nach Rumänien zurück, wo man sich inzwischen Gedanken über die politischen Auswirkungen der Abschlachtungen in Transniestrien gemacht hatte.

Die Deportationen aus Rumänien wurden nicht geheimgehalten; Berichte darüber erschienen in deutschen Blättern und in der Presse der Alliierten fast unmittelbar nach dem Geschehen. Die Zustände in Transniestrien wurden allerdings erst allgemein bekannt, nachdem ein mutiger jüdischer Rechtsanwalt in rumänischer Offiziersuniform von Kischinew nach Bukarest floh. Die Deportation der Juden aus Kischinew begann am 8. Oktober 1941. Drei Tage danach war W. Filderman, Präsident der jüdischen Gemeinden Rumäniens, bereits voll unterrichtet und schrieb an Marschall Jon Antonescu, den rumänischen Staatsführer: »Das bedeutet Tod, Tod, Tod...«[172] Antonescu antwortete schroff abweisend: die Juden hätten sich ungebührlich verhalten, sie hätten bekommen, was sie verdienten. Es ist immerhin interessant, daß er es für nötig hielt, Filderman überhaupt zu antworten; im übrigen gebot er Mitte November 1941 den Deportationen Einhalt, wozu ihn zweifellos das breite Echo im Ausland veranlaßt hatte.*

Öffentlichkeit hatte weit weniger Wirkung im Fall Slowakei, dem ersten Land, das die eigenen Bürger in die polnischen Todeslager schickte. Der erste Zug nach Auschwitz fuhr am 26. März 1942. Bis Jahresende waren 57 000 Juden, d. h. etwa drei Viertel der slowakischen Judenschaft deportiert worden. Wieder dauerte es nicht lange, bis die Nachricht durchsickerte. Bis Ende April war es einigen der Verschleppten gelungen, in die Slowakei zu entkommen. Nach Aussage des verstorbenen Aron Gruenhut, aus einer orthodoxen Gemeinde, wurde er Ende Januar 1942 durch Petschuk vom Referat für jüdische Angelegenheiten im slowakischen Innen-

---

* 1942 gab es noch einmal zwei Deportationswellen, die aber eine weitaus kleinere Anzahl Juden betrafen. Ein vollständiger Bericht über die Massaker wurde vom Jüdischen Weltkongreß in New York veröffentlicht.

ministerium unterrichtet, daß alle slowakischen Juden bald deportiert und getötet würden und daß die offizielle Lesart, sie würden als Arbeitskräfte eingesetzt, eine glatte Lüge sei. Ist es möglich, daß ein slowakischer Ministerialbeamter über die ›Endlösung‹ bereits wenige Tage nach der Wannsee-Konferenz Bescheid gewußt haben sollte? Es spricht mehr dafür, daß Gruenhuts Gedächtnis versagte. Es gibt aber auch noch einige andere sonderbare ›Zufälle‹, die in der Slowakei ein Leck oder mehrere Lecks vermuten lassen. Eine Gruppe von Rabbinern schrieb im März 1942 an Monsignore Dr. Josef Tiso, 1939–1945 von Hitlers Gnaden Staatspräsident der Slowakei, daß die Deportationen gleichbedeutend mit der physischen Vernichtung der slowakischen Judenschaft seien. Wenn das eine Übertreibung war, wie ist dann zu erklären, daß Nuntius Burzio, Vertreter des Vatikans in der Slowakei, in einem Telegramm an den Vatikan vom 9. März 1942 genau die gleichen Worte gebrauchte:

»Deportazione 80 000 persone in polonia alla merce dei tedeschi equivale condannare gran parte morte sicura.«[173]

Rabbi Michael Ber Weismandl, einer der verläßlichsten Zeugen aus der Slowakei, schrieb in seinen nach dem Krieg veröffentlichten Erinnerungen, daß er Anfang 1942 noch nichts von der ›Endlösung‹ wußte. Er erwähnte aber auch, daß schon ein oder zwei Jahre zuvor Dieter Wisliceny, einer der engsten Mitarbeiter Eichmanns, einem Freunde Weismandls gesagt hatte, daß man die Juden, wenn sie nicht in Viehwagen das Land verließen, in Schlachtwagen abtransportieren werde, was bedeutete: gelänge es ihnen nicht, unter Zurücklassung aller ihrer Habe zu entkommen, würde man sie zum Schlachthaus befördern.[174] In den folgenden Monaten und Jahren sollte der unermüdliche Weismandl bei den Versuchen, weitere Deportationen abzuwenden, eine zentrale Rolle spielen: Bestechung von Gestapoleuten und slowakischen Beamten, Entsendung von Emissären nach Polen, von Kurieren in die Schweiz und nach

---

* 80 000 zur willkürlichen verfügung der deutschen nach polen deportiert stop bedeutet sicheres todesurteil für größten teil.«

Ungarn, Bemühungen, die Welt zu alarmieren. Er war einer der wenigen, die den Krieg überlebten.

Im Mai und Juni 1942 wurde immer mehr über das Schicksal der Deportierten bekannt und von Ustredna Zidow (UZ, Slowakisches Jüdisches Zentralbüro) an jüdische Persönlichkeiten von Rang in der Schweiz, in Großbritannien, Palästina und natürlich auch in Ungarn gemeldet. Eine Untergrundverbindung nach Ungarn begann zu funktionieren. R. Kastner, einer der Führer der Juden in Ungarn, schrieb später, er und seine Kollegen seien im Spätsommer 1941 von den Massenexekutionen in der Ukraine, den baltischen Staaten, Bessarabien und in der Bukowina unterrichtet worden; auch hätten sie von ungarischen Kontaktleuten von der Anwendung von Gas-Lkws gehört. Kastner berichtete, daß er bei einer Konferenz am zweiten Weihnachtstag 1941 im Haus der Budapester jüdischen Gemeinde die Anwesenden über die Massenmorde und die Gaswagen informierte. In seiner Rede sagte er auch, daß vielleicht schon über eine Million Juden umgebracht worden sei. Er schrieb aber auch, daß die »Teilnehmer Zweifel äußerten, nachdem sie meinen Bericht gehört hatten«.[175] Die Tatsache, daß die meisten ungarischen Juden von Informationen über Massenmorde in Polen nichts wissen wollten, ist von vielen Zeugen bestätigt worden. Die Flüchtlinge aus Polen und der Slowakei, die 1942 nach Budapest kamen, wurden der Lüge und Panikmache bezichtigt. Warner wie Otto Komoly, Leiter des Budapester Hilfskomitees, und einige wenige andere waren die Ausnahme.

Joel Brand, der bei der bekannten tragischen Mission nach Istanbul von 1944 die führende Rolle spielte, wußte noch mehr Einzelheiten:

»Die Waada [das ungarische Hilfskomitee] richtete ein regelrechtes Nachrichtenzentrum in Budapest ein. Gleich nach ihrem Eintreffen wurden die Flüchtlinge eingehend befragt, so daß wir die Lage in den Gettos, woher sie gekommen waren, genau ermitteln und registrieren konnten. Wir waren an den persönlichen Daten der Männer, die den Ausrottungsapparat bedienten, ebenso interessiert wie an der Arbeit der verschiedenen jüdischen Stellen ... Wir versandten Hunderte dieser Berichte über Istanbul und die Schweiz an unsere Büros im Ausland. In der Presse und in Büchern ist oft behauptet worden, daß die Alliierten zu spät informiert worden seien, was in den polnischen Städten 1942 und 1943 geschah. Dem können wir nicht beipflichten. Die offiziellen Vertreter des jüdischen Volkes wurden durch Hunderte von Memoranden über die Lage sofort voll unterrichtet. Wir wissen auch, daß unsere Warnungen von der Jewish Agency an die Alliierten weitergegeben wurden.«[176]

Vielleicht übertrieb Joel Brand ein bißchen. Jedenfalls flossen 1943 die Informationen reichlicher, als Dutzende junger Juden aus Polen kamen und über die Vernichtung der Gettos berichteten. Schon 1942 und noch früher waren einige eingetroffen. Als erster unternahm 1941 Shlomo Zygielnik die gefährliche Reise und schickte seinen Kameraden in Polen sofort Nachricht, daß Flucht praktisch möglich sei. Ihm folgten Zvi Goldfarb, der vom Warschauer Getto nach Budapest gelangte, Josef Kornianski und andere.[177] Diese Fluchtunternehmungen dauerten Wochen und Monate, aber die Grenzen waren tatsächlich nicht streng bewacht; Hunderte wechselten von Polen in die Slowakei über, und sechs- bis zehntausend slowakische Juden 1942 und Anfang 1943 von der Slowakei nach Ungarn. Wer entkommen war, konnte unter Umständen über Rumänien und die Türkei nach Palästina gelangen. Auch daraus resultierte manche wichtige Informationsquelle. Natürlich waren Fachleute zur schnellen und zuverlässigen Übermittlung von Nachrichten ins Ausland erforderlich; in diesem Zusammenhang spielte der Diamantenhändler Samuel Springman eine führende Rolle, seine Verbindungen und praktischen Erfahrungen übertrafen jene Joel Brands und seiner Freunde von der Waada bei weitem.

Der Bericht eines jungen slowakischen Juden vom Frühsommer 1942 möge hier als Beispiel dienen.[178] Der anonyme Schreiber schildert in allen Einzelheiten auf Dutzenden von Seiten die grauenhaften Lebensbedingungen, unter denen die slowakischen Juden in Polen vegetieren mußten: ewiger Hunger, Arbeit unter unmenschlichen Verhältnissen, Tag für Tag starben 400 bis 500 Menschen im Lager, »die Hälfte aus ›natürlichen‹ Todesursachen«; Familien seien trotz gegenteiliger Zusagen auseinandergerissen worden. Er selbst konnte wegen der quälenden Ungewißheit, was aus seiner Verlobten und seinen Eltern geworden sei, nachts kein Auge mehr zutun. Es gelang ihm, aus dem Lager zu fliehen; er war Ende Juni oder Anfang Juli wieder in der Slowakei und betrachtete es als seine Hauptaufgabe, die Zurückgebliebenen zu warnen.

Aus Berichten wie diesem zogen die Führer der slowakischen Juden die Folgerung, die Lage sei zwar hoffnungslos, aber manche oder vielleicht sogar viele ihrer Verwandten und Freunde könnten noch am Leben sein. Sie machten sich daran, Kontakte herzustellen. Mit Hilfe von Juden und Nichtjuden, die in Grenzstädten lebten, wurden Kuriere zu den Deportierten entsandt, die ihnen Geld, Wertsachen und Lebensmittel bringen sollten. Die Entfernungen waren nicht groß, denn Auschwitz z. B. lag nur etwa siebzig km von der slowakischen Grenze entfernt. Die Grenzkontrollen waren nicht allzu scharf, und manchmal trafen schon nach einigen Tagen handschriftliche Bestätigungen der Gefangenen ein, daß die Hilfe sie erreicht habe.[179] Gleichzeitig bestachen einflußreiche slowakische Juden diese und jene Schlüsselfigur der slowakischen Verwaltung und sogar Gestapoleute. Sie stellten zur jüdischen Hilfsorganisation in der Schweiz Verbindung her und brachten es fertig, etliche Male nach Ungarn zu reisen. 1943 gelang es ihnen auch, Gruppen von Kindern und Jugendlichen aus Polen in die Slowakei zu schmuggeln. Die führenden Köpfe bei diesen Aktionen waren Rabbi Weismandl und Gisi Fleischmann, eine bemerkenswerte Frau aus Preßburg, die bei Kriegsausbruch ihre Kinder nach Palästina geschickt hatte, selber jedoch zurückgeblieben war, um Hilfsaktionen zu organisieren. Trotz ihrer hervorragenden Informationsquellen wurde diesen Leuten die Totalität der Ausrottung lange Zeit nicht voll bewußt.

Eines Tages im November 1942 kam Rabbi Weismandl aufgeregt in Gisi Fleischmanns Büro und erzählte, soeben seien Kuriere eingetroffen, die berichteten, daß Hunderte der Deportierten »weiter nach Osten« abtransportiert worden waren. Die meisten würden die Fahrt nicht überstehen, sie befänden sich in Todesgefahr. Auch dann wurde das Ausmaß der Tragödie nicht voll erfaßt, und außerdem scheinen die führenden slowakischen Juden noch eine ganze Weile nichts von den Gaskammern von Auschwitz gewußt zu haben, obwohl bereits am 12. Mai 1942 ein erster Transport aus der Slowakei, etwa 1 500 Menschen, in diesen Gaskammern umgekommen war.

Prominente slowakische Juden und in etwas kleinerem Umfang auch die Führer der polnischen jüdischen Jugendbewegung standen während des Krieges in ständigem Kontakt mit zwei der zionistischen Vertreter in Genf, Dr. Silbershein und Nathan Schwalb von Hehalutz (der zionistischen Pioniergruppe). Teile dieser Korrespondenz befinden sich im Yad Vashem-Archiv (z. B. Gisi Fleischmanns Briefe – M-20/93), andere sind im Besitz von Nathan Schwalb und bis jetzt den Historikern nicht zugänglich. Einige Kopien habe ich in den Archiven des Internationalen Roten Kreuzes in Genf gefunden. Aus ihnen geht hervor: in der Slowakei war bereits im Spätsommer 1942 bekannt – aber nicht begriffen worden – daß die Deportierten nicht zurückkommen würden. In einer wohl von Gisi Fleischmann in Preßburg verfaßten langen Niederschrift vom 27. Juli 1942 heißt es, die führenden slowakischen Juden hätten versucht, den Spuren ihrer Landsleute zu folgen, die nach Polen deportiert worden waren, sie hätten aber von 60 000 Verschwundenen nur 2 000 ausmachen können. Die Sterblichkeitsrate sei hoch, die Situation tragisch, und es bestehe Grund zu ernstesten Befürchtungen. Von Ausrottungslagern ist hier nicht die Rede, Auschwitz wird zwar erwähnt, aber offenbar für ein Arbeitslager gehalten. Weitere Briefe vom 27. August und 1. September 1942 vermitteln ähnliche Eindrücke. Zugleich aber geht aus ihnen hervor, daß der oder die Schreiber wußten, es werde aus

180

Polen keine Rückkehr geben. So heißt es in dem Brief vom 27. August:

»Ich glaube kaum, daß wir von unseren Chawerim [Kameraden] noch jemals jemanden sehen werden. Es ist zum irrsinnig werden, wenn man bedenkt, daß das Massensterben andauert, und wir können nicht helfen... Die Nachrichten, die wir in der Vorwoche von Schlichim [Abgesandten] erhielten, sind einmalig in der Geschichte... Wir haben 60 000 verloren, und ich kann nur beten, daß die restlichen gerettet werden.«

Wie können diese offensichtlichen Widersprüche erklärt werden? Die führenden slowakischen Juden hatten schon vor Beginn der Deportationen warnend darauf hingewiesen, daß Deportation den sicheren Tod bedeute. Im Juli 1942 waren überall in Osteuropa Gerüchte verbreitet, daß die Juden in großer Zahl getötet und »zu Seife verkocht« würden.[180] Aber sogar Weismandl und Gisi Fleischmann weigerten sich, das zu glauben. In einem Brief an das Palästinensische Hilfskomitee in Istanbul schrieb Gisi Fleischmann im April 1943, sie hätten im Juli 1942 gehört, daß im Laufe einer weiteren größeren ›Säuberung‹ die nach Polen deportierten Menschen weiter in den Osten transportiert worden seien; trotz »größter Bemühungen« und obwohl Emissäre die ganze Zeit über unterwegs gewesen seien, wären keine Spuren zu entdecken gewesen. Erst im Februar 1943 sei bekannt geworden, daß Hunderttausende in der Gegend von Rawa Russka und Przemysl verschwunden waren. Einige wenige Überlebende, die sich in den Wäldern versteckt hatten, wurden aufgefunden. In früheren Briefen hatte Gisi Fleischmann den Ausdruck »Vernichtungsaktion« gebraucht, und doch weigerte sich diese kluge und mutige Frau, die Endgültigkeit des Todes hinzunehmen.

Es gab immer wieder Hoffnungsschimmer. Manche Transporte waren für Arbeitslager bestimmt, deren Insassen Ende 1942 und sogar noch im Jahr 1943 zum Teil am Leben waren. Wenn es Überlebende gab, waren vielleicht auch andere irgendwohin entkommen, und so wurde die Suche nach Spuren der Verschleppten fortgesetzt. Augenzeugen gab es soweit keine, niemand war aus einem Todeslager in die Slowakei zurückgekommen. Es dauerte bis 1944, als Rudolf Vrba und Alfred Wetzler genauestens aus dem größten aller Todeslager berichten konnten und aus Gerüchten Tatsachen wurden.* Um diese Zeit hatten die meisten Todeslager ihren Betrieb bereits eingestellt. Nicht daß es keine Information gegeben hätte, aber, wie Oscar Neumann, ein anderer bedeutender slowakischer Jude, später schrieb:

»Es war in unserem Herzen ein absolutes Widerstreben, solchen Nachrichten zu glauben... Natürlich hatte es gewisse Gerüchte über die schauderhaften Vorgänge in Auschwitz gegeben. Aber die schwirrten umher wie Fledermäuse in der Dämmerung, man konnte sie nicht greifen.«

Es konnte unter den damaligen Umständen auch nichts Greifbares geben. Briefe, in denen der Empfang von Geld und Lebensmitteln bestätigt worden war, gab es längst nicht mehr und auch keine sonstigen Lebenszeichen. Dies waren aber rein negative Beweise und daher nicht überzeugend: vielleicht waren viele, vielleicht sogar die meisten der Verwandten und Freunde irgendwo noch am Leben, abgeschnitten, ohne eine Möglichkeit, sich bemerkbar zu machen?

Die Slowakei hatte sich als erster Satellitenstaat an der ›Endlösung‹ beteiligt. Die Deportationen aus Frankreich, den Niederlanden und Belgien, Deutschland, Österreich und dem Protektorat Böhmen und Mähren setzten zwischen Juni und August 1942 ein. Man muß sich fragen, was unter den Juden dieser Länder von der Endbestimmung der Transporte bekannt war. Sie alle lebten weit entfernt von Treblinka, Belzec und Auschwitz – diese Ortsnamen bedeuteten für sie gar nichts. In Deutschland gab es ›Gerüchte‹, die sich auf Briefe und Postkarten aus dem Osten stützten, daß die nach Riga und anderen Gettos verschickten Menschen verschwunden

---

* Aber im März 1943 hatte Gisi Fleischmann Genf bereits über Auschwitz-Birkenau und Lublin unterrichtet und geschrieben, daß im gesamten Generalgouvernement kein Jude übriggeblieben sei. Yad Vashem Archives M-20/93.

182

und allem Anschein nach getötet worden seien. Den offiziellen Erklärungen zufolge bedeutete Verschickung ganz einfach Wiederansiedlung in Osteuropa. Es wurden Vorschriften erlassen, den Ausdruck ›Deportation‹ zu vermeiden und dafür ›Arbeitseinsatz‹ zu sagen. Darunter sollte verstanden werden, daß die in den Osten verbrachten Menschen in der Landwirtschaft und in der Industrie arbeiten sollten und vielleicht sogar eine gewisse Eigenständigkeit zugestanden bekommen würden. Eine Zeitlang scheint diese Auslegung weithin geglaubt worden zu sein. Deutsche Augenzeugen, die die Ankunft der Züge mit Juden aus dem Reich im November 1941 in Minsk, Riga und Lodz beobachteten, waren verwundert, »daß die Juden sich über ihre Zukunft im Irrtum befanden und sich als Pioniere betrachteten, die sich bei der Kolonisation des Ostens nützlich machen sollten.«[181] Russische und polnische Juden hatten genau so reagiert, wie aus dem Lagebericht einer Einsatzgruppe vom 3. November 1941 hervorgeht:

»30 000 Juden eingesammelt (auf Aufruf hin), die dank einer außergewöhnlich geschickten Organisation bis zur Exekution an ihre bevorstehende Umsiedlung glaubten.«

Norbert Wollheim, der ein prominenter Jugendführer gewesen war und in Berlin mit jüdischen Persönlichkeiten des öffentlichen Lebens in enger Verbindung gestanden hatte, erzählte mir 1979, daß er von Auschwitz (und den Todeslagern) bis zu dem Tage nichts gehört hatte, als er mit seiner Familie im März 1943 dort ausgeladen wurde. Er hatte mit Juden Verbindung gehabt, die in Mischehen lebten und denen man erlaubt hatte, ihre Radios zu behalten; sie hörten ausländische Sender, was natürlich streng verboten war. Aber die BBC, damals die hauptsächliche Informationsquelle, erwähnte die Lager nur ganz selten. Wenn derartige Nachrichten überhaupt vernommen wurden, glaubte man sie nicht.[182]

Manche Juden wurden direkt von deutschen Freunden oder Bekannten ins Bild gesetzt; die Trennung von Deutschen und Juden war auch während des Krieges keineswegs vollständig. Und so ist der Fall des Dr. Herman Pineas, eines jüdischen Berliner Arztes, keinesfalls einmalig. Er erhielt einen Brief von einem ehemals sozialdemokratischen Beamten, der an der Ostfront stand. Dieser berichtete, alle Juden in den besetzten russischen Gebieten würden erschossen, nachdem man sie gezwungen hatte, ihre eigenen Gräber auszuheben. Der Brief war an Paul Löbe gerichtet, den ehemaligen prominenten Politiker der Sozialdemokratischen Partei im Reichstag, der ihn an Dr. Julius Moses weitergegeben hatte, der ebenfalls Mitglied des Reichstags gewesen war. Moses und Pineas waren Freunde und wohnten im gleichen Haus. Pineas übersetzte den Brief ins Englische und übersandte die Übersetzung der amerikanischen Botschaft in Berlin, bei der das Schreiben zwei Tage vor Pearl Harbour eintraf. In der letzten Woche des Jahres 1941 bekam Pineas den Besuch Dr. Erwin Rehwalds, eines jungen Arztes, der damals als Luftwaffenarzt in Rußland Dienst tat. Er bestätigte die in dem Brief an Löbe enthaltene Information.*

Furcht herrschte überall und nicht nur, weil jedermann es haßt, entwurzelt zu werden und Hab und Gut zu verlieren. Die Briefe aus dieser Zeit (Sommer und Herbst 1942) enthalten den gleichen Refrain: man habe von den Deportierten nichts gehört, niemand habe etwas gehört, und in den anderen Städten des Reiches sei es das gleiche.[183] In Berlin begingen Hunderte Selbstmord, Tausende gingen in den Untergrund. Die Befürchtungen bezogen sich teilweise auf die allgemeinen Lebensverhältnisse in Osteuropa: schlechte Unterbringung, Krankheit, Hunger. Man vermutete, daß die meisten, die hatten gehen müssen, nicht lange am Leben bleiben würden.

Auch gab die von der Gestapo getroffene »Selektion« keinen Sinn. Wenn es darum ging, die Juden in der Landwirtschaft und in der Industrie zu beschäftigen, wie sollte man verstehen, daß die in Fabriken und auf dem Land arbeitenden Juden – wenigstens anfangs – in Deutschland belassen wurden. Nach dem August und

---

* Dr. H. O. Pineas, New York, am 11. Februar 1980 an den Autor. Pineas entschloß sich nach Einsicht des Briefes und der darin enthaltenen Nachrichten, in den Untergrund zu gehen, und überlebte den Krieg in Berlin.

September 1942 wurden diese Zweifel stärker, teils wegen ausländischer Radiosendungen, teils wegen der Berichte von Urlaubern von der Ostfront.

Man muß sich fragen, ob den leitenden Männern der Reichsverbands, der obersten jüdischen Körperschaft, mehr bekannt war. Es heißt, Leo Baeck, die wichtigste Persönlichkeit der deutschen Judenschaft, habe von einem Herrn Gruenberg – einem Mitgefangenen Baecks in Theresienstadt (das kein Todeslager war) – im August 1943, sieben Monate nach seiner Deportation aus Berlin, erfahren, daß in Auschwitz die Juden mit Gas getötet würden, ausgenommen solche, die zur Sklavenarbeit taugten. »Also war es nicht nur ein Gerücht«, soll Baeck geantwortet haben.[184] Der gleichen Quelle zufolge habe Baeck einen schweren Kampf mit sich geführt, ob es seine Pflicht sei, den Ältestenrat zu informieren; er habe sich dann entschieden, daß niemand davon erfahren sollte. War der Ältestenrat im Bild, würde es ein paar Stunden später das ganze Lager wissen.

»Ein Dasein mit der Aussicht auf Vergasung wäre nur um so unerträglicher, und außerdem gibt es über diese Todesart keine absolute Gewißheit. Für die Arbeit als Sklave wird ›selektiert‹, und vielleicht gehen auch nicht alle Transporte nach Auschwitz. So kam ich zu dem schweren Entschluß, niemandem etwas zu sagen.«

Diese Geschichte wurde von einigen guten Bekannten Baecks bezweifelt. Wenn die Nachricht über Auschwitz 1943 nach Theresienstadt gedrungen war, und selbst wenn Baeck sich zum Schweigen entschieden hatte (was, wie seine Freunde behaupten, mit seinem Charakter unvereinbar gewesen wäre), hätte nichts Gruenberg abhalten können, mit anderen darüber zu reden. Es hätte also bald doch jedermann Bescheid gewußt; es scheint jedoch sicher zu sein, daß die meisten Häftlinge in Theresienstadt nichts wußten. Die volle Wahrheit wird wohl nie bekannt werden. Den ›Oberen‹ in der Gefangenenhierarchie müssen mindestens Gerüchte zu Ohren gekommen sein, aber während des Krieges – man kann es nicht oft genug wiederholen – schwirrten eine Unmenge von Gerüchten besonders in den Lagern umher.

Georges Wellers schrieb, daß man unter den französischen Juden in Drancy, dem Hauptdurchgangslager nach Auschwitz bis kurz vor dem Ende nichts über das Schicksal der Deportierten wußte. Gewiß, Radio London hatte Horrorgeschichten über Gaskammern verbreitet, aber das konnte man nicht glauben, hielt es für britische Kriegspropaganda und schenkte dem nicht viel Beachtung.* Sogar der Oberrabiner Jacob Kaplan schrieb nach dem Krieg, erst Anfang 1944 hätten keine Zweifel mehr bestanden, daß Hitler beabsichtigte, alle Juden auszurotten. Dieses Nichtwissen scheint jenen recht zu geben, die behaupten, daß es eine vollkommene Geheimhaltung gegeben habe und niemand etwas wissen konnte; wer jetzt behaupte, informiert gewesen zu sein, tue das rückschauend, aus heutiger Sicht.

Historische Unterlagen belegen etwas anderes. So richtete Ende August 1942 das Consistoire, die oberste jüdische Körperschaft in Frankreich, einen Appell an Laval, in dem es hieß, daß genauen Berichten zufolge Hunderttausende von Juden in Osteuropa umgebracht worden seien und daß es nicht der Zweck der Deportationen sei, die Juden arbeiten zu lassen, sondern sie »mitleidlos und methodisch« auszulöschen.[185] Man mag einwenden, daß die Verfasser dieses Memorandums ihren eigenen Worten nicht glaubten – warum hätten sie sich aber überhaupt die Mühe machen sollen, es abzufassen? Um es zu wiederholen: die Information gab es, aber auch der psychologische Mechanismus der Verdrängung tat das seine.

* Georges Wellers, *De Drancy à Auschwitz,* Paris 1946. Aus ganz Europa gibt es zahllose Berichte dieser Art. Michel Mazor z. B. erzählt von einer Unterhaltung, die er mitten in der großen Deportationswelle aus Warschau im August 1942 mit einem Geschichtsprofessor führte, während sie in einer kleinen Schreinerwerkstatt in der Warschauer Gesiastraße auf den Abtransport warteten. Sie wußten mit absoluter Gewißheit, was ›Verschickung‹ bedeutete, polnische Eisenbahner, Bauern und sogar ein entkommener Jude hatten ihnen von Treblinka erzählt. Aber der Historiker weigerte sich, die nicht wegzuleugnenden Tatsachen zu akzeptieren, und dozierte stattdessen über zahlreiche Beispiele aus der Weltgeschichte, wie kollektive Angstpsychosen Gruppen von Menschen quälten, die sich mit nichtexistierenden Gefahren konfrontiert glaubten. Michel Mazor, *La cité engloutie,* Paris 1955, S. 127.

Auch in den Niederlanden gab es Ängste, aber keine Gewißheit. Wie Professor David Cohen, Vorsitzender des Amsterdamer Judenrats, es nach dem Krieg formulierte:

»Die Tatsache, daß die Deutschen an polnischen Juden Greueltaten begingen, war kein Grund zu der Annahme, sie würden sich den niederländischen Juden gegenüber genau so verhalten – erstens, weil sie für die polnischen Juden schon immer Mißachtung hatten, und zweitens, weil sie in den Niederlanden anders als in Polen vorsichtig sein und die öffentliche Meinung berücksichtigen mußten.«[186]

Bis September 1942 waren etwa 15 000 niederländische Juden nach Osteuropa geschafft worden. Einige Dutzend Briefe hatte man zwar bekommen, aber das genügte nicht, die Befürchtungen zu beschwichtigen. Radio Oranje, der niederländische Sender in London, den viele Niederländer hörten, verkündete am 27. Juni, daß 700 000 Juden umgebracht worden seien. Schon vorher hatte im Juni 1942 in der kommunistischen Untergrundzeitung *De Waarheid* gestanden, daß in manchen Gegenden, etwa der Ukraine, kein einziger Jude überlebt habe, daß Männer und Frauen, Kinder und alte Leute ausgelöscht wurden.

In einer eindrucksvollen Untersuchung, einem Musterbeispiel zeitgenössischer Geschichtsschreibung, hat Louis de Jong die damals in den Niederlanden vorhandenen Dokumente analysiert. Die Reden von Naziführern, deutschen und niederländischen, lassen kaum Zweifel zu. Wie aus internen Gestapoberichten hervorgeht, sprachen niederländische Freiwillige, die aus Rußland zurückkamen, offen über die bestialische Ermordung von Juden.[187] Einige Niederländer und Niederländerinnen, die als Häftlinge in Auschwitz gewesen waren, kamen 1942 zurück: SS-Männer und KZ-Häftlinge (aus dem gleichen Lager!) wurden zurückgebracht, um bei der Errichtung von Lagern zu helfen. Ein Niederländer, der in der Ukraine gewesen war, beklagte sich bei Anton Mussert, dem Führer der niederländischen Nazipartei (Nationaal-Socialistische Beweging), über die Scheußlichkeiten, deren Augenzeuge er gewe-

187

sen war. In der Rückschau hatten eine Menge Leute, Nichtjuden und Juden, von den Massakern in Osteuropa gehört. Für jeden Fall, der dokumentiert werden kann, mag es viele andere geben, für die es keine Unterlagen gibt. Manche Leute mögen die ›Gerüchte‹ glatt von sich gewiesen haben, viele waren aber auch tief beunruhigt. Die Deportationen gingen weiter, und immer mehr Juden erschienen nicht an den angegebenen Sammelplätzen, sondern versteckten sich, aber die Mehrheit leistete doch der schriftlichen Aufforderung Folge, sich am Bahnhof oder an einem anderen Ort einzustellen.

Dies führt unausweichlich zu dem Schluß, daß die niederländischen Juden bei allen bösen Ahnungen hinsichtlich der Deportationen entweder von den Todeslagern nichts gehört hatten oder nichts hatten hören wollen.

Ein Jahr später war die Reihe an den dänischen und griechischen, zwei Jahre später an den ungarischen Juden. Und die Reaktion war die gleiche. Die Juden Dänemarks hatten das Glück, eindringlich vor der bevorstehenden ›Aktion‹ gewarnt zu werden. Zuerst taten sie die Warnung als einen Akt der Provokation ab, obwohl der Hinweis von den Führern der Résistance gekommen war, deren Kompetenz und Integrität außer Zweifel stand. David Sompolinsky von der dänischen jüdischen Gemeinde versuchte später, eine Erklärung dafür zu finden:

»Wir begriffen die Lage nicht. Trotz aller Hinweise auf eine bevorstehende Aktion gegen die Juden blieben wir skeptisch. Dies war das Land, in dem ich aufgewachsen war, in dem ich noch nie mit irgend jemandem Streitigkeiten hatte. Ich hatte keinerlei Kontakt mit deutschen Soldaten, und es war die reine Unvernunft, anzunehmen, sie würden ohne Grund, ohne eine Spur moralischer Berechtigung Bürger dieses Landes festnehmen, einsperren oder deportieren. Theoretisch wußten wir, daß es möglich war und daß es in anderen Ländern geschah, aber wir konnten uns einfach nicht vorstellen, daß es uns zustoßen könnte. Unmenschlichkeit, Brutalität, Mißachtung aller menschlichen Gefühle und das Fehlen jegli-

188

chen Sinns für Gerechtigkeit – es war undenkbar, daß Menschen dessen fähig sein könnten.«[188]

Sompolinsky beschreibt, wie gegen Ende des jüdischen Neujahrsgottesdienstes 1943, der in Privathäusern stattfand, ein junger Däne hereinkam und mit ruhiger Stimme erklärte, die Juden sollten sofort verschwinden, weil die Deutschen sie wahrscheinlich in den nächsten Stunden verhaften würden. Aber die anwesenden Juden hatten so etwas schon zuvor gehört und waren nicht allzu sehr beeindruckt. Daraufhin war es mit der Ruhe des jungen Mannes vorbei. Sompolinsky: »Mit erstickter Stimme flehte er uns an, die Häuser zu verlassen. Er beschwor uns, ihm zu glauben, und verließ uns mit Tränen in den Augen.«

Erst dann waren die meisten Juden bereit, darüber nachzudenken, ob an den Gerüchten nicht doch etwas Wahres sein könnte. Nicht alle waren völlig überzeugt, aber sie versteckten sich auf dem Land und entkamen später großenteils nach Schweden.

Dagegen wurde die Mehrheit der Juden Griechenlands nicht gerettet, und 1944 gingen Hunderttausende ungarischer Juden zugrunde. Die meisten europäischen Juden waren längst tot, was in ganz Europa im Rundfunk und in der Untergrundpresse verbreitet worden war. Aber die Hoffnung, was anderswo geschah, würde im eigenen Land nicht geschehen, behielt die Oberhand.

Viele Monate lang glaubten die polnischen Juden, die Massentötungen würden auf die besetzten Gebiete der Sowjetunion beschränkt bleiben. Als die ›Aktionen‹ innerhalb Polens einsetzten, dachte man allgemein, es handle sich um vereinzelte und eigenmächtige, nicht offiziell angeordnete Maßnahmen irgendwelcher Ortskommandanten. Nachdem bereits ganze Gettos liquidiert waren, herrschte immer noch die Meinung, die Nazis würden es nicht wagen, Hunderttausende von Menschen in der Hauptstadt zu töten. Als die Deportationen in Warschau begannen, dachte man, daß nur die davon betroffen würden, die nicht in den Werkstätten und Fabriken für die Kriegswirtschaft produzierten. Unter den deutschen und österreichischen Juden herrschte die Anschauung, daß

189

die Nazis zwar durchaus imstande seien, jede vorstellbare Grausamkeit an russischen und polnischen Juden zu begehen, die sie als eine mindere Spezies Mensch betrachteten, daß sie aber Juden ihres eigenen Kulturkreises anders behandeln würden. Französische, italienische und niederländische Juden ihrerseits waren überzeugt, daß die Nazis zwar ihre eigenen (deutschen) Juden immer gehaßt und verachtet hätten, daß sie aber ihr Ressentiment nicht unbedingt auch auf die westeuropäischen Juden übertragen würden, die sie kaum kannten.

Die Strategie der Täuschung spielte natürlich auch eine gewisse Rolle. Hitler, Goebbels und andere Naziführer hatten den Juden die Auslöschung angedroht, aber das konnte eine Menge anderer Maßnahmen bedeuten als Massenmord: Zwangsumsiedlung nach Madagaskar oder Patagonien oder sonstwohin. Bis zum heutigen Tag ist kein schriftlicher Befehl Hitlers gefunden worden, die europäische Judenschaft zu töten, und aller Wahrscheinlichkeit nach hat es ihn nie gegeben. Im Laufe des Krieges erklärte Himmler immer wieder, daß die ganze Angelegenheit strikter Geheimhaltung unterliege und deshalb der SS und nicht staatlichen Organen obliege. Ein Ausdruck wie Töten wurde nicht einmal bei der Wannsee-Konferenz gebraucht, als die organisatorische Vorbereitung des Massenmordes besprochen wurde. Es war immer von ›Endlösung‹, ›Umsiedlung‹, ›Sonderbehandlung‹, ›Arbeitseinsatz‹ die Rede. NS-Funktionäre außerhalb Deutschlands betonten auch immer wieder, daß das Leben im Osten anfänglich hart, aber gesund, produktiv und schließlich für die Juden lohnend sein werde. Als 1942 die ersten Nachrichten über Massenmorde außerhalb Deutschlands umliefen, wurde Fritz Fiala, Schriftleiter des *Grenzboten,* des Organs der Volksdeutschen in der Slowakei, von Eichmann entsandt, um Juden aufzusuchen, die in den Osten ›umgesiedelt‹ worden waren. Fialas Artikel, der über ganz Europa verbreitet wurde, schilderte Eindrücke von einem jüdischen Kaffeehaus mit einem jüdischen Polizisten davor, einer Gruppe lächelnder jüdischer Krankenschwestern und gutgenährter junger Männer.[189] Wie

Fiala schrieb, waren alle Juden, mit denen er gesprochen hatte, mit ihrem Los zufrieden:

»Alle ihre Ängste waren zerstreut, kein einziges ihrer Argumente [gegen die Verschickung] war gerechtfertigt.« Einer von den Juden ging sogar so weit, Fiala zu sagen: »Ich wollte, die ganze Welt wüßte, mit wie viel Menschlichkeit Deutschland uns hier behandelt.«

Fiala nannte den Namen des Lagers nicht, es war aber, wie sich nach dem Krieg herausstellte – Auschwitz.[190]

Es gab noch andere Mittel der Falschinformation. Als später im Verlauf des Krieges Slowaken von Rang leicht beunruhigt den Deutschen gegenüber ›phantastische Gerüchte‹ über das Schicksal der ›evakuierten‹ Juden erwähnten, wobei sie taten, als hätten sie keine Ahnung, was mit jenen in Polen geschah, verwies Eichmann auf mehr als tausend Briefe und Postkarten, die von deportierten Juden in den vergangenen zwei Monaten in der Slowakei eingetroffen waren. Mit dieser Methode ging man von Anfang an vor. Nach der Ankunft in den Todeslagern wurden die deportierten Juden angewiesen (und manchmal gezwungen), Briefe, die gewöhnlich nicht datiert waren, an ihre Familien und Freunde zu schreiben· man habe genug zu essen, die Unterbringung sei zufriedenstellend, der Gesundheitszustand ausgezeichnet. Die Absendung dieser Briefe und Postkarten wurde von der Lagerkommandantur über mehrere Monate hin verteilt; mehrere Dutzend kamen jeden Monat etwa in den Niederlanden oder anderen Ländern an, lange nachdem die Briefschreiber tot waren. Manche der Deportierten überlebten in Auschwitz drei oder auch sechs Monate, wenn man sie zur Arbeit in einer Fabrik oder vielleicht auch zum Spiel im Lagerorchester ›selektiert‹ hatte. Auch sie schrieben weiterhin Briefe, und so war das Ergebnis ein ständiges ›Tröpfeln‹ schriftlicher Nachrichten. Jede dieser Botschaften hatte ein vielfältiges Echo.

Der niederländisch-jüdische Historiker von Rang, Jacob Presser, schrieb:

»Für jene, die das Beste glauben wollten und es unter allen Umständen glauben wollten, wogen die Briefe schwerer als alles andere, als noch so viele Gerüchte über deutsche Ausrottungsdrohungen.«

Zwischen Juli 1942, dem Beginn der Deportationen, und Oktober 1943 trafen aus den Lagern im Osten insgesamt 1700 Briefe und Karten in den Niederlanden ein. Dies bedeutet, daß nur eine Familie von zehn geschrieben hatte – und nur ein einziges Mal. Bei diesem Stand der Dinge hätten Ahnungen Gewißheit werden müssen. Sie taten es aber nicht, denn der psychologische Abwehrmechanismus war zu stark. De Jong erwähnt den Fall von Leo Laptos, eines polnischen Häftlings, der als Apotheker in Auschwitz-Birkenau gearbeitet hatte und in die Niederlande überstellt wurde. Er erzählte dem Arzt Dr. van der Hal, der im Judenlager Vught einsaß, daß nach Ankunft der Judentransporte in Auschwitz die meisten Juden sofort vergast und verbrannt wurden. Laptos lieferte weitere Einzelheiten zu diesen Vorgängen. Als van der Hal in ein anderes Lager verlegt wurde, erzählte er mehreren jüdischen Ärzten davon, aber der Eindruck, den er gewann, war der, »daß sie sich ganz einfach weigerten, mir zu glauben, obwohl sie von meinem Bericht sichtlich erschüttert waren«.[191] Als dieser Fall nach dem Krieg vor Gericht zur Sprache kam, konnten sich zwei der drei Ärzte nicht mehr erinnern, daß sie je über dieses Thema mit Dr. van der Hal gesprochen hatten. Nun haben Ärzte häufiger als andere Menschen mit dem Tod zu tun und müssen sich der Vergänglichkeit des menschlichen Daseins bewußt sein. Wenn aber sogar Ärzte Opfer der Selbsttäuschung werden, kann man die Reaktion anderer begreifen.

Die Neigung, eine unangenehme Wirklichkeit nicht zu akzeptieren, zeigen mehr oder weniger ausgeprägt die meisten Menschen. Das Verdrängungssyndrom tritt häufig bei Sterbenden auf. Um einen ärztlichen Fachmann zu zitieren:

»Das richtige Erkennen des wahren Stands der Dinge schließt eine Ablehnung der Tatsachen nicht aus... Nur wenige Menschen leben ständig mit dem Gedanken an den kommenden Tod. Schließlich befinden sie sich nicht im Stadium des Sterbens, und so gibt es keinen Grund, warum die bösen Ahnungen nicht durch eine tröstliche Inkonsequenz gemildert werden sollten.«[192]

Die Verleugnung der Wirklichkeit zeigte sich einerseits in der Bereitschaft, an noch so phantastische Gerüchte zu glauben, und andererseits in der Weigerung, über den Tod zu sprechen, worin sich die instinktive Furcht ausdrückte, man ziehe das Übel dadurch näher an sich heran. Es gab ständig Gerüchte, der Krieg werde bald zu Ende gehen, Hitler sei gestorben, die Alliierten würden eine Wunderwaffe einsetzen, man werde allen Juden erlauben, nach Palästina auszuwandern und so fort.* Der Glaube an solche Gerüchte kann mit dem Glauben eines Sterbenden an ein Wunderheilmittel verglichen werden.

Aber der Vergleich wäre irreführend: die Weigerung, sich dem Schicksal zu ergeben, und die vage Hoffnung sterbender Menschen mögen der äußersten Aussichts- und Hoffnungslosigkeit vorzuziehen sein. Die Lage der Juden, die nach den ersten Deportationswellen übriggeblieben waren, stellte sich anders dar. Manche überlebten; mehr wären am Leben geblieben, hätten sie sich keinen falschen Hoffnungen hingegeben und sich einer noch so furchtbaren Wirklichkeit gestellt.

Es erhebt sich die Frage, ob die dänische oder niederländische oder französische Judenschaft in echter Unwissenheit lebte, und ob es daher bei ihnen kein Fall von Verschließung vor der Wirklichkeit war. Es scheint in den meisten Fällen so zu sein. Aber je näher bei den Todeslagern sie lebten, um so genauer und frühzeitiger mußten sie es wissen. Russische Juden, von der Außenwelt abgeschnitten und isoliert, hatten anfangs keine Ahnung von Einsatzgruppen und deren Zweck. Nach einigen Monaten liefen Gerüchte um, und im

---

* Davon handelt der in einem Warschauer Getto spielende Roman von Jurek Becker, *Jakob der Lügner*, Frankfurt, a. M. 1977. Jakob hat fälschlicherweise angedeutet, er besitze einen Radioapparat, und ist seitdem gezwungen, sich ständig neue Nachrichten auszudenken, denn die Neugier seiner Gettogenossen ist unersättlich.

Frühjahr 1942 war in Polen so viel bekannt, daß Selbstmord als möglicher Ausweg erschien. Gerüchte, gewiß, aber sie waren hartnäckig und stammten aus vielerlei Quellen; sie hatten nicht jedermann erreicht, aber unter prominenten und gebildeten Leuten kann es nicht viele gegeben haben, die nicht davon gehört hätten. Bei Sterbenden kann selbst größte Entschlossenheit den Tod nicht abwenden. Im Falle der osteuropäischen Judenschaft jedoch hätte die Erkenntnis der Realität wahrscheinlich mehr Menschen zur Flucht oder zum Widerstand veranlaßt. Die meisten wären wohl dennoch gestorben, aber jedenfalls weniger, als tatsächlich zugrunde gingen.

Man hat leitenden Mitgliedern der Gemeinden, die mehr als andere über die ›Endlösung‹ wußten, Vorwürfe gemacht. Soviel man weiß, waren auch sie Opfer der Verdrängung der Wirklichkeit, andere fanden sich zwar damit ab, verfolgten aber die in ihren Augen einzig mögliche Strategie des Zeitgewinnens, die sich schließlich als nutzlos herausstellte. In einem Abschnitt seines Buches, der alles enthält, was darüber zu sagen ist, räumt Louis de Jong ein, daß das alles einer jüngeren Generation schwer zu erklären ist, weil ihr Geschichte in simplifizierter Form nahegebracht wird, wodurch die grausame Realität Tausender furchtbarer Tage und Nächte nur verzerrt dargeboten wird:

»Hitler hatte es schlicht gesagt: man lasse den Krieg kommen, und die Gesamtheit des europäischen Judentums wird ausgerottet werden. Und der Krieg war gekommen. Warum also zog niemand die richtige Schlußfolgerung? Für uns ist es leicht, so zu fragen, denn wir sehen die Vernichtungslager und Gaskammern nur in der Rückschau von Jahren und sind frei von den immensen seelischen Belastungen des Krieges, frei von Furcht, von der tödlichen Furcht in ihrer nackten Form. *Le soleil ni la mort ne peuvent se regarder fixement** schrieb François La Rochefoucauld, der aber an den Menschen als Einzelwesen dachte. Aber die Gaskammern bedeute-

---

* »Der Mensch kann weder der Sonne noch dem Tod starr ins Auge sehen«

ten Tod – und was für einen Tod – nicht nur für einen einzelnen Menschen, sondern für alle, die jedem lieb und teuer waren: für die Eltern und Großeltern, die Kinder und Enkel, die Verwandten, die Freunde. Klein muß wahrhaftig die Zahl derer unter den zum Tod getriebenen Millionen gewesen sein, die es fertigbrachten, sich der furchterregenden Wahrheit zu stellen. Und wir würden einem großen historischen Irrtum unterliegen, wollten wir die besondere Abwehrhaltung außer acht lassen, mit der sich die Opfer zu schützen versuchten – nicht ständig, wohlgemerkt, sondern bei den sich in Abständen wiederholenden Signalen der nahenden Katastrophe – und diese Haltung als bloße Symptome der Blindheit oder Torheit auffassen; viel eher entsprang diese Verteidigung tiefen, jedem Menschen innewohnenden Regungen – Liebe zum Leben, Furcht vor dem Tod und der verständlichen Unfähigkeit, die Realität des größten Verbrechens in der Geschichte der Menschheit zu erfassen.«[193]

Wenn die Juden des besetzten Europa vor dem Gerichtshof der Geschichte eine Verteidigung brauchten, so könnte ihr Fall nicht knapper und fairer dargelegt werden. Wer aber ist befugt, ein Urteil über sie abzugeben? Sicherlich nicht jene, die überlebten, weil sie sich außerhalb des Zugriffs Hitlers befanden, und auch nicht, die nach dem Zweiten Weltkrieg geboren wurden. Sie werden nicht das Geringste begreifen. Auch wer in seiner Lebenserfahrung in Zeit und Raum von den Ereignissen nicht so weit entfernt ist wie die Generation der Nachkriegszeit, kann befriedigende Erklärungen nur für einige der Fragen geben, die aus der Katastrophe resultieren. Andere werden wohl für immer unerklärlich bleiben.

6

Das Weltjudentum: von Genf nach Athlit

›Weltjudentum‹ ist ein Ausdruck, der von Juden, von ihren Freunden und von ihren Feinden häufig gebraucht wurde. Als politische Realität hat es natürlich nie existiert. Als der Zweite Weltkrieg ausbrach, waren die jüdischen Gemeinden nicht einiger als in der Vergangenheit. Sie koordinierten ihre internationalen Aktivitäten während des Krieges, aber es gab nie eine zentrale Führung oder eine organisatorische Einheit. Die Zionisten wie auch die verschiedenen unpolitischen Hilfs- und Rettungsorganisationen hatten ihre Emissäre im nicht besetzten Europa. Die orthodoxen, religiösen Gruppen hatten ihre eigenen kleinen Gliederungen und hielten Distanz zu den übrigen. Es gab keine zentrale Körperschaft, die die Nachrichten aus dem besetzten Europa gesammelt und gesichtet hätte. Die meisten Zionistenführer lebten in Palästina und waren hauptsächlich mit den Gefahren beschäftigt, denen sich die jüdische Gemeinde in diesem Land gegenübersah. Manche befanden sich in Amerika, physisch und psychologisch weit entfernt von den Ereignissen in Europa; auch Chaim Weizmann, der in London seinen Sitz hatte, war fast das ganze Jahr 1942 in den Vereinigten Staaten.

Die Zionistenführer befaßten sich vorrangig mit Überlegungen hinsichtlich der Zukunft. Wie der Erste Weltkrieg dem Zionismus eine Chance geboten hatte, schien auch das Ende des Zweiten Weltkriegs wieder eine günstige Gelegenheit zu versprechen, auf die sie vorbereitet sein wollten. 1942 war das Jahr des Biltmore-Programms, in dem David Ben Gurion seine Pläne für einen jüdischen Staat umriß. Dazu gehörte auch die sofortige Überführung von zwei Millionen Juden nach Palästina. Weizmann war von

196

solchen astronomischen Zahlen nicht begeistert; auch befürchtete er, daß ein Viertel des jüdischen Volkes in Europa den Krieg nicht überleben werde. Wie auch immer ihre Differenzen waren, die ›Maximalisten‹ wie die ›Minimalisten‹ unter den Zionisten planten für die Nachkriegswelt. »Eine Heimat für wen?« fragte Chaim Greenberg, der bekannte jüdische Schriftsteller im Februar 1943, »für die Millionen Toten in ihren Massengräbern in Europa?« Es war zu jener Zeit eine einsame Stimme.

Die einzige Vereinigung, die mehrere Organisationen umfaßte, war der Jüdische Weltkongreß (World Jewish Congress), ein freiwilliger Zusammenschluß jüdischer Gemeinden und Organisationen, gegründet, »um den Fortbestand des jüdischen Volkes zu sichern und seine Einheit zu fördern«. Der Weltkongreß war 1936 bei einem Treffen in Genf, an dem Delegierte aus 32 Ländern teilnahmen, gegründet worden. Präsident war Rabbiner Stephen Wise, der große alte Mann der amerikanischen Judenschaft; als Vorsitzender fungierte Nahum Goldmann. Wise war eine einflußreiche Persönlichkeit in der amerikanischen Politik. Er hatte Präsident Wilson nahegestanden und war der einzige Jude von Bedeutung, der Zugang zu Roosevelt besaß. Wise hatte an der Versailler Friedenskonferenz teilgenommen und für die Rechte der Juden (und der Armenier) gesprochen. Er war zwar ein Mann von großem Charme und moralischer Stärke, ein standhafter Fechter für manche gute Sache, aber seine Erfahrungen hatte er hauptsächlich in inneramerikanischen Angelegenheiten gesammelt; auch eignete ihm ein Anflug von Naivität. Goldmann war anders; er war mit allen führenden Persönlichkeiten seiner Zeit zusammengekommen, er war ein Mann von Welt *par excellence*. Aber bei all seinen Reisen und Talenten als Diplomat der alten Schule hatte seine politische Urteilskraft ihre Grenzen. 1931 war er am Sturz Weizmanns als Führer der zionistischen Bewegung beteiligt, weil Weizmann den Arabern gegenüber zu nachgiebig war, und Anfang 1933 hatte er prominenten deutschen Juden versichert, es sei undenkbar, daß Großbritannien und Frankreich die Machtergreifung Hitlers zulas-

sen würden. Es hatte vorher und nachher bei ihm solche Fehlein-
schätzungen gegeben.

Es war durchaus nicht einzusehen, warum die beiden maßgebenden Männer des Jüdischen Weltkongresses in New York lebten,
weit weg von der Tragödie in Europa. Wenn auch Wise wegen
seiner vielen Verpflichtungen und Verbindungen nach New York
gehörte, wäre Goldmanns Platz eigentlich in London gewesen. Man
mochte einwenden, daß Washington politisch viel wichtiger war als
London: die britischen Juden waren nie ein bedeutender politischer
Faktor gewesen und hatten in jüngster Zeit auch keine Persönlichkeiten hervorgebracht, die an Statur einem Brandeis oder Wise
vergleichbar gewesen wären. Trotzdem war London ein wichtiger
Horchposten und der gegebene Ort, politische Initiativen zu ent-
wickeln. Aber offenbar glaubte Goldmann nicht an die Möglichkeit, politisch etwas zu bewirken. In einer Rede im November 1941
sagte er, hinsichtlich der europäischen Juden gehe es eher um
Hilfeleistungen als um Politik. Eine politische Intervention sei ohne
Wert, weil die meisten Regierungen Europas praktisch Marionet-
ten Deutschlands seien:* eine seltsame Äußerung seitens eines
Mannes, auf den andere in der Erwartung blickten, er werde
politisch tätig werden. Sie stimmte auch nicht mit seinen früheren
Erklärungen überein, als er feierlich verkündete, wenn nicht augenblicklich ein Versuch der politischen Intervention unternommen
werde, um die europäische Judenschaft zu retten, »wird unsere
Generation vor der jüdischen Geschichte mit schwerer Verantwortung belastet werden«.[194] Es war natürlich nicht so, daß Goldmann
sich nicht um die europäischen Juden gesorgt hätte. Der springende
Punkt war eben, daß trotz aller Zusammenkünfte mit den Mächti-

---

* *Congress Weekly*, 28. November 1941, Rede bei der Interamerikanischen Jüdischen Konferenz: »Es ist nutzlos, zu versuchen, die unsagbar tragische Lage der Juden in den von den Nazis
beherrschten Ländern durch politische Intervention verbessern zu wollen. Welchen Sinn hätte
es, bei den Regierungen Rumäniens, Bulgariens und Ungarns zu intervenieren, die praktisch
Satellitenregierungen Deutschlands sind?« Die rumänische, bulgarische und ungarische
Regierung waren keineswegs Ableger Deutschlands, wie ihre Reaktion auf deutsche Forderungen nach Auslieferung von Juden zeigen sollte.

gen und Berühmten seiner Zeit sein politisches Verständnis und seine Voraussicht nicht sehr tiefgründig waren, weniger tief jedenfalls als etwa bei Richard Lichtheim, der schon früh erkannte (und es in fast jedem Brief aus Genf wiederholte – mehr darüber später), daß der einzige denkbare Weg, wenigstens einen Teil der europäischen Judenschaft zu retten, eben der wäre, auf die Satellitenstaaten ein Maximum an Druck auszuüben.

Als nun gegen Ende 1941 und 1942 die ersten Nachrichten über Massenmorde London erreichten, waren alle maßgebenden Männer des ›Weltjudentums‹ in weiter Ferne, und keiner war gut informiert. Der britischen Sektion des Jüdischen Weltkongresses, wo einige der ersten Nachrichten einliefen, stand Eva Marchioness Reading, eine Tochter Alfred Monds, vor. Eine große Lady mit viel Verantwortungsgefühl und politischen Verbindungen, Spezialistin in der Kinderfürsorge, war sie eine Galionsfigur des Kongresses.

Die Sekretäre der Sektion London waren Noah Barou und Alex Easterman. Leiter der Abteilung Internationale Angelegenheiten beim Weltkongreß in New York war Maurice Perlzweig, der im Rabbinat ausgebildet worden war; er war außerdem ein Neuling im Kongreß, da er erst 1942 von London nach New York versetzt worden war. Alle Genannten waren kompetent und hart arbeitende Leute, wären aber selbst als erste bereit gewesen zu erklären, daß sie nicht über genügend Wissen und Erfahrung verfügten, um mit Ereignissen von solcher Ungeheuerlichkeit fertigzuwerden, die niemand hatte vorhersehen können. Sidney Silverman war Vorsitzender der britischen Sektion des Kongresses, ein Labour-Parlamentarier vom linken Flügel – wie Stephen Wise etwas naiv, aber der geborene Kämpfer, der intuitiv begriffen zu haben scheint, daß das europäische Judentum vor einer in seiner Geschichte einmaligen Katastrophe stand und daß schnell gehandelt werden müsse.

Über die Unterdrückung des Riegner-Telegramms durch das State Department ist viel geschrieben worden. Beträchtlich länger wurde die Nachricht aus purem Unvermögen von maßgebenden

Juden in New York, London und sogar in Jerusalem zurückgehalten, wie Stephen Wise im Dezember 1942 an Präsident Roosevelt schrieb: »Es ist mir gelungen, zusammen mit den Vorsitzenden anderer jüdischer Organisationen, sie [die Telegramme über systematischen Massenmord] aus der Presse herauszuhalten.«[195] Verläßliche Berichte hatte es schon vor dem Riegner-Telegramm gegeben, sie waren aber alle ignoriert worden. Die Jewish Agency und der Weltkongreß wurden von ihren eigenen Vertretern mit Informationen überschwemmt, aber man begriff offenbar nicht, was man las, und glaubte den eigenen Informanten nicht.

Wie es sich mit den Berichten Richard Lichtheims aus Genf verhielt, darauf komme ich später zurück. Sie wurden in Jerusalem, London und New York gelesen, es erfolgte nichts, weder eine Veröffentlichung noch eine politische Aktion. Dem Riegner-Bericht erging es zuerst nicht besser. Sidney Silverman unterrichtete Wise und Goldmann am 24. August 1942 durch ein Telegramm über den Inhalt des Riegner-Telegramms. In einem anderen, von Barou und Easterman unterzeichneten Telegramm vom 1. September regte die Londoner Sektion des Weltkongresses eine sofortige Aktion an:

»anregen dringend folgende aktion stop erstens öffentliche erklärung leitende politische religiöse andere instanzen aller freien länder stop zweitens pressekonferenz stop drittens kontaktaufnahme mit vatikan stop viertens wir drängen auf formelle kategorische erklärung der vereinten nationen.«*

In New York bestand zuerst die Neigung, an die Öffentlichkeit zu treten, aber dann gewannen andere und weniger kluge Ratschläge das Übergewicht. Man entschied, daß Rabbi Wise sich an das State Department um Rat wenden solle: hatte Washington etwas von der Sache gehört, welche Art von Aktion schlage Washington vor? Wise und Goldmann hatten eigentlich keine Zweifel an der Au-

---

* Dieses Telegramm passierte die amerikanische Zensur und wurde an das State Department weitergeleitet. Eine Notiz für A. A. Berle wurde angeheftet: »Wir unterdrücken, wenn Sie einverstanden sind.« NA 862.4016/2238.

thentizität der Nachrichten. Perlzweig schrieb am 3. September an Easterman:

»Das [Riegner-]Telegramm… hatte eine Wirkung, die ich nur als niederschmetternd bezeichnen kann. Niemand hier denkt daran zu bezweifeln, daß die Information wenigstens substantiell richtig ist. Es ist verzweifelt schwierig, zu wissen, was zu tun wäre. Wir dachten zuerst an Veröffentlichung, aber dann überlegten wir: wenn die Nachricht nach Europa durchsickert, hat sie eine demoralisierende Wirkung auf die ausersehenen Opfer, denen keine Hoffnung bleibt. Wir entschlossen uns, bestmöglichen Rat zu erbitten.«[196]*

Die Frage blieb, ob sie die bestmögliche Antwort vom State Department bekommen würden, das ja zuerst versucht hatte, ihnen die Information vorzuenthalten. Sie wußten offenbar nicht, wie sie reagieren sollten, und wollten etwas Zeit gewinnen. Vielleicht dachten sie auch, es bestehe eine leise Hoffnung, daß die Nachricht falsch oder wenigstens übertrieben sei.

In späteren Jahren wurde dies zum Anlaß mancher Vorwürfe. In einem Brief an einen nichtjüdischen Freund schrieb Wise im September 1942: »Der Jammer meines Volks bringt mich dem Wahnsinn nah.« Er setzte aber nicht Himmel und Hölle in Bewegung, wie die Polen verlangt hatten, und hoffte beim Fehlen einer Aktionslinie auf Roosevelt, den er so sehr bewunderte. Wenn man Wise mit Kritik überhäufte, so zweifellos deswegen, weil er zuhause und im Ausland der bekannteste führende Jude war. Andere Prominente verhielten sich nicht anders und schoben die Information beiseite, die aus Polen wie die makabre Phantasmagorie eines schlafwandlerischen Sadisten aufgetaucht war, denn, wie jemand es

---

* In einer im November 1944 gehaltenen Rede erklärte Goldmann, daß er und Wise dem Ersuchen des State Department zu entsprechen hatten, die »Greuelgeschichten« vorläufig nicht zu veröffentlichen, denn sonst wäre dieses Telegramm das letzte gewesen, das man aus Genf bekommen hatte. Sie hatten aber die Information jedenfalls nicht über das State Department erhalten, und Washington versuchte später, im Februar 1943, die Weiterleitung von Nachrichten zu stoppen; außerdem gab es andere Kanäle für die Übermittlung von Nachrichten aus der Schweiz in die Vereinigten Staaten.

formulierte, solche Dinge geschehen eben nicht im zwanzigsten Jahrhundert.[197] Chaim Greenberg beschuldigte den Amerikanischen Jüdischen Kongreß der verbrecherischen Saumseligkeit. Er sagte aber auch, daß dies die einzige Organisation sei, die das Thema wenigstens nicht unterdrückte. Die Schuld liege nicht bei einigen wenigen Männern oder Gruppen, sondern bei den hartherzigen amerikanischen Juden, die sich »gegen Qual und Mitleid wappnen. Wir sind so abgestumpft, daß wir sogar die Fähigkeit verloren haben, wahnsinnig zu werden.«[198]

Um dem State Department Gerechtigkeit widerfahren zu lassen: es stellte in der Tat Nachforschungen an und erhielt Anfang August einige Informationen. Dies bezieht sich vor allem auf ein Telegramm des US-Botschafters in Stockholm, der von den Polen erfahren hatte, daß 60 000 Juden in Wilna und mehr noch in Ostgalizien und in der Ukraine umgebracht worden seien.[199] Das State Department fragte deswegen beim Vatikan an – in alten Zeiten pflegten Könige und Potentaten das Delphische Orakel mit ähnlichen Resultaten zu befragen. Inzwischen wurden Juden in Auschwitz und Treblinka, Sobibor, Belzec und Chelmno in Raten von 5 000 bis 10 000 täglich getötet. »verzweifelt auf antwort wartend« telegrafierten Barou und Easterman am 9. September. Wise und Goldmann konnten ihre Kollegen in London etwas beruhigen, denn man hatte ihnen gesagt, daß die Deportationen aus Warschau dem Arbeiternachschub zum Bau von Befestigungen an der polnisch-sowjetischen Grenze gälten (das hatte Roosevelt offenbar Felix Frankfurter erzählt); man müsse auf die Rückkehr Myron Taylors, des US-Vertreters beim Vatikan warten, außerdem sei ein passender Zeitpunkt für die Veröffentlichung zu wählen. »dringend verschiebung veröffentlichung bis beste wirkung in ganzer amerikanischer presse erzielbar« lautete eine andere Botschaft von Goldmann, Wise und Perlzweig nach London, und in einem späteren Telegramm vom 9. Oktober hieß es: »problem von höchsten stellen erwogen stop deren richtlinien maßgebend stop department tief mitfühlend kooperativ.«[200]

Die Erwähnung »höchster Stellen« war ganz einfach falsch: weder der Präsident noch der Außenminister widmeten sich dem Problem. Auch ist nicht klar, was mit dem Warten auf Wirkung gemeint war. Gewiß, es wäre höchst wünschenswert gewesen, wenn die amerikanische Regierung offiziell die Nachricht aus Genf bestätigt hätte und wenn dies die jüdischen Führer im Protest geeinigt und zur Anregung wirksamer Gegenmaßnahmen geführt hätte. Wie aber konnten sie nur eine Sekunde lang erwartet haben, so etwas könnte geschehen? Und glaubten sie wirklich, das State Department sei »tief mitfühlend«?

Inzwischen hatten sich die ungeduldig wartenden Londoner Weltkongreßleute entschlossen, von sich aus Nachforschungen anzustellen. Dies endete in einer Tragikomödie, in der Befragung von Eduard Benesch, des im Exil lebenden Präsidenten der Tschechoslowakei, der sich den Ruf erworben hatte, die allerbesten Kenntnisse über das Geschehen in dem von den Nazi besetzten Europa zu haben. Der tschechoslowakische Geheimdienst erhielt ziemlich regelmäßig Berichte des deutschen Abwehrmannes Paul Thümmel (A-54), der bei mehreren Gelegenheiten Information von Wichtigkeit geliefert hatte.[201] Als Easterman im September zu Benesch ging und ihn fragte, sagte dieser, der Riegner-Report sei nicht gerade falsch, aber wahrscheinlich eine Provokation seitens der Deutschen, mit der beabsichtigt sei, ihre Rache zu rechtfertigen, sollte eine Veröffentlichung im Westen erfolgen. Er riet eindringlich davon ab; er werde versuchen, mit Hilfe der besten Geheimdienstkräfte Europas Nachforschungen anzustellen. Darüber verging viel Zeit, und am 6. November 1942 fragte Easterman bei Benesch an und bat um Auskunft. In seiner Antwort schrieb Benesch, er habe aus zwei voneinander unabhängigen Quellen Nachrichten bekommen: die Deutschen bereiteten keinen Plan zur totalen Ausrottung der Juden vor. Es seien Juden in ihren Wohnorten belassen worden, sie könnten sich ungehindert bewegen. Es sei durchaus möglich, daß die Nazis härteren Druck ausüben würden, wenn die Niederlage näherrücke, was sich aber gegen alle unterworfenen Völker richten werde. Den Juden würde keine Sonderbehandlung zuteil.[202]

Um es zu wiederholen: dieser Brief wurde im November 1942 geschrieben, also ein Jahr, nachdem die Deportationen aus dem Protektorat begonnen hatten. Bis November waren in Böhmen/Mähren kaum noch Juden übriggeblieben, die meisten bereits tot. Da bleibt nur die Frage, ob hier ein weiteres Versagen der Geheimdienste vorliegt oder ob Benesch, der seine Beurteilung auf sie stützte, bewußt irregeführt wurde. Auf Grund der vorhandenen Unterlagen kann darauf keine schlüssige Antwort gegeben werden. Im Jahr 1941 stand der tschechische Widerstand durch mehrere Stationen mit London in Funkverbindung, die aber alle von der Gestapo lokalisiert wurden, die letzte im Oktober 1941. Fallschirmjäger aus London lieferten einen neuen Sender, der von Januar bis Juni 1942 arbeitete. Im zweiten Halbjahr 1942 scheint der einzige Kontakt zwischen Prag und London durch Kuriere hergestellt worden zu sein. Ein weiterer Sender (›Barbora‹) war von Mitte November 1942 bis Anfang Januar 1943 in Betrieb, d. h. also erst nachdem Benesch den Brief an Easterman geschrieben hatte.[203] Überdies hatte die Gestapo bis Anfang 1942 Beweise gesammelt, daß Thümmel ein Verräter war. Er wurde aus der Haft nur entlassen, um den Sicherheitsdienst (SD) zu Schlüsselfiguren des tschechischen Untergrunds zu führen.[204] Berichte über die Lage im Protektorat erreichten Benesch immer noch durch Flüchtlinge und Kuriere, so z. B. im Juni 1942 ein eingehender Report eines Lehrers, der einen Monat zuvor geflohen war. Auschwitz und Giftgas wurden darin erwähnt, aber er enthielt kein Wort über das Schicksal der Juden. Im selben Monat erhielt Bruce Lockhart von der Political Warfare Executive aus tschechischen Geheimdienstquellen einen ausführlichen Bericht über die Verhältnisse im Protektorat, in dem von den Juden die Rede war. Es wurden aber nur Klagen gegen sie vorgebracht: sie seien Handlanger der Germanisierung, und es herrsche allgemein die Ansicht, »daß die Juden es nach dem Krieg nicht wagen dürfen, in die Politik zu gehen, am öffentlichen Leben teilzunehmen oder sich als Ärzte oder Anwälte niederzulassen. Wenn man dies nicht beachtet, könnten sich unangenehme politische Konsequenzen ergeben.« Andererseits wußte die tschechoslowakische Exilregierung durchaus von der Deportation von Juden aus der Slowakei.[205]

Aus alledem geht hervor, daß der tschechische Geheimdienst in diesem bestimmten Zeitabschnitt weniger gut informiert war als vorher oder nachher. Es stimmt auch, daß die Lagebeurteilungen Beneschs im allgemeinen öfter falsch als richtig waren. Man brauchte aber überhaupt keinen Geheimdienst, um zu wissen, daß die tschechischen Juden deportiert worden waren. Die Prager Zeitungen und sogar das deutsche Nachrichtenbüro *Dienst aus Deutschland* berichteten darüber.[206] Die irreführende Äußerung Beneschs wurde von den Ereignissen überholt. Einige Tage danach rief Unterstaatssekretär Sumner Welles Stephen Wise zu sich und sagte ihm, daß die fragliche Information aus Europa im wesentlichen richtig sei. Ob die amerikanische Regierung etwas unternehmen werde, blieb offen. So berief Wise für den 24. November eine Pressekonferenz ein, auf der er sagte, er habe »aus zuverlässiger Quelle erfahren, was vom State Department bestätigt wurde«, daß die Hälfte der vier Millionen Juden, die im besetzten Europa lebten, in einer Ausrottungskampagne getötet worden waren.[207] Die Veröffentlichung konnte nicht mehr hinausgeschoben werden. Zwei Tage zuvor hatte die Jewish Agency in Jerusalem offiziell bekanntgegeben, daß die schreckliche Nachricht aus Osteuropa der Wahrheit entspreche.

Wie hatte die Information vor allem die jüdischen Organisationen erreicht? Es gab viele Dutzende von Einzelnachrichten, manche offenbar verläßlich, andere zweifelhaften Ursprungs, und sie waren durch viele Kanäle geflossen. Die Emissäre der jüdischen Organisationen in Genf, Stockholm und Istanbul lasen in den Zeitungen der besetzten Länder, der deutschen oder einheimischen Presse über das Verschwinden der europäischen Judenschaft. Die Zeitungen des Reichs brachten allerdings kaum jemals die Rede auf das Thema, und die Blätter von Belgrad, Preßburg, Krakau und Riga nicht sehr oft. Bei sorgfältiger Lektüre der Presse zeichneten sich jedoch gewisse Umrisse ab, die zum mindesten tiefe Furcht erregten. Wenn es stimmte, wie in diesen Zeitungen zu lesen war, daß Stadt auf Stadt ›judenrein‹ geworden war – einschließlich solcher mit einem jüdischen Vorkriegsbevölkerungsteil von 100 000 oder mehr Juden (wie etwa Kischinew), wenn ganze Landstriche ›gesäubert‹ worden waren, was war dann aus den Juden geworden?[208] Die einzelnen Meldungen besagten nicht viel, zusammengenommen aber ergab sich ein schreckenerregendes Bild.

Über eine noch direktere Informationsquelle soll später mehr gesagt werden. Postkarten und Briefe aus den von den Deutschen besetzten Ländern an Orte im neutralen Ausland erreichten gewöhnlich ihren Bestimmungsort. Post dieser Art konnte sogar in den meisten Gettos zur Beförderung aufgegeben werden und brauchte in die Schweiz oder nach Schweden ein bis zwei Wochen und nicht viel länger nach Spanien und in die Türkei. So gelangte die erste oder doch eine der ersten Nachrichten über Deportationen aus dem Warschauer Getto als Brief von Warschau in die Schweiz an die Adresse der Familie Sternbuch, Repräsentanten des orthodoxen Judentums in der Schweiz. Darin stand, daß »Mea alafim« (100 000) von »Mr. Hunter« in sein Landhaus »Kever« (Grab) eingeladen worden seien. Zwischen den meisten besetzten Ländern und Genf, wo Vertreter der jüdischen Organisationen wie Lichtheim, Riegner, Schwalb, Silbersheim und Ullmann ihre Büros hatten, gab es einen ziemlich regelmäßigen Briefwechsel. Nach 1943 erhielt Istanbul größere Bedeutung.

Viele wichtige Informationen konnten Personen geben, die aus den Gettos oder den Todeslagern geflohen waren. Es gibt eine umfangreiche Literatur über alliierte Soldaten, die aus Kriegsgefangenenlagern flohen, Bücher eines Genre, das viele Leser anzieht, weil der Mut und die Geschicklichkeit der Männer zu bewundern sind, die es fertigbrachten, aus den streng bewachten Lagern zu entkommen. Auch Juden gelang es. Es bestehen aber grundlegende Unterschiede zwischen einem wagemutigen Offizier und einem untrainierten Zivilisten, wenn er die Schweiz erreichen will. Das Schlimmste, das einen entflohenen Soldaten erwartete, waren einige Monate Einzelhaft.* Juden dagegen stand der sichere Tod bevor. Erreichte eine Militärperson die Schweiz, befand sie sich in Sicherheit, während der Jude aller Wahrscheinlichkeit nach zurück-, also in den Tod geschickt wurde, zumindest in der kritischsten Zeit des Krieges bis September 1943. Andererseits hatten die Juden nichts zu verlieren, und so floh eine beträchtliche Anzahl in alle Richtungen, die eine noch so geringe Aussicht auf Sicherheit zu bieten schienen. Tausende gingen in den Untergrund, verbargen sich in Städten, Dörfern oder Wäldern; viele lebten auch ein ›normales Leben‹, wenn es ihnen gelungen war, eine andere, nichtjüdische Identität anzunehmen. Fluchtmöglichkeiten gab es von den Niederlanden und Frankreich nach Spanien und in die Schweiz; dies bezieht sich auf die Untergrundroute, die von Joop Westerweel und Joachim Simon (Shushu) in den Niederlanden und von ›Croustillon‹ und ›Pierre Lacaze‹ in Südfrankreich eingerichtet worden war. Mehr oder weniger sichere Grenzübergänge waren bei Pau und Perpignan, Oloron und durch Andorra. Viele hundert Menschen entkamen so aus den besetzten Ländern. Juden aus den polnischen Gettos wandten sich nach Osten (in die Sowjetunion) und nach Süden durch die Slowakei nach Ungarn. Es gab jüdische Schmuggler und Taxi- und Lastwagenbesitzer, deren Hilfe unschätzbar war; die Grenzer nach Ungarn waren vielfach bestechlich. Von Ungarn setzten manche Flüchtlinge ihren Weg über Rumänien und die Türkei nach Palästina fort, als von 1942 an die rumänische Regierung prinzipiell die Emigration nicht mehr behinderte. Die Hauptschwierigkeiten, auf die die Juden stießen, bestanden darin, daß kein Land sie aufnehmen wollte. Die bekannteste, aber nicht die einzige Tragödie ist die der *Struma*, des Flüchtlings-

---

* Gegen Ende des Krieges wurden einige entflohene Kriegsgefangene erschossen, es blieb aber bei Einzelfällen.

schiffes, das torpediert wurde. Juden aus Kroatien und Südfrankreich suchten in Italien Zuflucht. Eine Gruppe jüdischer Landarbeiter ruderte von der dänischen Insel Bornholm nach Schweden; manche versuchten das gleiche von den Niederlanden aus nach Großbritannien. Es gab auch Juden, die mit falschen Papieren der Organisation Todt, dem deutschen Arbeitsdienst, beitraten. Man schickte sie in verschiedene Gegenden Europas, wo ihnen schließlich die Flucht gelang. Ein polnischer Jude, der sich in ein Arbeitsbataillon geschmuggelt hatte, gelangte von Norwegen nach Schweden. Manche erreichten Schweden als blinde Passagiere von baltischen Häfen aus. Deutsche Juden überschritten westlich des Bodensees mitten im Krieg die Grenze zur Schweiz. »Es ist ein Wunder, wie sie die Flucht bewerkstelligen«, schrieb Riegner im Juni 1942 an Goldmann; »während der letzten zwei, drei Monate sind über fünfzig Juden aus Deutschland hier angekommen.« Einige Dutzend griechischer Juden wurden in alten türkischen Barken von der Kairoer MI-9-Abteilung aus Griechenland weggebracht; Kommandant war Oberstleutnant Tony Simmonds, der in den dreißiger Jahren mit Wingate in Palästina stationiert war. Einigen Juden wurde erlaubt, das besetzte Europa legal zu verlassen, auch nachdem Amerika in den Krieg eingetreten war; was sie zu erzählen hatten, war von beträchtlicher Bedeutung.

Viele Tausende waren entkommen, und jedermann brachte irgend etwas Wissenswertes mit. Manchmal hatten sie nichts oder nur wenig gesehen wie etwa zwei ältere deutsch-jüdische Damen, die die amerikanische Staatsangehörigkeit besaßen und mit der *Drotningsholm* Ende Juni 1942 in New York eintrafen. Sie hatten ihr Haus in Nürnberg nur selten verlassen und wußten kaum etwas von den Vorgängen in Polen, hatten aber doch gehört, daß man von den nach Riga Deportierten nichts mehr wisse. Die Erzählungen einiger Dutzend, einiger hundert Zeugen ergaben zusammengenommen eine ganze Menge Wissen darüber, was den Juden im deutschbesetzten Europa zustieß. Noch 1942, mitten im Krieg, kamen 3733 Einwanderer nach Palästina (1407 legal, 1539 illegal), die meisten aus Europa, besonders von den Balkanländern, aber auch aus Ungarn und der Slowakei. 8500 waren es 1943, 14 460 im Jahr 1944, und fast jeder hatte viel zu erzählen.*

Die Idee, derartige Unterlagen zu sammeln und zu analysieren, kam gleichzeitig der Jewish Agency und der britischen militärischen Abwehr; gegen Ende 1942 wurde unter Oberst Teague in Haifa eine Dienststelle mit dem nichtssagenden Namen Inter Service Liaison Department (ISLD) gegründet. Sie war in Wirklichkeit Teil des britischen Geheimdienstes SOE. Die jüdischen Verbindungsoffiziere hießen R. Zaslani (›Shiloah‹) und Gideon Ruffer (›Rafael‹), später führende Diplomaten des Staates Israel. Durch Befragung der aus Europa kommenden Emigranten sammelte ISLD viel wertvolles Material; das Unternehmen wäre von größerem Nutzen gewesen, hätte es sich früher aufgetan. Auch hätte es sich nicht auf die Personen beschränken sollen, die nach Palästina kamen; Interviews seitens alliierter Stellen in Spanien und in der Schweiz erfolgten nur sporadisch.[209] Eine ähnliche Organisation, Foreign Nationalities Intelligence Branch (FNIB), wurde später im Krieg in den Vereinigten Staaten gegründet, erbrachte aber für dieses Buch nichts besonders Interessantes, da ihre Tätigkeit sich auf die Analyse von Privatbriefen aus dem besetzten Europa beschränkte.

Wenn man die Isolierung der kümmerlichen Reste der europäischen Judenschaft bedenkt, wird man fragen, wieviel diejenigen wußten, die herauskamen: eine ganze Menge, wie das Beispiel des Austauschtransports vom November 1942 zeigt. Es war, wie noch dargelegt werden soll, von entscheidender Bedeutung, daß sich die zionistische Führung in Palästina überzeugen ließ, das Ausmaß der

---

* Wieviel eine Person wissen konnte, zeigt die Geschichte von Leonidas Sebba, eines Flüchtlings aus Riga, der im Januar 1943 in Schweden eintraf. Sein (deutsch) geschriebener Bericht umfaßt über zehn engzeilig getippte Seiten und war für Hillel Storch bestimmt, den Vertreter des Weltkongresses in Stockholm. Sebba beschreibt den Tod von Familienangehörigen und Bekannten, er berichtet Einzelheiten über alle größeren jüdischen Gemeinden in den baltischen Ländern und kommt zu dem Ergebnis, daß fast alle Juden getötet wurden. Der damals Einundzwanzigjährige entwischte der Gestapo, für die er als Elektriker gearbeitet hatte, und bekam, unter Tarnung seiner Identität, Arbeit auf einem deutschen Schiff, setzte sich am 8. Januar 1943 in Helsinki ab und schlug sich nach Schweden durch.

›Endlösung‹ sei nicht übertrieben worden. Bei den Massakern kam fast immer jemand davon. Die Einsatzgruppen und ihre örtlichen Helfer waren in Eile, denn viel ›Arbeit‹ war noch zu leisten. Mancher nicht tödlich getroffene Jude stellte sich tot und kroch nachts davon, anderen gelang es, auf der Fahrt zur Exekution von den Lastwagen oder Waggons zu springen, manche brachten es fertig, sich unter den unwahrscheinlichsten Umständen zu verstecken. Wer auf so wunderbare Weise gerettet war, versuchte, die nächste verbliebene jüdische Gemeinde zu erreichen, wo er erzählte, was er als Augenzeuge erlebt hatte.

Auch die Todeslager waren nicht ausbruchsicher. Die ersten Fluchtaktionen aus Chelmno und Treblinka gelangen, wenige Tage nachdem diese Lager ihre Tätigkeit begonnen hatten. Am schwierigsten war das Entkommen aus Belzec, aber einem Juden ist die Flucht gelungen. Das Lager war von Kurt Gerstein besucht worden, der mit mehreren deutschen Freunden und ausländischen Diplomaten darüber sprach.*

Aus Auschwitz, dem größten Todeslager, gelangen 667 Ausbrüche. 270 der Flüchtlinge wurden aufgespürt, fast 400 entkamen. 1942 konnten sich 120 in Sicherheit bringen, im Jahr darauf 310. Vielfach erfaßte die Lagerleitung in ihren Akten nicht alle Flüchtigen. In seinem Tagebuch schreibt Rudolf Höß, der Kommandant von Auschwitz, daß es praktisch unmöglich sei, Nachrichten von außen ins Lager und umgekehrt zu unterbinden. Als Himmler Auschwitz besuchte, beklagte er sich über die unerhört hohe Zahl von geglückten Ausbrüchen und ersuchte den Kommandanten, alles zu tun, um dem ein Ende zu bereiten, aber es gab weitere Fluchten. Eine erstaunliche Tatsache: aus Auschwitz wurden von den deutschen Stellen Häftlinge entlassen, und zwar 952 im ersten Halbjahr 1942 und 26 im zweiten. Auch noch 1943 gab es

---

* Aus Sobibor konnten vor der Revolte etwa zehn und während des Kampfes sechzig Juden fliehen; einige Dutzend flohen aus Treblinka vor und etwa zwanzig während des Aufstands. Ich bin Dr. Y. Arad, Direktor von Yad Vashem, für diese geschätzten Zahlen zu Dank verpflichtet.

Entlassungen. Anfang 1944 kam dank der Intervention von Oskar Schindler eine beträchtliche Zahl jüdischer Frauen frei. Der Deutsche Schindler leitete in Krakau eine Fabrik und rettete vielen Juden das Leben; man gedenkt seiner in Israel als eines ›Rechtschaffenen seiner Nation‹.

Wer dem Lager entflohen war, hatte keinen Grund, Stillschweigen zu bewahren, und die legal Entlassenen machten sich keine unnötigen Gedanken über das Versprechen, das sie unterschrieben hatten, nichts zu enthüllen. Wenn denen, die aus Chelmno oder Treblinka kamen, in Warschau Glauben geschenkt wurde, so stießen sie in Westeuropa und auch in Ungarn auf Skepsis. Typisch ist die Geschichte zweier junger Katholiken aus den Niederlanden, die am 12. Mai 1942 aus Auschwitz entlassen wurden. Einer von ihnen sagte zu Louis de Jong:

»Das Schlimmste war, daß man bei denen, die einem am nächsten standen, einfach kein Verständnis fand. Das gab einem ein schreckliches Gefühl der Isolierung, als käme eine Dampfwalze auf einen zu, um einen zu zermalmen. Es ist, als müßte man es von den Hausdächern herunterschreien, aber man weiß ja, daß man nur den Atem vergeuden würde – kein Mensch würde einem ein Wort glauben.«[210]

1943, im Jahr darauf, wurden vier niederländische Frauen, Zeugen Jehovas, von Auschwitz in ihr Heimatland entlassen und machten die gleichen Erfahrungen: »Die meisten Leute weigerten sich, uns zu glauben«. Vielfach wurde erst gegen Ende 1943 oder 1944 angesichts der sich aus vielen Quellen häufenden Beweise die Wahrheit über die Lager akzeptiert. Es kann nicht oft genug betont werden, daß Beweismaterial seit langem zur Verfügung stand, aber nicht geglaubt wurde.

Nathan Eck, einer der künftigen Historiker des Holocaust, entkam 1942 aus dem Warschauer Getto nach Tschenstochau. In Briefen an Abraham Silbershein in der Schweiz, einen der Emissäre der Jewish Agency, den er aus Vorkriegszeiten kannte, berichtete er mehr als einmal über die Deportationen und den Massenmord.

Im September 1942 erhielt er von Silbershein eine Karte mit der Frage, ob der Bericht wirklich wahr sei; sicherlich sei dies und jenes wenigstens leicht übertrieben. Eck antwortete, daß, wenn alle die übermittelten Informationen nicht genügten, Silbershein zu überzeugen, sich jede weitere Korrespondenz erübrige:[211] dies ist eine vielsagende Geschichte, denn Silbershein war bei seinem fast täglichen Briefwechsel mit Juden in den besetzten Ländern sozusagen ein ›Professioneller‹. Wenn sogar er Zweifel hatte, kann man besser verstehen, daß andere den Nachrichten ganz und gar nicht glaubten.

Die Verbindung des polnischen Untergrunds mit London war in den frühen Stadien der ›Endlösung‹ die wichtigste Nachrichtenbasis. Eine andere von gleicher oder doch fast gleicher Bedeutung führte von Zionistengruppen oder auch Einzelpersonen im besetzten Europa nach Genf und von dort nach Jerusalem zur Zentrale der Jewish Agency für Palästina. Die Schweiz war ein äußerst wichtiger Horchposten auf dem Kontinent, mehr als im Ersten Weltkrieg, als Kopenhagen und Amsterdam ähnlichen Zwecken dienten. Die jüdischen Institutionen hatten diese Bedeutung der Schweiz nicht vorausgesehen und daher keine besonderen Vorkehrungen getroffen; die Anwesenheit jüdischer Emissäre in Genf und Zürich war mehr oder weniger zufällig. Nach dem Ausbruch des Krieges und vollends nach dem Fall Frankreichs und dem Eintritt Italiens in den Krieg war die Schweiz fast ganz abgeschnitten. Die Isolierung wurde nach der Besetzung Vichy-Frankreichs durch die Deutschen total. Auch die Verbindungen zur Schweiz waren betroffen. Luftpost von der Schweiz nach Palästina brauchte meist vier Wochen, häufig noch länger. Manchmal wurden wichtige Nachrichten telegraphisch über Istanbul vermittelt, aber diese relativ kurzen Meldungen zogen oft Rückfragen nach sich. So wurden der Fragen und Wünsche nach Einzelheiten so viele, daß die Emissäre in Genf sich daran gewöhnten, lange Briefe zu schreiben. Telefongespräche nach Istanbul wären möglich gewesen, aber die Kosten waren zu hoch, und das Budget erlaubte es nur selten.* Daraus erklären sich die Verzögerungen und die Mißverständnisse, die häufig entstanden. Von den Schweizer Vertretern wurde Gerhard Riegner vom Jüdischen Weltkongreß bereits erwähnt. Es gab noch einige andere: Nathan Schwalb von der Pionierorganisation Hehalutz, Ullmann, Herausgeber einer lokalen jüdischen Zeitung, Pazner (Posner) von der Jewish Agency, die Sternbuchs, die die orthodoxe Judenschaft vertraten und Dr. Abraham Silbershein. Jeder hatte seine Verbindungen in den besetzten Ländern: Die Briefe, die sie während des Krieges schrieben und erhielten, ergaben die wichtigste Verbindung zu den maßgebenden Juden und jüdischen Gemeinden in ganz Europa.

Rangältester war Richard Lichtheim, einer der ersten Führer und Sprecher des Zionismus in Deutschland. Er wurde 1885 als Sohn einer wohlhabenden Berliner Familie geboren und wurde mit 28 Jahren Herausgeber des Zentralorgans der zionistischen Weltbewegung *Die Welt*. Im Ersten Weltkrieg vertrat er die Zionisten in der Türkei und erfüllte verschiedene diplomatische Missionen. Er intervenierte zugunsten der palästinensischen Judenschaft, die damals unter der schlechten Behandlung und Mißgunst der türkischen Gouverneure zu leiden hatten. Nach dem Krieg war er mehrere Jahre Chef der Abteilung Organisation in der Londoner zionistischen Zentrale. Er widersetzte sich der zögernden und weichen Politik Weizmanns und trat 1925 der Revisionistischen Bewegung bei, die eine aktivistische, dynamischere politische Linie verfolgte. Aber der Extremismus Wladimir Jabotinskis (und noch mehr der

---

* Noch im Oktober 1942, als Nachrichten über die Endlösung aus vielen verschiedenen Quellen nach Jerusalem gelangten, war man nicht willens, Geld für zu häufige und zu lange Telegramme auszugeben. Als Yizhak Gruenbaum bei einer Sitzung der Jewish Agency eine Sonderzuteilung von 100 Palästina-Pfund für Telegramme beantragte, um mehr Nachrichten einzuholen und die jüdischen Organisationen im Ausland mobilisieren zu können, meinte Schatzmeister Elieser Kaplan, 50 Pfund würden genügen. Manche der Anwesenden brachten die Ansicht vor, Proteste seitens jüdischer Organisationen seien nutzlos. Moshe Shertok sagte, London und New York bekämen die gleichen Nachrichten, und es sei zwecklos, die Regierungen der Alliierten zu drängen, etwas gegen die Nazis zu unternehmen, da sie sich ohnehin bereits im Kriegszustand mit Deutschland befänden. Protokoll der Jewish Agency Executive vom 25. Oktober 1942, zitiert in Y. Gelber, *Toldot Hahitnadvut*, Jerusalem 1979, 1. Bd., S. 682.

seiner jüngeren Anhänger) stieß ihn schließlich ab, und so kehrte er nach zehn Jahren ins zionistische Hauptlager zurück. Niemand zweifelte an seinen Fähigkeiten, die zionistische Führung war willens, ihn wieder zu beschäftigen, aber nicht in leitender Position. Lichtheim war für den bürokratischen Apparat in seinem Urteil schon immer etwas zu eigenwillig gewesen. Er hatte nie länger in Palästina gelebt, seine Kenntnis des Hebräischen war bescheiden, um es mild auszudrücken. Er war ein deutscher Jude, was heißen will, daß er sich nie ganz in die eng verbundenen Gruppen des osteuropäischen Judentums einfügte, die die zionistische Politik bestimmten und einem anderen kulturellen und sozialen Lebenskreis angehörten. Als er 1939 nach Genf entsandt wurde, sah niemand voraus, wie ungeheuer wichtig diese Stadt in den kommenden Jahren als Informationsquelle werden sollte.

In mancher Hinsicht war Lichtheim für seine Aufgabe sehr geeignet, denn von allen Zionistenführern hatte er in der Welt der Politik den sichersten Griff. Er war wohlinformiert in den europäischen Angelegenheiten der Zeit und hatte natürlich die internationale Politik über drei Jahrzehnte hinweg aufmerksam verfolgt. Beeindruckend war sein analytischer Verstand. Er hatte nie Illusionen über Hitlers unmäßige Ziele und irrsinnige Ansprüche, aber auch keine falschen Hoffnungen hinsichtlich der Festigkeit, die die westlichen Alliierten den faschistischen Diktatoren gegenüber beweisen würden. Seine Vorhersagen über den Verlauf des Krieges und die Entwicklungen in der Folgezeit waren bemerkenswert genau. Zwar machten seine Berichte in Jerusalem keinen großen Eindruck, aber es ist mehr als zweifelhaft, ob jemand, der sich mit der zionistischen Führung besser verstanden hätte, bei der Erläuterung der grimmigen Realitäten im Europa der Nazis erfolgreicher gewesen wäre.

Lichtheim war für andere Bereiche weniger geeignet: so hatte er z. B. nicht viel konspiratorische Erfahrung, seine Lehrzeit hatte in einer anderen Welt stattgefunden. Solche Ränke waren in Genf ohnehin unmöglich, die Schweizer Behörden beobachteten die jüdischen Emissäre genau und wären höchst ungehalten gewesen, wenn diese sich auf zweifelhafte Affären eingelassen hätten.

Lichtheim also eröffnete bei Kriegsausbruch in Genf sein Büro in 52, rue des Paquis, Palais Wilson, und begann die Korrespondenz mit Jerusalem, die sich mit den Schicksalen von einzelnen Personen wie auch ganzer Gemeinden befaßte. Sein Pessimismus, je mehr Länder Hitler besetzte, wurde aber nicht zur Passivität. Er gab Anregungen, wie wenigstens Teile der europäischen Judenschaft zu retten wären, und wiederholte seine Vorschläge unermüdlich, aber ohne großen Erfolg.* In einem nach der Niederlage Frankreichs geschriebenen Brief erwähnte er ein »Sonderbüro für die Lösung der jüdischen Frage«: Eichmanns Referat im Reichssicherheitshauptamt. Andere machten diese Entdeckung erst mehr als zwei Jahre später. Aber zu jenem Zeitpunkt hatte man die ›Endlösung‹ noch nicht auf die Tagesordnung gesetzt, denn die Nazis planten die »radikale Auswanderung« und Aussiedlungen nach Madagaskar. Von Berlin aus gesehen gab es nämlich auf Madagaskar genügend Platz für die Juden. Palästina andererseits, um Lichtheim zu zitieren, würde, den Neuordnungsplänen der Nazis nach, einer Macht gehören, »die die Juden entweder gänzlich liquidieren oder auf jeden Fall keine weiteren Emigranten aufnehmen würde«.[212]

Wie gesagt, hieß das Problem damals Auswanderung und wirtschaftliche Hilfe, es ging noch nicht um das physische Überleben. Gegen Ende 1940 fragte Lichtheim:

»Was wird aus den Juden Europas werden? ... Ich glaube, daß ein warnendes Wort an die glücklicheren Juden Englands und Amerikas nötig ist. Man kann unmöglich daran glauben, daß irgendeine Macht auf Erden in der Lage (und willens?) sein wird, den Juden Kontinentaleuropas zu ersetzen, was sie verloren haben

---

* Die folgenden Ausführungen beruhen auf der Lichtheim-Korrespondenz, die in den Central Zionist Archives in Jerusalem aufbewahrt wird. Ich kannte Richard Lichtheim durch seinen Sohn George und unterhielt mich mit ihm über seine Tätigkeit in Genf bei verschiedenen Gelegenheiten, wenn ich ihn auf Spaziergängen in der Jerusalemer Vorstadt Rehavia begleitete, wo er sich in den späten vierziger Jahren niederließ.

oder heute verlieren. Es ist einer der oberflächlichen Glaubenssätze eines gewissen Typs von amerikanischen und britischen Juden, daß nach dem Sieg Großbritanniens – für den natürlich die Juden auf der ganzen Welt beten – für die Juden in Europa alles wieder in bester Ordnung sein wird. Aber selbst wenn ihre bürgerlichen Rechte wiederhergestellt werden können – was ist mit dem konfiszierten Eigentum, den geplünderten Geschäften, den vernichteten Arztpraxen und Anwaltbüros, den zerstörten Schulen, den geschlossenen, verkauften oder gestohlenen Unternehmen aller Art? Wer wird das alles ersetzen und wie? ... Und was wird von den Juden Europas übrig sein? Ich spreche nicht von den Hunderttausenden, die es in den Jahren der Verfolgung fertiggebracht haben, zu entfliehen, und die jetzt versuchen, ein neues Leben aufzubauen – in Palästina, in den Vereinigten Staaten, in Südamerika, Australien, San Domingo oder sonstwo. Da sind auch noch die Flüchtlinge in Europa, die den Versuch machten, zu entkommen, die aber nicht schnell genug waren oder nicht weit genug weggingen ... Was wird aus ihnen nach dem Krieg?«[213]

Die große Frage war mit simplen Formeln wie der Wiederherstellung der bürgerlichen Rechte nicht zu lösen. Wie Lichtheim die Sache sah, würden nach dem Krieg Hunderttausende von Juden in einem »permanenten Niemandsland von einer Grenze zur anderen, von Konzentrationslagern in Arbeitslager und von dort in unbekannte Länder mit unbekanntem Ziel getrieben werden«. Die Vorhersage war hellsichtig. Gewiß konnte Lichtheim 1940 nicht annehmen, daß Millionen von Juden getötet würden, wenn er von einem »Ozean von Blut und Elend« schrieb. Sein Vorausblick mag heute zu optimistisch klingen, unter seinen Zeitgenossen galt er als unverantwortlicher Schwarzseher.

Die Lage wandelte sich rapide zum Schlechteren. Nach dem Einmarsch der Deutschen in Jugoslawien und der Gründung des faschistischen Ustascha-Staats in Kroatien war die kroatische Judenschaft an der Reihe. »Die Situation der Juden in Kroatien ist verzweifelt«, schrieb Lichtheim. Die Italiener benähmen sich in ihrer besetzten Zone viel menschlicher als die anderen Verbündeten Deutschlands, aber »die Kroaten zählen sicher zu den schlimmsten«. Aus Jerusalem erfolgte keine Reaktion.[214] Wenig später resümierte Lichtheim die Deportationen aus Deutschland, Österreich und dem Protektorat: Juden aus deutschen Städten wurden in Berlin zusammengezogen, andere nach Polen oder in andere osteuropäische Staaten verschickt. Ähnliche Austreibungsbefehle waren auch in Wien und Prag gegeben worden.

Damals war das schreckliche Schicksal der nach Osteuropa Deportierten noch unbekannt. Die zurückgebliebenen Juden wurden in der deutschen Kriegsindustrie beschäftigt. Zog man alles in Betracht, schien die Sache nicht zu schlimm zu sein: es waren zwar Juden verhaftet worden, aber nur wenige in Deutschland hatten ihr Leben verloren. Trotzdem hatte Lichtheim böse Vorahnungen, als er seine Darlegungen schloß:

»Angesichts all dieser Erniedrigungen und den nachgewiesenen Fällen von Hungertod und brutaler Behandlung kann man nur befürchten, daß die Reste der jüdischen Gemeinden Deutschlands, Österreichs und der Tschechoslowakei vernichtet sein werden, bevor der Krieg endet, und nicht allzu viele werden überleben.«[215]

Im November 1941 hatten die Massendeportationen noch nicht eingesetzt, auch gab es noch keine Todeslager, aber wiederum schloß Lichtheim eine Botschaft in düsterem Ton:

»Was Deutschland, Österreich und das Protektorat angeht, muß ausgesprochen werden, daß das Schicksal der Juden jetzt besiegelt ist... Kurz gesagt, dieses Kapitel trägt die Überschrift: ›Zu spät‹. Es hat eine Zeit gegeben, als die Vereinigten Staaten und andere amerikanische Länder durch die Gewährung von Visa hätten helfen können, was aber durch die übliche Trägheit der bürokratischen Maschinerie blockiert wurde.«[216]

Gab es etwas, was man tun konnte, um zu helfen? Lichtheim notierte, daß Amerika immer noch einigen Einfluß auf Vichy habe und ihn ausüben könne. Wenigstens aus Frankreich konnten verfolgte Juden noch gerettet werden. Er kam darauf in einem Brief zurück, den er über J. Linton in London an Weizmann schickte. Wieder betonte er, daß das Schicksal der Mehrheit der europäischen Judenschaft besiegelt sei: von den in den Osten Verschickten würde nur eine Minderheit jüngerer kräftiger Männer überleben. Die NS-Politik der Deportation in die verwüsteten Städte des westlichen Rußland mitten im Winter sei »Mord, kombiniert mit Folter«.[217] Das Rote Kreuz sei unterrichtet, aber was könne es gegen die Gestapo ausrichten? Er gab die neuesten in Genf eingetroffenen Nachrichten weiter und bemerkte dazu:

»Es ist seltsam, daß Präsident Roosevelt die Juden nie erwähnte, wenn er von den unterdrückten Nationen sprach. Die Regierungen der Demokratien sind vielleicht zu der Ansicht gelangt, daß die Verfolgungen noch schrecklicher werden könnten, wenn man die Juden in öffentlichen Reden erwähnt. Ich halte das für einen Fehlschluß. Die Ereignisse haben gezeigt, daß die Juden nicht mehr gelitten haben könnten, als sie gelitten haben, wenn die Staatsmänner der Demokratien den Mund aufgetan hätten.«[218]

Möglicherweise gab es noch ein anderes Motiv, vielleicht wollten sie den Eindruck vermeiden, daß der Krieg überhaupt etwas mit den Juden zu tun habe. Solche Beruhigungstaktiken würden die Antisemiten kaum zum Schweigen bringen:

»Großbritannien und Amerika sollten es aussprechen: wir sind weder Juden noch führen wir für die Juden Krieg, sondern wir kämpfen für die Menschheit gegen den Feind der Menschheit.«[219]

Wo seien die Stimmen, die die Scheußlichkeiten verdammt und die an diesen Taten Schuldigen gewarnt hätten (im Original unterstrichen:), *daß man sie dafür verantwortlich machen werde?* Lichtheim war der Ansicht, daß in manchen Fällen wie z. B. Rumänien, Ungarn, der Slowakei, Kroatien und Vichy Warnungen »eine abschreckende Wirkung« hätten haben können und (im Original unterstrichen:) *immer noch haben könnten.* Dies war natürlich, was Deutschland anbelangt, sehr viel aussichtsloser, aber auch dort wären manche Kreise oder Personen vielleicht zu beeinflussen gewesen.

Warum wurden keine Warnungen ausgesprochen, warum gab es kein Wort des Mitgefühls und des Trostes? Es war doch so, daß die ganze Welt Zeuge der furchtbarsten Judenverfolgung war, die es jemals in Europa gegeben hatte und die an Grausamkeit und Umfang auch die Massaker an den Armeniern übertraf, die seinerzeit in England und Amerika Proteststürme hervorgerufen hatten. Auf die von Lichtheim gestellten Fragen gab es keine Antwort.

Im Winter 1941 erlitt die Kriegsmaschine der Deutschen in der Sowjetunion ihren ersten Rückschlag. Lichtheim meinte, angesichts der enormen Verluste werde die verwundete Bestie vielleicht spüren, daß sich das Ende nähere. Nichts als Verachtung hatte er für Gerüchte, daß die Generäle die Macht übernehmen und Hitler in den Hintergrund drängen würden:

»Wer Nazi-Deutschland wirklich kennt, muß solches Gerede für Phantastereien halten. Hitler und seine Partei, eine Million Funktionäre und die SS werden immer stärker sein als eine Handvoll Generäle mit nichts anderem als ihrem preußischen Stammbaum hinter sich.«[220]

Keine Wendung zum Besseren in der Situation der Juden könne erwartet werden, das Bild werde düsterer und düsterer. In einem Brief Lichtheims vom Februar 1942 an Arthur Lourie, den Vorsitzenden des Hilfskomitees New York, hieß es:

»Die Zahl unserer Toten nach diesem Krieg wird sich nicht auf Tausende oder Hunderttausende, sondern auf mehrere Millionen belaufen, und man kann sich schwer vorstellen, wie die Überlebenden je wieder in der Lage sein könnten, in ein normales Leben zurückzukehren.«[221]

Wenn etwas, so unterschätzte Lichtheim die Größe der Katastrophe,[222] aber solche düsteren Voraussagen waren damals seltene Ausnahmen, denn im Februar 1942 wollte niemand etwas von Millionen von Opfern hören – phantastische Übertreibungen, die weder in den führenden jüdischen Kreisen noch in der jüdischen Öffentlichkeit geglaubt wurden. Auch einige der eben erst aus Osteuropa Entkommenen wiesen sie als unnötig pessimistisch und sogar als gefährlich zurück, weil sie zu Mutlosigkeit und Verzweiflung führen könnten.

Lichtheim kam häufig auf seine Anregung zurück, daß Maßnahmen ergriffen werden sollten, um die Flut der Verfolgungen wenigstens etwas einzudämmen. Wiederholt betonte er die Notwendigkeit, sich über den Rundfunk in Form von formellen Protesten und Warnungen der Alliierten an die Öffentlichkeit zu wenden; er verlangte auch Kontakte zur Katholischen Kirche, in Anbetracht ihres großen Einflusses in manchen der betroffenen Länder. Gemeinsam mit Riegner und Sally Mayer, dem Präsidenten der Schweizer Jüdischen Gemeinde, sprach er im März 1942 mit Monsignore Bernardini, dem päpstlichen Nuntius in der Schweiz, und übergab ihm einen eingehenden Bericht über die Lage der Juden. Der Nuntius sagte, er kenne die unglückliche Situation der Juden, habe bereits mehrmals nach Rom berichtet, werde es wieder tun und Schritte zugunsten der verfolgten Juden empfehlen. Bald danach notierte Lichtheim enttäuscht, daß die Bemühungen des Vatikans in der Slowakei nutzlos gewesen seien.[223] Während er der allmählichen Vernichtung der europäischen Judenschaft zusehen mußte, unterrichtete man ihn von Plänen maßgebender Juden in Jerusalem, die jüdischen Organisationen in Europa nach dem Krieg wiederaufzubauen. Für solche »Nachkriegsplanungen« hatte Lichtheim nur sarkastische Bemerkungen übrig. Eine Erneuerung des idyllischen Vorkriegs-Zionismus erschien ihm absolut unrealistisch:

»Meine persönliche Prognose ist düster. Die Juden, die nach dem Krieg noch am Leben sind, werden von Rußland und den Nachbarländern verschluckt. Ich gehöre nicht zu denen, die den Optimismus jener Leute teilen, die die Tolerierung – und gar die Unterstützung – des Zionismus durch den Bolschewismus erwarten. Die Reste des europäischen Judentums werden sich irgendwo in Übersee nach einer Existenz umsehen müssen.«[224]

Die Massenexekutionen in Polen wurden erstmals Ende Juni 1942 in der Weltpresse publik. Zu dieser Zeit berichtete Lichtheim, daß Mitteleuropa »judenrein« werden solle, was durch Deportation, direkte oder indirekte Tötung, »durch Verhungern oder noch kürzere Methoden« bewerkstelligt werde.

»Die Juden in nahezu allen Ländern dieses geschundenen Kontinents leben nur noch in Angst vor der Deportation, die ihre physische Vernichtung auf schnelle oder langsame Art bezweckt, oder in der Furcht vor Sklavenarbeit unter unerträglichen Bedingungen. Ihr einziger Gedanke heißt Rettung und Entrinnen, aber nur in sehr wenigen Fällen wird dies möglich sein.«[225]

Im August 1942 schickte ihm ein englischer Freund ein Exemplar des *Hansard* mit dem Bericht über eine Debatte im Unterhaus Anfang jenes Monats über Nachkriegsprobleme der Wiederansiedlung. Ein Redner hatte sieben, ein anderer sogar neuneinhalb Millionen Juden erwähnt, die nach dem Krieg ein Heim brauchten. Lichtheims Antwort war bitter: »Die Menschen in England wissen nicht, was in Europa vor sich geht.« Wie konnten selbst maßgebende Juden glauben, es werde nach dem Krieg fünf oder sechs Millionen Juden geben, die neu anzusiedeln wären? Lichtheim zerpflückte diese Zahlen und stellte kategorisch fest: »Wir wissen, daß Deportation den Tod bedeutet – früher oder später.«

»Von den früheren polnischen, deutschen, österreichischen, tschechischen, jugoslawischen Juden – insgesamt dreieinhalb Millionen – und von den anderen, die bereits deportiert wurden oder noch deportiert werden, dürften sehr wenige überleben... Der Prozeß der Vernichtung schreitet erbarmungslos voran, und es gibt keine Hoffnung, eine größere Anzahl Menschen zu retten... Und so ist es keine Übertreibung zu behaupten, daß Hitler vier Millionen in Mitteleuropa getötet hat oder noch tötet, und daß nicht mehr als zwei Millionen Aussicht haben zu überleben. Mit jedem Monat, der vergeht, wird die Chance kleiner, und in einem Jahr, von heute an gerechnet, wird wahrscheinlich auch diese Zahl sich als zu optimistisch erweisen.«[226]

Inzwischen hatte Lichtheim am 15. August einen Bericht diktiert, der auf den Aussagen zweier Augenzeugen fußte, die direkt aus Polen gekommen waren; einer von ihnen war ein Nichtjude, »eine sehr verläßliche und wohlbekannte Person«. Beide erzählten Dinge, die, wie Lichtheim in seinem Begleitbrief schrieb, »so entsetzlich sind, daß mir Zweifel kamen, ob ich sie weitergeben sollte oder nicht«. (Er hielt den Bericht noch vierzehn Tage zurück, bevor er ihn am 30. August aufgab). Es handelt sich um den Bericht, der auch an Rabbi Wise geschickt und vom State Department abgefangen wurde; in anderem Zusammenhang wurde dies bereits erwähnt. Es ging darin um die Massentötungen von Juden in Warschau, Litauen und anderswo, Belzec wurde erwähnt und die Tatsache, daß Theresienstadt, das ›Mustergetto‹ im Protektorat, für die meisten Deportierten nur eine Zwischenstation sei. Die Rede war auch von den Todeszügen und der Rolle der litauischen Helfer der SS. In der Gegend westlich von Warschau seien keine Juden übriggeblieben. Zu den praktischen Anregungen gehörte die Bitte der beiden, ohne Nennung der Quelle den Bericht der amerikanischen Judenschaft zukommen zu lassen. Lichtheim beklagte sich, daß die gleichen Informationen bereits von Warschau nach London gefunkt, aber im britischen Rundfunk reichlich verspätet gesendet worden seien. Die amerikanischen Juden sollten nicht so lange in Unkenntnis gelassen werden. Der Bericht enthielt einige unrichtige Angaben bzw. Vermutungen, z. B. daß die Leichen der Opfer zu Fetten und Düngemitteln verarbeitet würden und daß die gesamte nichtjüdische Bevölkerung von Sewastopol getötet worden sei. Aber im großen und ganzen gab er ein ungeschminktes Bild der Situation, wie Lichtheim kommentierte. Bestimmte Tatsachen seien unabhängig durch andere Quellen bestätigt worden:

»All das gibt der Information düsterste Bedeutung, so unglaublich sie auch den Lesern in England und Amerika erscheinen mag. Ich meinerseits halte den Bericht für wahr; er liegt ganz auf der Linie von Hitlers Ankündigung, daß es nach Ende dieses Krieges in Kontinentaleuropa keine Juden mehr geben wird.«*

---

* 30. August 1942 (Brief 802) in Central Zionist Archives (CZA), Jerusalem. Die Quelle dieses

Der Bericht traf nicht nur in England und in Amerika, sondern auch in Jerusalem auf Unglauben. Yizhak Gruenbaum, einer der führenden Männer der polnischen Judenschaft und Mitglied der Jewish Agency, sandte Lichtheim ein Antworttelegramm, in dem zu lesen war:

»schockiert über letzten polenbericht stop schwer zu glauben stop noch nicht veröffentlicht stop tue alles kabel nachzuprüfen«

Gruenbaum wollte sichergehen, daß der Bericht wahr sei, und schickte an Rabbiner Marcus Ehrenpreis in Stockholm ein Telegramm, wie er es schon im Juli nach Zygielbojms Enthüllungen in London getan hatte: ob der verehrte Rabbi etwas darüber gehört habe. Der Rabbi war damals Mitte Siebzig. Er stammte aus Lemberg und war als Rabbiner in Kroatien und Bulgarien tätig gewesen. Als produktiver Autor und einer der Pioniere der modernen hebräischen Literatur, war er gleichwohl die denkbar ungeeignete Autorität für Osteuropäisches und auch gar nicht willens, sich um eine Aufklärung oder Bestätigung zu bemühen. Leo Lauterbach von der Organisationsabteilung war in seiner Antwort an Lichtheim vorsichtig:

»Offen gesagt bin ich nicht geneigt, alle Behauptungen für bare Münze zu nehmen, und habe natürlich, ohne das Gegenteil beweisen zu können, starke Zweifel an der Richtigkeit der in dem Bericht enthaltenen Feststellungen... Man muß aus der Erfahrung lernen, zwischen der Wirklichkeit, grausam wie sie ist, und Produkten einer von berechtigter Furcht gequälten Phantasie zu unterscheiden, und

Berichts war die polnische Legation in Bern, die als Basis für die Kuriere aus Polen diente. Chef der Legation war Leszek Lados, zu dessen Mitarbeitern Julius Kuehl gehörte, der 1929 als Student aus Polen nach Bern gekommen war (seine Dissertation behandelte die polnisch-schweizerischen Handelsbeziehungen). Seit 1938 gehörte Kuehl dem polnischen konsularischen Dienst an. Er stand zu den Sternbuchs, einer orthodoxen jüdischen Familie in St. Gallen, in freundschaftlichen Beziehungen. Er gab ihnen und Silbershein in Genf Informationen weiter. In einem Brief an Dr. Schwarzbart in London (8. Oktober 1942, Schwarzbart-Archiv) schreibt Silbershein, daß der erwähnte Bericht ihn über die polnische Legation erreicht habe. Die Sternbuchs erhielten ebenfalls Briefe direkt aus Polen. Die bekanntesten und schmerzlichsten sind zwei von einem I. Domb aus Warschau vom 4. und 12. September, in denen er in kaum verhüllter Form klagte, daß praktisch alle Menschen seiner Umgebung getötet worden seien. Er sei jetzt ganz allein: »Bitte, betet für mich.«

sollte keiner Flüsterpropaganda glauben, ohne in der Lage zu sein, den Wahrheitsgehalt festzustellen.«

Er fügte aber hinzu, daß man, »ohne auf die grauenhaften Einzelheiten einzugehen«, nicht umhin könne, die wichtigsten Tatsachen und die in Lichtheims Brief enthaltenen Interpretationen zu akzeptieren.[227] Aus Lauterbachs etwas konfusem Brief ging hervor, daß, während Jerusalem nunmehr von der schlimmen Situation überzeugt sei, sie doch nicht so schlimm sei, wie Lichtheim sie beschrieben habe.

Während der folgenden Tage und Wochen gab es in rascher Folge weitere Nachrichten. Am 26. September kabelte Lichtheim nach London, daß die Gettos von Warschau und Lodz nahezu leer seien. Einige Handwerker seien zurückgelassen, sonst alle mit unbekanntem Bestimmungsort deportiert worden. In einem Brief an Arthur Lourie in New York vom 29. September heißt es: »Die totale Vernichtung der jüdischen Gemeinden in Belgien und den Niederlanden ist nahezu vollendet.« Am 15. September taucht in einem Brief nach London die alte Klage auf: »Viel zu wenig ist von den Alliierten gesagt und getan worden, um die Nazis und ihre Satelliten vor den Konsequenzen ihrer Verbrechen zu warnen.« Nun, mit der Wende im Kriegsgeschehen, seien die Aussichten besser als je zuvor. Unternehme man nichts, würden die letzten noch existierenden jüdischen Gemeinden in Europa, die 800 000 Juden in Ungarn, die 300 000 in Rumänien, ebenfalls zugrunde gehen.

Am 5. Oktober sandte Lichtheim nach Jerusalem (und nach London und New York) »einen schmerzbewegten Bericht über die Situation in Lettland«. Seit langem hatte es sporadische Nachrichten über Tötungen in den baltischen Ländern gegeben, die aber tatsächlich schon vor einem Jahr stattgefunden hatten. Es war sehr schwierig gewesen, Verläßliches zu erfahren, denn es gab keine Briefverbindung zwischen Wilna und Riga und kaum Verkehr. Lichtheims brieflicher Bericht basierte auf der Aussage von Gabriel Zivian, eines jungen Juden aus Riga, der an Ort und Stelle die

Massaker gesehen, sich nach Norddeutschland durchgeschlagen und als Helfer in einem Stettiner Krankenhaus gearbeitet hatte. Wunderbarerweise hatte er durch Vermittlung einiger Verwandter in Genf ein Einreisevisum in die Schweiz erhalten. Riegner befragte ihn »wie ein Untersuchungsrichter« (Riegners eigene Formulierung) acht Stunden lang.[228] Das war im August 1942. Etwas später gelangte ein anderer junger Jude aus Polen illegal in die Schweiz. Da er sehr krank war, konnte er nicht nach Deutschland zurückgeschickt werden und kam unter polizeilicher Aufsicht in ein Krankenhaus. Ein Arzt rief Riegner an und sagte ihm, sie hätten einen Patienten, der ihnen schreckliche Dinge erzähle. Ob Riegner kommen und herausfinden könne, ob etwas daran sei.

Lichtheim gab das Gehörte weiter und schrieb in einer Begleitnotiz: »Wir haben aus anderen Quellen von ähnlichen Massenmorden in Polen erfahren.« Am 8. Oktober bereitete er eine detaillierte Antwort an Gruenbaum vor, der den Wahrheitsgehalt der früheren Berichte Riegners angezweifelt hatte. »Ich kann es gut verstehen, daß Sie nicht willens sind, dem fraglichen Bericht zu glauben.« Die Quellen seien verläßlich. Man könne eben diesen Dingen nicht an Ort und Stelle nachgehen. Keinem Beobachter sei es gestattet, sich der Todesregion zu nähern, Zutritt hätten nur die SS und einige Arbeiter. Als Zeugen kämen noch deutsche Offiziere auf Urlaub aus dem Osten in Betracht. Es habe aber auch Briefe und Postkarten von Juden in Polen gegeben. Es könne über die Absichten Hitlers und der Gestapo keinen Zweifel mehr geben. Sein Brief schloß mit den Worten:

»Ich habe diese Entwicklung seit langem vorausgesehen. In meinen Briefen nach London und New York habe ich unsere Freunde ständig vor dem, was kommen wird, gewarnt und bestimmte Vorschläge unterbreitet. Ich habe aber auch immer gewußt, daß wir oder andere nichts tun oder sagen könnten, was Hitler aufhalten würde. Deshalb habe ich unsere Freunde in London und New York gebeten, irgendwie zu versuchen, wenigstens die jüdischen Gemeinden in den nur halb von Deutschland abhängigen Ländern, nämlich in Rumänien, Ungarn, Italien und Bulgarien, zu retten.

Wir können uns aber der Tatsache nicht verschließen, daß die große Mehrheit der jüdischen Gemeinden in dem von Hitler beherrschten Europa zum Tode verurteilt ist. Es gibt keine Macht, die Hitler oder seine SS aufhalten könnte, die heute die absoluten Herrscher Deutschlands und der besetzten Länder sind. Es ist meine schmerzliche Pflicht, auszusprechen, was ich weiß. Es gibt nichts, was ich dem hinzuzufügen hätte. Die Tragödie ist zu riesig für Worte.«[229]

Der Briefwechsel mit Jerusalem wurde fortgesetzt. Es gab neue Tatsachen, die aber das allgemeine Bild kaum veränderten. In einem Privatbrief vom 16. Oktober an Lauterbach heißt es:

»Ich habe den Eindruck, daß meine früheren Berichte nicht immer das richtige Verständnis gefunden haben. Manche unserer Freunde wollten nicht glauben, daß so etwas geschehen kann, andere mögen durch andersartige (d. h. weniger alarmierende) Berichte irregeführt worden sein. Es ist nutzlos, sich jetzt noch mit den Motiven zu befassen, die dazu geführt haben. Die Ereignisse sprechen eine unerbittliche Sprache, und wir stehen diesen Ereignissen machtlos oder nahezu machtlos gegenüber.«

Am 26. Oktober übermittelte Lichtheim eine der Noten nach Jerusalem, die er vier Tage zuvor zusammen mit Riegner dem amerikanischen Gesandten in Bern übergeben hatte und die einen allgemeinen Überblick über die Lage enthielt. Am 20. Oktober verfaßte er noch ein langes Resumee der jüngsten Ereignisse: die Deportationen nach Polen und innerhalb Polens hätten mit den Kriegsanstrengungen der Nazis und dem Bedarf an zusätzlichen Arbeitskräften nichts zu tun, denn »hinter diesen Maßnahmen steckt der Plan, sofort die größtmögliche Anzahl Juden zu liquidieren«.[230] Vorher habe es Pogrome und Massenerschießungen gegeben, die aber nur von lokaler Bedeutung gewesen seien, und man habe gedacht, daß trotz allem, trotz Sklavenarbeit, Hunger und allen anderen Entbehrungen, die Jüngeren und Kräftigeren überle-

226

ben könnten, und daß manche Gemeinden nicht vollständig vernichtet würden:

»Es war aber im Laufe der letzten drei oder vier Monate immer deutlicher zu erkennen (und Sie werden es aus meinen Berichten ersehen haben), daß selbst diese Auffassung zu optimistisch war; die neuesten Deportationsmaßnahmen haben klar gezeigt, was beabsichtigt ist.«

Lichtheim erwähnte dann Berichte, denen zufolge in Hitlers Hauptquartier Diskussionen über die Vernichtung der Juden innerhalb der nächsten Monate stattgefunden hätten. Ende Juli habe Hitler eine formelle Anordnung unterschrieben, worin der Plan der gänzlichen Vernichtung aller Juden Europas gebilligt werde, deren die Nazis habhaft würden. Verläßliche Zeugen hätten die von Hitler in seinem Hauptquartier unterzeichnete Verordnung gesehen. Lichtheim beendete den Brief in resigniertem Ton:

»Für die große Mehrheit der Juden Europas scheint keine Hoffnung mehr zu bestehen. Sie befinden sich in der Gewalt eines rasenden Verrückten, der zum absoluten Herrscher Mitteleuropas geworden ist – mit Wissen und Willen seines eigenen schuldig gewordenen Volkes und durch die tragische Blindheit von Staatsmännern, die von 1933 bis 1939 versucht haben, mit dem Teufel einen Pakt zu schließen, statt ihn auszutreiben, solange noch Zeit dazu war.«

Fünf Wochen später, am 25. November, sagte Elijahu Dobkin von der Jewish Agency bei einer Versammlung in Tel Aviv: »Vielleicht haben wir uns versündigt, als uns die ersten furchtbaren Nachrichten vor zwei Monaten über Genf und Istanbul erreichten und wir sie nicht glaubten.«[231] Ähnlich empfanden auch viele andere im Lauf der nächsten Wochen. Natürlich waren die Informationen viel früher eingetroffen, und man muß sich immer wieder fragen, was zunächst das Begreifen verhindert hatte und was dann im November dazu führte, daß sie akzeptiert wurden.

Als der Krieg ausbrach, lebte über eine halbe Million Juden in Palästina, die meisten stammten aus den nunmehr deutschbesetzten

227

Ländern. Fast alle hatten Freunde und Familienangehörige in Europa und versuchten auf jede mögliche Weise, mit ihnen in Verbindung zu bleiben – mittels Postkarten und Briefen auf dem Weg über neutrale Länder oder durch kurze ›Rot-Kreuz-Briefe‹. Es waren dies Vordrucke zur Übermittlung von Botschaften bis zu 25 Wörtern. Anfangs kam eine Menge, dann wurden die Briefe und Formulare spärlicher und spärlicher. Somit waren die Juden in Palästina hauptsächlich auf Zeitungsmeldungen und -artikel angewiesen. Korrespondenten griffen systematisch Berichte, die für die Juden von Interesse waren, aus Zeitungen der von den Deutschen besetzten europäischen Länder auf, desgleichen aus der schwedischen und der Schweizer Presse; natürlich bedienten sie sich auch der nicht gerade häufigen Meldungen in den britischen, amerikanischen und sowjetischen Medien.

Aber so wie die Jewish Agency dachte, daß Lichtheim übertreibe, und wie man die Riegnerschen und andere Berichte für unangemessen pessimistisch hielt, so distanzierte sich die palästinensische jüdische Presse recht häufig selbst von »alarmierenden Informationen«, die sie in ihren eigenen Spalten brachte. Einige Beispiele mögen es verdeutlichen: Moshe Prager, ein polnischer jüdischer Journalist war (im Jahr 1941) der erste und vorläufig einzige Autor eines Buches über das Leben der polnischen Judenschaft unter der NS-Besetzung. Im Vorwort hob Yizhak Gruenbaum die ungemeine Anpassungsfähigkeit der polnischen Juden gegenüber den Schrecken hervor und sagte voraus, daß dieser Geist über alle Erniedrigungen, Folter und Vernichtung triumphieren werde. Prager selbst sah das Ziel der Nazis darin, aus den Juden verachtenswerte Bettler zu machen; die Juden kämpften anderseits mit letzten Kräften, um ihre Ehre zu bewahren und sich nicht unterkriegen zu lassen.[232] Ausdrücke wie Anpassung, Triumph, Ehre und Durchhalten sind in Verbindung mit der ›Endlösung‹ natürlich höchst unangebracht, sie wurden aber 1941 benutzt und wirkten damals nicht absolut widersinnig. Was 1940 in Osteuropa geschah, hatte es in der Geschichte des Judentums bereits früher gegeben: die Juden waren ihrer Grundrechte beraubt worden, sie hatten Pogrome und wirtschaftlichen Ruin hinnehmen müssen. Es schien damals kein Grund zu der Annahme zu geben, daß die überwiegende Mehrheit der europäischen Juden nicht überleben werde. Und so diskutierten Korrespondenten und Kommentatoren darüber, ob der Plan der Nationalsozialisten, die Juden im Gebiet von Lublin zusammenzufassen, schließlich gar nicht so übel wäre (weil eine in Aussicht gestellte Selbstverwaltung Vorteile habe, wie manche argumentierten), oder ob er nicht doch bloßer Schwindel sei und in einem gigantischen Konzentrationslager ende, wie der New Yorker *Forward* zu bedenken gab.

Es sollte aber keine Zusammenfassung in der Region Lublin geben und auch keine Umsiedlung nach Madagaskar. Nach dem Einmarsch in die Sowjetunion ging es in den Nachrichten, die durchkamen, nicht mehr um Schließung von Geschäften und Verletzung der Menschenrechte und nicht einmal mehr um Krankheit und Hunger, sondern um Massenmord. Die Auffassungen jedoch, die man sich vorher gebildet hatte, änderten sich nicht: wie die Presse die Dinge sah, ging in Osteuropa das jüdische Leben weiter, wenn auch unter sehr schwierigen Bedingungen.

Man suchte fieberhaft nach jedem Hoffnungsschimmer. So berichtete die linksgerichtete Presse mit Genugtuung, daß die landwirtschaftlichen Ausbildungszentren in Polen und in anderen Ländern, wo sich die Halutzim (Pioniere) auf das Leben in den palästinensischen landwirtschaftlichen Kollektiven vorbereiteten, weiter in Betrieb seien. In gleicher Selbstzufriedenheit notierten orthodoxe Blätter, daß im Warschauer Getto noch 24 und in Krakau drei jüdische Buchhandlungen geöffnet seien.[233] *Ha'olam*, Organ der Zionistischen Weltbewegung, brachte im ersten Halbjahr 1942 praktisch keine Nachrichten über Massaker, wohl aber einen Artikel von Apollinari Hartglass, einem führenden polnischen Juden, der nach der Besetzung aus Warschau geflohen war und nun in verquerer Logik darzulegen versuchte, daß die Welt, während sie anfangs die jüdische Katastrophe ignoriert habe, jetzt entdecke, daß das Geschehen propagandistischen Nutzen habe und es gewaltig übertreibe.[234]

Andere hebräische Zeitungen wußten zu berichten, daß Amsterdam für die europäische Judenschaft als Einschiffungshafen nach irgendeinem überseeischen Bestimmungsort vorgesehen sei. Ein anderes Blatt zitierte einen polnischen Professor, der nach Amerika geflohen war und gesagt hatte, die Juden würden lediglich verschickt, die Polen aber insgesamt von den Nazis getötet.[235] Von den Massakern wurde zwar berichtet, es wurden aber auch alle noch so unglaubhaften Gerüchte kolportiert, und Wunschdenken und Falschinformationen aus Naziquellen fanden unabsichtlich unbeschränkten Raum in den Spalten. Man veröffentlichte Nachrichten über Massenmorde, die aber in weiten Kreisen angezweifelt wurden; man dachte, es habe sich wohl manches Mißgeschick ereignet, aber die Zahl der Opfer werde doch maßlos übertrieben. *Hatzofe* rief im März 1942 Korrespondenten zur Ordnung: sie sollten sich eines größeren Verantwortungsgefühls befleißigen und »nicht jedes böse Gerücht unverhältnismäßig aufblähen«. *Davar* schrieb, man solle alle diese Greuelgeschichten, die angeblich »von Soldaten erzählt werden, die von der Front zurückkommen«, mit größter Vorsicht aufnehmen.[236] Laut *Davar* war unter Berufung auf die sowjetische Armeezeitung *Roter Stern* berichtet worden, daß die meisten der in Kiew (Babi Yar) Getöteten Juden seien. In Wirklichkeit aber (behauptete *Davar*) habe es im *Roten Stern* geheißen, daß die meisten der Getöteten keine Juden seien. Der *Rote Stern* hatte weder das eine noch das andere geschrieben, und so ist der Leitartikel von *Davar* symptomatisch für die damals herrschende Konfusion.[237]

Beide Organe, *Davar* wie *Hatzofe*, gaben einer ungezügelten Sensationslust unverantwortlicher Journalisten einerseits und dem Konkurrenzkampf zwischen verschiedenen Nachrichtenbüros anderseits die Schuld: eine Agentur wolle mehr Juden ›umbringen‹ als die andere.

»Die gewissenlosen Informanten... greifen jedes Gerücht auf, suchen krampfhaft nach der kleinsten schlechten Nachricht, nach jeder riesigen Zahl und präsentieren das dem Leser in einer Art und Weise, daß ihm das Blut in den Adern gerinnt... Spüren die Berichterstatter denn nicht, daß Nachrichten über Zehntausende Ermordeter, über eine Viertelmillion Opfer einfach deswegen kaum Emotionen hervorrufen, weil sie wegen der inhärenten Übertreibung nicht geglaubt werden?... Wir erinnern uns noch an die Telegramme zur Zeit der Aufstände [1936–1939 in Palästina], die um die ganze Welt liefen und maßlos übertrieben waren.«

Hatzofe wies den Zygielbojm-Bericht zurück: alle diese Geschichten seien wiedergekäut. Es habe vielleicht da und dort einen Pogrom gegeben, aber ein und dieselbe Nachricht komme an einem Tag aus London, an einem anderen aus Stockholm und am dritten anderswoher. Als die Berichte über Chelmno im Oktober 1942 *Davar* erreichten, lautete der redaktionelle Kommentar: »Wir veröffentlichen diesen furchtbaren Bericht unter Vorbehalt und mit Angabe der Quelle.«[238] Andere Zeitungen zogen die unmöglich scheinenden Zahlen der Opfer ins Lächerliche. Als der Älteste des Warschauer Judenrats, Czerniakow, Selbstmord beging, kommentierte *Haboker,* die Situation könne unmöglich so verzweifelt sein, weil, wäre sie so ernst, sicherlich ein Aufstand ausbrechen würde.

Als man in späteren Jahren nach einer Erklärung für die ›Fehlinterpretation‹ von Nachrichten aus Europa suchte, konnte man auf verschiedene mildernde Umstände hinweisen. Der Sommer 1942 brachte Rommels Vorstoß nach Ägypten, der Einmarsch in Palästina schien bevorzustehen. Erst in der ersten Septemberwoche wurde Rommels Vormarsch gestoppt, und Montgomerys Gegenoffensive, die die deutschen Träume zunichte machte, begann erst am 23. Oktober. Bis zu diesem Tag schwebte die jüdische Bevölkerung Palästinas in unmittelbarer Gefahr. Alle anderen Probleme waren zweitrangig, was aber kaum den Mangel an Interesse und Verständnis erklärt, der bestand, bevor Rommel im Sommer vorstieß – und schon gar nicht die von der amerikanischen und britischen Judenschaft bewiesene Begriffstutzigkeit; schließlich standen sie nicht vor dem Einmarsch und der Besetzung durch fremde Truppen. Letztlich war die Ursache nicht Mangel an Informationen, wie ein Arbeiterführer darlegte:

»Die Nachrichten hatten Palästina erreicht, die Zeitungen veröffentlichten sie und ebenso der [offizielle] Rundfunk. Das Publikum las sie und hörte sie, nahm sie aber nicht in sich auf, erhob nicht seine Stimme, um jüdische Gemeinden anderswo zu alarmieren.«[239]

Nach dem November 1942 wurden viele Stimmen der Selbstanklage laut – einschließlich von Prager und Hartglass. Man fragte sich, wie man so blind und taub sein konnte, den Meldungen nicht zu glauben. Vorwürfe richteten sich gegen die Führung, der schließlich mehr an Information zur Verfügung stand, die aber die Alarmglocke nicht geläutet hatte.*

Y. Tabenkin, ein Veteran der Kibbuzbewegung, schrieb, es sei einfach nicht wahr, daß die Juden über das Schicksal der europäischen Judenschaft nichts gewußt hätten:

»Wir wußten alles. Und jetzt suchen wir unter uns nach den Schuldigen – eine Manifestation elender Hilflosigkeit. Wir wissen,

---

* So *Hamashkif* vom 6. und 11. Dezember 1942 und viele andere Artikel in den Jahren 1943 und 1944 in der hebräischen Presse. In späteren Jahren beschuldigte Prager nicht nur sich selbst, sondern praktisch alle und jeden (ausgenommen seine Freunde vom ultraorthodoxen Agudat Israel) und kam zu dem Schluß, daß der Holocaust kein Thema der geschichtlichen Forschung werden sollte (*Bet Ya'akov,* Mai 1974, 4–12). Prager (und andere) beziehen sich hauptsächlich auf den Pessimismus Y. Gruenbaums, der im August 1942 Zweifel geäußert hatte, ob die polnische Judenschaft noch gerettet und ihr wirksam geholfen werden könnte (CZA S 26–1235, Treffen Gruenbaums mit Rabbiner Levin). Gruenbaum glaubte, daß nur der militärische Sieg der Alliierten die übriggebliebenen Juden retten könne und daß Protestkundgebungen und ähnliche laute Aktionen wirkungs- und sinnlos seien. (A. Morgenstern, *Va'ad ha'hazala* usw. in *Yalkut Moreshet,* Juni 1971, S. 71ff.). Viele Jahre später sagte Gruenbaum bei einem Interview auf die Frage, was er damals gewußt habe: »Wir erhielten Ende 1942 Nachricht aus Genf, daß in Polen etwas Schreckliches geschehe, wußten aber nicht, was...« – die verwirrte Erzählung eines Achtzigjährigen (*Etgar,* 29. Juni 1961; Gruenbaum-Interview mit Natan Yalin Mor). Über Dr. N. Goldmanns *Mea culpa* (in den *pluralis majestatis, nostra culpa,* gefaßt) s. *Davar* vom 14. September 1966:
»Unsere Generation hat ihre Pflicht nicht getan, und ich schließe auch mich ein... Die meisten Leute begriffen die Gefahr des Nazismus nicht. Wir haben nicht vor der Möglichkeit von Todeslagern gewarnt. Unsere Vorstellungskraft war zu beschränkt... Als die ersten Nachrichten über die Ermordung der europäischen Judenschaft eintrafen, haben die amerikanischen Juden nicht reagiert.«

232

wer schuld ist, aber es ist schwer, ihn zu bestrafen, und so halten wir unter uns Ausschau nach ihm. Warum sollten wir Gruenbaum anklagen?... Wenn man die Ausgaben der letzten sechs Monate von *Davar,* der Tageszeitung der Linken, nachliest, wird man sehen, daß über alles berichtet wurde, über Massaker, Giftgas usw. Aber erst dann, als wir Menschen trafen, die aus dem Tal des Schattens und des Tods kamen, waren wir beeindruckt und empfanden die Katastrophe in all ihrer Furchtbarkeit.«[240]

Die führenden Mitarbeiter der Jewish Agency lasen natürlich die Nachrichten aus Europa aufmerksam. Am 17. April 1942 schrieb Moshe Shertok, Chef der politischen Abteilung, an Sir Claude Auchinleck, Oberbefehlshaber der britischen Streitkräfte im Nahen Osten:

»Es kann kaum Zweifel bestehen: sollte Palästina von den Nazis überrannt werden, wird das Schicksal der Juden dieses Lands in nichts anderem als der vollständigen Vernichtung bestehen. Die Auslöschung der jüdischen Rasse ist ein fundamentales Dogma der Nazidoktrin. Die aus zuverlässiger Quelle jüngst veröffentlichten Berichte zeigen, daß diese Politik mit einer Rücksichtslosigkeit in die Tat umgesetzt wird, die jeder Beschreibung spottet. Hunderttausende Juden sind in Polen, den Balkanländern, Rumänien und in den besetzten Gebieten Rußlands zugrunde gegangen – das Ergebnis von Massenerschießungen, Zwangsdeportationen, der Ausbreitung von Hunger und Krankheit in den Gettos und Konzentrationslagern. Eine noch zügigere Vernichtung ist für die Juden Palästinas zu befürchten, sollten sie unter die Gewalt der Nazis geraten.«[241]*

---

* Shertok hatte bei General Auchinleck damit nicht allzu viel Erfolg. Das Foreign Office widersetzte sich noch stärker der Idee einer Bewaffnung der Juden Palästinas. Harry Eyes kommentierte einen Brief von Sir Lewis Namier über eben dieses Thema am 1. Mai 1941 folgendermaßen:
»Vom Gesichtspunkt der Juden selbst aus ist es wohl äußerst gefährlich, sie zu bewaffnen, wenn die Deutschen je Palästina erreichen. Es scheint zwar unvorstellbar zu sein, daß sich selbst die Deutschen kalten Bluts daran machten, 400 000 Juden zu massakrieren, aber nichts könnte sie eher dazu veranlassen als die Tatsache, daß die Juden bewaffnet sind und da und dort dem Vorrücken der Deutschen Widerstand leisten oder eine Gruppe von Fallschirmjägern vernichten würden.«

Das waren starke Worte, und außerdem wurden sie eine gute Weile vor dem Zygielbojm-Bericht und den Enthüllungen der polnischen Exilregierung geschrieben. Und warum glaubte die Jewish Agency Lichtheim nicht? Die Antwort ist, daß alles, was Shertok sagte, auch in den Zeitungen zu finden war ... Gewiß, die ›Institutionen‹ hatten einiges mehr an Einzelheiten erfahren, was nicht heißen will, daß man den Informationen gänzlich geglaubt hätte. Shertoks warnende Worte müssen außerdem in dem Kontext gelesen werden, in dem sie geschrieben wurden. Die jüdische Bevölkerung Palästinas war unmittelbar in Gefahr; in seinem Brief drang Shertok auf besondere Maßnahmen zur Verteidigung Palästinas und verlangte »größtmögliche Mobilisierung« – mehr jüdische Soldaten, mehr Waffen, ein großzügiges Programm zur militärischen Ausbildung, Vermehrung der Miliz. Um diesen Forderungen Nachdruck zu verleihen, beschwor Shertok nicht nur die von Rommel ausgehende militärische Bedrohung, sondern wies auch auf die ausgedehnten Verfolgungen der Juden in Europa hin, über die oft und oft berichtet worden war, die sich aber räumlich so weit entfernt abspielten und wohl nur halb geglaubt wurden.

Abermals möge ein Beispiel für die damals herrschende Verwirrung genügen. Als Shertok den Brief an Auchinleck richtete, befand sich Meleh Neustadt (Noi) auf einer Mission in Istanbul. Er kehrte im Mai 1942 nach Palästina zurück und legte in zwei langen Vorträgen im geschlossenen Kreis jüdischer Führer ausführlich und zuverlässig Rechenschaft ab.* Niemand war seinerzeit besser informiert als Noi. Er hielt von der Türkei aus Kontakt mit fünfzig jüdischen Gemeinden in Polen und mit praktisch jedem anderen europäischen Land. Zu seiner Überraschung waren Verbindungen leicht herzustellen, bestimmte Gebiete ausgenommen (die baltischen Länder und Ostpolen). Luftpostbriefe aus besetzten Ländern

---

* Am 25. Mai vor dem Mapai-(Ihud-) Weltsekretariat, am 27. Mai beim Histadrut- (Gewerkschafts-) Rat. Ein Stenogramm wurde aufgenommen, die vervielfältigten Ansprachen wurden Anfang Juli als Rundschreiben (in begrenzter Auflage) an eine beschränkte Anzahl Personen verschickt.

brauchten zehn bis zwölf Tage, Telegramme konnten aufgegeben und empfangen werden, und man konnte sogar Ferngespräche anmelden.* Noi bemerkte, daß die Juden in Osteuropa den Telegraphen nicht gern benützten, um nicht auf sich aufmerksam zu machen. Anderseits unternähmen jüdische Emissäre, sagte Noi, innerhalb der deutschbesetzten Länder häufig Reisen von Ort zu Ort, illegale Zeitungen würden gedruckt, es gebe Zusammenkünfte auf regionaler und sogar nationaler Ebene.

Die schlimme Nachricht betraf das Schicksal der kroatischen und einen Teil der rumänischen Judenschaft, worüber er voll im Bild war.** Es hatte in Ostgalizien Opfer gegeben. Lodz war mehr oder weniger von der Außenwelt abgeschnitten, direkte Kontakte gab es nicht, aber man hatte erfahren, daß »unproduktive Elemente« aus Lodz nach Minsk, Kowno und Riga deportiert worden seien. Noi sagte, es sei sinnlos, sich über die Gerüchte vom Schicksal der Juden in Ostpolen (und in den baltischen Ländern) auszulassen, denn man wisse eben nichts. Er sagte aber auch, daß nichts schädlicher sei als »übertriebene Informationen«, die richtige Nachrichten über wirkliche Grausamkeiten ins falsche Licht stellten oder sogar in Zweifel rückten. Er bedauerte, daß weder der Jüdische Weltkongreß, noch sonst eine jüdische Körperschaft bislang ein Büro in Istanbul eingerichtet habe und daß es keine Journalisten gebe, die Informationen aus dem besetzten Europa sichten und weiterleiten könnten, denn Istanbul sei der beste Horchposten.

Eine gute Nachricht war, daß in ganz Europa etwas wie jüdisches

* Aus verschiedenen Quellen ist bekannt, daß führende slowakisch-jüdische Persönlichkeiten recht häufig telefonische Verbindung mit jüdischen Repräsentanten in der Schweiz hatten (Josef Kornianski, *Beshlichut Halutzim*, Ben Lohame Hagetaot 1979, S. 93) Dr. Silbershein in Genf wurde im Mai 1942 von einem unbekannten Vertreter des Deutschen Roten Kreuzes aus Kolomea in Ostgalizien angerufen, der ihm sagte, daß eine große Anzahl Juden eines gewaltsamen Tods gestorben sei und daß die Überlebenden in größter Armut lebten und dringend Hilfe brauchten (Riegner an N. Goldmann, Genf, 17. Juni 1942. World Jewish Congress, Institute of Jewish Affairs Archives, London).
** Man glaubte damals allgemein, daß es den kroatischen Juden am schlimmsten ergangen sei. So Silbershein in einem Brief aus Genf vom 4. Mai 1942. »Was sich in Zagreb abspielte, ist sonst nirgendwo geschehen.«

235

Leben weiterging, daß die zionistische Jugendbewegung unter sehr schwierigen Bedingungen viel Aktivität entfaltete. Nois Wissen ging erstaunlich in die Details. Er hatte genaue Zahlen über die Kranken- und Waisenhäuser in Warschau, über die Brotpreise in den Gettos, die Teilnehmerzahlen an verschiedenen landwirtschaftlichen Lehrkursen. Manches war neuesten Datums: so wußte er von der erfolglosen Intervention des Vatikans in der Slowakei. Er äußerte die Vorhersage, die Nazis wollten zwar die physische Vernichtung der Juden, brauchten sie teilweise aber auch für ihren Kriegseinsatz: »Und es kann sein, daß dadurch ein Großteil der europäischen Judenschaft gerettet wird.«

Was ist in diesen Berichten frappierender: das Maß an Wissen oder der Mangel an Wissen? Über die Massenmorde in den ehemals sowjetischen Gebieten war vor Monaten in der Presse berichtet worden, und polnische Quellen hatten die Vernichtung der meisten litauischen und ostgalizischen jüdischen Gemeinden bestätigt – aber von Istanbul aus gesehen waren das immer noch Gerüchte; Verstummen mußte nicht unbedingt Tod, konnte auch Isolierung bedeuten. Chelmno wurde nicht ernst genommen, und über den Beginn der ›Evakuierung‹ aus den meisten polnischen Gettos wurde nicht berichtet.

In späteren Jahren wurde das Argument vorgebracht, daß gewisse maßgebende Juden in den Vereinigten Staaten wie auch in Palästina die Veröffentlichung der vollen Wahrheit über die europäische Tragödie verzögert hätten, weil sie eine deprimierende, vielleicht sogar paralysierende Wirkung auf die Moral der jüdischen Gemeinde in Palästina in diesen Notzeiten befürchteten. Erklärungen dieser Art sind mehr als zweifelhaft. Genauere Nachprüfung zeigt, daß die meisten dieser führenden Persönlichkeiten hinsichtlich des Ausmaßes der Katastrophe aufrichtig skeptisch waren – bis zum 18. und 19. November, als vier von ihnen eine Gruppe jüdischer Frauen und Kinder palästinensischer Nationalität interviewten, die gerade aus Europa in Palästina angekommen waren. Sie waren gegen eine Gruppe deutscher Staatsbürger ausgetauscht

236

worden, die zu Kriegsbeginn auf alliiertem Gebiet festgehalten worden waren. Einen ersten Austausch dieser Art hatte es im Dezember 1941 gegeben, es waren 46 Frauen und Kinder beteiligt. Damals hatte niemand besonders darauf geachtet, und die Ankömmlinge hatten offenbar kein großes Interesse gezeigt, von ihren Erlebnissen zu berichten; auch waren sie nicht aus den baltischen Ländern oder Westrußland gekommen, wo die meisten Massaker stattfanden. Im November 1942 traf dann die zweite Gruppe ein, über die später noch berichtet werden soll. Es gab noch eine dritte, kleinere, im Februar 1943 und einige weitere im Sommer 1944; sie wurden meist über Spanien geleitet.

Die Einstellung der SS zu Austauschaktionen war im allgemeinen negativ; immer wieder führten Eichmann und andere an, daß diese oder jene Person nicht freigegeben werden könne, auch wenn Freunde (wie die Faschistische Partei Italiens) darauf bestanden, weil, so die SS, der oder die Betreffende »zu viel gesehen« habe und die außerhalb Deutschlands zirkulierende Greuelpropaganda anheizen könnte. Gelegentlich unterlag die SS oder sie gab den Widerstand auf. So wurde der Gruppe von 137 Personen erlaubt, am 28. Oktober Polen und am 11. November Wien zu verlassen (wo man sie einige Tage vor der Abreise festgehalten hatte). Mit der Bahn erreichten sie am 14. November die syrische Grenze. In der Gruppe befanden sich 78 Juden (10 ältere Männer, 39 Frauen und 29 Kinder), davon 69 palästinensische Staatsbürger. Nach einer flüchtigen Befragung durch die britische Abwehr wurden sie nach Athlit gebracht, einige Meilen südlich von Haifa nah am Meer gelegen, einem ehemaligen britischen Militär- und Internierungslager. Dort wurden sie von zwei Mitarbeitern der Jewish Agency und zwei höheren Beamten besucht (Elijahu Dobkin, M. Shapira, H. Barlas und Bahar). Die Ausgetauschten kamen aus dreizehn polnischen Städten (darunter Sosnowice, Kielce, Piotrkow, Krakau, Sandomir und Bialystok), aus Berlin und Hamburg, aus Belgien und den Niederlanden. Sie hatten Gelegenheit gehabt, in Wien den Vorsteher der jüdischen Gemeinde, Josef Löwenherz, und seinen

Stellvertreter Grün zu treffen, der ihnen sagte, daß von einer Gemeinde, die 200 000 Mitglieder gezählt hatte, noch 400 übriggeblieben waren. Die meisten Frauen waren vor der Abreise aus Polen einige Wochen in Gefängnissen festgehalten worden, konnten sich aber in Wien mehr oder weniger frei bewegen. So waren sie in der Lage, ein ziemlich umfassendes Bild der Situation in Polen und in anderen Teilen Europas zu liefern.

Ob sie aber verläßlich waren – ihre Besucher aus Jerusalem scheinen zumindest anfänglich recht skeptisch gewesen zu sein. Schon oft hatten ›schlichte‹ (und auch weniger schlichte) Gemüter einfach Gerüchte wiedergegeben, oft ohne jegliche Grundlage. Die Neuankömmlinge konnten aber nicht so ohne weiteres abgetan werden, denn unter ihnen befand sich ein Wissenschaftler von der Hebräischen Universität, zwei Mitglieder des Kibbuz Degania B – also Angehörige der palästinensischen Elite – ein Zionistenführer von Rang und noch einige ernstzunehmende Zeugen (»Leute, auf deren Urteils- und Unterscheidungsfähigkeit man sich verlassen konnte«, sagte später E. Dobkin).

Dobkin faßte am 25. November 1942 die Ergebnisse der Befragung in einer Ansprache an die Histadrut-Leitung zusammen; ähnliche Berichte gingen an verschiedene Abteilungen der Jewish Agency und an Mapai (Arbeiterpartei). Wie sollte man auf die vielen Fragen nach der Glaubwürdigkeit dieser Zeugen antworten?

»Als ich in Athlit saß und die Berichte Dutzender von Frauen hörte, wurde mir klar, daß, so groß auch der Schmerz und Kummer sein mochten, kein Zweifel bleibt und wir uns damit abzufinden haben. Vielleicht haben wir uns versündigt, als wir den ersten Nachrichten keinen Glauben schenkten, die uns vor zwei Monaten über Genf und Istanbul erreichten.«[242]

Aus den Schilderungen ging hervor, daß im Frühsommer von der deutschen Regierung eine Sonder- oder Vernichtungskommission unter einem Kommissar Feu oder Foy eingesetzt worden sei. (Diese Information war tatsächlich unrichtig oder zumindest ungenau. Es gab keine Sonderkommission; eine entsprechende reguläre Abtei-

lung war vor mehreren Jahren im Reichssicherheitshauptamt eingerichtet worden.) Im Rahmen des sog. ›Unternehmens Reinhard‹ –
nach Reinhard Heydrich benannt, der in Prag getötet worden war –
sollte die polnische Judenschaft ausgerottet werden; sie stand unter
dem Kommando von Odilo Globocnik. Sonderbarerweise hatten
diese ungenauen Einzelheiten auf die jüdische Führung und Öffentlichkeit eine stärkere Wirkung als die früheren, genaueren Berichte. Man hatte immer an Pogrome gedacht, nicht aber an systematische Vernichtung. Wäre nun eine Sonderkommission eingesetzt
worden, hätte dies ein neues Licht auf Art und Zweck der Verfolgung geworfen.

Außerdem, fuhr Dobkin fort, sei die Mehrheit der polnischen
Juden bereits deportiert oder stehe vor der Deportation. Von den
Befragten stammte keiner aus Warschau, dem größten Getto, aber
in (Polnisch-)Oberschlesien hatten sie einige aus Warschau entkommene Juden getroffen, die erzählten, daß in der Hauptstadt nur
noch 40 000 Juden seien (es waren in Wirklichkeit 60 000 bis
70 000). Von 40 000 Juden in Tschenstochau seien nur 2000 noch
dort, von 20 000 in Piotrkow 2600, von 30 000 in Kielce 1500. Dies
vermittelte ein allgemeines Bild von Mord und Zerstörung. Die
Befrager konnten nicht erfahren, was mit den Deportierten geschehen war. Sie seien »in unbekannte Richtung« weggebracht worden,
und es hatte keine Nachrichten, keine Briefe, keine persönlichen
Grüße von ihnen gegeben.

Was bedeutete das alles? Es liefen die verschiedensten Gerüchte
in Polen um, die offenbar stimmten: einige große Betonbauten
seien an der russisch-polnischen Grenze errichtet worden, in denen
die Opfer mit Gas getötet und verbrannt würden (dies bezog sich
offenbar auf Sobibor, das nahe der Grenze zur Sowjetunion lag).
Anderseits erzählte eine Frau aus Oswiecim (Auschwitz) von drei
Öfen zur Verbrennung von Juden; sie seien in einem Lager in der
Nähe der Stadt installiert worden.*

---

* In der Stadt Auschwitz selbst gab es keine Juden, die Zeugin stammte in Wirklichkeit aus dem

Es ging vor allem um die systematische Ermordung von Kindern und älteren Leuten. Dobkin sagte, er werde nie die Geschichte von einem achtjährigen Knaben vergessen, der sich mit seiner fünf Jahre alten Schwester im Haus versteckt hatte, als die Polizei kam und sie abholen wollte. Er hatte das kleine Mädchen beschworen, nicht zu weinen, aber aus Angst hatte es weinen müssen, wurde entdeckt und weggebracht – ein Fall von Hunderttausenden.

Der Vernichtungsfeldzug hatte offenbar auch auf andere Länder übergegriffen – auf Deutschland und Österreich, die Slowakei, Jugoslawien und die Niederlande: kein Land, das unter die Naziherrschaft geriet, sei verschont geblieben. In ganz Deutschland seien nur noch 28 000 Juden übrig (die wirkliche Zahl lag eher bei 50 000), in Österreich bzw. der ›Ostmark‹ noch weniger.

Die Repräsentanten der Judenschaft Palästinas, die die Berichte hörten und die Rundschreiben lasen, waren tief erschüttert. In Krakau – keine Juden. Siedlec – keine Juden. Mislowice – hundert Juden übriggeblieben. Hier hatte es sich um größere jüdische Gemeinden gehandelt – wie hatten sie nur verschwinden können? Man hatte das alles bereits gelesen, es bisher aber für Gerüchte gehalten. Man konnte einen selbst nicht betreffende Zeitungsberichte wegschieben, auch Rundfunknachrichten, die vielleicht von zweifelhaften Berichterstattern stammten, aber es war unmöglich, die persönlichen Aussagen vieler Zeugen zu ignorieren: »Ich verließ Palästina im Juni 1939, um meine alten Eltern in Krakau zu besuchen...« Es erschien ein Bürger aus Tel Aviv, der die Vernichtung der Gemeinde von Piotrkow miterlebt hatte, es erschien die in Petah Tiqva geborene Frau, die aus den Niederlanden zurückkam.

Es ist mehr als wahrscheinlich, daß die Informationen aus Genf früher oder später Wirkungen hatten. Daß sie, wenn auch zögernd

nahegelegenen Sosnowice. Sie sagte, zwei weitere Öfen würden gebaut. Von Zeit zu Zeit bringe man Juden aus der Nachbarschaft in die Lager. *Tamzit Yediot* usw., 1. Teil, 20. November 1942. Das Informationsbüro der Jewish Agency verbreitete unmittelbar nach dem Besuch in Athlit eine ziemlich genaue Zusammenfassung der Aussagen der verschiedenen Zeugen. Andere Ankömmlinge erwähnten Belzec und Treblinka.

und verspätet, von den Regierungen der Alliierten bestätigt wurden, war von großer Bedeutung. In Palästina war die Ankunft der 69 palästinensischen Mitbürger der Wendepunkt.

Wer nun ihre Berichte hörte und las, fragte sich wie David Remes:

»Ist es möglich, daß solche authentischen Nachrichten nicht nach Amerika gelangten? Ich hörte von Ben Gurion, daß sie noch vor uns von den schockierenden Neuigkeiten hörten.« Und Dobkin: »Die Information erreichte uns und Amerika über Genf. Nach der Art und Weise, wie die Menschen hier reagierten, kann ich mir gut vorstellen, wie drüben die Reaktion war. Als wir sie erhielten, konnten viele nicht an ihre Echtheit glauben. Ben Gurion sagte, man habe dies in Amerika für eine Art Greuelpropaganda gehalten. Wir müssen jetzt der amerikanischen Judenschaft verständlich machen, daß die Information tatsächlich richtig war.«[243] Es müsse unbedingt sofort gehandelt werden, wie einer der Teilnehmer (M. Erem) sagte: »Es sind bereits drei Tage vergangen.«

Drei Tage!

Am 22. November 1942 veröffentlichte die Jewish Agency eine Verlautbarung, wonach aus »autorisierten und zuverlässigen Quellen« Nachrichten eingetroffen seien, daß die Nazis in Polen eine systematische Ausrottungskampagne gestartet hätten. Zwei Tage lang, am 30. November und 1. Dezember, sei den Gefühlen der Gemeinde Ausdruck zu verleihen und das Weltgewissen zu alarmieren. Es gab Demonstrationen, Versammlungen, Reden, und die Titelseiten der Zeitungen waren schwarz umrandet. Not- und Hilfskomitees wurden gegründet, Emissäre nach Istanbul und anderen Städten entsandt, wo versucht werden sollte, mit den Juden im besetzten Europa Kontakt aufzunehmen; auch wurde zum erstenmal der Gedanke diskutiert, Fallschirmspringer einzusetzen.[244] Wie der amerikanische Generalkonsul in Jerusalem nach Washington kabelte, herrschte unter den Juden jedoch das Gefühl tragischer Machtlosigkeit – was konnte die Judenschaft Palästinas tun, um wirksame Hilfe zu leisten?

Ab Ende 1942 sollte das Thema ›Holocaust‹ die jüdischen Gemeinden in Amerika, Palästina und Großbritannien ununterbrochen beschäftigen. Aber auch dann noch war der volle Umfang der Katastrophe nicht ›registriert‹. Jüdische Organisationen in Amerika und anderswo veröffentlichten nach wie vor Erklärungen zum jüdischen Leben in den Gettos, das weitergehe, und über die noch immer »stolze Haltung« der jüdischen Massen. Zionisten, Führer des Weltkongresses eingeschlossen, vertieften sich in »Nachkriegsplanungen« und verwendeten wenig mehr als höfliche Aufmerksamkeit auf das Geschehen in Europa – in schroffem Gegensatz zu den Aufschreien aus Genf und Istanbul, wo sofortige Aktionen gefordert wurden, um die restlichen Juden zu retten.[245]

In späteren Jahren äußerte sich Riegner, wie sehr er und seine Mitarbeiter in Genf über die Unfähigkeit jüdischer Führungskräfte im Ausland, den Umfang und das Tempo der Ausrottung zu begreifen, bestürzt gewesen waren. Sie redeten über zwei Millionen Opfer, während bereits vier Millionen gestorben waren. Der Leiter des Instituts für jüdische Angelegenheiten in New York, J. Robinson, veröffentlichte eine Untersuchung mit Zahlenangaben, die sämtlich ungenau waren, aber auch in der europäischen Presse wiedergegeben wurden. Das New Yorker Hilfskomitee unter Leitung von Professor A. Tartakower versandte Listen mit den Adressen von Tausenden polnischer Juden, denen man Pakete schicken solle; es wollte den Leuten anscheinend nicht in den Sinn, daß weder diese Menschen noch deren Adressen existierten.

»Wir [in Genf] hatten den Eindruck, daß sie nicht mehr begriffen, was geschah. Ihre Haltung kann nur mit Optimismus und der Unfähigkeit erklärt werden, das Schlimmste zu begreifen. Für uns war dies einfach unbegreiflich.«[246]

Zusammenfassung

Aus den bisher gesammelten Unterlagen geht hervor, daß Nachrichten über die ›Endlösung‹ im Jahr 1942 in ganz Europa verbreitet waren, auch wenn noch nicht alle Einzelheiten bekannt waren. Warum also wurden diese ›Signale‹ so häufig falsch verstanden, ihre Botschaft zurückgewiesen?

1. Die Tatsache, daß Hitler ausdrücklich die Liquidierung aller Juden angeordnet hatte, war lange Zeit nicht bekannt. Er traf seine Entscheidung kurz nach dem Entschluß, in die Sowjetunion einzumarschieren. Victor Brack, der damals in der Reichskanzlei arbeitete, sagte in Nürnberg als Zeuge aus, es sei um den März 1941 in höheren Parteikreisen kein Geheimnis gewesen, daß die Juden ausgerottet werden sollten. Mit ›höheren Parteikreisen‹ können damals nicht mehr als ein Dutzend Personen gemeint gewesen sein. Im März 1941 wußte nicht einmal Eichmann davon, denn die Vorbereitungen für die Deportationen und die Lager waren noch nicht angelaufen. Entsprechende Richtlinien wurden in Görings Brief an Heydrich vom 31. Juli 1941 gegeben. Daß ein Erlaß Hitlers vorliege, wurde außerhalb Deutschlands erst im Juli 1942 bekannt und auch nur in verzerrter Form. Hitler (so wurde damals behauptet) habe angeordnet, daß es bis Ende 1942 in Deutschland keinen Juden mehr geben solle. Es liegt aber kein Beweis vor, daß ein solcher Zeitpunkt je festgesetzt worden wäre. Es hätte z. B. keine Schwierigkeiten bereitet, alle Juden 1942 aus Berlin wegzuschaffen; in Wirklichkeit wurde Berlin erst im August 1943 von Goebbels als judenfrei bezeichnet. Zeugen behaupteten, den Erlaß

gesehen zu haben, aber es bleibt zweifelhaft, ob es je eine schriftliche Verfügung gegeben hat. Dies hat Anlaß zu endlosen Spekulationen gegeben und eine umfangreiche ›revisionistische‹ Literatur hervorgerufen – ganz unnötigerweise, weil Hitler, was auch seine Untugenden gewesen sein mögen, kein Bürokrat war. Es war nicht seine Art, bei allen möglichen Anlässen schriftliche Befehle zu erteilen: es gab keinen Erlaß für die mörderische ›Säuberung‹ vom Juni 1934 (Röhm), für die Tötung der Zigeuner, für die sogenannte ›Vernichtung lebensunwerten Lebens‹ (T4) und andere Anlässe. Je schlimmer das Verbrechen, um so geringer die Wahrscheinlichkeit des Vorhandenseins eines schriftlichen Führerbefehls. Wenn Himmler, Heydrich oder auch Eichmann sagten, ein entsprechender Befehl Hitlers liege vor, hätte das niemand bezweifelt oder gar darauf bestanden, ihn zu sehen.

2. Die Anordnung hatte praktische Folgen, sie betraf das Leben oder, um genau zu sein, den Tod von Millionen Menschen. Aus diesem Grund sickerten Einzelheiten über die ›Endlösung‹ durch, als das Massenschlachten begann.

Die systematischen Massaker der Einsatzgruppen in Ostgalizien, Weißrußland, der Ukraine und in den baltischen Ländern wurden in Deutschland fast sofort bekannt. Gewiß, der Schauplatz lag weit entfernt, und die Exekutionen fanden in Gegenden statt, wo sich damals Zivilisten und Ausländer nicht frei bewegen durften. Aber viele Tausende deutscher Offiziere und Soldaten waren Zeugen solcher Szenen und redeten später darüber, ebenso italienische, ungarische und rumänische Militärpersonen. Das deutsche Auswärtige Amt wurde amtlich über die Einzelheiten der Massaker unterrichtet, um die Einsatzgruppen gab es viel weniger Geheimhaltung als später um die Vernichtungslager. Die Sowjetregierung muß innerhalb weniger Tage davon erfahren haben; nach mehreren Wochen waren die Ereignisse auch in den westlichen Hauptstädten bekannt – eine ganze Weile vor der Wannsee-Konferenz. Die Gemetzel bei Kiew (Babi Yar) fanden am 29. und 30. September

1941 statt. Auslandsjournalisten wußten es nach einigen Tagen, in der westlichen Presse wurde binnen nicht ganz zweier Monate darüber berichtet. Auch die Massaker in Transniestrien wurden unmittelbar danach bekannt. Chelmno, das erste Vernichtungslager, wurde am 8. Dezember 1941 ›eröffnet‹; die Nachricht darüber gelangte in weniger als vier Wochen nach Warschau und wurde bald danach in der Untergrundpresse veröffentlicht. Innerhalb von zwei Wochen, nachdem die Gaskammern in Betrieb genommen waren, wußten in Warschau Juden und Nichtjuden von der Existenz der Lager Belzec und Treblinka. In kurzer Zeit erreichte die Nachricht vom Tod des Vorstehers des Judenrats von Warschau, Czerniakow, die jüdische Presse des Auslands. Die Deportationen aus Warschau waren vier Tage später in London bekannt. Es gab auch Ausnahmen: die wahre Bestimmung von Auschwitz blieb Juden und Polen gleichermaßen mehrere Monate lang verborgen, nachdem es zu einem Ausrottungszentrum geworden war. In Polen glaubte man damals, es gebe nur zwei Typen von Lagern – Arbeits- und Vernichtungslager – und die Tatsache, daß Auschwitz ein ›gemischtes‹ Lager war, scheint viele Leute verwirrt zu haben.

3. Wenn so viel so schnell unter den Juden Osteuropas bekannt wurde, und wenn Informationen in illegalen Zeitungen und durch andere Medien – es gab Radios in allen größeren Gettos – verbreitet wurden, warum wurden sie nicht geglaubt? Anfänglich waren die russische und die polnische Judenschaft gänzlich unvorbereitet; die Gründe sind bekannt. Die sowjetischen Juden wurden über die Absichten und Praktiken der Nazis in Unkenntnis gelassen, die polnischen Juden glaubten, die Exekutionen würden auf die besetzten Sowjetgebiete beschränkt bleiben. Zuerst neigte man dazu, die Geschehnisse im Licht der Vergangenheit zu sehen: Verfolgung, Pogrom. Die maßgebenden Juden in Warschau hätten, als sie Anfang 1942 von den Vorgängen in Litauen und Lettland erfuhren, begreifen sollen, daß es sich nicht um Pogrome im herkömmlichen Sinn handelte, weder um spontane Aktionen des Mobs noch um

Ausschreitungen von Ortskommandanten. Unter einem totalitären Regime gibt es nämlich kaum eigenmächtige Aktionen. Die Einsatzgruppen handelten methodisch und kaltblütig. Die Mehrheit der jüdischen Führer in Osteuropa begriff nicht, daß dies der Beginn einer durchdachten Vernichtungskampagne war. Der ganze Plan lag jenseits aller menschlichen Vorstellungskraft; man hielt die Nazis nicht für fähig, Millionen von Menschen umzubringen. Die Kommunikation zwischen manchen Gettos war unregelmäßig: das Lodzer, das zweitgrößte, war mehr oder weniger isoliert. Anderseits verbreiteten sich Gerüchte rapid. Wären die Informationen über die ›Endlösung‹ geglaubt worden, hätte in wenigen Tagen ganz Polen bis in den letzten Winkel Bescheid gewußt. Es wurde aber nicht geglaubt, und als die Deportationen aus den polnischen Gettos im März 1942 begannen, dachte man im allgemeinen immer noch, die Juden würden weiter nach Osten verlegt.

Die illegalen Zeitungen vermittelten beunruhigende Meldungen und sprachen davon, daß viele Menschen zugrunde gehen könnten, aber die Informationen widersprachen sich auch. Die Untergrundpresse erreichte die meisten Menschen nicht, und Gewißheit gab es auch keine. Vielleicht, so dachte man im allgemeinen, brauchten die Nazis einen großen Teil der jüdischen Bevölkerung als Arbeitskräfte für die Kriegswirtschaft, vielleicht würde der Krieg bald vorbei sein, vielleicht geschähe auf irgendeine Art ein Wunder: in verzweifelten Situationen wuchern die Gerüchte, und genau so blüht der Glaube an Wunder.

Für die Zeit nach dem Juli 1942 (den Deportationen aus Warschau) erscheint es noch unbegreiflicher, wieso immer noch Unklarheit über die Absichten der Nazis gegenüber den Juden in Polen herrschte und daß man die Gerüchte nicht als das erkannte, was sie waren: nämlich Gewißheit. Jede vernünftige Analyse der Situation hätte ergeben, daß das Ziel der Nazis die Vernichtung aller Juden war. Aber psychischer Druck wirkte der Vernunft entgegen und schuf eine Atmosphäre, in der Wunschdenken das einzige Mittel gegen äußerste Verzweiflung zu sein schien.

246

4. Unter allen jüdischen Gemeinden haben wohl nur die slowakischen frühzeitig manche der Gefahren erkannt, die auf sie zukamen
(ebenso die rumänischen, aber ihre Lage war anders geartet).
Jedoch begriffen auch die slowakischen Juden erst gegen Ende
1943, daß die Nazis es auf die Vernichtung aller Juden abgesehen
hatten. Die anderen Gemeinden (einschließlich der deutschen,
niederländischen, dänischen, französischen und griechischen Juden) scheinen bis zum bitteren Ende in fast vollständiger Unkenntnis gelebt zu haben. Sie waren isoliert, die ihnen zur Verfügung
stehenden Informationsquellen beschränkt. Aber trotzdem hatten
in Europa die meisten Juden und viele Nichtjuden zum mindesten
Gerüchte über schreckliche Vorkommnisse in Osteuropa gehört,
manche auch mehr als Gerüchte. Dies kam auf vielerlei Wegen
unter die Leute. Man glaubte jedenfalls entweder nicht oder dachte,
»hier bei uns« könne so etwas nicht geschehen. Nur eine kleine
Minderheit unter den Juden versuchte unterzutauchen oder zu
entkommen, weil sie sich bewußt war, daß Deportation den Tod
bedeutete. Falschinformation seitens der Nazis trug zur weiteren
Verwirrung unter den Juden bei, obwohl diese Irreführungen
gewöhnlich recht fadenscheinig waren und kaum als Hauptursache
der Desorientierung angesehen werden können.

5. Den führenden jüdischen Persönlichkeiten und der Öffentlichkeit im Ausland (besonders Großbritannien, die Vereinigten Staaten und Palästina) fiel es größtenteils ausnehmend schwer, sich mit
dem reichlichen Beweismaterial über die ›Endlösung‹ abzufinden
bzw. es zu akzeptieren, was nur mit beträchtlicher Verzögerung
geschah. Man dachte auch dann noch in den Kategorien Verfolgung
und Pogrom, als sich ein klares Bild ergeben hatte, das in eine
andere Richtung wies. Der Mangel an Einsicht und Vorstellungskraft erklärt sich aus der falschen Beurteilung der mörderischen
Natur des Nationalsozialismus und aus einem blinden Optimismus.
Auch anderes mag dazu beigetragen haben: das Gefühl der Ohn-
macht (»Wir können wenig tun, so laßt uns das Beste hoffen«) und

die drohende militärische Gefahr, der sich die jüdische Gemeinde Palästinas im Jahr 1942 gegenübersah. Wenn hohe jüdische Persönlichkeiten und die jüdische Presse die Dinge herunterspielten, so nicht in der Absicht, die Glaubensgenossen in Unkenntnis zu halten, sondern weil allseits echte Zweifel bestanden. Als die schlimmsten Befürchtungen sich bewahrheiteten, entstand Verwirrung in der Führungsspitze, die sich fragte, welcher Kurs einzuschlagen sei. Dies war hauptsächlich in den USA der Fall und brachte neuerliche Verzögerungen der Bekanntgabe der Situation mit sich. In Palästina kam die Wende erst mit der Repatriierung einiger Mitbürger aus Europa im November 1942. Die Leute von der Jewish Agency, die nicht willens gewesen waren, den übermittelten Botschaften Glauben zu schenken, waren nun angesichts der persönlichen Aussagen der Heimkehrer dazu bereit.

6. Der polnische Untergrund war in der Übermittlung von Nachrichten in den Westen von ausschlaggebender Bedeutung; ihm standen ein recht gutes System der Nachrichtenbeschaffung und auch die Mittel zur Verfügung, sie durch Kurzwellensender und Kuriere in den Westen zu übermitteln. Die meisten Informationen über die Ausrottungspolitik der Nazis erreichten die jüdischen Kreise des Auslands durch den polnischen Untergrund. Die Polen machten sich wenig Illusionen über die Absichten der Nazis, und so gaben ihre Berichte ein ungeschminktes Bild der Lage. Sie sind beschuldigt worden, die jüdische Katastrophe heruntergespielt zu haben, um die Weltöffentlichkeit nicht von den Leiden des polnischen Volkes abzulenken; auch hätten sie die Übermittlung von Nachrichten über die Tötung der Juden in den Westen zeitweise unterbrochen. Es braucht nicht eigens betont zu werden, daß der polnische Untergrund sich hauptsächlich über das Schicksal des eigenen Volkes, nicht über das einer Minorität Sorgen machte. Im großen und ganzen jedoch wurden die Nachrichten über Massenmorde in den Bulletins nicht unterdrückt und auch ins Ausland gesendet. Eine Ausnahme bildet die Zeit von Ende Juli bis Anfang

September 1942 (die Zeit der Deportationen aus Warschau), als die polnische Exilregierung in London entweder aus eigener Initiative oder auf Anraten des Foreign Office die aus Warschau eingehenden Nachrichten nicht sofort veröffentlichte. Die Beweislage hierzu ist widersprüchlich: eine Zeitlang wurde die Information bewußt heruntergespielt, aber nicht gänzlich unterdrückt. Es gab eine Verzögerung in London, aber keine längere als in der jüdischen Führung, wo man die Informationen anfangs ebenfalls nicht glaubte. Es kann nicht bewiesen werden, ob die Exilregierung den Mitgliedern des Polnischen Nationalrats alles Material vorlegte, das sie erhalten hatte. Aber Zygielbojm und Schwarzbart hatten mit Sicherheit Zugang zu allen wesentlichen Nachrichten. Die Exilregierung alarmierte als erste die Regierungen der Alliierten und die Weltöffentlichkeit, wurde aber, wie später die Juden, der Übertreibung beschuldigt. Von dieser Zeit an bis Kriegsende waren die in den offiziellen Erklärungen der Alliierten angegebenen Zahlen der Opfer ständig zu niedrig. Auch als man in London und Washington eingesehen hatte, daß die Angaben über die Massenmorde stimmten, sorgten die Regierungen Großbritanniens und der Vereinigten Staaten dafür, daß ihnen nicht zu viel Publizität gegeben wurde.

7. Millionen Deutscher wußten Ende 1942, daß die Juden praktisch verschwunden waren. Gerüchte über die Schicksale gelangten hauptsächlich über Ostfronturlauber, Offiziere und Soldaten, nach Deutschland. Auch gab es in den Kriegsreden der Naziführer deutliche Hinweise, daß Drastischeres als eine Umsiedlung sich ereignet hatte. Das Wissen, wie die Juden getötet wurden, war auf wenige Personen beschränkt. Und verhältnismäßig wenige Deutsche interessierten sich für das Schicksal der Juden, die meisten waren mit einer Menge ihnen persönlich wichtigerer Probleme befaßt. Das Thema war unangenehm, Vermutungen ergaben nichts, vor Diskussionen über das jüdische Schicksal schreckte man zurück. Überlegungen zu dieser Frage wurden beiseite geschoben und auf Dauer verdrängt.

8. Neutrale und internationale Organisationen wie der Vatikan und das Rote Kreuz kannten die Wahrheit schon sehr früh, nicht die ganze Wirklichkeit vielleicht, aber doch genug, um zu begreifen, daß wenige Juden, wenn überhaupt welche, den Krieg überleben würden. Der Vatikan hatte durch seine Informanten ein unvergleichliches Nachrichtensystem in ganz Europa und versuchte gelegentlich, zugunsten der Juden zu intervenieren, wollte mit dem Problem aber nicht an die Öffentlichkeit treten. Er hätte sich dadurch einerseits Angriffen aus Deutschland und anderseits dem Druck seitens der Juden und der Alliierten ausgesetzt, mehr zu unternehmen. Und schließlich sind Juden keine Katholiken. In normalen Zeiten hätte die Judenverfolgung zu Bekundungen echten Mitgefühls oder vielleicht auch zu Protesten geführt, aber die Zeiten waren nicht normal, und da der Heilige Stuhl sogar für die glaubenstreuen Polen wenig tun konnte – oder vielmehr dachte, er könne wenig tun – glaubte er, den Juden noch weniger helfen zu können. Die Furcht vor Konsequenzen, wenn man den Juden Hilfe leiste, beeinflußte die ganze Politik des Vatikans.

Das Rote Kreuz befand sich in ähnlicher Lage. Es hatte weniger Informationsmöglichkeiten und weniger Einfluß als die Katholische Kirche, übertrieb aber auch die eigene Schwäche. Es war Vergeltungsmaßnahmen kaum ausgesetzt, und wenn Proteste auch zu keinen Ergebnissen geführt hätten, wäre es dem Roten Kreuz doch möglich gewesen, direkt und indirekt Tatsachen bekanntzugeben, über die es unterrichtet war. Manche seiner Leiter taten es auch.

Die Regierungen der Neutralen erhielten über vielerlei Kanäle reichlich Informationen über die ›Endlösung‹. In Schweden gab es keine Zensur (abgesehen von Selbstzensur), und im Jahr 1942 verhinderte die schweizerische Pressezensur nicht die Veröffentlichung von Nachrichten über das Schicksal der Juden. Nicht alle Zeitungen der Schweiz bewiesen ein gleiches Maß an Verständnis und Mitgefühl. Die schwedische Presse hatte Anweisungen, keine ›Greuel‹ zu bringen, aber die Leser konnten gegen Ende 1942 kaum noch Zweifel über den Stand der Dinge haben.

9. Weder die Vereinigten Staaten noch Großbritannien oder Stalin zeigten ein ausgesprochenes Interesse am Schicksal der Juden. Sie wurden von jüdischen Organisationen und aus eigenen Quellen auf dem laufenden gehalten. Schon früh informierte die sowjetische Presse über Untaten der Nazis in den besetzten Gebieten, sagte aber nur selten, daß Juden zur Tötung selektiert wurden. Bis heute hat sich die Linie der Kommunistischen Partei der Sowjetunion in dieser Hinsicht nicht geändert: sie hat nicht erklärt, daß irgendwelche Fehler gemacht wurden, indem die jüdische Bevölkerung in keiner Weise auf die Einsatzgruppen vorbereitet war. Auch jetzt wird noch nicht zugegeben, daß, wenn die sowjetischen Medien (sie waren über die Geschehnisse hinter den deutschen Linien informiert) 1941 entsprechende Warnungen ausgegeben hätten, viele Menschen vielleicht gerettet worden wären. Regierung und Partei stellten es so dar, als ob es sowjetischen Bürgern jüdischer Herkunft unter der Naziherrschaft nicht anders ergehe als den Russen selbst – und wenn, hielt man es nicht für angebracht, es zu erwähnen. Die einzigen milden kritischen Stimmen, die sich erhoben, sind in einigen Büchern zu finden, die die Jahre 1941/1942 beschreiben. Einige westliche Beobachter argumentierten, daß die (nicht häufigen) frühen sowjetischen Nachrichten über antijüdische Massaker im Westen manchmal als kommunistische Propaganda abgetan wurden und daß die Sowjetführung sich deshalb entschied, die besondere antijüdische Natur der Vernichtungskampagne nicht länger hervorzuheben.* Dieser Versuch einer Erklärung ist keineswegs überzeugend, weil die sowjetische Innenpolitik sich kaum von Artikeln wie etwa dem in der *Catholic Times* beeinflussen ließ; es sollte gesagt werden, daß von Anfang an in der sowjetischen

---

* So die Londoner *Catholic Times* am 24. Dezember 1942, dem Weihnachtsabend: »Es ist kein Geheimnis, daß die jüngste Propagandawelle gegen Greuel, die die Deutschen an Juden begangen haben sollen, russisch inspiriert war.« Solche Kommentare waren aber die große Ausnahme. Der römisch-katholische Erzbischof von Westminster, Kardinal Hinsley, war eine der ersten Persönlichkeiten des öffentlichen Lebens Großbritanniens, die im Juli 1942 im Rundfunk in Richtung Europa über die Leiden der Juden sprach.

Inlandpresse den jüdischen Opfern weniger Publizität gewährt wurde als im Ausland.

In London und Washington waren die Fakten der ›Endlösung‹ früh bekannt. Sie lagen den Chefs der Geheimdienste, den Außen- und Verteidigungsministern vor. Die Tatsachen wurden jedoch für nicht besonders interessant oder wichtig erachtet, und wenigstens einige der Beamten glaubten sie entweder nicht oder hielten sie für übertrieben. Es gab keinen vorsätzlichen Versuch, den Informationsfluß über die Massentötungen zu stoppen (außer eine Zeitlang seitens einiger Beamter im State Department), sondern lediglich Mangel an Interesse und Unglaube – der sich aus der anglo- amerikanischen Unkenntnis europäischer Verhältnisse im allgemeinen und des Nationalsozialismus im besonderen erklären läßt. Obwohl allgemein bekannt war, daß sich die Nazis weit weniger gentlemanlike als die deutschen Armeen 1914/18 benahmen, schien der Gedanke des Massenmordes doch wohl weithergeholt. Weder die deutsche Luftwaffe noch die Marine oder das Afrika- korps hatten derartige Greueltaten begangen, und sie waren die einzigen deutschen Wehrmachtsteile, mit denen die Soldaten der Alliierten vor 1944 in Berührung kamen. Die Gestapo war aus nicht sehr glaubwürdigen drittklassigen Filmen bekannt. Barbarischer Fanatismus war für Menschen undenkbar, die nüchtern dachten, die glaubten, daß Sklavenarbeit, nicht aber Vernichtung das Schick- sal der Juden in Europa sei. Die Bösartigkeit des Nazismus über- stieg ihr Vorstellungsvermögen.

Auch wenn die Realität der »Endlösung« in London und Wa- shington begriffen worden wäre, hätte die Frage auf der Skala der Prioritäten der Alliierten sehr weit unten figuriert. 1942 war im Kriegsablauf ein kritisches Jahr für die Alliierten; Stäbe und Schreibtischstrategen durften von ihrer Arbeit für den Sieg nicht durch Überlegungen abgelenkt werden, die nicht direkt mit den Kriegsanstrengungen zusammenhingen. So war zu viel Publicity über die Massenmorde unerwünscht, denn daraus konnten sich Forderungen nach Hilfe für die Juden ergeben, was wiederum der

Kriegsführung abträglich werden konnte.* Auch in späteren Jahren, als der Sieg bereits sicher war, bestand wenig Bereitschaft zur Hilfeleistung. Churchill zeigte mehr Interesse an der Tragödie der Juden als Roosevelt und auch mehr Mitgefühl, aber auch er war nicht geneigt, sich viel mit der Sache zu beschäftigen. Die Öffentliche Meinung in Großbritannien, den Vereinigten Staaten und anderswo wurde schon früh über den Verlauf der ›Endlösung‹ informiert, aber die Wirkung war gering und kurzlebig. Daß Millionen getötet wurden, war mehr oder weniger ohne Bedeutung. Der Mensch kann sich vielleicht mit dem Schicksal einer Einzelperson oder einer Familie identifizieren, aber nicht mit dem von Millionen. Die Mordstatistiken wurden entweder nicht geglaubt oder aus dem Bewußtsein verdrängt. Daher die Überraschung und der Schock nach Kriegsende, als Berichte über ein Durchgangslager wie Bergen-Belsen erschienen: »Niemand hatte es gewußt, niemand war auf Derartiges vorbereitet.«

Eine lange Zeit also wurden die Nachrichten über die Ermordung von Millionen Juden nicht akzeptiert, und auch nachher begriff man die Folgeerscheinungen nicht. Unter Juden führten diese Umstände in späteren Jahren häufig zu einem Trauma und im Extremfall zu

---

* Das Office of War Information in den Vereinigten Staaten und das Ministry of Information in London neigten aus einer Reihe von Gründen dazu, die Publizität über die Massenmorde in den Jahren 1942 und 1943 abzuschwächen: weil die Öffentlichkeit es nicht glauben würde, weil es Antisemitismus im Westen entfachen könnte, weil es in manchen europäischen Ländern nicht unpopulär wäre, weil es einen verheerenden Einfluß auf die Moral des europäischen Widerstands hätte usw. Es war nicht das einzige Mal, daß Greueltaten heruntergespielt wurden. Obwohl britische Stellen über das Schicksal britischer Kriegsgefangener nach dem Fall von Singapore gut unterrichtet waren, gab es damals keine ins einzelne gehende Information über ihre Behandlung durch die Japaner, weil man befürchtete, dies hätte auf den Kampfgeist der Briten auf dem europäischen Kriegsschauplatz eine abträgliche Wirkung. Es sollte noch im Detail erforscht werden, wieviel Information über die ›Endlösung‹ von der BBC und von den amerikanischen Sendern für Hörer im In- und Ausland gebracht wurde. Eine solche quantitative Analyse in Verbindung mit einer Übersicht über die den Radioprogramm-direktoren von der Political Warfare Executive (PWE) und dem State Department gegebenen Instruktionen dürfte zeigen, daß im Dezember 1942 und im Januar 1943 nach der Erklärung der Vereinten Nationen über nationalsozialistische Grausamkeiten der Frage mehr Publizität eingeräumt wurde. Verhältnismäßig gering war sie im übrigen Jahr 1943; es können Wochen, sogar Monate vergangen sein, ohne daß das Thema angesprochen wurde. Erst 1944 wurde es wieder ziemlich häufig behandelt.

der Überzeugung, daß jede Gefahr, die Juden drohe, sei es einem Individuum oder einer Gruppe, als ein neuer Holocaust gedeutet werden müsse. Eine solche Verzerrung der Wirklichkeit ist psychologisch verständlich, was die Sache aber als möglicherweise verhängnisvolle politische Richtlinie nicht weniger gefährlich macht. Der Eindruck auf Nichtjuden war gering – es hat in der Geschichte manches Versagen des Verständnisses gegeben, was aber Optimisten nicht abhält, zu argumentieren, man solle den Einzelfall nicht verallgemeinern und nicht zum Pessimisten werden. Wie ein britischer Diplomat von seiner langen Dienstzeit (1910–1950) zu Recht sagte, sei sein Ruf eines unverbesserlichen Optimisten bei weitem eindrucksvoller gewesen als jener der professionellen Schwarzseher, die ständig von Kriegsgefahr unkten – er hatte leider nur zweimal nicht recht gehabt – 1914 und 1939.

Es heißt, daß es in Kriegszeiten keine ›strategischen Warnungen‹, keine unzweideutigen Signale, keine absoluten Gewißheiten gibt. Man muß nicht nur die Signale beachten, sondern auch deren Hintergrund, störende Geräusche, Täuschungsmanöver. Wenn sogar das ›Unternehmen Barbarossa‹ und Pearl Harbor überraschend kamen, obwohl die Augen der ganzen Welt die Horizonte nach Signalen absuchten und obwohl es viele Anzeichen und Warnungen gab – ist es da verwunderlich, daß auch die europäischen Juden überrascht wurden?[247] Aber es gibt doch einen grundlegenden Unterschied: ›Barbarossa‹ und Pearl Harbor waren Überraschungsangriffe, während die ›Endlösung‹ über eine lange Zeit hinweg in Stadien fortschritt. In der Rückschau behaupten manche, daß *Mein Kampf* und Hitlers Reden alle Zweifel an den letztlich mörderischen Absichten des Nationalsozialismus hätten zerstreuen sollen. Aber das stimmt nicht, denn die ›Lösung der Judenfrage‹ konnte ebensogut Gettoisierung oder Austreibung in irgendwelche weit entfernte Gegenden bedeutet haben. Erst nach dem Einmarsch in die Sowjetunion gab es Gründe für die Annahme, daß große Teile des europäischen Judentums den Krieg nicht überleben würden. Zuerst waren es einzelne Gerüchte, die sich verfestigten

254

und schließlich zur Gewißheit wurden. Ein mäßig informierter jüdischer Bürger Warschaus sollte um den Mai 1942 die richtigen Schlüsse gezogen haben, und manche taten es auch. Aber Zeit und Ort waren einer unvoreingenommenen, objektiven Analyse kaum förderlich; der Zerfall rationalen Denkens ist ein sich wiederholendes Thema all jener, die einsichtig über diesen Zeitabschnitt geschrieben haben.

Die Demokratien erwiesen sich bei dieser wie bei vielen anderen Gelegenheiten vorher und nachher als unfähig, anders geartete politische Regime zu begreifen. Nicht jede moderne Diktatur ist ›hitleristisch‹ von Natur und läßt sich auf Rassen- oder Völkermord ein, aber jede hat das Potential dazu. Demokratische Gesellschaftssysteme sind es gewohnt, in liberalen, pragmatischen Kategorien zu denken; Konflikte, glaubt man, beruhen auf Mißverständnissen und können mit einem Minimum an gutem Willen gelöst werden; Extremismus gilt als vorübergehende Verirrung, desgleichen irrationales Verhalten wie Unduldsamkeit, Grausamkeit usw. Die Anstrengungen eines demokratisch Denkenden, solche grundlegenden psychologischen Barrieren zu überwinden, sind immens. Dergleichen wird auch nur bei einer unmittelbaren (und schmerzlichen) Gefahr unternommen. Jede neue Generation steht vor dieser Herausforderung, denn Erfahrung läßt sich nicht vererben.

Die Reaktion der osteuropäischen Juden läßt sich nur aus ihrer besonderen Lage im Jahre 1942 verstehen. Es gibt aber Situationen, die sich nicht nachschaffen lassen, so perfekt die Techniken der Simulation, so groß die Fähigkeiten des Einfühlungsvermögens und der Vorstellungskraft auch sein mögen. Verallgemeinernd über menschliches Verhalten angesichts einer Katastrophe befinden zu wollen, hat nur wenig Sinn, denn jede Katastrophe ist anders. Manche von denen, die die Katastrophe durch- und überlebten, bemühten sich Jahre danach, Erklärungen zu finden. Obwohl ihre Erzählungen hochinteressant sind, gelten sie nicht von vorneherein als zuverlässige Zeugen. Ihre Erklärungen sind fast immer eine rationalisierende Deutung irrationalen Verhaltens. Die ›Endlösung‹ entwickelte sich schrittweise, chronologisch und geographisch. Dieser Vorgang hätte als Abschreckung dienen sollen, hatte aber im großen und ganzen nicht diese Wirkung. Es gab keine Gewißheiten, nur Gerüchte, kein vollständiges Bild, nur Fragmente. Handelte es sich um Menschen ohne Begriffsvermögen, die zwar Augen und Ohren hatten, wie die Bibel sagt, aber nichts sahen, nichts hörten? Man sah und hörte, aber was man aufnahm, war unklar, undeutlich, und als schließlich das Unzweideutige feststand, war kein Platz mehr für Hoffnung, und das war psychologisch unakzeptabel. Es ist ein sowohl bei biblischen Propheten als auch bei modernen politischen Führern und der Menschheit überhaupt gleichermaßen zu beobachtender Symptomkomplex, daß es der Natur des Menschen entspricht, sich in hoffnungsvollen Illusionen zu wiegen und vor einer schmerzlichen Wahrheit die Augen zu schließen.

Es ist jedoch nicht natürlich, sich passiv einem fürchterlichen Schicksal zu unterwerfen, keinen Versuch des Entkommens zu unternehmen, so viel auch gegen den Erfolg spricht – sich nicht zu widersetzen, auch wenn keine Aussicht auf Sieg besteht. Gewiß, es gibt sogar für Lähmung in diesem Fall Erklärungen, aber spätere Generationen werden sie nicht mehr akzeptieren – daher das ewige Geheimnis. Absolute Hoffnungslosigkeit (sagen die Psychologen) führt zu Untätigkeit; wenn kein Ausweg mehr vorhanden ist, wie bei einer Bergwerks- oder Schiffskatastrophe, tritt lähmende Resignation ein.

Aber dieser Vergleich ist keineswegs zutreffend. Die Reaktion niederländischer oder ungarischer Juden kann eher mit jener von Menschen verglichen werden, die eine Flut oder den Ausbruch eines Vulkans auf sich zukommen sehen und gegen alle Erfahrung glauben, sie seien als Gruppe oder als Individuen unverletzlich, und folglich könne ihnen nichts geschehen. Mancher Sozialpsychologe wird einwenden, daß solche Verleugnungen einer drohenden Gefahr die Befürchtung verrät, man könne es mit ihr nicht aufnehmen. Für manche mag diese Erklärung zutreffen, für andere nicht; sie wußten wirklich nicht, was ihnen bevorstand. Dänische Juden waren durchaus in der Lage, nach Schweden zu entkommen, und wenn sie es erst in letzter Minute taten, so darum, weil sie tatsächlich glaubten, sie würden nicht deportiert. Ebenso hätten die Juden auf Rhodos ohne weiteres in die Türkei fliehen können, und sie hätten es getan, hätten sie ihr Schicksal in Auschwitz gekannt. Andere jüdische Gemeinden wurden wie in einer Falle gefangen, aber ihre Lage entsprach doch nicht jener der Opfer eines Grubenunglücks. Vergleiche sind nur bedingt für das Verständnis menschlichen Verhaltens in einmaligen Situationen anwendbar. In vielen Fällen nämlich war die Untätigkeit von Juden, Einzelpersonen oder Gruppen, nicht das Resultat einer Lähmung, sondern im Gegenteil eines nicht gerechtfertigten Optimismus, wie Isaac Schneersohn in Frankreich beobachtete:

»Les juifs étaient alors divisés en deux catégories: les pessimistes et les optimistes. Les premières cherchèrent à gagner les Etats Unis, la Suisse ou se camouflèrent comme ils purent. Les seconds, caressant de chimériques espoirs, devinrent par la suite les principaux candidates aux voyages à Auschwitz et Treblinka.« *

Eine der bereits gestellten Fragen hieß, ob es einen Unterschied gemacht hätte, wenn die Information über den Massenmord bereits von Anfang an geglaubt worden wäre. Die Wahrscheinlichkeit besteht, daß relativ wenige Menschen deshalb gerettet worden wären, aber auch das ist nicht sicher. Die Frage ist aber wohl nicht richtig gestellt, denn die Fehleinschätzung des Nationalsozialismus und Hitlers begann nicht im Juni 1941 und endete nicht im Dezember 1942. Der richtige Zeitpunkt, ihn zu stoppen, war nicht der des Höhepunkts seiner Macht. Hätten die Demokratien Weitblick, Solidarität und Entschlußkraft bewiesen, wäre der National-

---

* *Monde Juif*, 18, 1963: »Die Juden waren damals in zwei Kategorien unterteilt: in Pessimisten und in Optimisten. Die ersteren versuchten, in die Vereinigten Staaten oder in die Schweiz zu gelangen, oder sich zu verstecken, so gut es eben ging. Die zweiten, die sich in trügerischen Hoffnungen wiegten, wurden dann die Erstanwärter für die Reise nach Auschwitz und Treblinka.«

sozialismus am Beginn seiner aggressiven Phase aufzuhalten gewesen. Keine Macht der Welt hätte im Sommer 1942 die Mehrheit der Juden des Reichs und Osteuropas vor ihrem Schicksal bewahren können. Manche hätten die Flucht versucht, wäre Aufklärung in großem Maßstab erfolgt; manche hätten gerettet werden können, hätte man den Satelliten Hitlers gedroht und die Völker Europas aufgerufen, die Hilfe auf die Juden auszudehnen. Nach dem Winter 1942 änderte sich die Lage rapide: die Führer der Satellitenstaaten und auch manche Deutsche von Rang und Namen waren nicht länger darauf erpicht, bei den Massenmorden die Helfershelfer zu spielen. Der und jener Vasall hätte vielleicht auf Druck seitens der Alliierten reagiert, der aber nie ausgeübt wurde. Juden hätten gewiß 1944 gerettet werden können, wären die Eisenbahnlinien zu den Vernichtungszentren bombardiert worden, was wohl ohne größere Beeinträchtigung der Kampfkraft der Alliierten möglich gewesen wäre. Man mag einwenden, daß die Juden aus den Lagern kaum entkommen konnten, aber das stimmt nicht ganz, denn die Russen waren nicht mehr weit entfernt, die deutschen Streitkräfte in Polen in den größeren Städten konzentriert; auch dort übten sie die Macht praktisch nur tagsüber aus, und außerdem fehlte es ihnen an Leuten, entkommene Juden einzufangen. Kurz, Hunderttausende wären zu retten gewesen.

Das Unvermögen, 1941/42 die Zeichen richtig zu deuten, war nur einer der vielen Fehler: hier lähmende Angst, dort unvernünftiger Optimismus, Unglaube aus Mangel an Erfahrung oder Einsicht, echtes Nichtwissen oder manchmal eine Mischung aus alledem. In manchen Fällen waren die Motive achtbar, in anderen zu verurteilen. Unter gewissen Umständen sind moralische Kategorien einfach nicht mehr anwendbar, und es gibt auch Fälle, die sich bis zum heutigen Tag dem Verständnis verschließen.

Anhänge

Anhang 1: Verbindung zur Abwehr

Hat die deutsche Abwehr während des Krieges Information über die ›Endlösung‹ an alliierte und jüdische Kreise weitergegeben? Verschiedentlich wurde behauptet, es habe derartige Signale gegeben, aber das Gedächtnis ist fehlbar; viele relevante Akten der Abwehr sind vernichtet oder nicht im Westen und daher nicht zugänglich.

Wenn Wilhelm Canaris, Chef des Amtes Ausland/Abwehr im Oberkommando der Wehrmacht (OKW), überhaupt am Schicksal der Juden interessiert war, worüber er natürlich auf dem laufenden gehalten wurde und wovon er andere unterrichtete, so tat er nicht viel, ihnen zu helfen. Anders liegt der Fall beim zweiten Mann der Organisation, Hans Oster. 1888 als Sohn eines protestantischen Geistlichen geboren, machte er den Ersten Weltkrieg mit und trat später in die Reichswehr ein. Als überzeugter Konservativer war er schon früh ein Gegner Hitlers, den er als »Zerstörer Deutschlands« betrachtete. Der Krieg war für ihn »Wahnsinn«; bei verschiedenen Gelegenheiten übermittelte er den Alliierten Angaben über bevorstehende deutsche Angriffe. Er war der Chef der Zentralabteilung der Abwehr, die sich mit den finanziellen und administrativen Angelegenheiten beschäftigte und die Zentralliste der Agenten führte. Zusammen mit einem jüngeren Freund, Hans von Dohnányi (der ebenfalls aus einer bekannten protestantischen Familie stammte – Dietrich Bonhoeffer war sein Schwager), machte er es sich zu seiner persönlichen Aufgabe, sich mit allen möglichen Vorgängen zu befassen, die mit seiner unmittelbaren Aufgabe nichts zu tun hatten. Man muß hinzufügen, daß Dohnányi teilweise

259

jüdischer Abstammung war. Auf besondere Anordnung Hitlers wurde er ›arisiert‹; er konnte zwar in Schlüsselpositionen bei verschiedenen Ministerien und sogar in der Abwehr Dienst tun, durfte aber nicht in die NSDAP eintreten.[248]

Osters Abteilung hatte nicht die Aufgabe, Außenagenten zu beschäftigen, tat es aber doch und half während des Krieges einzelnen Juden, aus Deutschland (in die Schweiz) und aus den Niederlanden (nach Spanien) zu entkommen.* Sie wurden angestellt, um angeblich in irgendeiner untergeordneten Funktion für die Abwehr zu spionieren, bekamen aber ›privat‹ gesagt, man erwarte nicht, daß sie sich geheimdienstlich betätigten. Eine der unter der Protektion Osters von Oberst Marogna-Redwitz (auch einem konservativen Opponenten Hitlers) gegründete ›Tarnorganisation‹ war ein Geschäftsunternehmen namens Monopol in Prag. Dessen Hauptaufgabe bestand offenbar darin, Geld von eingefrorenen Bankkonten in neutralen Ländern nach Deutschland zu transferieren, um damit die Aktivitäten der Abwehr zu finanzieren. In dieser Firma arbeiteten mehrere Juden, die im Ersten Weltkrieg als Offiziere in der deutschen oder österreichischen Armee gedient hatten und denen ihre ehemaligen Kameraden zu helfen versuchten. Laut Aussage des Sohnes eines dieser Angestellten von Monopol, Alfred Ziehrer, fuhr sein Vater von Prag aus alle drei Monate einmal nach Istanbul, zum letztenmal offenbar im Jahr 1943. Ein anderer, der tschechische Jude Dr. Reimann, der ihn auf dieser Mission begleitete, zog es vor, nicht mehr zurückzukehren; Ziehrer kam zurück und fand in Auschwitz den Tod. Wie sein Sohn sagte, war es der Auftrag des Vaters, den Briten »unter anderem Informa-

---

* Dies bezieht sich auf das als U 7 bekannte Unternehmen, das Admiral Canaris auf eigene Faust durchführte, um zwei seiner persönlichen Freunde, Conzen und Rennefeld, zusammen mit ihren Familien aus Berlin in die Schweiz zu schaffen. Diesen sieben nichtarischen Protestanten (Juden waren sie nur den Nürnberger Gesetzen nach) folgten acht weitere, die Canaris von protestantischen Geistlichen empfohlen worden waren. Es ist nicht bekannt, ob Personen aus dieser Gruppe Nachrichten über das Schicksal der Juden im deutschbesetzten Europa weitergaben, aber man darf als sicher annehmen, daß sie den Weltkirchenrat in Genf unterrichteten. Auch ein Abwehroffizier in den Niederlanden war behilflich, einige Juden zu retten, indem er sie als ›Agenten‹ in die Schweiz schickte.

tionen über das Schicksal der Juden zu übermitteln«.[249] Auch sei der Vater über die ›Endlösung‹ voll im Bild gewesen. Dohnányi wurde 1943, Oster 1944 verhaftet und in Verbindung mit dem Anschlag auf Hitler vom 20. Juli hingerichtet. Daß Oster Juden half und den Alliierten Winke gab, ist über jeden Zweifel erhaben. Die Entdeckung (durch die Untersuchungsorgane), daß Oster und von Dohnányi nicht nur geholfen hatten, Juden außer Landes zu schmuggeln, sondern ihnen auch noch Geld schickten, war der Grund für Osters Entlassung aus der Abwehr im Jahr 1943. Es ist wohl anzunehmen, daß diese merkwürdigen ›Geiseln‹ in Istanbul jüdische Emissäre trafen. Zur Zeit ist nicht erwiesen, ob sie glaubhafte Informationen über das Schicksal der Juden weitergaben und ob ihnen geglaubt wurde. Aus irgendwelchen Gründen haben sich die Historiker mit dieser Episode noch nicht befaßt, und die Überlebenden verspürten wohl keine Lust, darüber zu reden.

Auch ein vertrauenswürdiger Deutscher, der im Ausland Alarm schlagen wollte, mußte zumindest auf Mißtrauen stoßen, und das nicht ohne Grund, denn konnte man seiner guten Absichten sicher sein?

Ein Beispiel: Ernst Lemmer war 1918 eines der Gründungsmitglieder der Deutschen Demokratischen Partei und vertrat sie von 1924–1933 im Reichstag. Während der Hitlerzeit arbeitete er in Berlin für ausländische Zeitungen. Es gibt keinen Grund zu der Vermutung, daß er zutiefst im Herzen mit der Ideologie der Nazis übereingestimmt hätte, aber er diente seinen Herrn loyal. Als ehemaliger Demokrat war er hervorragend geeignet, in seinen vielen für das Ausland bestimmten Artikeln den gemäßigten Charakter und die positiven Leistungen des Nationalsozialismus herauszustreichen (Lemmer schrieb für die deutschsprachige ungarische Tageszeitung *Pester Lloyd* und nach der Besetzung Belgiens für den Brüsseler *Soir* sowie vorübergehend für einige Schweizer Blätter). Seine Arbeiten in diesen Jahren erwecken einen merkwürdigen Eindruck, und so blieb die DDR-Propaganda nicht müßig und brachte in den sechziger Jahren eine Auswahl seiner Schriften heraus und nannte den Verfasser einen Goebbels-Spitzel.[250] Noch nicht veröffentlicht sind die keineswegs antifaschistischen Artikel des großen Spions Richard Sorge, der unter dem Deckmantel eines deutschen Journalisten für den sowjetischen Geheimdienst in Japan arbeitete.

Lemmer spielte sicherlich ein Doppelspiel. Er verherrlichte zwar deutsche Siege in Rußland, ich weiß aber andererseits zuverlässig von einem seiner Reisegefährten, daß bei einer Ende 1941 vom Propagandaministerium organisierten Reise an die Ostfront Lemmer zu später Stunde und leicht angetrunken sich ans Klavier setzte und zum Erstaunen der anwesenden Nazigrößen die Internationale spielte. Was hier interessiert, ist die Tatsache, daß Lemmer einer der ersten war, der Informationen über die ›Endlösung‹ an Journalisten und politische Bekannte im Ausland vermittelte. Er verbrachte während des Krieges seine Sommerurlaube regelmäßig in der Schweiz. Im Juli 1942 traf er mehrere einflußreiche Persönlichkeiten in Zürich und erzählte ihnen von den fahrenden und stationären Gaskammern, in denen die Juden getötet wurden. Lemmer betonte wiederholt, er begreife nicht, daß die Alliierten in Schweigen verharrten und keinen Versuch machten, das Weltgewissen aufzurütteln. Ein Redaktor der *Neuen Zürcher Zeitung,* mit dem Lemmer in diesem Sommer zusammenkam, hat mir viele Jahre danach seine Eindrücke wie folgt zusammengefaßt:

»Lemmer sprach von sich aus davon, daß die Nazis die Ausrottung der Juden in der radikalsten Form betrieben, daß unvorstellbare, noch nie dagewesene Schandtaten begangen werden... Immer wieder kam Lemmer darauf zurück, es sei unbegreiflich, daß die Alliierten dazu schweigen, statt ihre Völker über diese Ungeheuerlichkeiten aufzuklären und die ganze Welt zu alarmieren. Derartige Vorstöße Lemmers waren stets zweischneidig. Gewiß hatte er ernsthaft die Absicht, mich zu informieren; daneben und dahinter ließ er sich von Motiven der deutschen politischen Kriegsführung leiten. Ich gewann den bestimmten Eindruck, daß hinter Lemmer eine bestimmte, eine politische Strategie stand, die darauf ausging, die Alliierten zu provozieren, damit sie sich in der Frage des Schicksals der Juden in Polen, an der sie in Wirklichkeit nichts tun und nichts ändern konnten [es handelt sich hier um die Ereignisse im Jahr 1942. Der Autor], stärker engagierten, worauf dann die deutsche Propaganda ein großes Geschrei erhoben hätte, daß die britischen und amerikanischen Soldaten für die Rettung der Juden kämpften und sterben müßten. ... Die Nazis hatten immer geglaubt, daß, würfen sie die jüdische Frage als Zankapfel zwischen die Alliierten, es ihnen gelingen würde, den Kampfgeist der britischen und der amerikanischen Soldaten zu unterminieren. Manche deutsche Kreise wollten die Endlösung geheimhalten, andere waren im Gegensatz dazu aus einer Reihe abwegiger Gründe daran interessiert, die Alliierten zu informieren.«*

Ob diese Interpretation korrekt ist oder nicht – jedenfalls kann man verstehen, daß Lemmer 1942 in der Schweiz mit Argwohn empfangen wurde. Über seine wahren Motive kann man nur Vermutungen anstellen. Vielleicht handelte er ohne Hintergedanken, vielleicht wußte er, daß man ihn ›benutzte‹, dachte aber, daß das Kalkül derer, die ihn ›benutzten‹, falsch sei und daß es sehr wichtig sei, die Neutralen wie auch die Alliierten auf die ›Endlösung‹ hinzuweisen – wie auch immer die Konsequenzen sein mochten.

Nach dem Krieg kehrte Lemmer ins politische Leben zurück und war mit kurzen Unterbrechungen von 1956–1965 Minister in Bonn; er starb 1970. In seiner Autobiographie[251] findet sich weder ein Hinweis auf etwaige Warnungen wegen der ›Endlösung‹ an die andere Seite noch eine Schilderung seiner Tätigkeit für den *Pester Lloyd*. Er schreibt aber, daß es Ziel der NS-Medienpolitik gewesen sei, Zwietracht und Mißtrauen unter den Alliierten zu säen – Hitlers Feinde taten desgleichen. Lemmer ist der Ansicht, daß Korrespon-

---

* Bei meinem Gewährsmann handelt es sich um Albert Müller, der viele Jahre lang Auslandsredaktor der *Neuen Zürcher Zeitung* war. Da er inzwischen verstorben ist, kann sein Name in diesem Zusammenhang genannt werden, was ich in der englischen Ausgabe dieses Buches nicht tun konnte.

denten der Neutralen und der Satellitenstaaten auf solche Versuche nicht hereinfielen.

Unter den Besuchern der Schweiz während des Krieges, die von der Abwehr begünstigt wurden, befanden sich der Theologe Dietrich Bonhoeffer und der Diplomat Adam von Trott zu Soltz, beide wurden 1945 bzw. 1944 als Widerstandskämpfer hingerichtet. Bonhoeffer stand mit dem Weltkirchenrat in Genf in Verbindung (Visser't Hooft), von Trott pflegte ausgezeichnete Kontakte mit britischen und amerikanischen Diplomaten. Bonhoeffer war 1941 zweimal und 1942 noch einmal in der Schweiz; zu den Informationen, die er weitergab, gehörten auch Einzelheiten über die Judenverfolgungen. Es ist zweifelhaft, ob er Briten und Amerikanern viel berichten konnte, was sie nicht schon wußten; auch der Weltkirchenrat wurde von seinem schwedischen Direktor (Nils Ehrenström, der mehr oder weniger ungehindert in Deutschland reisen konnte) und von Hanns Schönfeld, dem deutschen Repräsentanten beim Rat, gut informiert; Schönfeld hatte zudem Kontakte mit dem deutschen Widerstand, ebenso der deutsche Konsul in Genf, Albrecht von Kessel. Wenn also streng Geheimes in der Schweiz recht häufig ›zu haben‹ war, ist es nicht verwunderlich, daß so viel über ein weit weniger gefährliches Thema wie das Schicksal der Juden bekannt war.

Schließlich ist noch von Artur Sommer (1889–1965) zu sprechen, Gelehrter und Spion, ein in mancherlei Hinsicht nicht untypischer Fall für die unruhigen dreißiger Jahre in Deutschland. Der kraftstrotzende Mann mit der dröhnenden Stimme hatte sich im Ersten Weltkrieg ausgezeichnet, begann in den zwanziger Jahren Wirtschaftswissenschaften zu studieren und ließ sich von den Lehren Friedrich Lists faszinieren, der auf seinem Gebiet als einer der wenigen eigenständigen Denker im Deutschland des 19. Jahrhunderts einzuschätzen ist. Zu Lebzeiten wurde List praktisch ignoriert, aber mehrere Jahrzehnte nach seinem Tod gab es eine List-Renaissance. Sommer wurde ein führender Mann der List-Gesellschaft, entdeckte in französischen Archiven einige wichtige

Manuskripte Lists und arbeitete eng mit Edgar Salin (1892–1947) zusammen. Salin stammte aus einer jüdischen Frankfurter Familie, hatte zuerst in Heidelberg gelehrt und wurde 1927 auf einen Lehrstuhl nach Basel berufen. Beide wurden enge Freunde. Was sie beide verband, war ihre Bewunderung der Lyrik Stefan Georges; sie gehörten dem äußeren Kreis um den Dichter an.

Sommer verbrachte Jahre außerhalb Deutschlands, zuerst in der Schweiz, später in England. Aus nicht klar ersichtlichen Gründen trat er 1932 der NSDAP bei, während er in London seine wissenschaftliche Arbeit fortsetzte. Man erinnere sich, daß jüngere Mitglieder des Stefan-George-Kreises sich anfänglich von Hitler angezogen fühlten – der berühmteste Fall ist Oberst Claus Graf Schenk von Stauffenberg, der am 20. Juli 1944 das mißglückte Attentat auf Hitler verübte. Als Sommer nach seiner Rückkehr nach Deutschland die rüpelhaften Sturmtrupps aus der Nähe erlebte, war er schockiert und schrieb das auch seinem Freund im Ausland. Zu seinem Pech wurde der Brief von der Zensur abgefangen. Sommer wurde verhaftet und verbrachte einige Monate in einem Konzentrationslager. Er hatte nicht sehr viel auszustehen, aber mit diesem Fleck auf der Weste war an eine akademische Laufbahn nicht mehr zu denken. Er entschied sich, wieder in die Armee einzutreten, stieg schnell zum Oberstleutnant auf und wurde einer der Verbindungsoffiziere zwischen Generalstab und Abwehr. Dank seiner wirtschaftswissenschaftlichen Kenntnisse ernannte man ihn auch zum Mitglied einer deutschen Delegation, die periodisch mit der Schweiz die gegenseitigen Handelsbeziehungen besprach. Ab September 1940 führte ihn diese Tätigkeit häufig in die Schweiz, wo er sich wieder mit seinem alten Freund und Mentor Salin in Verbindung setzte.[252]

Salin schreibt, daß ihm Sommer im Februar 1941 über die zunehmenden Spannungen in den deutsch-sowjetischen Beziehungen und später von dem bevorstehenden Angriff auf die Sowjetunion berichtete. Die Schweizer Polizei scheint über die Identität von Salins Besucher gut unterrichtet gewesen zu sein und suchte ihn zu einer Befragung auf. Im September oder Oktober 1941 ließ Sommer Salin Fotos zukommen, die Greueltaten in Osteuropa zeigten, und bat ihn, sie dem päpstlichen Nuntius in Bern weiterzugeben; Salin tat dies – ohne sichtliche Ergebnisse. 1942 entnahm Salin seinem Postfach einen Brief Sommers des Inhalts, daß in Osteuropa Vernichtungslager eingerichtet wurden, um alle europäischen Juden und auch einen Großteil der sowjetischen Kriegsgefangenen mit Giftgas zu töten. Sommer verlangte, daß diese Information direkt an Churchill und Roosevelt übermittelt werde, und schlug vor, die BBC solle täglich Warnungen ausstrahlen.

Salin erzählt, daß er nicht wußte, wie er Churchill erreichen sollte; er setzte sich aber mit Thomas McKittrick, dem amerikanischen Präsidenten der Bank für Internationalen Handelsausgleich in Basel in Verbindung, der Leland Harrison, den amerikanischen Gesandten in Bern, kannte, der nun seinerseits in der Lage war, Botschaften direkt ins Weiße Haus zu übermitteln. Angeblich wurde die Information nach Washington geleitet, aber es erfolgte keine Antwort; um Salin zu zitieren: »Als die Truppen der Alliierten 1945 die Zustände in den Lagern aufdeckten, hatte angeblich kein Mensch den Schimmer einer Ahnung gehabt.«

Sommer versuchte auch mitten im Krieg, jüdischen Bekannten aus Deutschland herauszuhelfen, darunter einer Verwandten von Ernst Kantorowicz, dem bekannten Mediävisten und Mitglied des George-Kreises. Nach dem Krieg nahm Sommer die akademische Karriere wieder auf, diesmal mit mehr Erfolg. Er erhielt eine Stellung in Heidelberg, seine Vorlesungen waren gut besucht, man schätzte ihn als hervorragenden Dozenten; er starb 1965.

Anhang 2: Pressekommentare zum Holocaust im deutschbesetzten
        Europa

Was und wie viel war in London und Genf, in Washington und Stockholm anhand von Pressemeldungen über das Schicksal der europäischen Juden bekannt? In den Jahren 1942/43 wurden keine Einzelheiten über die Technik der Ausrottung veröffentlicht, und in der reichsdeutschen, der französischen, belgischen und niederländischen Presse stand verhältnismäßig wenig über Deportationen.* Manches sickerte trotzdem gelegentlich durch. So stand im *Reichsanzeiger*, dem staatlichen Amtsblatt, am 12. April 1943 zu lesen, daß Herr Kurt Teichmann aus Beuthen, Bismarckstraße 33, sich von seiner Ehefrau Ruth Sara Teichmann scheiden lasse, weil sie im Juni 1942 evakuiert wurde und es »nicht zu erwarten ist, daß sie jemals zurückkommt«. (Beschluß des Beuthener Gerichts).

Manche Information kam von neutralen Korrespondenten in Deutschland, die ab und zu ihre Telegramme nicht dem Zensor vorzulegen brauchten. Sie wußten natürlich, daß sie ausgewiesen würden, wenn ihre Berichterstattung feindselig war oder sich mit ›heiklen‹ Themen beschäftigte. Es gab auch einen steten Informationsfluß aus Zeitungen, die in den besetzten Ländern erschienen. Viele waren in Stockholm, Zürich oder Lissabon zu haben; andere – und das gilt für kleine Provinzblätter – sollten nicht ins Ausland versandt werden, gelangten aber hin und wieder dennoch dorthin und wurden von den Alliierten und den Exilregierungen gelesen.

Es war den slowakischen Juden beschieden, als erste im Frühjahr 1942 nach Polen deportiert zu werden; kurz danach war dies den schwedischen Korrespondenten in Berlin bekannt, die in ihrer Presse schrieben, daß die Deutschen die Deportationen der Juden fortsetzen würden, obgleich sie Lokomotiven und Waggons dringend für die bevorstehende Frühjahrsoffensive brauchten.[253] Ab Ende März 1942 verging kaum ein Tag ohne eine Zeitungsmeldung über Deportationen im deutschsprachigen *Grenzboten* und dem slowakischen *Gardista*, beide Bratislava (Preßburg). Am 2. April 1942 hieß es im *Gardista*, daß Interventionen seitens des Auslands

---

* Die deutschen Redakteure wurden im Februar 1942 instruiert, nicht über die Judenfrage in Osteuropa zu berichten und auch keine offiziellen Kommuniqués aus Zeitungen nachzudrukken, die in den besetzten Gebieten erschienen (*Zeitschriftendienst*, 27. Februar 1942).

wegen der Juden gänzlich nutzlos wären; das Blatt ließ sich für lange Zeit auf Polemiken gegen gewisse Kreise ein, die die Juden schützen wollten und dafür »falsche christliche Argumente ins Feld führen«. Aus diesem Austausch von Pressemeldungen[254] geht hervor, daß hier wie dort ziemlich genaue Vorstellungen vom Schicksal der Juden in Polen bestanden. So hatte die *Evanjelicky Posol* (Bratislava) geschrieben, was den Juden angetan werde, lasse sich nicht mit den Prinzipien der Menschlichkeit und schon gar nicht des Christentums vereinbaren. Die katholischen Kirchenzeitungen *(Katolicke Noviny* und andere) verhielten sich zwiespältig; manchmal argumentierten sie, daß die Juden schließlich menschliche Wesen seien, dann wieder erweckten sie den Eindruck, daß die Kirche im Prinzip nicht gegen Deportation sei, vorausgesetzt, konvertierte Juden würden nicht betroffen. *Gardista* und andere slowakische Blätter gaben ziemlich regelmäßig genaue Zahlen der deportierten Juden.

Eine andere wichtige Informationsquelle über das Schicksal der Juden in Südosteuropa war die Belgrader *Donauzeitung,* die in Ungarn, Rumänien, Jugoslawien und Bulgarien verbreitet war. Leser, die sich daran gewöhnt hatten, zwischen den Zeilen zu lesen, konnten sich denken, was mit den Juden geschah. So schrieb die *Donauzeitung* anläßlich eines Auslandsberichts, wonach die jugoslawische Exilregierung in London alle antijüdischen, vor 1941 erlassenen Gesetze widerrufe, daß gewisse vollendete Tatsachen geschaffen seien, die niemand ungeschehen machen könne. Der deutschsprachige Prager *Neue Tag* wie auch tschechische Zeitungen (etwa *Ceske Slovo)* brachten häufig detaillierte Informationen über das Verschwinden der Juden. In westeuropäischen Zeitungen erschienen derartige Nachrichten viel seltener, waren aber doch manchmal zu finden. So schrieb das niederländische Blatt *De Storm,* die Deportationen erfolgten in solchem Tempo, daß bis Juni 1943 in den Niederlanden kein einziger Jude übriggeblieben sein werde.[255] Unter den deutschsprachigen Zeitungen in Osteuropa war die Rigaer *Deutsche Zeitung in Ostland* die informativste –

268

sowohl was ihre Dementis als auch was Nachrichten über die Liquidierung mancher Gettos anbelangt.

Offene oder kaum verhohlene Kritik über Deutschlands Judenpolitik übten gelegentlich die mit Deutschland ›befreundeten‹ Staaten, etwa Finnland, das seinem Mißfallen auf mancherlei Weise Ausdruck verlieh. So brachte der finnische Rundfunk die Meldung, nach einem Bericht aus Berlin (sic!) habe Kardinal Hinsley in einer Rede in London festgestellt, daß 700 000 Juden exekutiert worden seien. Der Papst glaube, daß der Bericht der Wahrheit entspreche, während die Deutschen ihn entschieden dementierten. Aber die Deutschen hatten die Hinsley-Rede jedenfalls nicht zuerst gebracht und bestimmt nicht hinzugefügt, daß der Papst sie bekräftigt habe.

Offene Kritik an der Behandlung der Juden durch die Nazis wurde nicht nur von finnischen Sozialdemokraten wie K. A. Fagerholm geübt, sondern auch von Persönlichkeiten, die prodeutsch eingestellt waren, wie etwa Professor Eino Kalla, einem Philosophen, der schrieb, die Nazis könnten nicht behaupten, sie verteidigten die europäische Zivilisation, während sie Handlungen begingen, die eben die Grundlage dieser Zivilisation verletzten.[256]

Einige weitere Beispiele aus dem kurzen Zeitabschnitt November/Dezember 1942 zeigen, wieviel Wissen man beim Lesen der Presse erlangen konnte. Eine kleine schwedische Zeitung, *Vestmansland Tidningen*, berichtete am 27. November 1942, daß bis Ende des Monats das ganze Generalgouvernement frei von Juden sein werde. *Dagens Nyheter* brachte am 21. Dezember die Eindrücke eines schwedischen Geschäftsmanns, der in Warschau und Bialystok gewesen war und sagte, daß die jüdische Bevölkerung dieser Städte dezimiert worden sei. *Volk en Vaderland* (Rotterdam) schrieb am 13. November 1942, daß bald antijüdische Demonstrationen nicht mehr möglich sein würden, weil es keine Juden mehr gäbe. Im *Gardista* von Bratislava war am 22. November 1942 zu lesen, daß in der Slowakei eine Sitzung auf höchster Ebene über die ›Endlösung‹ stattgefunden habe, und am 6. Dezember, daß in der Stadt ein Priester verhaftet worden war, der Papiere gefälscht hatte, um Juden zu retten. *Transocean* wußte am 7. Januar 1943 zu berichten, daß 77 Prozent aller slowakischen Juden deportiert worden seien. Die *Leipziger Nachrichten* vom 14. November 1942 schrieben, daß von 60 000 Juden, die in Cernauti gelebt hatten, nur 1200 übriggeblieben seien. *Der Abend* (Prag) brachte eine Nachricht, wonach es in der Stadt Nachod keine Juden mehr gab. Ähnliche Meldungen über andere Städte waren auch in tschechischen Zeitungen zu lesen. Die *Donauzeitung* (Belgrad) berichtete am 10. Dezember 1942, daß in der rumänischen Stadt Bacau die jüdische Schule geschlossen und von den Behörden übernommen wurde. In der *Kauener Zeitung* (Kowno) vom 16. Dezember 1942 konnte man lesen, daß das gesamte ehemals jüdische Eigentum in Litauen erfaßt werden sollte.

Das Bild, das sich aus diesen Pressestimmen ergibt, ist unmißverständlich: das Verschwinden der Juden.*Es gab allerdings auch Falschinformationen: der von offizieller Seite veranlaßte Auschwitz-Besuch des Nazikorrespondenten Fritz Fiala wurde bereits erwähnt. Auch in quasi-wissenschaftlichen Zeitschriften gab es bewußte Irreführungen: *Ostland,* das zweimal im Monat erschien, brachte in den Ausgaben vom 15. November und vom 1. Dezember 1942 Artikel über den »Abschluß der Umsiedlung der Juden« mit vielen Zahlen, die allesamt falsch waren. Danach (15. November) befanden sich 480 000 Juden im Warschauer Getto, während in den vergangenen vier Monaten fast 90 Prozent getötet worden waren. Die Zahlen für die Bezirke Warschau und Lublin (800 000) waren ebenfalls falsch. Das Dezember-Heft enthielt eine Liste von 55 »Wohnorten für Juden« samt Zahlen von Einwohnern, die zumeist nicht mehr am Leben waren. Ein echtes Mißverständnis ist kaum wahrscheinlich, denn *Ostland* hatte sich bei früheren Gelegenheiten über die »Ausrottung« und die »Beseitigung« der polnischen Juden

---

* Es werden hier nur Zeitungen und Zeitschriften erwähnt, die tatsächlich zu den Alliierten gelangten und deren Artikel im täglichen *News Digest* des Informationsministeriums in London zitiert wurden. Dieses Bulletin wurde Redakteuren und Kommentatoren zur Verfügung gestellt, die mit Angelegenheiten des Auslands zu tun hatten; es enthielt auch Material, dessen Quellen unerwähnt bleiben sollten.

und sogar über die »Entfernung des jüdischen Geschwürs« ausgelassen (1. August 1942).

Leser deutscher Zeitungen wurden mit deutlichen Verlautbarungen wie dieser traktiert:

»Der rassische Kern der jüdischen Macht der Dunkelheit ist weitgehend aufgebrochen und vernichtet worden. In den kommenden Generationen wird sich kein Strom von Parasiten mehr aus den Judenvierteln des Ostens nach Westeuropa ergießen.«[257]

Dies läßt nur eine Auslegung zu.

Als die gemeinsame Erklärung der Alliierten über die Ermordung der Juden im Dezember 1942 veröffentlicht wurde, ging die deutsche Presse den Goebbelsschen Direktiven gemäß zum Gegenangriff über, ohne jedoch irgendwie den Kern der Anklage zu dementieren. *Transocean* vom 17. Dezember 1942 meinte, daß sich die Regierungen der Alliierten in ungewöhnlichem Umfang den politischen Wünschen des Judentums unterwürfen und daß es in Persien Demonstrationen gegen die Alliierten gegeben habe. Der diplomatische Korrespondent des Deutschen Nachrichten-Büros behauptete, daß Edens Erklärung nichts anderes sei als typisch britisch-jüdische Greuelpropaganda:

»Leute, die kein Wort des Mitgefühls und der Verdammung hatten, als im September 1939 über 60 000 Deutsche in grausamster Weise – Männer, Frauen und Kinder – in Polen abgeschlachtet wurden, haben kein Recht, über Humanität zu sprechen, die ihnen offenbar fremd ist.«

Die Bevölkerung Europas wisse, daß die Erklärung ein tendenziöses Manöver sei (18. Dezember 1942).

Nur einige Monate später ging durch die deutsche Presse die Nachricht, daß das Warschauer Getto zerstört sei. Die *Donauzeitung* vom 23. März 1943 schrieb, daß die »Auflösung des Warschauer Judenviertels« außerordentliche Maßnahmen notwendig gemacht habe, um die Straßen und Häuser wieder bewohnbar zu machen, da sie sich in einem unbeschreiblichen Zustand befanden. Inzwischen berichtete die skandinavische Presse von der Zerstörung der Gettos in Riga und Minsk; sie seien desinfiziert worden, um 150 000 deutsche Evakuierte unterbringen zu können. In Lwow (Lemberg) gebe es von 160 000 Juden noch 7000, die anderen seien getötet worden.[258]

Aus alledem geht hervor, daß die Grundtatsachen von der Vernichtung des europäischen Judentums längst vor Kriegsende in der Presse berichtet wurden.

Anhang 3: Das britische Foreign Office und die Nachrichten aus Polen von Juli bis Dezember 1942

Im August 1942 wurde Dr. Riegners Telegramm aus Genf in London empfangen, das berichtete, daß Hitler angeordnet habe, alle europäischen Juden zu töten. Der Kommentar des Foreign Office war skeptisch. Es wurde nicht bezweifelt, daß die Juden grausam behandelt wurden, aber die Information über Massenmord wurde im großen und ganzen nicht geglaubt. Skepsis wurde besonders in den Kommentaren zu dem Agudat Israel-Telegramm laut (am 11. September 1942 in London eingegangen), wonach aus Leichen Seife und Kunstdünger produziert würden.* Das Foreign Office sagte dazu, diese Information sei »mit größter Zurückhaltung zu behandeln«; sie erinnere die Beamten an die Horrorgeschichten aus dem Ersten Weltkrieg. Aber der Vergleich mit 1914 war schief, denn während keine belgischen Babies auf Bajonette gespießt worden waren, wurden Juden getötet, auch wenn ihre Leichen, wie sich später herausstellte, nicht für die deutschen Kriegsanstrengungen verwendet wurden. Dies meinte D. Allen dazu: »Was die Massenmorde angeht, haben wir keine stichhaltigen Beweise, wenn es auch wahrscheinlich scheint, daß sie in großem Maßstab stattgefunden haben.«[259]

---

* Das Foreign Office erhielt diese Depesche am 11. September von Lord Halifax aus Washington, dem der Botschafter Polens eine Kopie übermittelt hatte.

Diese Zweifel des Foreign Office hinsichtlich der ›Endlösung‹ hatten sich auch noch nicht verflüchtigt, als im September 1942 im Parlament der liberale Abgeordnete G. Mander die Frage stellte, ob der Außenminister hinsichtlich der Verwendung von Gas in fahrbaren Gaskammern seitens der deutschen Regierung zur Ermordung zahlreicher Juden in Polen Stellung nehmen wolle und ob Schritte unternommen würden, die drei entflohenen Männer zu befragen, die gezwungen worden waren, als Totengräber zu dienen, und ob die Absicht bestehe, dadurch Beweise gegen die Verantwortlichen zu sammeln?

Dies bezog sich auf die bereits erwähnte Flucht von drei Juden, die Anfang Januar 1942 aus Chelmno entkommen waren; die Ringelblum-Gruppe (Oneg Shabbat) in Warschau interviewte sie und gab den Chelmno-Bericht an die illegale jüdische Presse in Warschau und an den polnischen Untergrund weiter. Ein Kurier brachte ihn in den Westen, er gelangte im Juni nach London und wurde Ende Juli in amerikanischen Zeitungen veröffentlicht; er erschien außerdem in einer kleinen Londoner Lokalzeitung, dem *City and East London Observer;* Mander oder einer seiner Freunde hatten ihn daraus entnommen.

Nun bat D. Allen F. Savery von der britischen Botschaft in Polen (so die offizielle Bezeichnung; es handelt sich um die polnische Exilregierung in London), herauszufinden, ob an der Geschichte etwas Wahres sei. Savery hatte fast zwanzig Jahre in Polen gelebt, als Generalkonsul in Warschau gedient und war in polnischen und jüdischen Kreisen eine bekannte Persönlichkeit, außerdem sprach er ein ausgezeichnetes Polnisch. Er antwortete umgehend. Mit dem polnischen Informationsministerium hatte er die Sache bereits besprochen. Der Bericht war mit anderen periodischen Meldungen von Agenten innerhalb Polens an das polnische Innenministerium gelangt. Laut Savery war der polnische Beamte, mit dem er gesprochen hatte, »dezidiert skeptisch gewesen, denn er hatte keine Möglichkeit, die Authentizität des Berichts zu überprüfen.« Trotz dieser Zweifel, die, wie Savery meinte, vielleicht nicht von anderen

Mitgliedern der polnischen Exilregierung geteilt wurden, wurde der Bericht für das sozialistisch-polnische Informationsbüro freigegeben, eine inoffizielle Organisation hauptsächlich polnischer Sozialisten. Savery war der Meinung, die Freigabe sei vielleicht »dem Druck jüdischer Interessen im Polnischen Nationalrat zuzuschreiben«. Hinsichtlich der drei Totengräber hatte Savery festgestellt, daß sie sich noch in Polen befanden und vorläufig keine Möglichkeit bestand, sich mit ihnen in Verbindung zu setzen.

Die Polen hatten Savery auch gesagt, daß eine Antwort im Unterhaus mit Risiken verbunden sei. Die Kommunikation der polnischen Regierung mit dem Heimatland könnte gefährdet werden, Zweifel an der Glaubwürdigkeit der Informationsquellen der polnischen Regierung mochten entstehen. Und schließlich:

»Unangebrachte Publizität im Unterhaus kann den Polen und besonders den drei Totengräbern zusätzliche Leiden einbringen. Die Deutschen könnten noch rücksichtsloser vorgehen, um sicher zu sein, daß es in Zukunft keine Überlebenden gibt, die über die Aktionen berichten können.«

Manche der Argumente waren so widersinnig, daß man fragen möchte, ob sie bei der Übermittlung falsch zitiert wurden: wie konnte »unangebrachte Publizität« den drei Totengräbern schaden? Sie waren entkommen, und außerdem war die Geschichte schon in der Presse veröffentlicht worden; wenn ihnen die Flucht gelungen war, so hatten die Deutschen sie ihnen keinesfalls erleichtert.

Savery konsultierte dann Sir Cecil Dormer, den britischen Botschafter bei der polnischen Exilregierung; beide gelangten zu der Ansicht, es sei am besten, Mander zu bitten, seine Anfrage »aus humanitären Gründen« zurückzuziehen, da andernfalls die Regierung eine »sehr zurückhaltende Antwort« geben müsse: sie sehe keine Möglichkeit, eine Bestätigung zu geben.[260]

Die Reaktion der britischen Regierung gibt Anlaß zu einigen Fragezeichen. Neun Monate waren seit der Flucht der drei Totengräber vergangen. Es hatte aus polnischen und jüdischen Quellen zahlreiche andere Berichte über Massenexekutionen in allen Teilen Polens gegeben. Die Verwendung von Giftgas war nicht nur in Geheimberichten aus Polen und Rußland, sondern auch in der Presse erwähnt worden. Wenn manche Beamte der polnischen Exilregierung Zweifel hatten, andere einschließlich des Ministerpräsidenten hatten sie nicht. Die Gründe, die angegeben wurden, um Mander zu bewegen, seine Anfrage zurückzuziehen, implizieren, daß der Bericht im wesentlichen der Wahrheit entsprach: die Totengräber waren entkommen, viele Juden getötet worden, und wenn es noch Zweifel gab, so nur über die Art und Weise, wie sie ermordet wurden. Nur widerstrebend, wohl aus psychologischen Gründen, wollte man die Tatsache hinnehmen, daß Menschen durch Gas getötet wurden, eine Form von Mord, die für verwerflicher (und daher unwahrscheinlicher) galt als jede andere.

Es brauchte drei weitere Monate, Saverys Zweifel zu zerstreuen. Am 3. Dezember 1942 sandte er an Frank Roberts vom Foreign Office Übersetzungen von Berichten, die er soeben vom Innenminister Mikolajczyk erhalten hatte. Darunter waren detaillierte Beschreibungen von der Liquidierung des Warschauer Gettos, der Bericht eines polnischen Getto-Polizisten, ein weiterer über das Vernichtungslager Belzec (offenbar auf Karskis Bericht basierend), ferner der Protest einer polnischen Gruppe, die sich Front Odrozdenia Polski (Front zur Wiedergeburt Polens) nannte, gegen den Massenmord.* Savery wies das Foreign Office besonders auf eine Passage in dem Protest der ›Front‹ hin, der von dem »hartnäckigen Schweigen des internationalen Judentums« und den Anstrengungen der deutschen Propaganda handelte, das Odium des Massakers den Litauern und sogar den Polen zuzuschieben. Dieser Absatz erschien nicht in der Zweiwochenschrift *Polish Fortnightly* vom 1. Dezember 1942, wohl aber in der offiziellen Übersetzung von *Sprawozdanie*, die als vervielfältigtes Manuskript bei Londoner Redaktionen und Parlamentsmitgliedern zirkulierte. Savery fügte

---

* Alle diese Unterlagen wurden innerhalb weniger Tage von der polnischen Exilregierung in polnischer und englischer Sprache veröffentlicht (*Polish Fortnightly* vom 1. Dezember 1942).

hinzu, der sehr sachliche Ton des Berichts habe ihn beeindruckt: »Ich meine, wir können ziemlich alles akzeptieren, was in dem Bericht über die Geschehnisse in Warschau und in anderen Städten gesagt wird.«[261] Immer noch wußte er nicht recht, was von den drei Lagern Treblinka, Belzec und Sobibor zu halten sei (Chelmno und Auschwitz wurden in dem Bericht nicht erwähnt). »Ich halte es für wahrscheinlich, daß wenigstens neun Zehntel der aus Warschau Deportierten in diesen Lagern den Tod gefunden haben.« Was über Belzec gesagt wurde, schien ihm wenig überzeugend.* D. Allen, der sich auch nicht von den Ereignissen in Polen überzeugen lassen wollte, meinte nun zu Saverys Darlegungen: »Ein schreckliches und beeindruckendes Dokument.«

Viel Raum wurde diesen Berichten in der britischen Presse eingeräumt, und die BBC verbreitete sie in allen Sprachen. In der wöchentlichen Direktive für den polnischen BBC-Dienst vom 17. bis 23. Dezember hieß es:

»Es ist besonders wichtig, den Polen immer wieder zu sagen, daß uns die Leiden der Juden bekannt sind. Wir müssen sie nicht unbedingt im einzelnen über diese Leiden unterrichten. Was wir ausdrücken wollen, ist unser Wissen davon.«**

Dann schlug die Polenabteilung der Political Warfare Executive vor, Savery solle im Rundfunk in polnischer Sprache über die Behandlung der Juden durch die Deutschen sprechen, was er am 17. Dezember 1942 tat, nachdem er sich mit dem Foreign Office, der Zensur und verschiedenen anderen Stellen beraten hatte. Er

---

* Hier hatte Savery recht. Von Belzec hieß es lediglich, daß mit Strom, nicht aber mit Giftgas getötet würde.
** Diese Richtlinien wurden von der Political Warfare Executive ausgegeben. Die für die Wochen davor waren ähnlich formuliert: »Die Nachrichten über die Lage der polnischen Juden klingen immer schlimmer... Wenn auch keine Notwendigkeit besteht, den Polen zu sagen, was sie ohnehin schon wissen, so sollten wir ihnen doch aufzeigen, daß wir im Bild sind. Eine sorgfältige Durchsicht der britischen Presse und des Rundfunks wird angeraten.« (3. bis 9. Dezember 1942). Und für die Tage vom 10. bis 16. Dezember: »Wir sollten auch weiterhin jede Gelegenheit wahrnehmen, den Unwillen, den Schmerz Großbritanniens in den Medien auszudrücken. Jede von uns und von den verbündeten Ländern abgegebene Erklärung, die diese Verfolgungen verurteilt, wird sich hauptsächlich auf die von der polnischen Regierung gelieferten Unterlagen stützen.«

mußte einiges ändern, die Zahlenangaben waren leicht zu verne-
beln: nicht sechstausend Juden wurden täglich aus Warschau
deportiert, sondern ›mehrere‹ tausend. Nicht 350 000 Juden (wie er
ursprünglich sagen wollte) waren aus Warschau verschwunden,
sondern ›Hunderttausende‹. Schließlich wurde Savery ärgerlich und
schrieb an Frank Roberts:

»Nachdem ich den Text wieder und wieder gelesen habe, entdek-
ke ich nirgends etwas, wo die Deutschen einhaken und eine Polemik
loslassen könnten. Ich habe den Eindruck, daß die Deutschen
selber wahrscheinlich keine genauen Statistiken von den Deportationen aus Warschau und den Massakern der letzten Monate
besitzen. Ich bezweifle, ob sie mit Sicherheit wissen, wen sie getötet
und wen sie am Leben gelassen haben.«

Savery hatte recht. Die Deutschen wußten es nicht, sie waren
auch nicht an einer Polemik interessiert.[262]

Anhang 4: Das State Department und die Erklärung der Vereinten
Nationen vom 17. Dezember 1942

Randolph Paul (als Unterzeichner), John Pehle und Josiah E. du
Bois jr., Beamte des Department of the Treasury (Finanzministe-
rium), hatten im Januar 1944 ein Memorandum »Über die Be-
schwichtigungspolitik dieser Regierung hinsichtlich der an den
Juden begangenen Morde« vorbereitet. Darin hieß es unter anderem:

»Sie [die Beamten des State Department] haben nicht nur bei der
Beschaffung von Informationen betreffend Hitlers Pläne zur Ausrottung der Juden Europas versagt, sie sind vielmehr in ihren
offiziellen Handlungen so weit gegangen, eigenmächtig zu versuchen, die Beschaffung von Informationen über die Ermordung der
jüdischen Bevölkerung Europas zu unterbinden.«

War dies eine faire Feststellung der Tatsachen? Wise hatte zuerst
am 3. September 1942 Unterstaatssekretär Sumner Welles wegen

des Riegner-Telegramms angeschrieben und erhielt eine erste (telefonische) Antwort am 9. September. Aber auch schon vorher, nämlich am 27. August, hatte Wise gemeinsam mit den Führern der anderen größeren amerikanischen jüdischen Organisation an Welles über die Deportationen aus Frankreich geschrieben. In diesem Brief stand:

»In Übereinstimmung mit der bereits verkündeten Politik der Nazis, die Juden Europas auszurotten, sind Hunderttausende dieser unschuldigen Männer, Frauen und Kinder in brutalen Massenmordaktionen umgebracht worden.«

Ray Atherton von der Europaabteilung des State Department schlug vor, er könne in seiner Antwort an Wise ruhig feststellen, es sei nie bestätigt worden, daß die deportierten Juden tatsächlich ›ausgerottet‹ wurden; »unsere Auffassung ist eher die, daß sie für die deutsche Kriegsmaschinerie zu arbeiten haben, wie es auch mit polnischen, sowjetischen und anderen Kriegsgefangenen der Fall ist, die jetzt für ihr tägliches Brot arbeiten.«[263] Es kann nicht festgestellt werden, aus welchen Unterlagen diese ›Information‹ stammen könnte. Unter den aus Europa beim State Department einlaufenden Telegrammen oder unter den Zeitungsmeldungen der neutralen Staaten befand sich nichts, was zu der Ansicht hätte führen können, daß Juden für den deutschen Kriegseinsatz arbeiteten. Es ist möglich, daß Atherton im August und Anfang September nicht sehr gut informiert war. Schwieriger ist es, ähnliche, drei Monate später geäußerte Auffassungen zu erklären, nachdem zusätzliche Informationen eingegangen waren und Vorbereitungen zu der Erklärung der Vereinten Nationen vom 17. Dezember 1942 getroffen wurden.

Die Initiative zu der UN-Erklärung über das »bestialische Verfahren der kaltblütigen Ausrottung« ging von der britischen Regierung aus, die seit einiger Zeit unter dem Druck der jüdischen Gemeinde, der polnischen Exilregierung, einiger Presseorgane, kirchlicher und anderer Würdenträger gestanden hatte. Am 7. Dezember berichtete der diplomatische Korrespondent der Londoner *Times*, daß die Botschafter Amerikas und der Sowjetunion mit Eden zusammengekommen waren, um die furchtbare Lage der Juden in ganz Europa zu besprechen, und daß Graf Raczynski vor Eden einiges Beweismaterial aus Polen ausgebreitet hatte. Er sagte Eden auch, daß Hitler für jedes besetzte Land einen Termin festgesetzt habe, zu dem es judenfrei sein müsse. Erst jetzt könne man sehen, wie der von langer Hand vorbereitete Plan in die Tat umgesetzt werde.

Die polnische Regierung betone die Notwendigkeit, diese Verbrechen nicht nur zu verurteilen und den Verbrechern Strafe anzudrohen, sondern auch Maßnahmen zu ergreifen, die der Hoffnung Raum ließen, Deutschland wirksam davon abzuhalten, weiter Methoden der Massenausrottung anzuwenden.

Als Churchill diese Darlegungen gelesen hatte, bat er das Foreign Office um weitere Informationen.[264] Iwan Maisky, der sowjetische Botschafter in London, hatte bereits früher, und zwar am 2. Dezember, sein Interesse an einer gemeinsamen Erklärung bekundet.

Opposition kam vornehmlich aus den Vereinigten Staaten. Dies gilt nicht für John Winant, den US-Botschafter in London, der bei der britischen Regierung verschiedene Male für die Juden interveniert hatte. In einem Telegramm vom 7. Dezember 1942 unterstützte er eine gemeinsame Erklärung. Tags darauf übersandte er ohne Kommentar eine Note über seine Besprechung mit Eden:

»Wir besprachen, ob seitens der Vereinten Nationen nützliche Schritte unternommen werden könnten, um die Verdammung dieser Greueltaten klar zu machen und eine abschreckende Wirkung auf die Missetäter auszuüben. Wir kamen überein, daß, obwohl wenig praktischer Erfolg zu erwarten ist, es für die Vereinigten Staaten und die sowjetische Regierung nützlich sein könnte, sich mit der Regierung Seiner Majestät in der Verurteilung dieser Grausamkeiten zusammenzuschließen und die Täter darauf hinzuweisen, daß eine Vergeltung ihnen sicher ist.«

Der Hauptopponent, der schlimmen Lage der Juden übertriebene Publizität zu widmen, war R. B. Reams, Chef des Referats jüdische Angelegenheiten in der Europaabteilung des State Department. Er hegte »schwerwiegende Zweifel, ob es wünschenswert oder ratsam sei, eine Erklärung dieser Art abzugeben«, wie er in einem Memorandum an seine Vorgesetzten Hickerson und Atherton darlegte:

»Vor allem sind diese Berichte unbestätigt und stammen zum großen Teil aus dem Riegner-Brief an Wise ... Es werden zwar Seifen-, Leim-, Öl- und Düngemittelfabriken nicht erwähnt, aber eben dies wird als zusätzliche Bestätigung der Schauergeschichten aufgefaßt und stärkt Rabbi Wises eifriges Bestreben einer offiziellen Absegnung seitens des State Department. Damit ist der Weg frei für weiteren Druck von Interessengruppen, was sich auf die Kriegsanstrengungen schädlich auswirken könnte. Das furchtbare Schicksal der unglücklichen Völker Europas einschließlich der Juden kann nur erleichtert werden, wenn der Krieg gewonnen wird. Eine Erklärung wie vorgeschlagen kann nichts Gutes bewirken und könnte zu noch härteren Maßnahmen gegen die Bevölkerung Europas führen.«[265]

Am nächsten Tag beklagte sich Reams bei einer Zusammenkunft mit Sir William Hayter, dem späteren britischen Botschafter in Moskau und Rektor des New College in Oxford, daß die von der britischen Regierung angeregte Erklärung »sehr kräftig und eindeutig« sei. Ihre Abgabe würde von den jüdischen Gemeinden der ganzen Welt als vollständige Bestätigung aller derzeit umlaufenden Geschichten aufgefaßt werden.

»Diese Leute wären zweifellos erfreut, daß die Regierungen der Vereinten Nationen reges Interesse am Schicksal ihrer Freunde in Europa bezeugen, aber ihre Befürchtungen müßten sich eigentlich durch eine solche Erklärung noch verstärken. Außerdem würden sich die verschiedenen Mitgliedstaaten der UN zunehmendem Druck von allen Seiten aussetzen, besondere Anstrengungen zu unternehmen, um diesen Menschen zu helfen.«[266]

Reams sagte dann (»unter uns« und »zu Mr. Hayters persönlicher Information«), er glaube, daß Riegners Telegramm an Wise schuld an der gegenwärtigen beklemmenden Situation sei. In anderen Worten: es hätte keine Unannehmlichkeiten gegeben, wenn die Briten geholfen hätten, das Riegner-Telegramm zu unterdrücken. Reams versuchte, die Bestätigung »dieser Geschichten« so lange wie möglich hinauszuschieben. So in einer Antwort an den Kongreßabgeordneten Hamilton Fish im Dezember 1942:

»Diese ganze Angelegenheit wird derzeit überdacht; es ist schwierig für mich, Ihnen eine genaue Auskunft zu geben. Diese Berichte sind, soweit ich weiß, bisher nicht bestätigt worden.«[267]

Dies war die generell auf mittlerer Ebene im State Department eingenommene Haltung. So beschied Reams einen Kollegen der Lateinamerikaabteilung wegen eines Protests aus Mexiko vom 15. Dezember 1942, daß die Nachricht über Massenermordungen von Juden unbestätigt sei. Zwei Tage nach der Erklärung der Vereinten Nationen ging ein Telegramm nach San José, Costa Rica: »Eine Bestätigung des Berichts aus anderen Quellen (außer von einem jüdischen Vertreter in Genf) liegt nicht vor.«

Auf eine Anfrage des *Christian Century*, ob das State Department Rabbiner Wises Statement (erwähnt von Associated Press) bestätige oder dementiere, daß Hitler die Ausrottung aller Juden im NS-beherrschten Europa angeordnet habe, antwortete M. J. McDermot von der Informationsabteilung brieflich:

»Ich informierte heute Korrespondenten im Vertrauen und kann Ihnen, nicht zur Veröffentlichung, mitteilen, daß Rabbiner Wise vor mehreren Monaten und gestern wieder im Department war und sich im Zusammenhang mit gewissen Unterlagen, an denen er interessiert war, mit dem Department beraten hat; er hat dieses Material jetzt. Das State Department hatte nur versucht, seinem Komitee die Bemühungen zu erleichtern, die Wahrheit herauszufinden, und die Korrespondenten sollten alle Fragen, die dieses Material betreffen, an Rabbiner Wise richten.«[268]

Kurz, das State Department wollte mit dem Inhalt dieser Botschaft nichts zu schaffen haben.

Die Erklärung vom 17. Dezember wurde in London, im Foreign Office, entworfen. Maisky schlug einen Zusatz vor, nämlich folgende Formulierung einzufügen:

»Die Zahl der Opfer dieser grausamen Heimsuchungen wird auf viele Hunderttausende gänzlich unschuldiger Männer, Frauen und Kinder geschätzt.« Diesem Text wurde zugestimmt, er lautete dann in der endgültigen Version folgendermaßen: »Die Zahl der europäischen Opfer dieser blutigen Grausamkeit wird auf viele Hunderttausende vollständig unschuldiger Männer, Frauen und Kinder berechnet.«

Die Vereinigten Staaten schlugen drei Änderungen vor, von denen zwei akzeptiert wurden, die dritte kam zu spät. Reams, darauf aus, die Erklärung abzuschwächen, regte folgendes an: im ursprünglichen Entwurf hatte es geheißen:

»Die Aufmerksamkeit der Regierungen der Alliierten war auf Berichte aus Europa gelenkt worden, *die keinen Zweifel zulassen*, daß die Deutschen ihre oft wiederholte Absicht in die Tat umsetzen, das jüdische Volk in Europa auszurotten.« Reams wollte die kursiv gesetzten Worte gestrichen haben. Ferner stand in der Erstfassung: »Aus allen diesen Ländern werden die Juden *ohne Rücksicht auf Alter und Geschlecht* und unter schrecklichen und brutalen Umständen nach Osteuropa transportiert.«

Reams bestand auch auf der Streichung dieser Kursivstelle. Sein Argument: dies treffe bis dato auf Frankreich nicht zu und lasse sich vielleicht auch über andere Länder nicht sagen.[269] Hier hatte Reams durchaus nicht recht, denn eben diese Tatsache, die Trennung der Kinder von den Eltern, hatte in Frankreich und in der Schweiz so viele Proteste hervorgerufen. Die offizielle *Schweizerische Kirchenzeitung* schrieb, die Tatsache, daß Kinder ihren Eltern brutal entrissen würden, lasse an den Kindermord von Bethlehem in den Tagen Jesu Christi denken. Kardinal Gerlier sagte in einer Protesterklärung: »*Nous assistons à une dispersion cruelle des familles où rien n'est epargné.*« Und der Erzbischof von Toulon Saliège nahm in dieser Weise Stellung: »*Les membres d'une même famille soient* *séparés les uns des autres et embarqués pour une destination inconnue...«*[270]*

Der letzte Änderungsvorschlag kam vom Außenminister und hatte weder mit Hitler noch mit den Juden etwas zu tun. Im Originalentwurf wurden im ersten Satz die Mitgliedstaaten der Vereinten Nationen aufgezählt; daran anschließend hieß es »und das Französische Kampfkomitee« (oder »das Französische Nationalkomitee«). Cordell Hull kabelte nach London und bat dringend um die Einfügung des Wortes ›außerdem‹ vor »das Französische Kampfkomitee«; man wollte de Gaulle nicht mit den anderen gleichstellen. Es war das einzige Kabel in dieser Angelegenheit, das höchste Dringlichkeitsstufe hatte, aber es kam zu spät. Lord Halifax, britischer Botschafter in Washington, erklärte (und Winant aus London unterstützte ihn), daß bei der Zeitdifferenz das Telegramm Eden erst erreichte, als er gerade die Erklärung im Unterhaus verlesen wollte. Der britische Außenminister ergänzte, daß es auch zu spät gewesen wäre, die Signatarmächte zu konsultieren. Infolgedessen wurde die Erklärung in Washington mit dem »außerdem« veröffentlicht, während es in der Londoner und anderen Versionen fehlte.

Hatten Reams, McDermot, Breckinridge Long und die anderen echte Zweifel an der Information? Es ist schwer zu glauben. Wahrscheinlicher ist, daß ihre Befürchtung entscheidend war: wenn das State Department die Information bestätigte, würde es »unter Druck gesetzt werden, etwas zu unternehmen«. Ob aber die Schwächung der Kriegsanstrengungen wirklich ihre größte Sorge war? Dies würde nur dann begreiflich erscheinen, wenn man auch annähme, daß die amerikanischen Diplomaten zielstrebiger und in den Kriegsanstrengungen unermüdlicher gewesen wären als Churchill, Stalin und alle anderen – ein Gedanke, der selbst die blühendste Phantasie übersteigt.

---

* »Wir sind Zeugen einer grausamen Auseinanderreißung von Familien, denen nichts erspart bleibt...« »Die Angehörigen der gleichen Familie werden voneinander getrennt und mit unbekanntem Bestimmungsort verladen.«

Anhang 5: Die Missionen von Jan Karski, Jan Nowak und Tadeusz Chciuk

Die Mission Jan Karskis (Kozielewskis) von Warschau nach London ist wiederholt erwähnt worden. Er war weder der erste noch der letzte Kurier, der von Warschau nach London kam, wohl aber der wichtigste, was die Information über die Juden in Polen angeht. Karski schrieb ein Buch über seine Mission, das 1944 in den Vereinigten Staaten erschien und ein Bestseller wurde; auch in Großbritannien, der Schweiz und in Norwegen wurde es verlegt. Allerdings war der Krieg noch nicht zu Ende, als es erstmals veröffentlicht wurde, und der Autor mußte sich Selbstbeschränkungen auferlegen.[271]

Wer war Karski, was war der Zweck seiner Mission? Er wurde 1914 in Lodz geboren, studierte die Rechte an der Jan-Kazimierz-Universität in Lwow, diente 1935/36 in der polnischen Armee und unternahm in den folgenden beiden Jahren Reisen nach Mittel- und Westeuropa. 1938 trat er ins polnische Außenministerium zur Ausbildung ein und machte sein Examen als erster seiner Klasse im Januar 1939. Als der Krieg ausbrach, wurde er Leutnant der berittenen Artillerie. Beim Rückzug seiner Einheit nach Osten geriet er in die Gefangenschaft der vorrückenden sowjetischen Armee. Er gab sich als einfacher Soldat aus, denn die polnischen Offiziere wurden von den Sowjets zurückbehalten; die meisten kamen nicht wieder. Er wurde nach Polen repatriiert, wo ihn die Deutschen in einen Zug zu einem Arbeitslager setzten. Er sprang ab und schlug sich nach Warschau durch, wo er zu den ersten Mitgliedern des polnischen Untergrunds zählte. Karski fungierte als Kurier zwischen Warschau und Angers in Frankreich, wo der exilierte Polnische Nationalrat vor dem Fall Frankreichs seinen Sitz hatte. Seine übliche Route war von Warschau nach Zakopane, auf Skiern über die Karpathen nach Budapest–Italien–Frankreich. Professor Stanislaw Kot, damals Exil-Innenminister, bat ihn, aus Angers einen ersten Entwurf zur Gründung der verschiedenen Institutionen mitzubringen, die den ›Staat im Untergrund‹ konstituieren sollten. Auf einer ähnlichen Mission im Juni 1940 wurde er in Preschow in der Slowakei von der Gestapo festgenommen. Als er die Folterung überstanden hatte, versuchte er, sich die Pulsadern durchzuschneiden und Selbstmord zu begehen, wurde aber gerettet und ins Gefängnisrevier gebracht. Untergrundkämpfern gelang es, ihn herauszuholen. Dieses Unternehmen führte eine von Jozef Cyrankiewicz (dem künftigen Ministerpräsidenten im kommunistischen Polen) befehligte Einheit durch; er war damals ein führendes Mitglied der Polnischen Sozialistischen Partei (PPS). Karski lebte 1941/42 im Untergrund in Warschau und beschäftigte sich mit ›schwarzer Propaganda‹ unter deutschen Soldaten, druckte und verteilte Flugblätter in deutscher Sprache. 1942 wurde er vom Delegat gebeten, wieder als Kurier nach London zu gehen. Es gab damals verschiedene Methoden, Kuriere nach Westeuropa zu bringen. Die für Karskis ›Reise‹ gewählte war verhältnismäßig einfach. Damals arbeiteten Tausende französischer ›Fremdarbeiter‹ in Polen. Sie waren berechtigt, zweimal im Jahr auf Heimaturlaub zu fahren. Der polnische Untergrund bot ihnen einen zweiwöchigen, sehr gut bezahlten Urlaub auf einem polnischen Gutshof an, was für Kriegszeiten außerordentlich luxuriös war. Die französischen Arbeiter übergaben ihre Pässe, die Bilder wurden entfernt und durch die der Kuriere ersetzt. Kam der Kurier nicht rechtzeitig zurück, meldete der Franzose den Verlust seines Passes und mußte eine Strafe zahlen, für die der Untergrund aufkam.

Karski reiste im November 1942 durch Deutschland nach Paris, wo er sich zwölf Tage in der Wohnung eines Geistlichen aufhielt. Er verbrachte die Abende in Cafés, Restaurants und Spielbanken auf dem Montmartre, unangenehm berührt vom Geist der Fraternisierung zwischen Deutschen und Franzosen und deren häufig zu beobachtender serviler Haltung. Mit neuen Papieren ausgestattet fuhr er nach Toulon, wo ihn ein Mann des polnischen Untergrunds übernahm und nach Perpignan brachte. Karski überschritt die Pyrenäen mit einem spanischen Kommunisten als Führer. In Barcelona holte ihn eine Diplomatenlimousine ab, die eher dem amerikanischen als dem britischen militärischen Geheimdienst gehört zu haben scheint. Er fuhr zuerst nach Algeciras und dann nach Gibraltar, wo er mit dem Gouverneur dinierte. Tags darauf flog er nach London. Natürlich betrafen seine Anliegen hauptsächlich polnische Dinge, aber er hatte vor der Abreise mehrmals zwei maßgebende Juden getroffen und ihnen feierlich versprochen, ihre Botschaften in den Westen zu bringen. Er wußte damals nicht, wer die beiden waren; später erfuhr er, daß einer Leon Feiner gewesen war. Die Identität des anderen ist bis heute nicht festgestellt; es war entweder Menahem Kirschenbaum oder Adolf Berman. Beide trafen ihn mit einer Sondererlaubnis der Delegatura.

Karski besuchte im Oktober 1942 auch das Warschauer Getto, was nach seinen Worten ohne besondere Schwierigkeiten möglich war. Nach den Deportationen von Juli bis September war das Gettogebiet stark zusammengeschrumpft. Die Straßenbahn durchfuhr es zu den den Straßen, die von den ›Ariern‹ übernommen worden waren. Anderswo konnte man das Getto durch die Keller der Häuser, die als Gettomauer dienten, betreten oder verlassen.

Karski erzählt, daß er von einem jüdischen, aber arisch aussehenden Kontaktmann nach Belzec begleitet wurde (der ihm erzählte, Belzec sei eher ein Durchgangs- als ein Todeslager). Bei einem Ladengeschäft näherte sich ihm ein Zivilist, der sagte, er könne eine Uniform (eines estnischen Wachmanns) und einen Passierschein besorgen. Karski weiß nicht, ob dieser Mann, der perfekt Polnisch sprach, ein Schmuggler, ein ›Volksdeutscher‹ oder vielleicht sogar ein kleiner Gestapo-Agent war, der im Sold des jüdischen Untergrunds stand. Zu zweit betraten sie durch eine Seitenpforte das Lager, ohne Verdacht zu erregen. Karski sah grauenhafte Szenen – der Boden bedeckt von abgemagerten Leichen, Hunderte von Leichen in Waggons gestapelt, schichtweise mit ungelöschtem Kalk bestreut. Die Waggons wurden verschlossen und weggefahren, nach einiger Zeit geöffnet, die Toten verbrannt. Dann kamen die Waggons zurück ins Lager, um neue Ladung zu holen. Karski sah eine Zeitlang zu, bis ihm schlecht wurde und er nah daran war, die Nerven zu verlieren. Er wollte hinaus und lief auf das nächste Tor zu. Sein Begleiter stand etwas abseits, merkte, daß etwas nicht stimmte, eilte herbei und zischte ihm zu, er solle ihm augenblicklich folgen. Sie verließen das Lager durch die Pforte, durch die sie hereingekommen waren, und wurden nicht angehalten. Erst später erfuhr Karski, daß die meisten Opfer in Belzec in Gaskammern getötet wurden. Die Gaskammern selbst hat er nicht gesehen, die sich wohl hinter Mauern befanden und denen man sich nur mit besonderer Erlaubnis nähern durfte.

Karski traf also im November 1942 in London ein. General Sikorski befand sich gerade in Amerika, Karski traf ihn später. Er nahm an zwei Sitzungen der Exilregierung teil und sprach in den folgenden Wochen mit vielen maßgeblichen britischen, amerikanischen und jüdischen Persönlichkeiten, die er von der Lage in Polen und dem Schicksal der Juden unterrichtete. Darunter waren der Außenminister Anthony Eden, Lord Cranborne, Hugh Dalton und Arthur Greenwood, Mitglieder des Kriegskabinetts, Richard Law, der Parlamentarische Unterstaatssekretär im Foreign Office, Lord Selborne, der als Minister für Kriegswirtschaft auch die SOE betreute, Anthony D. Biddle und Owen O'Malley, die Botschafter der Vereinigten Staaten und Großbritanniens bei der polnischen Exilregierung, ferner verschiedene Mitglieder des Unterhauses.

In den Staaten traf er Präsident Roosevelt, Herbert Hoover, Cordell Hull, Henry Stimson, Francis Biddle, Adolph Berle, die Erzbischöfe Spellman, Mooney und Strich, Felix Frankfurter, Bill Donovan und John Wiley (beide vom OSS) und den Apostolischen Delegaten.

An jüdischen Persönlichkeiten lernte er kennen: Stephen Wise, N. Waldman, S. Margoshes und M. Fertig. Er sprach mit vielen Schriftstellern und Presseleuten, darunter H. G. Wells, Victor Gollancz, Arthur Koestler, Kingsley Martin, Allen Lane, Walter Lippmann, Eugene Lyons, Dorothy Thompson, George Sokolsky, William Prescott und Mrs. Ogden Reed.

Die Botschaften, die Karski im November 1942 im Auftrag der polnischen jüdischen Führer in den Westen brachte, konnten während des Krieges nicht veröffentlicht werden. Auf meine Bitte faßte er 1979 folgendes zusammen.*

»I. Meine Mission zu den Regierungen Polens und der Alliierten:

Die beispiellose Vernichtung der gesamten jüdischen Bevölkerung ist nicht mit Deutschlands militärischen Erfordernissen zu motivieren. Hitler und seine Helfershelfer zielen auf die totale Vernichtung der Juden, bevor der Krieg zu Ende geht, ungeachtet seines Ausgangs. Die Regierungen der Alliierten können diese Tatsache nicht ignorieren. Die Juden in Polen sind hilflos. Sie haben kein Land, das das ihre wäre. Sie haben in den Kommissionen der Alliierten keine eigene Stimme. Sie können sich nicht auf den polnischen Untergrund oder die Bevölkerung als Ganzes stützen. Sie können vielleicht einzelne Personen retten, sind aber nicht in der Lage, die Ausrottung aufzuhalten. Nur die mächtigen Regierungen der Alliierten können wirksam helfen.

Die polnischen Juden appellieren in aller Form an die Regierungen Polens und der Alliierten, außergewöhnliche Maßnahmen zu ergreifen in einem Versuch, der Ausrottung Einhalt zu gebieten.

Sie auferlegen den Alliierten Regierungen feierlich die Verantwortung vor der Geschichte, wenn diese es versäumen, zu diesen außergewöhnlichen Maßnahmen zu greifen.

Die Juden verlangen:

1) Eine öffentliche Erklärung, daß die Verhinderung der physischen Ausrottung der Juden Teil der gesamten alliierten Kriegsstrategie werde.

2) Informierung der deutschen Nation durch Rundfunk, Abwurf von Flugblättern und durch andere Mittel über die von ihrer Regierung begangenen Verbrechen. Es sollen ausdrücklich bekanntgegeben werden alle Namen der direkt an diesen Verbrechen

---

* Ich bin Professor Jan Karski, der sich geduldig meinen ins einzelne gehenden Fragen gestellt hat, zu großem Dank verpflichtet (Washington, 3. September 1979).

beteiligten Personen, außerdem Statistiken, Tatsachen, die angewandten Methoden.

3) Öffentliche und formelle Appelle (Rundfunk, Flugblätter usw.) an das deutsche Volk, damit es auf seine Regierung Druck ausübe und sie veranlasse, die Ausrottung einzustellen.

4) Öffentliche und formelle Forderung von Beweisen, daß solcher Druck ausgeübt wurde und die gegen die Juden angewandten Praktiken abgestellt wurden.

5) Auferlegung der Verantwortung auf die deutsche Nation als Ganzes, wenn sie es verabsäumt, entsprechend zu reagieren, und wenn die Ausrottung fortgesetzt wird.

6) Öffentliche und formelle Ankündigung, daß angesichts der beispiellosen, an den Juden begangenen Verbrechen der Nazis und bei enttäuschten Hoffnungen, diese Verbrechen würden aufhören, die Regierungen der Alliierten bereit sind, ebenso beispiellose Schritte zu unternehmen:

a) Bestimmte Gebiete und Objekte in Deutschland würden zur Vergeltung bombardiert. Das deutsche Volk würde vor und nach jeder Aktion unterrichtet, daß die von den Nazis fortgesetzte Ausrottung der Juden die Bombardierung veranlaßte.

b) Deutsche Kriegsgefangene, die, nachdem sie über die Verbrechen ihrer Regierung aufgeklärt wurden, sich in Solidarität und Untertanentreue zu den Nazis bekennen, würden für die an den Juden begangenen Verbrechen verantwortlich gemacht, solange die Verbrechen fortgesetzt werden.

c) Deutsche Staatsbürger, die in Ländern der Alliierten leben und sich nach Informierung über die an den Juden begangenen Verbrechen mit der Nazi-Regierung solidarisch erklären, würden für diese Verbrechen verantwortlich gemacht.

d) Jüdische Führer in London, insbesondere Szmul Zygielbojm (Bund) und Dr. Ignace Szwarcbard (Zionisten), werden offiziell beauftragt, alles daran zu setzen, damit die polnische Regierung diese Forderungen formell an die Alliierten Kommissionen weiterleitet.

II. Dies war nur für den Präsidenten der Polnischen Republik, Wladyslaw Raczkiewicz, bestimmt:

Viele von denen, die direkt oder indirekt zu der jüdischen Tragödie beitragen, bekennen sich zum katholischen Glauben. Die polnischen und andere europäische Juden glauben sich aus humanitären und geistigen Gründen berechtigt, vom Vatikan Schutz erwarten zu dürfen. Kirchliche Sanktionen einschließlich der Exkommunikation liegen im Bereich der päpstlichen Jurisdiktion. Solche öffentlich verkündete Sanktionen könnten ihre Wirkung auf das deutsche Volk ausüben. Sie könnten vielleicht sogar Hitler, den getauften Katholiken, zum Nachdenken bringen.

Wegen der Art dieser Botschaft und der Quelle, aus der sie stammt, und auch aus diplomatischen und protokollarischen Gründen war mir aufgetragen, die Botschaft *nur* dem Präsidenten der Republik auszuhändigen. Er lasse sein Gewissen sprechen und beweise Klugheit bei der Kontaktaufnahme mit dem Papst. Es wurde mir ausdrücklich untersagt, dieses Thema mit prominenten Juden zu diskutieren. Ihre möglicherweise undiplomatische Intervention könnte die gegenteilige Wirkung haben.

III. Dies war für den Ministerpräsidenten und Oberkommandierenden (General Wladyslaw Sikorski), den Innenminister (Stanislaw Mikolajczyk), die Herren Zygielbojm und Dr. Szwarcbard bestimmt:

Obwohl das polnische Volk im allgemeinen mit den Juden sympathisiert und ihnen zu helfen versucht, gibt es viele polnische Kriminelle, die untergetauchte Juden erpressen, denunzieren oder sogar töten. Der Untergrund muß Strafmaßnahmen gegen sie ergreifen, Erschießung nicht ausgeschlossen. In solchen Fällen sollten die Angaben zur Person des Schuldigen und die Art seines Verbrechens in der Untergrundpresse veröffentlicht werden.

Zygielbojm und Szwarcbard müssen ihren ganzen Einfluß geltend machen, damit zweckdienliche Anordnungen erteilt werden.

Um jedes Risiko einer antipolnischen Propaganda zu vermeiden, wurde mir ausdrücklich untersagt, dieses Thema mit irgendwelchen nichtpolnischen jüdischen Führern zu besprechen. Ich müsse Zygielbojm und Dr. Szwarcbard über diese meine Instruktion unterrichten.

IV. Dies war nur für den Oberkommandierenden der polnischen Streitkräfte (General Sikorski) und die Herren Zygielbojm und Dr. Szwarcbard bestimmt:

Eine jüdische militärische Organisation hat sich formiert. Ihre Führer wie auch die jüngeren Leute der jüdischen Gettos, im besonderen des Warschauer Gettos, ziehen bewaffneten Widerstand gegen die Deutschen in Betracht. Sie sprechen von einem ›jüdischen Krieg‹ gegen das Dritte Reich. Sie haben die Heimatarmee um Waffen gebeten. Die Waffen wurden verweigert.

Die Juden sind polnische Bürger. Sie sind berechtigt, Waffen zu haben, wenn Waffen im Besitz des polnischen Untergrunds sind. Man kann den Juden das Recht nicht absprechen, kämpfend zu sterben, wie auch der Ausgang des Kampfes sein mag. Nur General Sikorski in seiner Eigenschaft als Oberkommandierender kann auf die Einstellung des Kommandeurs der Heimatarmee (General Stefan Rowecki) Einfluß nehmen. Die jüdischen Führer ersuchen General Sikorski um Intervention.

Ich *weigerte* mich, diese Botschaft weiterzuleiten, wenn mir nicht gestattet würde, General Rowecki persönlich zu sprechen, um ihn über die Beschwerde zu informieren und seinen Kommentar zu erbitten. Beide jüdischen Führer stimmten gern zu. Ich sprach mit General Rowecki, hörte mir seine Stellungnahme an und berichtete in London, wie meine Instruktion lautete.

Um antipolnischer Propaganda keine Nahrung zu geben, war mir ausdrücklich untersagt worden, das Thema mit irgendwelchen nichtpolnischen jüdischen Führern zu diskutieren. Ich mußte Zygielbojm und Dr. Szwarcbard über diesen Teil meiner Instruktionen informieren.

V. An die Regierungschefs der Alliierten sowie an die polnischen und internationalen jüdischen Führer: Bitte um finanzielle und technische Unterstützung:

Es gibt Möglichkeiten, jüdische Menschen zu retten, wenn Geld vorhanden ist. Die Gestapo ist nicht nur in den unteren Rängen, sondern auch in den mittleren und sogar in den höheren bestechlich. Die Bestechlichen sind gegen Gold oder harte Währung zur Kooperation bereit. Die jüdischen Führer sind in der Lage, entsprechende Kontakte herzustellen.

a) Juden kann halboffiziell – gegen Gold, Dollars oder Lieferung bestimmter, von den Deutschen benötigter Güter – erlaubt werden, Polen zu verlassen.

b) Juden würde gestattet, Polen zu verlassen, wenn sie echte ausländische Pässe haben, gleichgültig von welchen Ländern. Eine möglichst große Anzahl sollte geschickt werden. Die Pässe müssen leer sein. Falsche Namen und Angaben zur Person würden, natürlich gegen Geld, von den deutschen Stellen übersehen.

   Vorkehrungen müssen getroffen werden, daß die Juden, denen es gelingt, Polen zu verlassen, in den Ländern der Alliierten oder im neutralen Ausland Aufnahme finden.

c) Juden nichtsemitischen Aussehens könnten die Gettos verlassen, falsche deutsche Papiere bekommen und mit angenommenen Namen unter den Polen leben.

   Geld wird benötigt, das Getto-Wachpersonal und verschiedene Beamte (Arbeitsamt) zu bestechen; auch wäre ein Fonds zum Lebensunterhalt anzulegen.

d) Christliche Familien wären bereit, in ihren Wohnungen Juden zu verstecken, aber sie riskieren sofortige Hinrichtung, wenn es von den Deutschen entdeckt wird. Die Leute sind meist selbst in großer Not. Geld wird gebraucht, zumindest für den Lebensunterhalt.

e) Geld, Arzneimittel, Nahrung, Kleidung werden dringend für die Überlebenden in den Gettos benötigt. Die vom Vertreter der polnischen Exilregierung und den verschiedenen internationalen jüdischen Organisationen gespendeten Hilfsmittel sind absolut ungenügend. Mehr Geld in harter Währung, das unverzüglich zur Verfügung zu stellen wäre, ist für Tausende von Juden eine Frage von Leben und Tod.

VI. Aufrüttelung der öffentlichen Meinung im Westen zugunsten der Juden:

Zusätzlich zu den Botschaften, die ich überbringen sollte, beauftragten mich die beiden jüdischen Führer, alles in meinen Kräften Stehende zu tun, die öffentliche Meinung der freien Welt zugunsten der Juden zu alarmieren. Ich schwor feierlich, daß ich, sollte ich nach London gelangen, sie nicht enttäuschen würde.«

Wie erinnerlich erreichte Karski London im November 1942. Am 7. Dezember verabschiedete der Polnische Nationalrat eine Resolution, die die Regierung beauftragte, hinsichtlich der Ausrottung der Juden ohne Verzug tätig zu werden. Demgemäß richtete die polnische Regierung einen formellen Appell an die Regierungen der Alliierten, und am 17. Dezember verabschiedete der Rat der Alliierten die Resolution, die oben besprochen wurde. Und am 18. Dezember sandte der Präsident der Polnischen Republik eine Note an Papst Pius XII. mit der Bitte um Intervention.

Am 18. Januar 1943 unterbreitete Graf Raczynski, der polnische Außenminister, dem Rat der Alliierten die folgenden Forderungen:
a) Bombardierungen Deutschlands als Repressalien für die fortgesetzte Ausrottung der polnischen Juden.
b) Druck auf Berlin, die Juden aus den deutschbeherrschten Gebieten, im besonderen aus Polen, ausreisen zu lassen.
c) Aktionen, um die Alliierten und die Neutralen zu veranlassen, Juden aufzunehmen, denen es gelungen war oder gelingen sollte, aus den deutschbesetzten Ländern zu entkommen.

Raczynski brachte keine Forderungen nach Repressalien gegen deutsche Kriegsgefangene und deutsche Staatsbürger in den Ländern der Alliierten vor, da dies in Widerspruch zu den anerkannten Bestimmungen des Völkerrechts stehe. Anthony Eden als Vertreter der britischen Regierung wies die polnischen Forderungen zurück und machte vage Versprechungen, bei einigen neutralen Ländern vorstellig zu werden. Die verschiedenen diplomatischen Initiativen und die Erklärungen vom Dezember 1942 waren Folgen der Informationen, die sich viele Monate hindurch angehäuft hatten, aber Karskis Mission spielte auch eine wichtige Rolle.

Was blieb Karski im besonderen von seinen vielen Besprechungen nach der Ankunft in London in Erinnerung? Insbesondere Zygielbojm und Szwarcbard, die beiden jüdischen Mitglieder des Polnischen Nationalrats:* Zygielbojm war mißtrauisch und reagierte gereizt (»Warum wurden gerade Sie geschickt?« »Wer sind Sie?« »Sie sind kein Jude.« »Lassen Sie mich Ihre Handgelenke sehen.«) Über Szwarcbard sagte Karski: »Ein Berufspolitiker und ein bißchen Schlitzohr.«

Präsident Roosevelt hörte Karski eine Stunde lang zu und stellte viele Fragen. Schließlich entließ er ihn mit den Worten »Sagen Sie Ihrer Nation, daß wir den Krieg gewinnen werden« und einigen anderen wohlklingenden Botschaften: kein Wort des Trostes für die Juden.[272]

Rabbiner Stephen Wise war besonders an Einzelheiten interessiert. Welche Pässe man brauche? Welcher lateinamerikanische Staat wäre genehmer? Aber würde die Gestapo das Spiel nicht durchschauen? Den Gestapoleuten, die man bestechen wolle, müsse man doch Ausweispapiere vorlegen, die, auch wenn sie nicht ganz echt wären, doch wie Originalpässe aussehen müßten. Rabbi Wise war von diesen Plänen fasziniert.

Karski erzählte Richter Frankfurter alles, was er über die Juden

---

* Es gab noch einen dritten, Leon Grossfeld (Mitglied der Polnischen Sozialistischen Partei, PPS), der aber in diesem Zusammenhang keine prominente Rolle spielt.

wußte, und als er fertig war, gab der Richter ein paar höfliche Redensarten von sich und sagte dann: »Ich kann Ihnen nicht glauben.« Jan Ciechanowski, der dabei war, machte Frankfurter klar, daß Karski von der polnischen Regierung zu seinen Äußerungen autorisiert sei; es gebe absolut keinen Zweifel, daß Karski die ungeschminkte Wahrheit sage. Frankfurter meinte: »Ich sage nicht, daß der junge Mann lügt. Ich sage, daß ich ihm nicht glauben kann. Das ist ein Unterschied.« Ein Unterschied besteht hier tatsächlich und er ist der Schlüssel zum Verständnis, warum die Nachrichten aus Osteuropa so lange Zeit nicht geglaubt wurden.

In Großbritannien gab sich H. G. Wells ausgesprochen feindselig, während Lord Selborne sagte, Karski leiste hervorragende Arbeit. Er sprach aber auch von den Greuelmärchen des Ersten Weltkriegs über die Deutschen und die getöteten belgischen Kinder. Die Regierung Seiner Majestät hatte natürlich gewußt, daß es Lügen waren, tat aber nichts, sie zu unterbinden. Sehr tröstlich war nun der vielleicht unbedachte Vergleich wirklich nicht: dort die nicht getöteten belgischen Kinder, hier die getöteten Juden. Selborne meinte auch, der Vorschlag, jüdische Frauen und Kinder mit Gold und oder Waren loszukaufen, sei gänzlich unannehmbar. Eine Transaktion solcher Art könne vielleicht in Kriegszeiten geheimgehalten werden, müßte aber nach dem Sieg enthüllt werden; kein Premierminister, kein Kabinett würde die Verantwortung dafür auf sich nehmen; denn man würde sie selbstredend dafür verantwortlich machen, durch die Verlängerung des Krieges britische Soldaten geopfert zu haben.

Edens Hauptsorge war die schwierige Frage, wohin sich die Juden nach der Freilassung wenden sollten. Großbritannien habe bereits 100 000 Flüchtlinge und könne keine mehr aufnehmen.*

---

* Eden legte nach der Besprechung mit Karski dem Kriegskabinett zwei Noten vor, die aber von polnischen Angelegenheiten handelten. Die Polen seien nicht willens, auf sowjetische Gebietsansprüche einzugehen.

Jan Nowak (Zdzislaw Jezioranski) wurde 1943 und 1944 ebenfalls als Emissär von Warschau nach London geschickt. Seine faszinierende Geschichte liegt in Buchform vor[273], gehört aber einem späteren Zeitabschnitt an; sie ist hier insofern von gewissem Interesse, als Nowaks Erfahrungen denen von Karski in London entsprechen. Nowak war der erste Emissär, der nach dem Kampf im Warschauer Getto aus Polen nach Großbritannien gelangte. Befragt wurde er von Frank Roberts, Chef der Zentralabteilung des Foreign Office; von Brigadier Harvey Watt, Churchills Parlamentarischem Privatsekretär; von Major Morton, Churchills Berater in Angelegenheiten der Geheimdienste; von Osborn und Moray McLaren, von MI-9 und anderen Dienststellen. Nowak verbreitete sich ausgiebig über das Schicksal der Juden, man zeigte aber keinerlei Interesse daran mit Ausnahme eines Offiziers von der Spionageabwehr, der persönlich tief bewegt war. Die verschiedenen Notizen (von Frank Roberts, Lawford, Morton), die erhalten sind, bestätigen das. Nowak erzählt auch, daß er bei seinen Gesprächen mit Szwarcbard (»eine tragische Gestalt«) und anderen jüdischen Persönlichkeiten den Rat erhielt, nicht zu sehr bei den Zahlen der Opfer zu verweilen, denn es würde ihm nicht geglaubt, er solle vielmehr auf Einzelfälle eingehen.[274]

Tadeusz Chciuk-Celt wurde während des Krieges zweimal als Fallschirmspringer von London nach Polen geflogen und ist dort mit dem Fallschirm abgesprungen; das erste Mal war er vom 28. Dezember 1941 bis 16. Juni 1942 in Polen. Von Juni bis November 1942 hielt er sich in Budapest auf und hatte eine beschwerliche Reise über die Schweiz, Frankreich und Spanien nach England zu überstehen, wo er am 16. Juni 1943 ankam. Von Budapest schickte er einen Bericht über die Massenerschießungen nach London und erwähnte besonders den Arbeitsaufwand der Deutschen bei der Erweiterung der »Aufnahmefähigkeit« des Lagers Ausschwitz. Er berichtete auch über die ersten Anzeichen der Liquidierung des Warschauer Gettos (des »kleinen Gettos«) und von der Auslöschung der jüdischen Gemeinden Radom, Lida, Minsk, Rowno usw.[275]

Eine Bemerkung zu den Quellen

Ich hatte zu den meisten Archiven Zugang, in denen die für die vorliegende Untersuchung benötigten Unterlagen zu finden waren. Drei wesentliche Ausnahmen bildeten die Archive der Sowjetunion, des Vatikans und, weniger bekannt, aber von beträchtlicher Bedeutung, die Dokumentensammlung Nathan Schwalbs, die in den Archiven von Histadrut in Tel Aviv aufbewahrt wird.

Ich möchte den Direktoren und Mitarbeitern folgender Institutionen meinen besonderen Dank aussprechen:

National Archives, Washington DC; Yad Vashem, Jerusalem; Archive von Hagana, Labour Movement und Histadrut in Tel Aviv; Central Zionist Archives und Israel State Archives in Jerusalem; Moreshet in Givat Haviva; Bet Lohame Hagetaot; Public Record Office, Wiener Library, World Jewish Congress, Sikorski Institute und Studium Polski Podziemnej in London; YIVO Institute, Franz-Kurski-Archiv des Jewish Labour Bund und des Leo-Baeck-Instituts in New York; Archiv des Königlich Schwedischen Außenministeriums; Berlin Document Center; Bundesarchiv in Bern; Archiv des Internationalen Roten Kreuzes in Genf; Bundesarchiv in Koblenz; Institut für Zeitgeschichte in München und Militärhistorisches Archiv in Freiburg.

Ich kann nicht mit voller Gewißheit behaupten, daß mir alle Unterlagen von Wichtigkeit in allen diesen Archiven zugänglich waren.

Mein besonderer Dank gilt jenen, die mir bei meinen Nachforschungen geholfen haben: Josef Algasy (der mir bei Recherchen in den israelischen Archiven behilflich war), Mrs. N. Pain und Mr. Z.

Ben Shlomo in London, Sofia Miskiewicz und Joseph Pilat in Washington, und Dr. Svante Hansson in Stockholm.

Die Liste der Personen, die ich wegen spezieller Aspekte konsultierte, ist lang, ebenso die derjenigen, die mir bei der Beschaffung von Dokumenten, die schwer beizubringen waren, behilflich waren. So möchte ich mich besonders bei den folgenden Helfern bedanken.

In Großbritannien: Peter Calvocoressi, Dr. E. Eppler, Mrs. Elna Ernest, Professor F. Hinsley, Professor M. R. D. Foot, Dr. J. Garlinski, Dr. F. Hajek, Baroneß Hornsby-Smith DBE, Professor L. Labedz, Ronald Lewin, Professor M. Marrus, Sir Cecil Parrott, Dr. S. Roth, Professor Sir Hugh Trevor-Roper, Mrs. C. Wichmann, Professor Z. Zeman;

in Israel: Dr. Y. Arad, Professor Y. Bauer, Dr. W. Eitan, Dr. I. Fleischauer, Dr. M. Gilbert, Dr. I. Gutman, Dr. M. Heiman, Dr. S. Krakowski, Dr. O. Kulka, Shlomit Laqueur, Mr. Philip, Botschafter Gideon Rafael, Y. Reinharz, Dr. L. Rotkirchen, Dr. M. Sompolinski, Professor B. Vago, Dr. Reuben Hecht;

in der Schweiz: Dr. H. Böschenstein, Kurt Emmenegger, Dr. O. Gauye, Dr. Graf, Dr. W. Guggenheim, Dr. O. H. C. Messner, M. J. Moreillon, A. Müller, Dr. G. Riegner, Dr. Alfred Schäfer, Mme. C. Rey Schirr, Dr. E. Streiff, Dr. L. Stucki;

in Schweden: Professor W. Carlgren, Dr. H. Lindberg, Botschafter M. R. Kidron, Dr. Jozef Lewandowski, Baron G. von Otter, Professor M. Peterson, Ake Thulstrup;

in Deutschland: Dr. H. Abs, Dr. Auerbach, Dr. H. Boberach, T. Chciuk-Celt, Professor J. Rohwer;

in den Niederlanden: Dr. Louis de Jong;

in den Vereinigten Staaten: Botschafter J. Beam, Professor H. Deutsch, Dr. L. Dobroszycki, Howard Elting jr., A. Gellert, Botschafter A. Goldberg, Dr. R. Graham SJ, Professor Feliks Gross, Dr. F. Grubel, David Kahn, Professor J. Karski, Hillel Kempinski, Professor G. Kennan, S. Korbonski, Dr. David Kranzler, Dr. J. Kuhl, Dr. F. Lessing, Professor G. Lerski, Jan Nowak, A. Pomian, Botschafter H. Probst, Dr. B. Rubin, A. Szegedi-Maszak,

John E. Taylor, Dr. H. Tütsch, Dr. Robert Wolfe, Norbert Wollheim.

Ich bitte um Verständnis, wenn ich keine Bibliographie beifüge. In allen wesentlichen Büchern über die ›Endlösung‹ sind Bibliographien enthalten. Spezielle Leitfäden über unveröffentlichte Materialien werden von Yad Vashem vorbereitet.

Abkürzungen

AK   Armia Krajowa: die polnische Heimatarmee
AP   Associated Press
BBC   British Broadcasting Company
BRC   British Red Cross
CZA   Central Zionist Archives
DNB   Deutsches Nachrichtenbüro
DRK   Deutsches Rotes Kreuz
FNIB   Foreign Nationalities Intelligence Branch
FO   Foreign Office
GCS   Government Cipher School, Government Code School
IRC   International Red Cross
ISLD   Inter Service Liaison Department
JIC   Joint Intelligence Committee
JTA   Jewish Telegraphic Agency
KGB   Sowjetisches Komitee für Staatssicherheit
MEW   Ministry of Economic Warfare
MOI   Ministry of Information
NAR   National Archive Record
NKVD,
NKWD   Volkskommissariat (der Sowjetunion) für Innere Angele-
        genheiten
NOKW   Nuremberg Documents, Abteilung Oberkommando der
        Wehrmacht
OKH   Oberkommando des Heeres
OKW   Oberkommando der Wehrmacht
OSS   Office of Strategic Services

300

OWI	Office of War Information
PPS	Polish Socialist Party
PRO	Public Record Office
PWE	Political Warfare Executive
RSHA	Reichssicherheitshauptamt
SD	State Department
SD	Sicherheitsdienst
SIS	Secret Intelligence Service
SL	Stronnictwo Ludowe: Polnische Bauernpartei
SOE	Special Operations Executive
SS	Schutzstaffel
UN	United Nations
UP(I)	United Press (International)
UZ	Ustredna Zidow: Slowakisches Jüdisches Zentralbüro
WJC	World Jewish Congress
YMCA	Young Men's Christian Associations
ZWZ	Zwiazek Walki Zbrojnej: Bewaffnete Organisation des Polnischen Untergrunds

Anmerkungen

Einführung

1 Supplement zu *British Zone Review*, 13. Oktober 1945.
2 D. Sington, *Belsen uncovered*, London 1945.
3 Die umfangreiche Literatur zu diesem Thema prüfte und analysierte James M. Reed in *Atrocity Propaganda 1914–1919*, New Haven 1941; dazu aus jüngster Zeit: Trevor Wilson, *Lord Bryce's Investigations into alleged German Atrocities in Belgium 1914/15*, in *Journal of Contemporary History*, Juli 1979, S. 369–383.
4 Einzelheiten bei Ino Arndt und Wolfgang Schaeffer, *Organisierter Massenmord...*, in *Vierteljahrshefte für Zeitgeschichte*, April 1976, passim, enthält auch eine ins Detail gehende Bibliographie.
5 z. B.: *Eine Stätte des Grauens – Bericht aus dem K.Z.-Lager Oswiecim* [Auschwitz], in *Neue Volkszeitung*, New York, 14. März 1942.

1. Kapitel: Deutschland, eine Mauer des Schweigens?

6 Die vielen bürokratischen Verästelungen werden ausführlich beschrieben in H. G. Adler, *Der verwaltete Mensch*, Tübingen 1974.
7 s. auch die Ferris-, Longden- und Davison-Affidavits, Nuremberg Documents, NI-11693, NI-11703, NI-11694.
8 Nuremberg War Crimes Trial, 20. Oktober 1947, NI-11984.
9 Nuremberg Documents, NI-6645.
10 Dr. L. de Jong, *Het Koninkrijk der Nederlanden in de tweede Wereldoorlog*, 's Gravenhage 1976, Bd. VII, Teil 1, S. 333.
11 Affidavit Schulhof, 21. Juni 1947, NL-7967, zitiert in R. Hilberg, *The Destruction of the European Jews*, New York 1961, S. 596.
12 Nuremberg Documents, NG-1535.
13 10. Dezember 1941, T/120/465/226354–60 (Inland IIg 431), zitiert in Christopher Browning, *The Final Solution and the German Foreign Office*, New York 1978, S. 74.
14 Montevideo an DIII, 2. September 1941 (PA, Inland II A/B 54/1), zitiert in Browning, *Final Solution*, S. 54.
15 Der Fall Klingenfuss ist in dieser Hinsicht von besonderem Interesse. Browning, *Final Solution*, S. 147 f.
16 ibid., S. 152.
17 Aussage Tippelskirch, Nuremberg Documents, NG-2429.
18 *Wollt Ihr den totalen Krieg? Die geheimen Goebbels-Konferenzen 1939–1943*, hrsg. von Willi A. Boelcke, München 1969, S. 409–411; *Goebbels, Reden 1932–1945*, hrsg. von Helmut Heiber, 2 Bde. München o. J., Bd. 2, S. 183.
19 W. Schwipps, *Wortschlacht im Äther. Der deutsche Auslandrundfunk im zweiten Weltkrieg*,

Deutsche Welle 1971, S. 20; *BBC Europe Audience Survey*, in *Germany – European Intelligence Papers*, Serie 5, 28. Juni 1943; *US Strategic Bombing Survey*, Washington 1946.
20 Willi A. Boelcke, *Das Seehaus in Berlin-Wannsee*. *Zur Geschichte des deutschen Monitoring Service während des zweiten Weltkrieges*, in *Jahrbuch für die Geschichte Mittel- und Ostdeutschlands*, 23, Berlin 1974, S. 231 ff.
21 *Wollt Ihr den totalen Krieg?*, S. 212.
22 Die einzige, mir bekannte Ausnahme ist R. Hilberg, *The Reichsbahn and its Part in the Killing of the Jews*, in *Yalkut Moreshet*, Oktober 1977, S. 27 ff.
23 ibid., S. 48.
24 Martin Bormann war Leiter von Hitlers Reichskanzlei. Er erwähnte u. a.: »Im Zuge der Arbeit an der Endlösung der Judenfrage werden neuerdings in der Bevölkerung in verschiedenen Teilen des Reichsgebietes Erörterungen über sehr scharfe Maßnahmen gegen die Juden, besonders in den Ostgebieten, angestellt.« (VI 66/881 vom 9. Oktober 1942. Abgedruckt in *Aus Verfügungen... von der Parteikanzlei*, II, 1944, S. 131). Dies ist eine interessante interne, top-secret Nazi-Publikation, gedruckt, aber nicht im Handel. Ein anderes, von Bormann aus Hitlers Hauptquartier nach dem Attentat vom 8. Juni 1942 auf Heydrich versandtes Rundschreiben deutet darauf hin, daß über das Schicksal der Juden schon früher diskutiert worden war (R 28/42 g). Diese Mitteilung, die an alle ranghöheren örtlichen Naziführer ging, bezieht sich auf angebliche Vorschläge, die die Bevölkerung gemacht habe: nach Erledigung der Evakuierung der Juden sollten die Tschechen an die Reihe kommen.
25 *Hitlers Tischgespräche im Führerhauptquartier 1941/42*, hrsg. von P. E. Schramm, 2. Auflage 1965 (Tischgespräch vom 25. 10. 1941).
26 Über die im Jahr 1943 umlaufenden Gerüchte s. O. D. Kulka, *Public Opinion in National Socialist Germany and the Jewish Problem* (in hebräischer Sprache), in *Zion*, 1975, S. 242 ff. Die Aktivitäten des Sicherheitsdienstes wurden vom Reichssicherheitshauptamt (RSHA) geleitet. Abteilung IV dieses Amtes war die Geheime Staatspolizei (Gestapo), Abteilung VI befaßte sich mit den Geheimdiensten des Auslands.
27 Diese Korrespondenz befindet sich im Archiv des Leo Baeck Institute, New York.
28 *Straßburger Neueste Nachrichten*, 20. Mai 1942.
29 *Das Reich*, 14. Juni 1942.
30 Gespräche mit Andor Gellert (11. Oktober 1979) und Aladar Szegedy-Maszak (18. September 1979). Szegedy-Maszak war damals der zweithöchste Beamte der Politischen Abteilung. Beide Gespräche stimmen in allen wesentlichen Punkten überein. Szegedy-Maszak wurde nach der Invasion von den Deutschen verhaftet und brachte den letzten Teil des Krieges in Dachau zu. Gellert wurde Ende 1942 nach Stockholm entsandt und hatte mit der Kontaktaufnahme zwecks Friedensverhandlungen mit den Alliierten zu tun.
31 Das Memorandum findet sich in Elek Karsai, *A budai varto a gyepuig*, Budapest 1966, S. 202–205.
32 N. M. Nagy Talavera, *The Green Shirts and others*, Stanford 1970, S. 184.
33 Milan S. Durica, *Dr. Joseph Tiso and the Jewish Problem in Slovakia*, Padua 1964, S. 12. Die Stelle wird in der Studie von Y. Jelinek in B. Vago und G. L. Mosse, *Jews and Non-Jews in Eastern Europe*, New York 1974, S. 221–256 diskutiert.
34 General Pieche sagte bei einem Interview im Jahr 1961, daß seine Hilfe von Gaddo Glass, einem jüdischen Bürger aus Triest, in Anspruch genommen wurde. Der Beleg erscheint in *Relazione sull'opera svolta dal Ministero degli Affari Esteri per la tutela delle Comunità ebraiche 1918–1943*, Rom o. J.; s. auch Giuseppe Mayda, *Ebrei sotto Salò*, Milano 1978, S. 21 ff.
35 Der Viherluoto-Bericht ist abgedruckt in Elina Suominen, *Kuoleman laiva SS Hohenhörn. Juutalaispakolastain kohtalo Suomessa*, Provoo-Helsinki 1979, S. 36.

36 Bericht an Pilet-Golaz, 22. Dezember 1942.
37 Bericht an Pilet-Golaz, 31. Mai 1943.
38 A. Szegedy-Maszak.
39 *Zror Reshimot*, 3, Vaad Ha'hazala, S. 5. Es sind dies die maschinengeschriebenen Rundbriefe, für die das Palästinensische Hilfskomitee in Istanbul verantwortlich zeichnete.
40 Im folgenden schöpfe ich aus Kapitel 6 von Professor Michael Marrus' noch unveröffentlichter Untersuchung über Vichy und die Juden.
41 Marc Boegner, *Les églises protestantes pendant la guerre et l'occupation*, Paris 1946, S. 32.

2. Kapitel: Die Neutralen: »Übereinstimmende und zuverlässige Berichte«

42 *Bericht der Polizeiabteilung zum Flüchtlingsproblem*. Jezler-Bericht, Anhang zum Brief vom 4. August 1942. Bundesarchiv, Bern.
43 Willi Gautsch, *Geschichte des Kantons Aargau*, Baden 1978, S. 450–458.
44 Rudolf Bucher, *Zwischen Verrat und Menschlichkeit*, Frauenfeld, 1967, S. 187 f. und Benjamin Sagalowitz, *Was wusste man in der Schweiz vom Schicksal der Juden?* Privatdruck Zürich 1955.
45 *Über die Vorträge von Dr. Bucher über die Ärztemission an der Ostfront*, Bundesarchiv Koblenz, Bestand 27-12707.
46 Franz Blättler, *Warschau 1942*, Zürich 1945. Die Zensur verhinderte den Druck des Buches während des Krieges.
47 Stucki an Pilet-Golaz, 17. September 1942; Marseille, 10. September 1942.
48 Max Domarus, *Hitler: Reden und Proklamationen 1932–1945*, München 1965, Bd. II, 2. Halbbd., S. 1920.
49 Thomas Mann, *Deutsche Hörer! 55 Radiosendungen nach Deutschland*, 2. Ausgabe Stockholm 1945, S. 44, 12, 72 f.
50 *Berner Tagwacht*, 3. August 1942.
51 *Thurgauer Arbeiterzeitung*, 25. August 1942, *Basler Nationalzeitung*, 20. August 1942, *Die Tat*, 29. August 1942 und viele andere.
52 Brief vom 20. November 1942.
53 Georg Kreis, *Zensur und Selbstzensur*, Frauenfeld 1973, S. 194.
54 s. z. B. *Schweizer Armeekommando*, 20. November 1943, und Brief an *Nation*, Bern, 17. Dezember 1943, in Bundesarchiv, Bern.
55 *Basler Nationalzeitung*, 18. Dezember 1942.
56 C. Ludwig, *Die Flüchtlingspolitik der Schweiz in den Jahren 1933 bis 1955*, S. 242.
57 Persönliche Mitteilung von Baron von Otter und Interview im *Aftonbladet*, 7. und 8. März 1979. Ein früheres Interview erschien im *Rheinischen Merkur* am 14. Juli 1963.
58 Der Brief trägt das Datum des 23. Juli 1945.
59 z. B. Olle Nystedt, Göteborg, 29. November 1942, zitiert in *Nordiska Röster mot judeförföljelse och vald*, Stockholm 1943, S. 14.
60 *Svenska Dagbladet*, 6. Dezember 1942; *Nya Daglight Allehanda*, 27. November 1942; *Social Democraten*, 29. November 1942: »Es ist nicht schwer, sich das Schicksal vorzustellen, das sie erwartet.«
61 *Smalands Folksblad*, 27. November 1942; *Falkuriren*, 25. November 1942; *Barometern*, Kalmar, 28. November 1942; *Göteborgs Tidningen*, 29. November 1942; *Eskilstuna Kuriren*, 30. November 1942.
62 *Göteborgs Handelstidning*, 18. Dezember 1942; *Arbetet*, Malmö, 19. Dezember 1942.
63 24. Juli 1943. Nuremberg Documents NG-5050.
64 zitiert in B. Wasserstein, *Britain and the Jews of Europe 1939–1945*, London 1979, S. 237.

65 *Le Figaro*, 14. Dezember 1963.
66 Hans Gmelin: s. Aussage in Nuremberg Documents, NG-5291; *Actes et documents du Saint Siège relatifs à la Seconde Guerre Mondiale*, VII, Vatikan 1974, S. 453.
67 ibid., S. 608.
68 Casaroli an Erzbischof Jadot, Brief vom 25. September 1979.
69 *Report of the IRC on its Activities during the second World War . . .*, Genf 1948, I, S. 11.
70 ibid., I, S. 21.
71 *Inter arma caritas*, Genf 1947, S. 85.
72 Falls nicht anders angegeben, stammen diese Zitate aus den Akten des IRC-Archivs in Genf. Ich bin der Leitung des IRC für die Genehmigung, diese Unterlagen einzusehen, zu großem Dank verpflichtet. Ich war wohl der erste Historiker, der zu diesen Akten Zugang hatte, abgesehen vom Autor einer offiziellen Geschichte des IRC zwischen 1914 und 1945, die vor einigen Jahren veröffentlicht wurde. Diese Unterlagen sind durchaus nicht vollständig. So hinterließ Dr. Carl Jacob Burckhardt, zuständig für die Auswärtigen Angelegenheiten des IRC und Kenner der klassischen Diplomatie, überhaupt keine Briefwechsel.
73 Squires Memorandum war in Form eines persönlichen Briefes an Harrison abgefaßt, abgesandt am 9. November 1942. National Archives.
74 Aktennotiz Riegners, Genf, 17. November 1942, in Lichtheim Correspondence, Central Zionist Archives (CZA).

3. Kapitel. Die Alliierten: »Wilde, von Ängsten der Juden veranlaßte Gerüchte«

75 Glasberg, *À la recherche d'une patrie*, Paris 1946, S. 64.
76 Die Struktur des britischen Geheimdiensts wird kompetent beschrieben in F. H. Hinsley et al., *British Intelligence in the second World War*, London 1979, I, passim.
77 *Die Zeitung*, London, 25. Oktober 1941. Die schwedische Pressemeldung wurde auch in der *Sunday Times* vom 24. Oktober und in anderen Zeitungen veröffentlicht. Eichmanns Name ist schon viel früher in Berichten schwedischer Diplomaten aufgetaucht – im November 1939. Dies bezieht sich auf einen Bericht zweier Beamter der schwedischen Botschaft in Berlin, Einar von Post und Karl Damgren, über Judentransporte aus Mähren. Ich verdanke diese Information Hans Lindbergs Untersuchung über die Flüchtlingspolitik Schwedens von 1936 bis 1941. Dr. Lindberg meint, es sei unwahrscheinlich, daß die schwedischen Behörden vor dem Bericht Baron von Otters von Massenmord etwas gewußt hätten. Dies fußt auf einem Interview mit Botschafter Gösta Engzell, der damals eine Schlüsselstellung im schwedischen Außenministerium innehatte. Hans Lindberg, *Svensk flyktingpolitik under internationellt tryck 1936–1941*, Stockholm 1973.
78 *Stockholm Tidningen*, 22. Juli und 10. August 1941; *Aftonbladet*, 18. August 1941.
79 *Prawda*, 7. Januar 1942. Gelegentlich gab es sowjetische Berichte, die nur zur Veröffentlichung im Ausland bestimmt waren. Dies bezieht sich z. B. auf den Bericht des jüdischen antifaschistischen Komitees in Kuibyschew über die Ermordung von 72 000 Juden in Minsk zwischen November 1941 und April 1942. Er erschien in britischen und amerikanischen Zeitungen (vgl. *Daily Telegraph* vom 15. August 1942), aber nicht in sowjetischen Blättern.
80 *Prawda* und *Iswestija*, 19. Dezember 1942.
81 *Front bez liniya fronta*, Moskau 1975, S. 63. Dies ist eine Sammlung von Aufsätzen, die von NKWD-Agenten geschrieben wurden, die man in den besetzten Gebieten zurückgelassen hatte. Vasili Ardamazkis Roman *Granat calling Moscow* beschäftigt sich auch mit diesem Thema. In der offiziellen dreibändigen Geschichte der Ukraine während des Krieges steht zu lesen, daß die deutschen Dienststellen am 28. September 1941 an die jüdische Bevölkerung den Befehl ausgaben, sich am nächsten Tag um 8 Uhr morgens zu versammeln; nach

diesem Tag wurde die Nationalität der Opfer nationalsozialistischer Greueltaten in keinem Fall mehr erwähnt. *Ukrainskaja SSR welikoi otechestwennoi woini Sowjetskowo Soyusa 1941–1945,* Moskau 1978, I, S. 351.

82 Jewish Telegraphic Agency Bulletin, 15./16. Mai 1942.

83 s. Y. Gelbers hervorragende Monographie *Haitonut ha'ivrit be' Erez Israel al Hashmadat Yehudei Europa,* in *Dapim le'heker hashoa ve'hamered,* Tel Aviv 1969, S. 46.

84 *Benjamin Sagalowitz* – eine von seinen Freunden nach seinem Tod privat veröffentlichte Broschüre, 1970, S. 31.

85 Hinsley, *British Intelligence,* S. 58.

86 *Commentary,* März 1980.

87 Kommentare zum Riegner-Telegramm von F. Roberts, D. Allen, E. A. Walker, Miss Scofield und ein für Sir Brograve Beauchamp in PRO FO 371/30917 XK 6759 angefertigter Auszug.

88 Dr. Riegner schrieb einen sieben Seiten langen *Report concerning the Jews in Latvia,* der auf der Befragung Zivians beruhte. World Jewish Congress, Institute of Jewish Affairs Archives, London.

89 23. November 1942. National Archives 740.0016 EW 1939/726.

90 Wasserstein, *Britain and the Jews,* S. 169.

91 s. z. B. Hilberg, *Destruction,* S. 370 (Slowakei), S. 331 (Polen).

92 PRO FO 371/34551. Mr. Cavendish-Bentinck erklärte später, daß seine Kenntnisse des Deutschland der Vorkriegszeit begrenzt seien und daß er deshalb die Greuelgeschichten der Jahre 1942/43 nicht glaube. Er fügte noch hinzu, daß man ihm immer noch keinen Glauben schenkte, als er nach einem Besuch des Lagers Auschwitz Ende 1945, also Monate nach Kriegsende, im Foreign Office berichtete, daß Millionen Menschen getötet worden waren.

93 D. Allen, PRO FO 371/30917, 14. August 1942.

94 Kelly an Roberts, PRO FO 371/26515.

95 Hinsley, *British Intelligence,* S. 357 f. Dokumente zu ›Ultra‹-Eisenbahn-Geheimdienst sind im Public Record Office noch nicht einsehbar.

96 Lahusen-Bericht über Reise nach Rußland, NOKW 3147, 23. Oktober 1941.

97 *Neue Zürcher Zeitung,* 5. Mai 1979.

98 PRO FO 371/30898. Die Geheimhaltung der Berichte der Zensur wurde in Großbritannien um weitere 50 Jahre verlängert. An den hier zitierten geriet ich durch Zufall. Er zeigt, daß diese Berichte als Quellen von großer Bedeutung sind.

99 MOI-Memorandum, 25. Juli 1941. INF I/251. PWE regte an, daß die gegen die Juden begangenen Greueltaten von den Medien veröffentlicht werden sollten; diese Anregungen wurden aber erst im Dezember 1942 (10., 24., 31.) gegeben und nur sporadisch befolgt. s. Michael Balfour, *Propaganda in War,* London 1979, passim.

100 MOI-Memorandum, R. Frazer, 10. Februar 1942, INF I/251.

101 Jan McLaine, *Ministry of Morale,* London 1979, S. 164–166.

102 ibid.

103 *New York Herald Tribune,* 25. November 1942.

104 Henry L. Feingold, *The Politics of Rescue,* New Brunswick 1970, S. 180.

105 National Archive Records des OSS 26896. Dieser Bericht ist mit der von Lichtheim in Genf empfangenen und nach Jerusalem weitergegebenen Information identisch (s. unten).

106 Stephen S. Wise-Papiere, Frankfurter an Wise, 16. September 1942.

107 Sikorskis Brief trägt das Datum des 22. Juni 1942, Roosevelts Antwort das des 3. Juli. Diese Unterlagen wie auch Biddles Telegramme sind zu finden in den National Archives, Record Group 84, Warsaw 1942, Faszikel 711: Jewish Atrocities.

108 RG 226; OSS 27275.

109 OSS, Research and Analysis, No. 605; *New York Herald Tribune,* 29. Oktober 1941 (Oechsner-Telegramm). Richard Helms hatte im Berliner UP-Büro für Oechsner gearbeitet; als Oechsner zum OSS ging, gewann er Helms zur Mitarbeit in der Organisation.
110 OSS 88254. Die Abteilung Forschung und Analyse von OSS zog schon im März 1942 den Schluß, daß »zum Gesamtbild der deutschen Gewaltanwendung die systematische Liquidierung der Juden gehört« (Report 605, 14. März 1942).
111 OSS 24736.
112 OSS 24728.
113 H. Johnson an Außenminister, Stockholm, 5. April 1943.
114 Werner Rings, *Advokaten des Feindes,* Düsseldorf 1966.
115 *New York Times,* 4. Dezember 1942. Zwei Tage zuvor hatte in einem Leitartikel der Zeitung gestanden, »um diese schreckliche Geschichte kurzzufassen: man glaubt, daß zwei Millionen europäischer Juden umgekommen und fünf Millionen von der Ausrottung bedroht sind«.
116 W. A. Visser 't Hooft, *Memoirs,* London 1973, S. 165 f.

4. Kapitel. Die Nachrichten aus Polen

117 Über die AK (Heimararmee) s. *Polski Sily Zbrojne...,* London 1950, III (Armia Krajowa); T. Rawski, A. Stapor, J. Zamojski, *Wojna wyzwolencza narodu polskiego...,* Warschau 1966, I; die autobiographischen Bücher von Komorowski, Korbonski, Zaremba, Jan Karski, Jan Nowak, Stefan Dolega-Modrzewski und anderen. W. Jacobmeyer, *Heimat und Exil,* Hamburg 1973, beschäftigt sich mit den Anfängen des polnischen Untergrunds bis zum Juni 1941.
118 J. Garlinski, *Poland, SOE, and the Allies,* London 1969.
119 Eine Gesamtgeschichte der Verbindung zu Schweden ist erst kürzlich geschrieben worden: die interessante Monographie von Jozef Lewandowski, *Swedish Contribution to the Polish Resistance Movement during World War II 1939–1942,* Uppsala 1979. Manche der Beteiligten schrieben ihre Erinnerungen – etwa Carl Wilhelm Herslow, *Moskva–Berlin–Warsawa,* Stockholm 1947, und die Sängerin Elna Gisted, *Fran operett till tragedi,* Stockholm 1946 – die allerdings noch viele Fragen offenlassen, z. B. ob ihr Material durch den schwedischen diplomatischen Kurierdienst befördert wurde. In Polen wurde die Erinnerung an den schwedischen Kontakt 1968/69 von Bohdan Kroll mit einer Artikelserie in der Warschauer Zeitschrift *Stolica* aufgefrischt; außerdem auch von Roman Papay und Tadeusz Radzinski, die an den Geschehnissen beteiligt waren, die sie beschrieben.
120 Der Himmler-Bericht vom 31. Dezember 1942 steht bei Lewandowski, *Swedish Contribution...,* S. 86–99. Die Verhaftung wurde damals auf der ersten Seite der schwedischen Zeitungen gemeldet. Vgl. *Dagens Nyheter,* 31. Juli 1942.
121 W. Bartoszewski und Zofia Lewin, *Righteous among Nations,* London 1969, XXIV und passim.
122 Vladka Meed, *On both Sides of the Wall,* New York o. J., S. 108.
123 Jan Karski, *The Underground State,* Boston 1944, *Story of a secret State,* London 1945.
124 K. Iranek-Osmecki, *He Who Saves One Life,* New York 1971, S. 186.
125 Bartoszewski und Lewin, *Righteous...,* S. 654. Das angegebene Datum, Warschau, 30. November 1940, ist sicherlich ein Druckfehler.
126 *Sprawozdanie,* 16.–30. November 1941; Faszikel 14–30 Studium Polski Podziemnej (SPP).
127 SPP 13–15, *Zalacznik do aneksu Nr. 28, Masowe ekzekucje Zydow w powiecie kilskim* – in Englisch *The Ghetto,* 5. August 1942. und *The black Book of Polish Jewry,* New York 1945.

128 Meldunki, 10. Juli 1942, SPP 15–81.
129 SPP 14–102.
130 SPP 14–57.
131 s. auch *Relacja Policjanta* – SPP 15–84, vom 11. August 1942, über die Polizeistation im Warschauer Getto. Dieser und andere hier zitierte Berichte fanden schließlich in englischer Übersetzung den Weg in die OSS-Dienststellen – aber erst im Jahr 1943.
132 Natalia Zarembina, *Oboz smierci (Todeslager)*, Zofia Kossak, *W piekle (In der Hölle)*, Halina Krahelska, *Oswiecim, pomietnik wieznia (Auschwitz, Tagebuch einer Gefangenen)*.
133 *Informacja Biezaca*, 33, 8. September 1942, zitiert in *Zeszyty Oswiecimskie*, Sondernummer Warschau 1968.
134 T. Bor Komorowski, *The Secret Army*, London 1950, S. 99. Andere Gruppen des Untergrunds müssen diese Information noch früher bekommen haben, weil sie bereits am 26. Juli nach London gelangt war; s. unten.
135 Bor Komorowski, *Secret Army*, S. 101.
136 Stefan Korbonski, *Wimieniu Rzecypospolitej*, Paris 1954.
137 SPP, *Armia Krajowa w documentacje*, London 1973, II. S. 210.
138 zitiert in Y. Gutman, *Polish Attitudes towards Mass Deportations from Warsaw* in *Rescue Attempts*, S. 406.
139 Die Rede erschien später in der Broschüre *Stop them now*, London 1942.
140 Persönliche Mitteilung vom September 1979.
141 Persönliche Mitteilung vom September 1979.
142 Hershel V. Johnson an Außenminister, 21. Juli 1942, FW 862 4016/2237.
143 OSS 88254; 862.4016/2242.
144 European War 1939/597A PS/SF.
145 SPP 74/221.
146 SPP 74/252.
147 SPP 15/107.
148 Karski, *Secret State*, S. 321.
149 ibid., S. 327 f. In Belzec geschah die Tötung gewöhnlich nicht durch Calciumoxyd, das in Eisenbahnwaggons ausgesprüht wurde, sondern in Gaskammern. s. Anhang 5, Die Missionen von Jan Karski ...
150 Karski, *Secret State*, S. 336.

5. Kapitel. Die Juden im deutschbesetzten Europa: Verweigerung und Akzeptierung von Informationen

151 Domarus, *Hitler*, Bd. II., 1. Halbbd., S. 1058.
152 Dworschezki-Aussage zitiert in G. Hausner, *Justice in Jerusalem*, London 1967, S. 195.
153 Das Manifest Abba Kowners wurde offenbar nur in wenigen Exemplaren gedruckt und in Versammlungen verlesen, aber der Text ist erhalten geblieben und wird in mehreren Büchern zitiert, z. B. Rozka Korczak, *Lehavot Be'efar*, Merhavia 1965, S. 56 f.; Yizhak Arad, *Vilna hayehudit*, Tel Aviv 1966, S. 160 f.
154 Nina Tennenbaum-Becker, *He'adam Ha'lochem*, Tel Aviv 1964, passim.
155 I. Tabakblat, *Churben Lodz*, Buenos Aires 1946, S. 124.
156 N. Blumental und Y. Karmish, *Hameri vehamered begetto Warsha*, Jerusalem 1965, S. 75.
157 Joseph Kermish in seiner Einführung zu Ringelblums *Polish-Jewish Relations during the second World War*, Jerusalem 1974, S. XVI.
158 I. Trunk, *Letters from the Years of the Holocaust* (in Hebräisch), *Yediot Bet Lohame Hagetaot*, April 1957, S. 22 f.

159 Trunk, *Letters.*
160 *Dokumenty i Materialy,* Teil I: *Obozy,* hrsg. von N. Blumental, Lodz 1946, S. 232 f.
161 ibid.
162 Teile des Tagebuchs wurden beschädigt. s. J. Kermish, *E. Ringelblum's Notes hitherto unpublished,* in *Yad Vashem Studies,* VII, 1968, S. 173.
163 Julian Leszczynski in *Biuletyn Zydowskiego Instytutu Historycznego,* I, 1979, S. 100.
164 *Powstanie i rozwoj Z.O.B.,* Bericht über die jüdische militärische Organisation, geschrieben im März 1944. Zitiert aus L. S. Dawidowicz, *A Holocaust Reader,* New York 1976, S. 363.
165 *Scroll of Agony,* New York 1965, passim.
166 Kermish, *Ringelblum's Notes,* S. 180 f.
167 SPP-Akte 15, 26. Die Übersetzung fußt auf Y. Bauer, *When did they know?* in *Midstream,* April 1968, S. 57.
168 SPP-Akte 15, 107.
169 *Slowo Mlodych,* zitiert in *Etonut Gordonia be'machtered ghetto Warsaw,* Tel Aviv 1966.
170 Randolph L. Braham, *The Kamenets Podolsk Massacres,* in *Yad Vashem Studies,* IX, 1973, S. 141.
171 P. Gosztoni, *Hitlers fremde Heere,* Düsseldorf 1976, S. 161.
172 Julius S. Fischer, *Transnistria,* South Brunswick 1969, S. 71.
173 *Saint Siège,* VII, S. 453.
174 *Min Hamezar,* New York 1960, S. 13. Ein informatives, in rabbinischem Hebräisch geschriebenes Buch. Weismandl berichtet auch, daß der Erzbischof Kametka den jüdischen Repräsentanten im März oder April 1942 sagte, daß alle Juden in Polen umgebracht würden. S. 34 f.
175 *Der Kastner-Bericht,* München 1961, S. 37.
176 Alex Weisberg, *Advocate for the Dead,* London 1958, S. 31.
177 J. Kornianski, *Beshlichut,* passim.
178 Als Dokument 76 abgedruckt in Livia Rotkirchen, *The Destruction of Slovak Jewry. A documentary History* (in Hebräisch), Jerusalem 1961, S. 166–204.
179 Oscar Neumann, *Im Schatten des Todes,* Tel Aviv 1956, S. 119 f.
180 Karmasin, Führer der Volksdeutschen in der Slowakei, an Himmler, 29. Juli 1942, NO-1660.
181 Chef der Deutschen Sicherheitspolizei, Lagebericht USSR 151 vom 5. Januar 1942, NO-3257.
182 Norbert Wollheim, New York am 24. September 1979.
183 Sammlung von Briefen in der Wiener Library, London.
184 Eric H. Boehm, *We survived,* New Haven 1949, S. 293.
185 Billig, *Solution finale,* Paris o. J., S. 176.
186 zitiert in Louis de Jong, *The Netherlands and Auschwitz,* in *Yad Vashem Studies,* VII, S. 44. Dr. de Jong hat sich mit diesem Thema in einer gehaltvollen Untersuchung abermals beschäftigt: *Het Koninkrijk der Nederlanden...,* VII, Teil 1, *Wat weest man van Auschwitz an Sobibor?* 's Gravenhage 1976, S. 320–362.
187 de Jong, *Koninkrijk...,* VII, S. 340.
188 zitiert von Leni Yahil, *The Rescue of Danish Jewry,* Philadelphia 1969, S. 214 f.
189 *Pariser Zeitung,* Nr. 353, 23. Dezember 1942.
190 Alfred Wetzler 1946 vor einem slowakischen Gericht in Bratislava: Rotkirchen, *Slovac Jewry,* S. 158.
191 de Jong, *The Netherlands and Auschwitz,* S. 47.
192 John Hinton, *Dying,* London 1967, S. 102.
193 de Jong, *The Netherlands and Auschwitz,* S. 54.

194 *Congress Bulletin,* 16. Februar 1940.
195 2. Dezember 1942. Stephen S. Wise-Papiere, Brandeis-Universität.
196 World Jewish Congress, Institute of Jewish Affairs Archives, London. Die Reaktionen der anglo-jüdischen Führung werden behandelt in M. Sompolinski, *Ha'hanhaga ha'anglo-yehudit...*, Dissertation, Bar Ilan-Universität, Tel Aviv 1977.
197 Maria Syrkin, *Midstream,* Mai 1968.
198 Greenbergs Artikel erschien zuerst in Jiddisch in *Yiddisher Kemfer* im Februar 1943, in Englisch in *Midstream,* März 1964.
199 M. Kwapiszewski, Bevollmächtigter polnischer Gesandter in Washington, in einem Brief vom 4. September 1942; zitiert in *Polish Review,* I, 1979, S. 47.
200 Kabel vom 19. September, 1. Oktober und 10. Oktober.
201 Thümmel war einer der Informanten über den deutschen Aufmarsch gegen die Sowjetunion; s. *Master of Spies, The Memoirs of General Moravec,* London 1975, und Hinsley, *British Intelligence;* s. auch L. Otahalova und M. Cervinkova, *Dokumenty z historie ceskoslovenske politiky,* Prag 1966; das Buch enthält auch die Tagebücher Smutnys, der damals die rechte Hand von Benesch war.
202 Benesch an Easterman, 11. November 1942. World Jewish Congress, London Archives.
203 Antonin Tichy, *Nas zive nedostanou,* Liberec 1969.
204 Anders als andere Abwehr-Offiziere war Thümmel ein frühes Mitglied der NSDAP gewesen und hatte einmal Himmler nahegestanden. R. Strobinger, *Spion mit drei Gesichtern,* München 1966; Amort und Jedlicka, *Tajemstvi vyzvedace A-54,* Prag 1965; V. Kural, *Vyhravaji spioni valky?,* in *Ceskoslovensky Vojak,* 7, 1967.
205 Nichols von der Britischen Legation bei der tschechoslowakischen Republik an Eden am 13. Juni 1942, FO 371/30837; Benesch-Bericht XIX, *Political Situation in the Protectorate,* 23. Mai bis 5. Juni 1942, ibid.
206 *48 000 Juden aus Prag in den Osten deportiert,* 29. Oktober 1941; s. auch *Nova Dobe* vom 16. Januar 1942 über die Deportation aller Juden aus Pilsen und viele ähnliche Berichte.
207 *New York Herald Tribune,* 25. November 1942.
208 Dies bezieht sich z. B. auf Zeitungen wie *Grenzbote* (Preßburg), *Donauzeitung* (Belgrad), *Krakauer Zeitung, Warschauer Zeitung, Minsker Zeitung, Ukraine-Zeitung, Der Neue Tag* (Prag).
209 Die Originalakten des ISLD in London scheinen verlorengegangen zu sein, aber Kopien stehen in den CZA zur Verfügung. Der britische Geheimdienst erwog im Oktober 1941 die systematische Befragung (durch Ridley Prentice) jüdischer Flüchtlinge in Lissabon, wobei die im *Jüdischen Nachrichtenblatt,* dem einzigen übriggebliebenen deutsch-jüdischen Organ, veröffentlichten Einschiffungslisten als Grundlage dienen sollten (Adams an Lord Gage, FO 898/19).
210 de Jong, *The Netherlands and Auschwitz,* S. 78.
211 *Peulot Hazala be Kushta,* o. O. 1969, S. 41.
212 *Bericht über die jüdische Lage in Europa,* 15. September 1940, CZA.
213 Bericht aus Genf vom 11. Dezember 1940, CZA.
214 27. August 1941 (Brief 461 via Istanbul), CZA. Die während des Krieges zwischen Genf und Jerusalem gewechselten Briefe wurden numeriert.
215 20. Oktober 1941 (Brief 506 via Istanbul), CZA.
216 13. November 1941, CZA.
217 10. November 1941, CZA.
218 ibid.
219 ibid.

220 22. Dezember 1941, CZA.
221 So in einem Brief vom 19. Mai 1942: »Es ist sicherlich keine Übertreibung, wenn man vorhersagt, daß am Ende dieses Krieges zwei bis drei Millionen europäischer Juden physisch vernichtet sein werden.« CZA.
222 19. März und 13. Mai 1942, CZA.
223 30. März 1942, Privatbrief an L. Lauterbach, CZA.
224 22. Juli 1942, CZA.
225 ibid.
226 Lichtheim an Linton in London, 27. August 1942, CZA.
227 Lauterbach an Lichtheim, 28. September 1942, CZA.
228 Dworschezki-Interview mit Riegner, Genf, 13. Juli 1972.
229 8. Oktober 1942 (Brief 845 via Istanbul), CZA.
230 20. Oktober 1942 (Brief 858 via Istanbul), CZA.
231 Protokoll eines Treffens der Leitung des Jüdischen Arbeiterbunds, S. 2.
232 Moshe Prager, *Yaven Mezula Hehadash*, Tel Aviv, September 1941, S. 7. Ich habe die palästinensische hebräische Presse des Zeitabschnitts (1941/42) gelesen, aber hauptsächlich von Y. Gelbers bahnbrechender Untersuchung *Ha'etonut ha'ivrit...* profitiert.
233 *Davar*, 12. Juli 1942; *Hatzofe*, 8. Februar 1942; zitiert in Gelber, *Ha'etonut...*, S. 43.
234 *Ha'olam*, 27. August 1942.
235 *Hatzofe*, 24. April 1942; *Hamashkif*, 29. Mai 1942; zitiert in Gelber, *Ha'etonut...*, S. 44 f.
236 *Hatzofe*, 18. März 1942; *Davar*, 16. März 1942.
237 ›Daf‹ in *Davar*, die Initialen offenbar von Dan Pines, einem der Herausgeber.
238 *Davar*, 8. Oktober 1942. Der Artikel war im August in *The Ghetto speaks*, in *Forward*, New York, am 31. Juli und anderswo erschienen.
239 Y. Gothelf, *Davar*, 10. Dezember 1942, zitiert in Gelber, *Ha'etonut...*, S. 50 f.
240 Y. Tabenkin in *Zror Mikhtavim*, 22. Januar 1942, zitiert in Y. Gelber, *Tguvat ha'yishuv ha'ivri...*, Seminararbeit, Hebräische Universität 1969.
241 S 25/6005 CZA.
242 Protokoll der Histadrut-Leitung.
243 Protokoll, S. 8.
244 Die ersten Reaktionen wurden im einzelnen in Chava Wagman-Eshkolis Studie *Emdat hamanhigut* in *Yalkut Moreshet*, Oktober 1977, S. 87 ff., diskutiert.
245 Y. Bauer, *The Holocaust in Historical Perspective*, Seattle 1978, S. 28.
246 Riegner, Dworschezki-Interview, S. 11.

Zusammenfassung

247 Roberta Wohlstetter, *Pearl Harbor. Warning and Decision*, Stanford 1962, passim; Burton Whaley, *Codeword Barbarossa*, Cambridge, Mass. 1973, passim.

Anhänge

248 Von Martin Bormann unterzeichneter Brief vom 17. Januar 1939 im Berlin Document Center.
249 Yaakov Zur in *Peulat Hazalah be' Kushta*, Jerusalem 1969, S. 54 ff.
250 Anonymus, *Ernst Lemmer, Goebbels-Journalist, Nazi-Spitzel, Revanche-Minister*, Berlin-Ost 1964.
251 Ernst Lemmer, *Manches war doch anders*, Frankfurt a. M. 1968, S. 208.

311

252 Das Folgende basiert auf Edgar Salin, *Über Artur Sommer, den Menschen und List-Forscher*, in *Mitteilungen der List-Gesellschaft*, Faszikel 6, 30. November 1967, S. 81 ff. Laut Sommers Personalakte im Berlin Document Center trat er im Mai 1933 in die NSDAP ein. Trotz der Verhaftung wurde er eigenartigerweise nicht aus der Partei ausgeschlossen. Anderseits ist in der Akte vermerkt, daß ihm 1935 die Lehr-Erlaubnis entzogen wurde und daß er angeheiratete jüdische Verwandte hatte (also ›jüdisch versippt‹ war).

253 *Social Democraten*, 31. März 1942 und 2. April 1942; *Stockholm Tidningen*, 21. April 1942.

254 *Grenzbote*, Zitat aus *Gardista*, 11. April 1942; *Gardista*, 29. April 1942; *Nationalzeitung*, Essen, Zitat aus *Gardista*, 30. April 1942.

255 *De Storm*, 17. Juli 1942; dies war das Organ der niederländischen SS.

256 Lahti, 10. Juli 1942; Fagerholm in *Arbeterbladet*, 6. Oktober 1943; *Hufvudstadsbladet*, 5. Oktober 1943; Radio Motala, 5. Oktober 1943.

257 *Das Hakenkreuzbanner*, Mannheim, 24. Dezember 1943.

258 *Aftontidningen*, Stockholm, 24. August und 5. Dezember 1943.

259 FO 371/31097, X/PO 3703.

260 ibid. Die Fairness gebietet, hinzuzufügen, daß der Chelmno-Bericht, als er zuerst in der palästinensischen Presse veröffentlicht wurde, auch auf einigen Unglauben stieß.

261 FO 311/31093.

262 FO 371/31097, X/PO 3703.

263 840.48 Refugees, 3. September 1942, National Archives, Washington.

264 Wasserstein, *Britain and the Jews*, S. 172.

265 740.00 116 European War 1939/694 PS/DG 5. Dezember.

266 ibid., 10. Dezember.

267 ibid. 674, 10. Dezember.

268 ibid. 656, 25. November 1942.

269 ibid. 664.

270 *Schweizerische Kirchenzeitung*, 27. August 1942; *Tribune de Genève*, 26. September 1942.

271 Karski, *The Underground State*, Boston 1944.

272 Das Gespräch mit Roosevelt wurde einigermaßen ausführlich vom Botschafter Polens, Jan Ciechanowski, der anwesend war, in *Defeat in Victory*, New York 1948, beschrieben.

273 *Kurier z Warszawy*, London 1978.

274 Gespräch mit Jan Nowak in Washington, 7. September 1979.

275 Persönliche Mitteilung vom Oktober 1979. T. Chciuk-Celt schilderte seine Reisen in Polen und im Ausland in einer Reihe von Artikeln, die kurz nach Kriegsende veröffentlicht wurden: in *Nowa Polska*, London 1945; *Proza Polska*, Teil II, Paris; *Tygodnik Powszechny*, Krakau 1947; *Nasz Znak*, Stockholm 1951.

Sachregister

313

315